한글과
선비정신의
세계화

한글과 선비정신의 세계화

초판 1쇄 인쇄	2013년 4월 16일		
개정판 1쇄 발행	2018년 6월 1일		

지은이	김진수		
펴낸이	손형국		
펴낸곳	(주)북랩		
편집인	선일영	편집	오경진, 권혁신, 최예은, 최승헌, 김경무
디자인	이현수, 김민하, 한수희, 김윤주, 허지혜	제작	박기성, 황동현, 구성우, 정성배
마케팅	김회란, 박진관		
출판등록	2004. 12. 1(제2012-000051호)		
주소	서울시 금천구 가산디지털 1로 168, 우림라이온스밸리 B동 B113, 114호		
홈페이지	www.book.co.kr		
전화번호	(02)2026-5777	팩스	(02)2026-5747

ISBN	979-11-6299-140-4 03320 (종이책)	979-11-6299-141-1 05320 (전자책)	

이 도서의 국립중앙도서관 출판예정도서목록(CIP)은 서지정보유통지원시스템 홈페이지(http://seoji.nl.go.kr)와
국가자료공동목록시스템(http://www.nl.go.kr/kolisnet)에서 이용하실 수 있습니다.
(CIP제어번호 : CIP2018016385)

한글과
선비정신의
세계화

김진수 지음

북랩 book Lab

한글과 선비정신이 세계화 돼야 하는 이유

우리나라는 오랜 역사를 구현해 오면서 쌓아온 전통문화 유산이 참으로 많은 나라입니다. 그 중에서도 세계인이 탐내는 가장 소중한 보물은 두 가지입니다.

하나는 눈에 보이는 '한글'입니다. 또 하나는 눈에 보이지 않는 '선비정신'입니다.

✤ 한글의 세계화

한글은 유엔이 인정한 세계최고의 문자입니다.

유네스코는 지구촌 문맹 퇴치에 공이 큰 각국의 기관이나 단체에게 1990년도부터 매년 '세종대왕 문해상'(King Sejong Literacy Prize)을 수여해오고 있습니다. 이 상은 1989년 6월 21일에 제정된 후 이듬해부터 매년 9월 8일 '문맹 퇴치의 날'에 시상하는 상입니다.

미국 시카고 대학의 멕콜리 교수는 한글날만 되면 수업을 하지 않고 학생들과 한글날 기념식을 올리고 세종대왕을 기리는 파티를 여는 세계적 언어학자입니다.

노벨 문학상 수상작가 펄벅여사는 '한글은 인류가 발명한 최고의 발명품'이라고 평가했습니다.

세종대왕이 한글을 발명한 지 6백 년이 되어갑니다만 우리나라 언론 분야에서 한글을 전용하기 시작한 것은 불과 20여 년 정도 밖에 되지 않습니다. 제 얘기를 실감하지 못하시는 분은 지금 당장 국립중앙도서관에 가서 1945부터 1990년까지 우리나라에서 발행된 신문을 찾아보시면 확실한 증거를 볼 수 있습니다.

우리나라 신문에서 한글을 전용하기 시작한 것은 1990년대 이후의 일입니다. 더구나 학교의 교과서에서 한글전용이 시작된 것은 2005년 '국어기본법' 제정 이후의 일입니다.

세계에서 최고로 빛나는 과학적 문자를 가지고 있으면서도 6백 년이라는 긴 세월 동안 우리나라의 문자인 한글을 우리나라 지식인들이 천대해온 것만 해도 어리석고 참담하기 짝이 없는 일인데, 그동안 우리나라 국민은 전통시대에는 중국문자를 배우려고 어릴 때부터 천자문 익히기에 안간힘을 써왔고, 일제강점기에는 일본문자를 배우지 않으면 사람 대접을 받지 못하였으며, 광복 이후에는 영어문자를 배워야만 입신출세를 할 수 있는 환경과 세속에 구속당하면서 불편부당하고 불행한 삶을 살아온 것이 사실입니다.

물론 외국어를 배워서 우리보다 앞선 지식과 기술을 공유하는 일은 매우 중요합니다. 그리고 외국과 문물을 소통하고 문화를 교류하며 우리나라의 수출입국을 위해 세계시장을 개척하는데 필요한 외국어의 학습은 아무리 강조해도 지나치는 일은 아닙니다.

오늘날 대한민국은 '인터넷 강국', '디지털 강국'이라는 글로벌 이미지를 확립하고 있습니다. 하지만 '한글'이라는 컴퓨터 친화적이고 디지털 친화적인 문자가 없었다면, 또 전달성과 복제성에서 영어를 훨씬 능가하는 과학성, 합리성, 편의성이 없었다면, 우리나라는 결코 정보산업사회를 선도하는 나라가 되지 못했을 것입니다. 뿐만 아니라 한류문화가 지구촌 곳곳을 누비며 펼쳐지는 역동적 문화수출국가로 일어설 수 없었을 것입니다.

중국은 경제력이 향상되자마자 세계 각국에 '공자학원'을 설립하여 '한자'를 수출하기 위해 매진하고 있습니다. 일본은 중국보다 훨씬 먼저 시작하였습니다. '무라사키 시키부 학원'을 세계 각 지역에 세워 일본문자인 '가나'를 수출하고 있습니다. 하지만 '한자'와 '가나'는 문자의 품질에서 도저히 '한글'을 따라오지 못하는 기능적, 태생적 한계를 지니고 있습니다.

'한글'은 세계최고의 문자품질을 가지고 있으면서도 세계인들에게 인식이 안 되어 있을 뿐입니다. 아무리 품질이 우수한 세계적 명품이라도 세계인이 알지 못하면 그 명품은 세계인의 관심을 가질 수 없습니다. '구찌' 백이 아무리 좋다 한들 아프리카 빈민촌에 사는 여인에게는 한 개의 비닐봉투만도 못한 것입니다. 상품이 이러할 진데 문자의 우수성은 그 문자로 자국어의 언어를 직접 표현해보지 못한 사람이 알 수 없는 것입니다.

유네스코에 의하면 현재 지구촌에는 약 6천여 개의 언어와 약 3백여 개의 문자가 존재합니다.

세계의 언어학자들은 이구동성으로 말합니다. 향후 100년 이내에 현재 남아 있는 지구촌 언어의 90%는 사라질 것이고, 언어를 글로 옮기는 문자는 5개 정도가 살아남을 것으로 전망합니다. 그 5개의 문자는 영어(로마문자), 아랍어(아랍문자), 스페인어(로마문자), 중국어(한자문자), 그리고 한국어(한글문자)라고 말합니다.

로마문자, 아랍문자, 한자문자는 오늘날 세계에서 가장 많은 인구수가 사용하고 있기 때문에 살아남을 수 있는 문자에 포함되었지만, 한글은 현재 사용 인구수는 비록 적지만 미래 사용인구수가 가장 많이 예상되기 때문에 포함된 것입니다.

지금은 영어가 판치고 있는 시대입니다. 오늘날 우리가 영어 학습에 매진하고 있는 이유이기도 합니다. 그러나 언어의 판은 언젠가는 새 판으로 바뀝니다. 그리고 새판으로 바뀔 때 마다 가장 위대한 판으로 접근해 가는 것이 세상의 원리이고 이치입니다. 지난 한 때 세계적으로 통용되던 불어, 독어, 스페인어가 점점 퇴색되어 시들어가고 있는 언어수요의 변화를 우리는 지구촌 언어시장에서 목격하고 있습니다.

지금 서구 영어권의 나라에서 중국어, 일본어, 한국어의 학습이 세차게 불고 있습니다. 지금 영어가 지나간 자리에는 '한글문자', '가나문자', '한자문자'가 언어시장에서 경쟁하기 시작했습니다. 세계적 언어학자들은 경쟁의 끝머리에서 마지막 언어시장의 판을 차지하는 문자는 '한글'이 될 것이라고 장담합니다.

그 이유는 무엇일까요? 컴퓨터가 혁명을 주도한 제3차 산업혁명시대와 지금 다가오고 있는 인공지능이 혁명을 주도하는 제4차 산업혁명시대에 '한자문자'와 '가나문자'는 과학성, 합리성, 논리성, 체계성, 편의성 등에서 '한글문자'를 도저히 따라올 수 없는 불합리하고 비과학적이며 비편의적이고 비디지털적인 불편한 문자라는 것이 언어학자들에 의해 밝혀졌기 때문입니다.

1945년 광복 후 미군정(1945-1948)이 끝나고 대한민국 정부를 수립한 1948년 우리나라의 문맹률은 78%였습니다. 한국전쟁(1950-1953)이 끝나고 초등학교 의무교육이 시작된 후 1959년 우리나라 문맹률은 10%였습니다. 교과서를 한글전용으로 바꾼 뒤 1년이 지난 2006년 우리나라 문맹률은 0.6%입니다.

우리나라 국민이 본격적으로 한글을 전용하여 한글교육이 시작하면서부터 문맹률은 0%대에 돌입한 것입니다. 2006년의 미국의 문맹률은 18%, 그리고 중국의 문맹률은 49% 수준입니다.

오늘날 지구촌에서 국민의 문맹률 0%대를 유지하고 있는 나라는 대한민국 하나밖에 없습니다.

한글의 세계화를 위해 우리가 해야 할 일은 한글의 과학성, 우수성, 합리성, 보편성, 편의성 등을 세계인에게 널리 알리는 일입니다. 아무리 명품이라도 그것이 명품인 것을 모르는 사람에게는 명품의 가치는 길바닥에 널려 있는 돌이나 다름없습니다. 표음문자, 음소문자, 자질문자의 3요소를 모두 갖춘 문자는 지구촌에서 한글 하나뿐입니다. 디지털시대에 디지털 친화 문자는 지구촌에서 한글 하나뿐입니다.

아날로그시대에서 디지털시대로 진입하면서 한글은 새롭게 빛을 발하기 시작했습니다. 영어는 도저히 한글을 따라올 수 없게 되었습니다. 언어학자들의 분석에 의하면 한글은 영어보다 3배 빠른 문자작성, 전달속력을 갖고 있습니다. 한글은 일본어보다는 5배, 중국어보다는 8배 빠른 문자작성, 전송능력을 지니고 있습니다. 독어, 불어, 스페인어는 더 이상 세계어화 에너지를 발휘할 수 없는 침체 상태이고 영어는 한글의 과학성에 눌려 시간이 갈수록 퇴색하고 있습니다.

영어의 한계

영어는 자질문자가 아니기 때문에 발음기호를 별도로 배워야 읽을 수 있습니다. 한글은 발음기호가 따로 없습니다. 글자 자체가 발음기호입니다. 영어는 인쇄체, 필기체를 따로 배워야 하고 대문자, 소문자를 따로 배워야 합니다. 문자습득에 시간비용이 많이 들어갑니다. 동일한 알파벳을 사용하고 동일한 로마자를 사용하는 각 나라의 발음이 각각 다른 것도 영어는 자질문자가 아니기 때문에 발생하는 태생적 비합리성입니다.

한자의 비애

중국은 14억 인구가 한자를 사용합니다. 사용 인구수만 보면 세계적으로 영어보다 중국어 사용 인구수가 많습니다. 그러나 중국은 세계에서 문맹률이 매우 높은 나라입니다. 오랜 기간 중국의 문맹률은 99% 수준이었습니다. 번체자를 간체자로 바꾸고 난 뒤에도 2006년 49%, 그리고 2013년 문맹률은 39% 수준입니다.

20세기 중국의 사상가이며 대문호인 루쉰은 중국을 통일한 마오쩌둥 주석에게 "만약 중국이 한자를 없애지 못하면 향후 100년 이내에 중국은 망하고 말 것이다."라고 지적한 일이 있습니다.

중국은 56개의 소수민족이 다른 언어를 사용하며 살고 있습니다. 언어를 통일하기 위해 1949년 중화인민공화국 수립 후 북방방언을 기초로 삼아 베이징 말을 표준어로 제정했습니다. 1956년 마오쩌둥 주석은 전국의 언어학자 100여 명을 소집하여 새로운 문자를 개발하도록 지시했습니다. 오늘날 중국이 사용하고 있는 간체자는 이렇게 탄생한 것입니다. 중국은 8년의 연구 끝에 1964년 중국문자개혁위원회에서 새로 만든 간체자 2,235개를 공포했습니다. 청나라 강희자전에 실려 있는 한자(번체자)의 수는 4만 개가 넘습니다. 간단히 표현하면 4만 개가 넘는 한자를 전부 폐자 처리하고 쓰기 쉬운 한자(간체자)를 새로 2천2백3십5개를 만들어 문자개혁을 공포한 것입니다. 중국의 교과서, 공문서, 모든 출판물은 번체자를 쓸 수 없고 간체자만 사용합니다. 또 중국은 별도로 발음을 표시하기 위하여 로마자를 빌려 와서 '한어병음'을 새로 만들었습니다. '한어병음'을 모르면 한자를 읽을 수 없습니다. 중국의 초등학생은 간체자의 발음을 공부하기 위해 로마문자를 먼저 배워야 하는 번거로움을 감수하고 있습니다. 중국은 자기나라 문자를 읽기 위해 차용해 온 다른 나라의 문자를 먼저 배워야 하는 이중 고통을 감당하고 있습니다. 어려운 한자를 사용하는 태생적 한계이고 비애입니다.

중국의 후회

한국에 유학 와서 한글을 배워 본 중국유학생들은 불규칙 변화가 많은 '한어병음' 발음기호 대신에 한글로 표기한 발음기호가 더 편리하다고 이구동성으로 말하고 있습니다. 그들은 중국이 8년에 걸쳐 간체자를 연구하는 대신 이웃나라의 문자인 한글을 채택하여 문자개혁을 했더라면 더 좋았을 것이라는 후회를 하기도 합니다.

한글의 약진

동세서진 시대에 한글은 지구촌 곳곳에서 배우려는 수강생이 폭발적으로 늘어나고 있습니다.

2014년 기준으로 세계의 61개 국가에서 한글을 공교육에서 배우고 있습니다. 그리고 말은 있지만 문자가 없는 동남아시아, 남태평양 및 남아메리카 부족들이 한글을 자국어를 표현하는 문자로 채택하기 시작했습니다.

한글의 특성

한글은 문자의 창제자, 창제일, 창제목적이 있는 유일한 문자입니다. 영어 문자인 로마자와 중국어 문자인 한자는 누가 언제 무슨 목적으로 만든 문자인지 모르고 오랜 세월 짜깁기하여 만들어진 문자입니다.

한글은 누구나 알기 쉽게 사용하여 백성의 삶을 평안하게 하려는 분명한 목적의식을 가지고 만들었기 때문에 과학적일 수밖에 없는 태생적 배경을 가집니다.

한글은 인체의 구강구조로 자음을 만들고 천지인 우주원리로 모음을 만들어 글자 자체가 발음기호이기 때문에 세상의 모든 소리를 표현할 수 있는 유일한 문자입니다.

한글은 모든 언어가 꿈꾸는 최고의 알파벳이고 인류가 발명한 가장 위대한 문자이며 유네스코가 인정한 유일한 문자입니다.

한글의 세계화

오늘날 세상은 바뀌었습니다.

사이버 세계의 도래와 정보혁명은 지구촌 변두리 국가였던 대한민국을 지구촌 중심국가로 이동시키고 있습니다. 언어와 문자의 새판은 가장 위대한 판으로 바뀌어 갑니다. 지식기반시대, 4차 산업혁명시대의 도래와 한국의 무역영토 확장으로 한글은 세계인이 배우고 싶어 하는 문자가 되었습니다. 한글의 세계화는 지구촌 방방곡곡에서 현재진행형으로 다이내믹하게 확대되고 있습니다.

✿ 선비정신의 세계화

우리나라는 역사적으로 잘 살펴보면 '선비정신'이 펄펄 살아 있었을 때 국가의 융성과 번영을 구가할 수 있었습니다. 한편 '선비정신'이 땅에 떨어졌을 때 우리나라는 국론이 분열되어 국민은 서로 헐뜯고 권력층의 비리, 부정, 부조리, 부정부패가 만연하여 급기야 나라를 잃어버리는 수모까지도 겪었습니다.

'선비정신'의 핵심은 어진 삶을 살고, 바른 사회를 만들고, 청부국가를 건설하는 데에 있습니다. '선비정신'은 우리나라뿐만 아니라 지구촌에 사는 모든 인류에게 보급할 수 있는 인류사회의 보편적 가치입니다.

'선비정신'은 인간본성인 인의예지(仁義禮智)로 개인인격을 완성하고, 조직본성인 효충경신(孝忠敬信)으로 사회인격을 완성하는 정신입니다. 인간본성을 밝히고 조직본성을 사회화하는 정신입니다.

'선비정신'은 도교, 불교, 유교, 힌두교, 기독교, 이슬람교가 생성되기 훨씬 이전에 환인이 환웅에게, 환웅이 단군에게 계승한 천부삼경의 사상입니다. 단군에게 계승되어 고조선 건국이념으로 승화된 홍익인간, 제세이화, 성통광명 사상은 선비정신의 근본 토양입니다.

전통적 의미의 선비의 정의는 아래와 같이 정리됩니다.

- 선비는 세상에서 가장 넓은 집인 인(仁: 사랑)의 집에 산다.
- 선비는 세상에서 가장 바른 자리인 예(禮: 배려)의 자리에 선다.
- 선비는 세상에서 가장 큰 길인 의(義: 정의)의 길을 걷는다.

현대적 의미의 선비의 정의는 아래와 같이 정리됩니다.

- 선비는 행동하는 지식인, 문화인, 모범인이다.
- 선비는 도덕적 삶의 사회화에 앞장서는 리더이다.
- 선비는 공동체를 위한 공동선을 창조하는 엘리트이다.

우리나라 선비 1호는 고조선 초대 단군입니다.

선비는 한자가 없는 순수한 우리나라 말입니다.

선비라는 단어는 제사장, 군장, 임금의 뜻이 내포되어 있습니다.

착함, 선함을 완비한 지도자라는 뜻도 포함되어 있습니다.

전통을 포기하는 것은 뿌리를 잘라 버리는 일입니다.

전통을 말살하는 것은 삶의 명맥을 단절시키는 일입니다.

홍익인간, 제세이화, 성통광명의 전통 선비사상을 계승하는 일은 세계적 정신문화 격랑의 시대에 대한민국이 국제사회에 단단히 자리매김하는 기반이 될 수 있습니다.

우리민족의 선비정신은 인류의 보편적 평등가치이며 동시에 인류의 보편적 도덕정신이기 때문입니다.

선비정신은 개인의 삶을 아름답고 풍요롭게 지탱하는 철학이며 동시에 지구촌 공동체의 삶을 건강하고 담담하며 탄탄하게 만들 수 있는 인류적 철학입니다.

선비정신은 인간의 경외지심(敬畏之心)과 감은지심(感恩之心)을 키우는 철학입니다.

선비정신은 다음의 3가지 측면에서 인류의 보편적 가치를 나타내고 있습니다.

첫째, 선비정신의 인간개념은 어떤 특정 환경에서의 인간상이 아니라, 역사와 사회의 한계를 넘어 보편적 의미에서 가장 이상적인 인간상을 제시해 준다.

둘째, 선비정신은 이상적인 인간, 이상적인 가정, 이상적인 사회, 이상적인 국가, 이상적인 국제사회, 이상적인 정치행위에 있어서 가장 이상적인 도덕윤리를 밝혀 주고 실행 경로를 제시해 준다.

셋째, 선비정신은 인의예지의 개인적 삶과 효충경신의 사회적 삶을 구체적으로 실현할 수 있는 수양, 수련, 수행방법을 제시해 준다.

선비정신이 인류의 보편적 가치라는 것을 나타내는 역사적 사례가 가까운 곳에 있습니다.

동양에서 가장 먼저 선진국의 대열에 진입한 이웃나라 일본의 사례를 살펴보면 '선비정신'의 가치를 새삼 확인할 수 있습니다.

'선비정신'을 수입한 일본의 평화시대

일본은 에도막부 260여 년 동안 국내적으로나 대외적으로 평화를 만끽하면서 자국의 문화수준을 드높일 수 있었습니다. 일본은 임진왜란과 정유재란을 거치면서 조선으로부터 '선비정신'을 수입해 갔습니다. 도요토미 히데요시의 사후에 일본은 도쿠가와 이에야스의 에도막부가 탄생하면서 '조선실천성리학'을 관학으로 삼아 우리나라의 '선비정신'을 철저하게 연구하여 사무라이 무사도를 확립했습니다.

8백여 년 동안 계속된 일본의 전국시대(戰國時代)에는 사무라이의 무사도가 없었습니다. 그들은 단순히 번의 영주를 위해 목숨을 바치는 '싸울아비'에 불과했습니다. 오직 싸움밖에 모르던 사무라이들이 '선비정신'을 체득하여 효충경신을 체현하고 평화를 사랑하는 무사도를 만든 것입니다.

일본의 에도막부 설립 후, 12회에 걸친 조선 통신사 파견은 퇴계의 경(敬)철학이 일본의 지식층에 전해지는 계기가 되었습니다. 조선 선비의 공동체 정신인 효충경신은 일본 사무라이들에게는 하늘에서 내린 정신적 단비가 되었던 것입니다.

'선비정신' 체득하여 문화국가로 인정받은 일본

일본 메이지 유신 정부의 외교관 니토베 이나조는 우리나라의 '선비정신'에 일본식 옷을 입혀서 무사도를 기리는 책을 펴냈습니다. 1900년 미국에서 영어로 출간한 '武士道'(The Soul of Japan)에는 '선비정신'이 사무라이 정신으로 기록되어 있습니다. 이 책으로 일본은 하루아침에 미국의 인식을 야만국가에서 문화국가로 바꾸어 놓았습니다. 야만국가에서 문화국가로 부상한 일본은 19세기 말에 국가 이미지를 일신하여 지구촌 리딩국가로 변모하게 됩니다. 그것은 '선비정신'의 일본화에 성공했기 때문입니다.

식민통치를 위한 정신문화조작교육

20세기 초 부국강병 정책으로 세계적 군사대국이 된 일본은 오만방자하게 되어 평화를 수호해 온 '선비정신'이 땅에 떨어지는 시대에 돌입합니다. 군국주의로 돌변한 일본은 영토 야욕에 사로잡혀 대만, 한반도, 만주를 점령하고 독일, 이탈리아와 군사동맹을 맺고 제2차 세계대전을 일으킵니다.

일본이 한반도에서 저지른 악행 중 가장 치욕적 악행은 우리나라의 위대하고 찬란한 전통 정신문화를 궤멸시키기 위해 '선비정신'을 말살시킨 것입니다. 일본은 '선비정신'을 말살시키기 위해 '선비'를 죽이는 정신문화조작교육을 실시했습니다. 그리고 우리나라 백성들을 우민화시키기 위해 일본어를 국어로 공포하고 한글을 배우지 못하게 한글 말살정책을 일삼았습니다.

1910년 일제강점기가 시작되자 초대 조선총독으로 부임한 데라우치 마사타케는 매우 골치가 아팠습니다. 그가 와서 보니까, 조선은 방방곡곡에서 항일의병이 들고 일어나 하루도 바람 잘 날이 없었기 때문입니다. 데라우치는 심복인 다카하시 도오루를 불러서 항일 의병장이 누구인지 파악하고 항일 의병의 원인을 분석하라는 밀명을 내립니다. 다카하시는 한복으로 갈아입고 삼남지방(영남, 호남, 충청)을 염탐합니다.

조선의 의병장은 모두 선비

의병장의 집을 방문한 다카하시는 깜짝 놀랍니다. 분명히 총과 칼이 있을 줄 알았는데, 총과 칼은 하나도 보이지 않고 의병장이라는 사람은 모두 방안에 앉아 퇴계와 율곡의 책을 읽고 있는 것이었습니다. 다카하시는 또 한 번 놀랍니다. 조선의 의병장은 군인이 아니고 모두 선비라는 사실을 확인했기 때문입니다. 이는 일본 관료의 상식을 뒤엎고 허를 찌르는 일이었습니다. 다카하시는 데라우치 총독에게 이렇게 보고합니다. "조선을 식민통지하기 위해서는 조선의 '선비'를 궤멸시켜야 합니다. '선비정신'이 살아 있는 한 식민통치는 어려울 것으로 사료됩니다."

이때부터 조선총독부에서는 선비와 양반을 하나로 묶어서 멸시하고 비하하고 왜곡하고 폄훼하는 무시무시한 정신문화조작교육이 시작됩니다. 식민교육은 '선비'와 '선비정신'을 한꺼번에 매도해 버리고 조선의 양반은 모두 나쁜 놈으로 만들어 버립니다. 당시 조선의 양반계급은 평민을 함부로 죽이는 일본의 사무라이 계급이나 평민을 노예로 부리던 유럽의 귀족계급에 비하면 양반 중의 양반이었습니다. 일제는 식민교육을 통하여 우리나라 지식인들에게 '선비'와 '선비정신'의 부정적인 면을 날조하여 교육시켰고 일제에 세뇌된 우리나라 지식인들은 똑같은 내용을 후손들에게 그대로 가르쳐버리는 참담한 오류를 범했습니다.

일본인 지식층이 가장 무서워한 '선비정신'

일본인 지식층은 우리나라의 '선비정신'이 이룩한 찬란하고 위대한 전통정신문화를 가장 무서워했습니다. 그것은 마지막 총독을 지낸 아베 노부유끼의 말에서 확인할 수 있습니다.

1945년 8월 15일 일본은 2차 세계대전에 패배하여 연합군에 무조건 항복합니다.

1945년 9월 8일 일본군 무장해제를 위해 한반도의 북쪽은 소련군이 한반도의 남쪽은 미군이 진주합니다.

1045년 9월 12일 아베 총독은 우리나라를 떠나면서 고별사에서 이런 말을 남깁니다. "일본은 패배했다. 하지만 조선이 승리한 것은 아니다. 일본은 조선인에게 총, 대포보다 더 무서운 식민교육을 심어 놓았다. 조선인은 위대하고 찬란했던 과거의 영광을 모두 잊어버리고 앞으로 100년이 넘도록 서로 이간질하고 서로 분열하여 모두 노예 같은 삶을 살게 될 것이다. 나 아베 노부유끼는 다시 돌아온다."

아베가 말한 식민교육은 너무나 무서운 결과를 가져왔습니다. 사람은 교육받은 대로 생각하고 교육받은 대로 행동하기 때문입니다. 오늘날까지도 우리나라 국민의 대부분은 '선비'의 진정한 모습이 무엇인지, '선비정신'의 본질은 무엇인지 잘 모릅니다. 위대하고 찬란한 우리나라의 전통정신문화에 대한 인문교육이 부재하였기 때문입니다. 우리나라는 일제일식민교육의 최대희생자인 '선비'의 삶을 새롭게 살려내고 '선비정신'을 부활시켜야 할 것입니다.

선비의 존재 이유는 진리탐구와 도덕실천에 있습니다. 진리탐구와 도덕실천은 인간다운 인간을 만들고 홍익인간정신으로 세상에 보탬이 되는 협업사회와 공동체를 존립하게 하는 대들보입니다. 선비는 '인의예지'의 인간본성을 밝히고 '효충경신'의 사회본성을 밝히기 위해 격물·치지·성의·정심으로 수신을 게을리 하지 않습니다. 그리하여 수신·제가·치국·평천하로 대동사회를 만들고 세상을 평안하고 평등하며 평화롭게 만들기 위해 목숨을 아끼지 않습니다. 우리나라 정치·경제·사회·교육·문화·언론·예술·스포츠 지도자들이 모두 '선비정신'을 되찾는 날이 우리나라가 세계적 문화대국으로 우뚝 빛나는 날이 될 것입니다.

❀ 마무리 제언

부존자원이 거의 없는 대한민국을 세계적 경제대국으로 이끌고 오늘날 한류문화가 지구촌을 휩쓸고 있는 중심에는 '한글'과 '선비정신'이 존재합니다.

필자는 '한글'과 '선비정신'을 한반도 안에 가두어 놓고 있는 것은 인류평화를 위해 불행한 일이라고 생각합니다.

대한민국은 인류평화와 세계의 융성발전을 위해 '한글'을 세계 언어시장에 널리 가르치고 '선비정신'을 행동으로 펼치는 '선비청년 교육대'를 지구촌 방방곡곡에 진출시켜야 합니다.

대한민국은 '한글'과 '선비정신'을 독점할 것이 아니라, 널리 세상에 내놓고 펼쳐야 하며, 지금이 그러한 때라고 생각합니다.

지구촌에 사는 세계의 인류를 위해 대한민국 국민과 북한 주민과 해외 동포들이 모두 앞장서 나서야 할 때라고 생각합니다.

지구촌에 '한글'과 '선비정신'을 수출하고 보급하기 위해 장기적이고 일관성 있는 정부의 글로벌 문화정책을 세우고 실시하는 것은 바람직한 일입니다. 대한민국 국민이 범국가적으로 참여하여 지구촌을 선도할 수 있는 창의적이고 체계적인 정책이 절실히 필요한 시점입니다.

한반도에 살고 있는 남북한 8천만 한국인과 지구촌 곳곳에 살고 있는 8백만 해외 동포가 모두 힘을 합해 '한글'을 가르치고 '선비정신'을 선양해야 합니다. 22세기가 시작되는 2100년경에는 '한글'과 '선비정신'의 세계화 목표 달성의 위업이 궤도에 진입할 것으로 확신합니다.

감사합니다.

和元 김진수 올림

차례

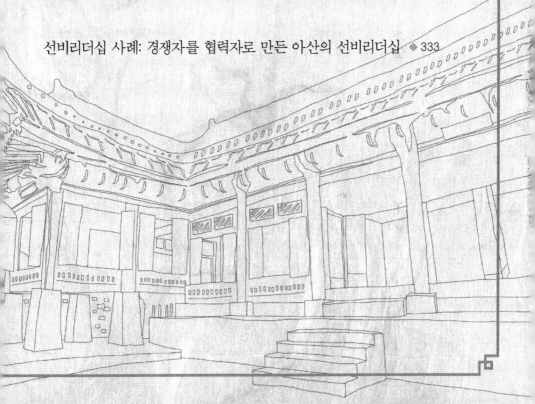

선비정신은 대한민국의 성공비밀이다

　돈이 되지 않는 것은 모두 천덕꾸러기 취급을 당해야 하는 오늘날의 자본주의 삶의 부작용을 줄일 수 있는 공존·공생의 대안은 어디에 있는가? 서구에서는 대안을 찾아볼 수 없는 것이 현실이다. 대안은 동아시아, 그중에서도 동아시아의 중심국가로 떠오르고 있는 한국에 있다. 그 해답은 바로 학문의 꽃이 만개했던 고려, 조선의 실천성리학과 선비정신에서 얻을 수 있는 것이다. 특히 조선은 세계에서 가장 먼저 지식기반사회를 구축하여 지식인 엘리트들이 학문의 공동체를 만들고 백성을 임금 위에 두고자 심혈을 기울였던 사회였다.

선비정신은 3천 년 이상 우리나라의 국민정신으로 한국인에게 내재되어 오고 있는 근본가치이다. 선비정신은 국가의 지식인이 이끌었고 그 시대의 국민들에게 확산된 생활실천정신이었다. 선비정신은 유럽을 위시한 서양에 없는 국민정신이다. 중국, 일본을 포함한 동양에도 없는 한국인 고유의 국민정신이다. 한국인은 선비정신의 유전인자가 체득되어 있는 상생적·융합적·창조적·문화적·평화적 국민이다.

선비정신은 대한민국의 성공비밀이다. 동시에 북한의 실패비밀이라고도 할 수 있다. 왜냐하면 한국인 고유의 전통정신문화인 선비정신을 남쪽에서는 계속 이어갈 수 있었지만 북쪽에서는 공산정권 수립 초기부터 비하하고 타파하여 끝내 멸실시켰기 때문이다. 공산주의 독재정권과 선비정신은 태생적으로 공존이 불가능했다. 선비는 모든 권력이 일인에게 집중되었던 전제왕정시대에도 임금 위에 백성을 두기 위해 왕을 설득하고 투쟁한 유일한 존재였다.

근대정부 수립 이후 한국은 선비정신의 산물인 향약운동을 살려 새마을운동을 주도했고 개인 및 집단의 능력과 노동의 질을 향상시켰다. 또한 개방개혁정책, 국제협력정책을 세워 세계인이 부러워하는 경제대국을 이루어냈다. 반면에 북한은 철통 같은 보안정치로 개방개혁을 막고 인민을 혹사시키면서 우물 안 개구리 사회가 되었고, 권력층은 잘살고 인민은 못사는 나라로 전락하고 말았다.

광복 이후 한국에서는 부정선거와 독재정치에 반발하는 의거들이 권력에 항거하여 일어났다. 2·28 대구학생의거, 3·15 부마시민의거, 4·19 학생혁명, 5·16 군사혁명, 5·18 광주시민의거, 6·10 서울민주시민항쟁 등 나라의 위기를 구하고 폭력정치에 항거하고 국가존립의 방향을 바로잡는 선비정신의 발로가

힘차게 솟아났었다. 하지만 북한에서는 의거, 혁명이 한 번도 일어나지 않았다. 아니 일어날 수 없었다. 그것은 북한의 독재정권이 국민적 DNA인 선비정신을 말살시키는 데 혈안이 되어 인민을 공포, 폭정으로 얽어맸기 때문이다.

역사적 관점에서 보면 한반도에 사는 우리 민족은 북한의 공포정치와 같은 폭정을 근대에 들어와서 경험한 적이 있다. 일제강점기에 조선총독부는 우리 국민에게 내재되어 있는 선비정신을 뿌리 뽑고 말살시키기 위해 온갖 교육·문화적 강압정책을 썼다. 또한 선비와 양반에게 일부러 나쁜 이미지를 만들어 뒤집어씌우고 선비정신을 비틀고 왜곡시켰으며 심지어는 없는 사실을 조작해서 가르치기도 했다.

일제강점기가 시작되었을 때 조선의 구석구석에서 의병들이 봉기하는 바람에 한반도는 하루도 바람 잘 날이 없었다. 초대총독인 데라우치의 밀명을 받은 조선총독부 관리 다카하시 도오루는 한복으로 갈아입고 삼남지방을 염탐하고 다니다가 의병장의 책상 위에 빠짐없이 놓여 있는 『퇴계집』을 발견하고는 총독에게 '선비정신을 타파하지 못하면 끊임없이 의병이 일어날 수 있기 때문에 조선통치는 불가능합니다'라는 보고서를 제출했다. 그는 선비정신 타파정책에 앞장섰던 관리였다. 일본인 역사학자 호소이 하지메는 자신의 논문에서 '조선인은 분열의 유전자가 있어서 자치능력이 없다. 따라서 일본이 지배해야 한다'고 주장했다. 조선총독부는 이 내용을 교과서에 넣고 교육시켰다. 이렇게 하여 식민사관, 자학사관이 한국인에게 주입된 것이다.

1945년 8월 15일은 우리에게는 광복일이지만, 일본에게는 연합군에게 항복을 선언한 패전일이다. 그날 밤 조선총독부의 마지막 총독이었던 아베 노부유키는 측근을 모아놓고 "일본은 졌다. 그러나 조선이 이긴 것은 아니다. 우리는 조선인들의 머리에 총과 대포보다 더 무서운 식민지 교육을 심어 놓았다. 조선인들은 자신들의 찬란한 업적을 잊고 100년 이상 노예처럼 서로 헐뜯고 증오하며 분열할 것이다. ……나 아베 노부유키는 다시 돌아올 것이다"라고 말했다.

지금 우리 사회를 보자. 아베 노부유키가 했던 말 그대로 재현되고 있는 실상을 볼 수 있지 않은가? 남북은 체제가 분열됐고, 남쪽은 이념이 분열되고, 지역이 분열되고, 세대가 분열되고, 빈부가 분열되고…… 우리는 선조들의 찬란한 업적을 깡그리 잊어버리고, 서로 헐뜯고 증오하며 분열하고 있다.

몇 년 전 필자는 이공계 교수들이 만든 모 학회의 초청을 받아 선비사상에 대한 강연을 했다. 이야기를 시작하기 전에 "선비라는 단어를 들었을 때 어떤 이미지가 떠오릅니까?" 하고 질문을 던졌다. 한 교수님이 손을 들고는 이렇게 대답했다. "선비라면 비 오는 날 지붕이 새는데도 방안에 의관을 정제하고 앉아 있는 사람 아닙니까?"

사실 그 때는 "선비는 구닥다리다"라는 대답이 나오지 않은 것을 다행으로 생각했다. 하지만 한편으로는 이건 아닌데, 하는 생각이 들기도 했다. 그 교수님은 40대 후반쯤 된 것 같았다. 광복된 지 70여 년이 지났는데도 우리나라 최고의 지성인이라는 교수님마저 일제강점기 때 주입됐던 왜곡된 이미지로 선비를 인식하고 있다는 데 대해서 안타깝고 비통한 느낌을 받았던 그때 그 기억이 아직도 생생하다.

일제강점기 때 일본인이 심어 놓은 '안티 선비'와 '안티 선비정신'에 대한 이미지가 우리 사회에 아직도 살아 있는 이유는 무엇일까?

이렇듯 우리나라가 외형적으로는 자주독립을 이루었지만 내면적으로는 자주독립을 이루지 못하고 있는 이유를 두 가지 측면에서 지적할 수 있다고 생각한다.

하나는 일제강점기 때 일본인으로부터 식민사관, 자학사관을 주입 받은 지식인들이 무책임하게도 자신의 잘못된 지식을 그대로 후배들에게 전수했다는 것이고, 또 하나는 우리 사회를 옳은 방향으로 이끌기 위해 천년 대계를 세우고 큰 틀을 만들어 나가야 할 책임이 있는 우리정부가 식민사관과 자학사관을 깨끗이 세척하지 못하고 우왕좌왕하면서 허송세월을 보냈다는 사실이다.

일제는 우리 민족의 국민적 DNA인 선비정신을 없애기 위해 온갖 수단방법을 동원하여 왜곡된 식민사관과 자학사관을 만들어 조작문화교육으로 주입시켰다. 이로써 선비정신이 억압된 우리 국민은 자력으로 일제식민정권을 쫓아낼 수 없었고, 결국 외세에 의해 해방이 이루어졌다. 우리 국민이 '거의소청(擧義掃淸)'의 선비정신으로 일제식민폭정을 스스로 추방하지 못하고, 외세의 힘에 의해 독립을 얻게 된 것은 천추의 한으로 남아있는 역사적 사실이다.

선비란 누구인가?

선비는 인의예지(仁義禮智)의 인간본성으로 개인인격을 수양하고, 효충경신(孝忠敬信)의 조직원리로 사회인격을 수행하여, 만인에게 이로움을 가져다 줄 수 있는 홍익인간철학을 실천하는 리더이다.

선비정신이란 무엇인가?

어짊, 옳음, 바름, 슬기(인의예지)와 배려, 책임, 섬김, 신뢰(효충경신)는 공동선을 창조하는 선비정신의 핵심이다. 이것은 한국인의 전통적 국민 스피릿이다. 선비는 배운 것과 알고 있는 것에 대해 유 불리 혹은 호불호의 잣대로 재단하지 않는다. 오직 옳고 그름의 잣대를 통해 시비를 가리고 그름을 물리치고 옳음을 선택한다. 종교도 정치도 학문도 교육도 생업도 바른 실천 그 자체에 가치를 둔다. 선비는 몸 교육, 행실교육, 마음교육으로 도덕적 소양의 바탕을 닦고 지식교육, 기술교육, 예술교육으로 학문적 교양의 탑을 쌓아 사회적 미덕을 실천하는 존재다.

홍익인간 철학이 낳은 정신이 선비정신이고 선비정신이 낳은 인간이 선비이다. 선비와 선비정신은 이렇게 우리 민족의 전통 유전자가 되었다.

선비정신의 핵심 실천 덕목은 수없이 많지만 8가지로 정리하면 다음과 같다.

- 학행일치(學行一致): 배운 것을 행동으로 옮긴다.
- 언행일치(言行一致): 말한 것을 행동으로 옮긴다.
- 심행일치(心行一致): 마음먹은 것을 행동으로 옮긴다.
- 살신성인(殺身成仁): 몸을 던져 어짊을 실천한다.
- 거의소청(擧義掃淸): 국운을 바로잡기 위해 정의의 깃발을 높이 들어 오랑캐와 소인배를 쓸어 낸다.
- 극기복례(克己復禮): 사욕을 누르고 공동체의 질서와 상생을 위한 예를 실천한다.
- 법고창신(法古創新): 전통을 바탕으로 새 시대에 맞는 공동선을 창조한다.
- 솔선수범(牽先垂範): 주인의식, 개척의식, 도전의식, 소명의식으로 맡은 분야와 본분을 위해 스스로 앞장서 모범을 실천한다.

중국 송나라의 성리학과 달리 조선성리학의 특징은 관념에 머물러 있었던 성리학을 실천에 옮겼다는 데 있다. 이로써 성리학은 조선실천성리학으로 자리매김을 했고, 조선은 유가사상의 실질적 종주국의 반열에 올라서게 되었던 것이다.

실천 덕목이 우선하므로 선비정신으로 조선사회를 이끈 문신과 무신의 양반 사대부만이 선비가 아니다. 충의와 절의를 중시하여 절개를 지녔던 분, 간절한 사명감으로 공적 신념을 위해 목숨을 걸고 치열한 삶을 영위했던 분, 하늘이 준 인간의 본성을 갈고 닦으며 삶의 현장에서 정의와 공정, 배려와 나눔을 실천한 분들이 모두 선비다. 즉 어질고 학식 있는 어른으로 사람답고 인간다운 삶을 일상생활에서 멋있게 영위하여 본보기가 된 사람을 말한다.

성리학이 한반도에 들어온 이후 고려 왕조 후기와 조선 왕조에서는 여러 분야에서 걸출한 선비를 배출했다. 제왕 선비로는 이도(세종)와 이산(정조)이 특출하다. 문신 선비로는 안향, 이제현, 이곡, 이색, 포은(정몽주), 삼봉(정도전), 정암(조광조), 남명(조식), 퇴계(이황), 율곡(이이), 중봉(조헌), 우계(성혼), 오리(이원익), 성호(이익), 사계(김장생), 다산(정약용), 면암(최익현) 등이 찬란하게 빛나는 인물이다.

무신선비로는 4군 6진 개척의 김종서 장군, 대마도 정벌의 이종무 장군, 왜란 때의 불멸의 영웅 충무공 이순신 장군, 경상도의 곽재우 의병장과 전라도의 유팽로 의병장, 호란의 양대 영웅 정무공 최진립 장군과 충양공 김준룡 장군 등이 빛나고 있다.

또한 조선여성사의 큰 별 성리학자 임윤지당, 시서화 삼절로 유명한 신사임당, 한시집을 남긴 허난설헌, 서영수합, 김삼의당, 남의유당, 그리고 『태교신기』의 저자 이사주당, 흉년 때 전 재산을 털어 백성을 구제한 제주의녀 김만덕, 시조로 유명했던 송도의 황진이, 평양의 계월향, 나라를 위해 목숨을 던진 진주의 주논개 등이 여성 선비로서 그 향기를 떨쳤다.

조선의 선비들은 사서(四書), 오경(五經), 육예(六藝)를 텍스트로 삼아 넓고 깊은 학문을 연마하여 지식인이 되었다. 특히 육예는 전인격적 인재육성의 여섯 가지 요소로서 선비가 반드시 체득해야 하는 필수과목이었다. 즉, 예(禮)로써 사회과학적 소양을 이수하고, 악(樂)으로써 예술적 소양을 즐겼으며, 사(射)로써 활쏘기 무예를 통해 신심을 단련했고, 어(御)로써 말 타기와 수레 다루기의 기술적 소양을 몸에 익혔으며, 서(書)로써 인문학적 소양을 길렀고, 수(數)로써 자연과학적 소양을 체득했다. 또한 개인인격의 완성과 조직인격의 확립을 목표로 오직 천하를 평안하게, 평등하게, 평화롭게 하려는 평천하(平

天下)사상으로 인간의 존엄성이 차별 없이 존중되는 대동사회(大同社會)를 건설하는 큰 목적을 향해 정진하여 왔다.

선비는 절대권력자였던 왕의 잘못에 대해서도 목숨을 걸고 직언했다. 선비는 국난이 닥쳤을 때 스스로 아낌없는 봉사헌신, 온 몸을 던지는 애국충절, 끈질긴 저항운동으로 이를 극복해 나갔다. 우리는 흔히 선비정신을 고루하다고 백안시하고, 선비의 당파 싸움 때문에 나라가 절단났다고 냉소를 던진다. 그러나 이것은 선비정신과 선비에 관해 조작되고 잘못된 교육을 받았기에 생겨난 편견, 선입견이 원인이다.

우리가 숭상해야 할 원래의 선비정신은 외세에 의해 너무 심하게 날조되었다. 일제강점기의 조선총독부에 의해 철저하게 왜곡되고 훼손되었다. 일제는 선비와 양반을 폄하하기 위해 무시무시한 조작문화정치를 감행했다. 그로 인해 조선의 역사에 등장하는 선비와 양반의 개념은 모두 부정적 식민사관과 자학사관으로 구겨지고 더럽혀졌다.

일제에 세뇌된 우리의 지식인, 지도층은 아무 깨달음과 책임감 없이 일본인에 의해 왜곡되고 조작된 선비의 이미지를 끊임없이 전수해 왔다. 이를 개선하고 바로 잡지 않으면 안 된다. 일제의 왜곡, 조작을 철저하게 세척해야 한다. 본래의 선비정신과 오리지널 선비의식을 다시 되살려내어야 한다. 무엇보다 식민사관과 자학사관을 배제하고 올바른 사관, 올바른 역사의식에 의한 올바른 교육을 시켜야 한다.

필자는 2002년에 우리나라 최초로 〈선비리더십 아카데미〉를 운영하여, 선비정신, 선비문화, 선비리더십 전파에 힘써왔다. 2007년 2월에 『선비리더십 1권』을 내고, 2009년 5월에 『선비리더십 2권: 클린 리더십은 절대 흔들리지 않는다』를 발간했으며, 2010년 4월에 『선비리더십 3권: 동양고전에서 리더십을 만나다』를 출간했으며, 2015년 6월에 『선비리더십 4권: 선비정신의 나라 대한민국』을 내고, 이어서 2016년 7월에 『선비리더십 5권: 법고창신의 선비리더십』을 출간하여 선비정신에서 찾는 한국형 리더십의 새로운 해법을 마무리 지었다.

현재 〈선비리더십 아카데미〉에서는 현대시민사회에 필요한 '생활실천 선비정신' 전파를 위한 교육과 스마트정보시대에 필요한 미디어의 명품 콘텐츠 생산운동을 전개하고, 정부조직, 공기업조직, 민간기업조직에 선비리더십을 함양하는 바른 인재, 바른 팀, 바른 조직 만들기 교육에 심혈을 기울이고 있다.

지금 우리 사회에는 진실이 실종되고 있다.

오늘날 우리 사회에는 온갖 거짓, 기만, 속임, 위선, 조작, 허위, 가식, 가짜가 난무하고 있다.

특히 주기적으로 돌아오는 선거철이 되면 우리 사회에는 각종 위선자들의 리얼리티 쇼가 난무하게 된다. 위선에는 색깔이 없다. 위선에는 상하, 좌우, 남녀, 노소의 구별이 없다. 더구나 위선이 이데올로기의 옷을 입으면 가장 큰 파괴력을 갖는다. 위선은 온갖 부도덕, 비윤리, 부조리, 무질서, 부정, 부패, 비리를 양산한다.

우리 사회의 급선무는 위선자, 선동자, 비리자, 모리배, 모사꾼, 사기꾼을 퇴치하는 일이다. 우리 사회에서 모든 허위와 비리를 걷어내야 한다. 제조업을 위시하여 유통산업, 금융산업, 문화산업, 관광산업, 정보산업, 서비스산업 등이 주축을 이루고 있는 현대경제사회에서 가장 금물은 진실성이 없는 허위성이다. 경제계의 문제만은 아니다. 정치계와 법조계를 비롯하여 문화계, 교육계, 체육계 등에 침투되어 있는 허위성을 모두 걷어내야 한다.

1948년 8월 15일 '대한민국'이라는 국호로 우리나라의 근대정부가 들어서

기 한 해 전인 1947년 백범 김구선생은 「나의 소원」을 발표했다. 백범선생의 소원은 지금도 우리의 귓전을 때린다.

나는 우리나라가 군사적이 아니고, 정치적도 아니며, 문화적인 강국이 되기를 원한다. 오직 한없이 가지고 싶은 것은 높은 문화의 힘이다. 문화의 힘은 우리 자신을 행복하게 하고, 나아가서 남에게 행복을 주기 때문이다. 나는 우리나라가 남의 것을 모방하는 나라가 되지 말고, 높고 새로운 문화의 근원이 되고, 모범이 되고, 목표가 되기를 원한다. 그래서 진정한 세계의 평화가 우리나라에서, 우리나라로 말미암아, 세계에 실현되기를 원한다.

마침 한류열풍이 지구촌을 뜨겁게 만들고 있다.

드라마, 영화, K-pop 등의 한국 대중문화가 선발대로 세계화의 봉화 불을 놓았다. 대중문화의 뒤를 이어 한국전통문화의 세계화가 혼 불을 밝힐 시점이다. 전통문화는 한류의 새로운 원천이 될 수 있다. 대중문화의 세계화를 지속시키기 위해서도 전통문화의 세계화는 반드시 필요하다.

오늘날에는 가장 한국적인 것이 가장 세계적인 것이 될 수 있다.

한국전통문화는 세계인의 매력 포인트다. 한국의 전통문화는 다양하다. 다양한 한국전통문화 중에서 정수는 눈에 보이는 것으로는 한글, 눈에 보이지 않는 것으로는 선비정신이 으뜸이다. 선비정신은 세계가 탐내는 엘리트 전통정신이다. 오늘날 우리 사회의 지도층은 선비정신에 투철해야 한다. 모든 한국 국민이 선비정신으로 심신을 새롭게 변화시켜야 할 때다. 우리 사회의 모든 분야에서 선비정신과 선비리더십을 적극 체득하여 우리나라를 문화자본이 튼튼한 선진문화대국으로 진입시키는 데 힘을 모아야 할 때라고 생각한다.

왜 지금 선비정신인가?

정보통신의 혁명이 가져온 사이버 세계는 경이로운 신세계이다. 이러한 새로운 세상에서 어떻게 생각하고, 어떻게 말하고, 어떻게 행동하는 것이 옳고 바람직한지에 대한 시대적 대응교육이 전무한 우리현실을 안타깝게도 직시해야 할 시점이다.

우리가 처해 있는 동시대의 윤리관이 마련되지 못한 상태에서 그 멋진 정보통신기술을 누구나 마음대로 활용하고 있으므로 오늘날 우리가 만들어

가고 있는 우리 세상은 제멋대로의 세상이 되어가고 있는지도 모른다.

시대문화에 따라서 우리의 교육문화도 그 내용이 획기적으로 변해야 한다. 교육에서는 어린이교육 및 청소년교육이 무엇보다 중요하다. 어릴 때부터 가정교육, 학교교육의 전 과정에서 무엇이 옳고 무엇이 그른지를 알려주는 인간본성, 인간성, 인성교육이 반드시 필요하다.

오늘날 우리는 어디에서나 창의성교육을 강조하고 있다. 하지만 인간의 위대한 창의성을 고작 인간본성을 망가뜨리는 일에 매달리게 하고 있지는 않는지 반성해 봐야 한다. 인간의 창의성을, 인간을 부끄럽게 하는 저속하고 선정적이며 선동적이고 폭력적이며 가식적이고 위선적이며 조작적인 문화전파에 마음껏 쓰겠다면 인류문화의 앞날은 밝은 빛을 볼 수 없는 어둠과 암흑에 지배당하고 말 것이다. 이 시대에 맞는 국가차원의 새로운 교육 시스템 및 올바른 교육 콘텐츠가 필요한 이유이다.

❀ 인간성 교육의 목적은 공동선을 창조하는 데에 있다

인류의 역사에서 문명화 과정이란 그 사회에서 수립된 정서의 외적 통제 방식을 말한다. 그리고 수립된 정서의 외적 통제 방식을 각 개인이 내면화하는 것이 바로 사회화 과정이다.

바꾸어 말하면 집단적으로 하는 정서 통제가 문명화 과정이고, 개인적으로 하는 정서 통제가 바로 사회화 과정인 것이다. 문명화(civilization)의 어원인 civil의 뜻은 '예절 바른'이다. '예절 바른'은 오늘날의 '사회적인(social)'이라는 단어의 뜻과 동의어이다. 그렇기 때문에 사회적인 존재는 '예절 바른' 존재여야 한다. 오늘날 우리 사회는 '예절 바른' 개인적 존재와 '예절 바른' 집단적 존재를 필히 요구하고 있다.

2012년 7월 교육과학기술부가 교사, 학부모 2만 6,538명을 대상으로 설문조사를 한 결과 학부모, 교사의 97%가 각각 '인성이 앞으로 사회생활에서 더욱 중요해질 것'이라고 답했다.

하지만 학교에서 그런 역할을 하고 있느냐는 물음에 학부모의 64.2%가 학교의 인성교육이 '만족스럽지 못하다'고 답했고, 일선교사의 68.1%가 '불만족한다'고 답했다. 인성교육이 중요하다는 것은 모두 알고 있지만 실제 교육현장에서는 지식만 가르치기에 급급해하는 현실을 지적하고 있는 것이다.

학생들에게 좋은 생활습관과 바른 예절, 사회공동체에 필요한 공공예절을 가르치는 체계적인 프로그램이 필요하다. 독일에서는 학업보다 인성교육을 필수적 과목으로 두도록 교육법에 명시해 놓은 주들이 늘고 있다. 프랑스의 인성교육은 체험활동을 통해 사회성을 기르는 것이 핵심이다. 학생들은 스포츠, 음악, 미술, 연극 등 여럿이 어울려 활동하며 협동심을 배운다. 일본의 아키타현에서는 유치원과 초 중등학생들의 연계수업을 통해 배려심과 사회성을 키운다. 수업과정에서 고학년들은 저학년 동생들을 돌보며 책임감을 기르고 저학년들은 선배들과 함께 생활하면서 공경심은 물론 예절과 질서를 배운다.

인성은 인간본성의 준말이다. 우리 선조들은 인간본성교육을 평생교육으로 삼았다. 『소학』에서 몸 교육인 행실교육을 배웠고 『대학』에서 마음교육인 리더십교육을 배웠다. 조선에서는 도성의 건축물에까지 인성교육을 위한 핵심가치를 형상화시켜서 모든 백성들이 깨우침을 잃지 않도록 국가적 차원의 사회성교육을 상징적으로 실현했다.

서울은 내사산과 외사산으로 둘러싸여 있는 명당 중의 명당이다. 내사산은 백악산, 목멱산, 타락산, 인왕산이고, 외사산은 북한산, 관악산, 아차산, 덕양산이다. 동서남북 사방에 이렇게 내사산과 외사산이 조화를 이루고 있는 넓은 지형은 아주 드물다.

어느 추운 겨울날 태조 이성계가 말을 타고 궁궐을 나섰다가 내사산 안쪽에 있는 눈은 다 녹았는데 그 바깥쪽은 눈이 그대로 쌓여 있는 것을 발견하고 눈이 녹은 경계선을 따라 도성을 축조시켰다. 전장 59,500자, 약 18.2km로 평지에는 토성을 쌓고 산지에는 석성을 쌓았다. 그리고 정도전의 건의를 받아들여 동서남북에 사대문을 설치하고 중앙에 종각을 지었다. 사대문의 이름은 흥인문(興仁門), 돈의문(敦義門), 숭례문(崇禮門), 홍지문(弘智門)이라 하고, 가운데의 종각을 보신각(普信閣)이라 불렀다. 흥인문은 지대가 낮은 관계로 홍수에 대비한다는 풍수학의 영향을 받아 후에 흥인지문으로 바꿔서 부르게 되었다.

여기에는 유가사상의 핵심이념인 오덕, 즉 인의예지신을 도성의 사대문과 종각에 형상화시켜서 사대문을 드나들고 보신각의 종소리를 듣는 모든 백성들을 오덕으로 교화하고자 했던 조선의 건국철학이 잘 나타나 있다.

흥인문으로 다니는 모든 백성은 어짊의 측은지심을 체득하시오.
돈의문으로 다니는 모든 백성은 옳음의 수오지심을 체득하시오.
숭례문으로 다니는 모든 백성은 바름의 사양지심을 체득하시오.
홍지문으로 다니는 모든 백성은 슬기의 시비지심을 체득하시오.
보신각의 종소리를 듣는 모든 백성은 서로 신뢰하는 백성이 되시오.

라고 하는 무형의 염원을 사대문과 종각에 담았던 것이다.
우리나라를 침탈한 일본이 제일 먼저 철거한 대문은 돈의문이다. 돈의문의 '의'는 옳음을 숭상하는 의미인데 이 옳음은 양심과 정심에서만 나올 수 있다. 일본인은 양심이 약한 민족인 반면 한국인은 양심이 강한 민족이었다. 돈의문이 일제 강점기에 철거당한 후 우리 민족의 양심은 약화되기 시작했다고도 볼 수 있다. 그 후 홍지문이 철거되고, 숭례문이 불탔으며, 홍인문만 예전 모습으로 남아 있다. 오덕의 최고봉인 '인' 하나만이라도 남아 있다는 사실이 그나마 다행이라고 생각한다.

'인'은 인간관계의 으뜸 가치이다.

그것은 두 사람 이상이 있을 때 사람에게 일어나야 하는 본성이기도 하다. 다른 사람이 아픔을 당할 때 나도 같은 아픔을 느끼고 다른 사람이 행복감을 느낄 때 나도 같이 행복감을 느끼는 마음이다.

오늘날 우리나라 인문학계에서 보는 선비의 정의는 다음의 3가지로 압축된다.

> 선비는 행동하는 지식인, 문화인, 모범인이다.
> 선비는 도덕적 삶의 사회화에 앞장서는 리더이다.
> 선비는 공동체를 위한 공동선을 창조하는 엘리트이다.

지금 선비형 인간과 '선비정신'이 새롭게 조명을 받고 있다. 그 이유를 알아보기 위해서는 먼저 현대사회의 특징을 살펴볼 필요가 있을 것이다.

현대사회는 다음의 3가지로 그 특징을 설명할 수 있다.

① 디지털 사회(투명화)이다. 스마트 전화가 나온 뒤로는 컴퓨터시대에서 모바일시대로 진입했다. 컴퓨터, 인터넷, SNS, 스마트폰 등으로 인류가 시공간을 초월하여 동시화 되고, 하나 되는 현상 속에 우리는 생활하고 있다. 오

늘날 사회는 누구나 정보의 발신자가 되고 동시에 정보의 수신자가 되므로 개인인격, 개인책임, 집단인격, 집단책임이 반드시 전제되는 사회다.

② 보편화 사회(대중화)이다. 인간은 정보의 공유, 지식의 공유, 기술의 공유, 문화의 공유, 지혜의 공유 등으로 삶의 양적, 질적 수준이 향상되었다. 하지만 동시에 선택과 판단을 할 때 옳고 그름의 잣대보다는 개인과 집단의 유·불리, 호불호에 따라 쏠림 현상이 신속하게 유발되는 사회로 대중화되었다.

③ 다문화 사회(다양화)이다. 우리 사회는 이미 한 민족만의 사회가 아니다. 지구촌 어느 나라의 어느 민족이라 하드라도 대한민국 국민이 될 수 있고 우리와 동고동락할 수 있다. 우리는 다양한 인종, 사상, 종교, 이념, 문화의 섞임으로 인해 피부색이 다르고 종교가 다르고 문화습관이 다른 이질적 존재라 하더라도 상호 이해, 인정, 존중, 소통, 공생이 필요한 사회에 놓이게 되었다.

이렇게 투명화되고 대중화되고 다양화된 현대사회를 만든 것은 근대사상의 출현이 있었기 때문이다.

그렇다면 근대사상의 특징은 무엇인가? 근대사상의 특징은 다음의 3가지로 분석해 볼 수 있다.

① 인간 중심이다.

오랫동안 내려온 신(神) 중심사고에서 벗어나 인간 중심사고가 탄생했다. 즉 신본주의를 졸업하고 인본주의 사상이 탄생한 것이다. 이로써 합리주의 사상이 탄생하고 합리주의는 과학적 사고방식을 탄생시켰다. 과학적 사고는 분석적 사고, 대립적 사고, 경쟁적 사고를 만들었고, 그 결과 오늘날 우리는 무한경쟁시대에 놓여 있다. 인본주의는 한편 인간우월주의를 탄생시켰고 인간우월주의는 자연환경 파괴, 생태계 파괴 등의 부작용을 인간에게 안겨주었다. 인간우월주의의 반성과 성찰이 필요한 시점이다.

② 개인 중심이다.

개인 중심의 사고는 이기주의를 탄생시켰다. 개인취향의 호불호와 내게 이익이냐 내게 손해냐에 따라 개인의 이기주의는 심화되었다. 이러한 개인이기가 모여서 동질적인 집단이기주의가 탄생했다. 집단이기 활동은 조합이 되고 기업이 되고 경제블록을 탄생시켰다. 경제블록은 지방, 지역, 국가, 국제동맹의 경쟁을 등장시켰다.

③ 물질 중심이다.

물질 중심사고는 물질만능주의를 가져왔다. 물질만능주의는 인간의 삶에서 목적이 아니라 수단으로 존재하던 물질을 목적으로 변하게 하는 기현상을 발생시켰다. 물질의 대표적 수단은 돈이다. 돈이 인생의 목표가 되고 돈이 좌지우지하는 세상이 나타난 것이다.

돈은 결코 삶의 목적이 될 수 없다. 돈은 그저 삶의 수단에 불과하다. 누구나 알고 있는 사실이다. 우리가 삶을 영위하기 위해 돈은 필요하다. 돈은 인간의 의식주를 해결하는 데 반드시 필요하다. 하지만 필요 이상의 돈을 추구하려는 데서 사악한 생각, 악덕한 행동이 탄생한다. 돈이 필요악이 되는 까닭이다.

악을 없애기 위해서는 필요 이상의 돈을 계속 축적할 것이 아니라, 사회에 환원시켜야 한다는 반성과 성찰이 탄생하게 되었다. 이러한 결과로 '포스트

모더니즘'이 출현하게 된 것이다. 특히 자본주의의 부작용을 보완하려는 반성과 성찰은 연구자들이 먼저 시작했다. 21세기 초 미국 아이비리그 대학을 중심으로 유교적 사상의 연구가 출현했다. 이른바 유학사상의 재조명이다. '원시유학', '정주성리학', '조선실천성리학'에 대한 새로운 조명이 시작되었다.

현대사회와 자본주의 사상의 부작용, 폐해, 해악 등을 치유할 수 있는 대안으로 도덕의 부활이 강조되었고 도덕의 본질이 살아 있고 도덕을 실천해온 조선실천성리학이 각광받게 되었다. 정주성리학은 관념적인 이론에 그쳤지만, 조선에 들어와서 조선의 선비들에 의해 실천성리학으로 열매를 맺을수 있었다. 조선의 선비는 정치, 경제, 사회, 문화에 성리학을 실험하고 일상생활에 도덕적 삶을 실천한 지식인이었던 것이다.

조선실천성리학의 주인공은 선비다. 선비자본주의의 주인공은 선비형 인간이다. 따라서 선비형 인재를 육성하는 시대교육의 필요성이 무엇보다 강조되는 시점인 것이다. 선비형이란 선비정신을 체득하고 실천하는 인간형을 말한다. 선비형 인재를 육성하기 위한 교육이념과 그 이념의 실천, 행동이 살아있는 리더십이 선비리더십이다.

그럼 선비리더십의 주인공인 선비에 대해서 좀 더 구체적으로 알아 보기로 하자.

'선비'라는 단어는 한자어가 없는 순수한 우리말이다. 여기에서는 그 유래의 두 가지 예를 살펴보자.

첫째로 몽골어에서 발음 '션'은 '어짊, 어질다'를 뜻하고, 만주어와 몽골어에서 발음 '비'는 '지식이 있는 사람'을 뜻하는데 알타이 제어(諸語) 언어인 몽골어와 만주어에서 유래했다는 설이 있다.[1]

---

1) 알타이 제어란 터키어를 비롯한 튀르크 제어, 몽고어를 비롯한 몽골 제어, 만주어 등의 퉁구스 제어를 총칭하는 말이다. 유형론적으로 교착어에 속하고 모음조화라는 현상이 있다. 종전의 언어학에서는 '알타이 어족(語族)'이라는 말로써 지칭하여 같은 계통을 이루는 하나의 어족으로 보고 있었으나 현재의 학계에서

두 번째는 고구려의 조의도, 조의선인(皁衣仙人)에서 유래했다는 설이다. 문무를 겸하는 조의선인들을 부를 때 '선배'라고 불렀는데 이 '선배'가 '선비'가 되었다는 설이다.[2]

선비의 의미를 더 구체적으로 살펴보기 위해 선비를 뜻하는 몇 가지 한자어에서 그 의미를 찾아보기로 하자.

선비를 나타내는 한자어에는 선비 사(士), 선비 유(儒), 선비 언(彦)등의 문자가 있다.

선비 사(士): '섬기다', '벼슬하다', '지도하다' 등의 뜻이 함께 내포되어 있는 한자다. 『설문해자』에 의하면 선비 사(士)는 '완전수(十)에 하나(一)를 더한 것이다'로 풀이하며, '하나를 알면 열 가지를 안다' 는 의미로도 해석하고 있다. 갑골문이 발견된 후에 해독한 사(士)의 원형은 '작은 도끼를 든 사람', 즉 무사로 밝혀진다. 고대사회에서 작은 도끼를 든 사람은 부족을 지키는 제사장을 상징한다.

선비 유(儒): 사람 인(人)변에 구할 수(需)를 붙인 문자다. 여기에는 '세상을 구하는 사람' 또는 '세상이 필요로 하는 사람'이 선비라는 뜻이 있다. 조선 왕조에서는 '선비'를 한자로 표현할 때 '유인(儒人)'이라는 단어를 쓰기도 했다.

선비 언(彦): 문(文) + 엄(厂) + 궁(弓)의 합자이다. 전서에서 弓이 彡으로 변한 것이다. 선비는 학문을 하는 문사의 뜻만 있는 것이 아니라 활을 잘 쏘아

는 그 견해에 부정적이다. 한국어와 일본어를 '알타이 어족'에 포함시키는 학설도 있었으나 현재는 이 두 언어를 독자적 언어로 보는 학설이 주류를 이루고 있다.

2) 역사학자 단재 신채호가 주장한 설이다.

전투에 앞장서는 무사의 뜻도 있다. 선비는 문무를 겸전하는 사람을 뜻한다.

이상의 선비라는 뜻을 가진 한자어 세 글자를 종합해보면 선비는 '문무를 겸하고 제사까지 주재하는 사람'이라는 의미를 가진다.

임금이 아닌 사람으로 문무를 겸하고 제사까지 주재하는 사람이니까 나라에서 임금과 위상을 같이하며 존경 받는 최고위층의 사람이라는 뜻이다. 하지만 고대사회는 신정일치(神政一致) 사회였기 때문에 제사장은 임금이 직접 겸하는 예가 많았다. 고대사회의 임금은 바로 선비를 지칭하는 의미를 가지고 있는 것이다.

이상에서 살펴본 선비라는 단어가 가지고 있는 의미를 종합해서 보면 선비라는 단어가 주는 뜻은 고전적 의미로는

- 문무겸전의 이상적 인간상
- 학덕을 겸비한 인격인
- 수양된 능력인

등으로 해석이 가능하다. 여기에 훗날 우리나라 고유의 '풍류도'에서 가미된 이미지가 들어가서

학덕이 높고 문무를 겸한 지도자로 풍부한 예술적 감성을 지닌 멋쟁이, 또는 풍류도인

이라는 새로운 이미지로 해석되기도 한다.

2012년은 한국 대중문화사에서 특별한 해라 할 수 있다.

K-pop이 지구촌을 뜨겁게 달구었고, 한국영화 '피에타'가 처음으로 세계 3

대 영화제의 하나인 베니스 국제영화제에서 최고작품상인 '황금사자상'을 수상했다. 말춤을 추며 한국어 버전으로 노래한 싸이의 〈강남스타일〉은 뉴욕에 상륙하면서 미국의 전역을 휩쓸었다. 이어서 유럽의 심장부인 런던과 파리를 강타하고 세계의 구석구석을 휘저었다. 하지만 이것으로 만족할 수 없다. 유행이라는 한계를 가지는 대중문화를 한국의 대표로 삼기에는 부족하다. 대중문화의 지속적인 전파를 위해서도 한국의 전통고급문화가 뒷받침되어야 한다.

선비정신은 세계가 공유할 수 있는 고급문화이며 한국형 엘리트의 전통 정신모델이다. 한국은 정신문화의 나라이다. 특히 한국의 정신문화는 세계 최고 수준의 역사를 가지고 있다. 영국 하면 '젠틀맨'이 떠오르고 일본 하면 '사무라이'가 떠오른다. 영국을 생각할 때 그들 정신문화의 상징인 '젠틀맨'이 생각나고 일본을 생각할 때 일본인의 상징인 '사무라이'가 그러하듯이, 한국, 하면 한국정신문화의 상징인 '선비'가 떠오르도록 해야 할 것이다.

전통시대 한국형 엘리트의 상징인 선비를 우리의 고급문화 콘텐츠로 키워나가야 한다. 선비정신은 한국전통 국민정신의 정체성을 대표하는 키워드다. 오늘날 도덕성이 떨어져 위기에 빠져있는 세계가 한국의 엘리트형 인간인 선비를 탐내고 있는 까닭은 선비정신의 보편적 가치에 있다.

선비정신의 보편적 핵심가치는 무엇인가?

　선비정신은 조선실천성리학의 결과물이다. 조선실천성리학은 정주성리학의 결과물이다. 정주성리학은 원시유학의 결과물이다. 조선실천성리학의 수원지인 원시유학은 공자의 정명사상(正名思想)과 그의 인 정신(仁 精神)이 근원이다. 정명사상은 명칭과 실질의 일치를 지향하는 공자사상으로 모든 사람이 자기에게 주어진 역할, 본분을 충실히 이행해야 모두 잘 살 수 있다는 공동체사상이다.

예를 들어 발가벗겨 놓으면 똑같은 사람인데 '왕은 왜 왕이냐?'라는 물음이 나올 수 있다. 왕이라고 해서 태어날 때 이마에 왕이라는 글자를 붙이고 나오는 것도 아니고, 등에 용의 비늘이 돋은 것도 아니다. 그런데 왜 만백성들은 왕을 섬기고 왕에게 충성을 다해야 하는가? 이 질문에 공자는 "그 사람의 직책 이름이 왕이기 때문이다."라고 대답했다.

공자의 제자 제양공이 "정치란 무엇입니까?"라고 묻자 공자는 "오직 정명(正名)을 행할 뿐이다"라고 대답했다. 제양공이 다시 "무엇이 정명입니까?" 하고 묻자 공자는 정명은 "군군신신부부자자(君君臣臣父父子子)이다."라고 대답했다. 즉 임금은 임금다워야 하고, 신하는 신하다워야 하고, 아비는 아비다워야 하고, 자식은 자식다워야 한다는 것이다. 사람은 자기 이름과 지위, 직책, 직업, 역할, 본분에 걸맞은 언행을 해야 한다는 것이 정명사상의 핵심이다. 이러한 정명사상은 공자의 인(仁)사상과 더불어 유학(儒學)의 근본정신이 되었다.

공자는 허학(虛學)을 배격하고 실학(實學)을 중히 여겼다. 공자의 실학정신은 확고부동하다. 제자가 귀신에 대해 묻자 공자는 "미능사인 언능사귀(未能事人焉能事鬼)"라고 대답했다. "사람도 다 섬기지 못하는데 어찌 귀신을 섬긴단 말인가?"라고 답한 것이다. 공자의 실학주의 가르침은 오늘날의 우리들에게 시사하는 바가 크다.

공자가 강조한 것은 '인간은 개인적 존재이자 동시에 사회적 존재'라는 것이었다. 인간이 더불어 살아가야 하는 사회적 존재임을 강조한 공자가 대동사회(大同社會)를 펼치기 위해 정립한 사상이 유학사상이고 이러한 유학사상은 선비정신이 확립되는 근본이 되었다.[3]

---

3) 유학에서 이상으로 삼은 사회가 대동사회이다. 『예기(禮記)』에서 공자는 "천하는 공공의 것이다"라고 말했다. 공자는 구체적으로 "어질고 능력 있는 자를 뽑아서 신의를 가르치고 화목을 닦게 하니 사람들은 자

그러면 선비사상의 바탕이 된 유학은 어떤 특징을 가지고 있는지 살펴보자. 유학의 특징은 다음의 4가지로 정리해 볼 수 있다.

① 유학은 인도주의 사상이다.

유학은 수기치인지학(修己治人之學)이다. 자신을 먼저 갈고 닦아 다른 사람을 구제한다는 의미의 학문이다. '수기치인'은 나중에 '수기안인'으로 발전한다. 자신을 먼저 갈고 닦아 자립을 꾀하고 그런 다음에는 다른 사람을 편안하게 해 주는 사람이 되어야 한다는 의미를 담고 있다. 『논어』에는 '수기안인(修己安人)'으로 표현하고 있다.

'수기'의 출발은 성(誠)에서 시작한다. 시작은 성(誠)에서 출발하여 실천은 정명(正名)으로 행동한다. 진실함과 올바름을 구현하고, 중용을 실천하며, 성인(聖人)을 지향한다. 먼저 자신을 수양하여 사람다운 인간성이 확립되어야 한다. 인의예지의 인간본성을 갈고 닦아 인간성이 완성되어야 한다.

'안인'의 출발은 인(仁)에서 출발한다. 남과의 관계에서 가장 중요한 요소는 인(仁)이다. 인은 어짊이다. 다른 사람이 아픔을 당하면 내가 아픔을 느끼고 다른 사람이 행복해지면 나도 행복을 느끼는 마음이 어짊이다. 어짊은 사랑이고 존중이다. 어질고 균형 잡힌 인간은 대동사회를 만든다. 균형 잡힌 인간은 지덕체 인간이다. 즉 전인(全人)이다. 전인은 智(슬기롭고), 德(착하고), 體(건강한) 인간이다. 사회공동체를 위해 효충경신(孝忠敬信)을 체득하여 실천하는

신의 부모만을 부모로 여기지 않았고, 자신의 자식만을 자식으로 여기지 않았다"고 말했다. 공자는 자신의 부모나 자식만을 식구로 여기지 않는 천하일가(天下一家)사상을 폈던 것이다. 공자는 또 "노인들은 편안하게 일생을 마치게 했으며, 젊은이는 다 할 일이 있었고, 어린이는 잘 자라날 수 있었으며, 과부·홀아비·병든 자를 불쌍히 여겨서 다 봉양했다"고 말했다. 모든 약자를 봉양하는 복지사회의 전제는 '다 할 일이 있고…… 모두 직업이 있는' 사회였다. 모든 백성이 일할 수 있는 풍부한 일자리가 복지사회의 전제라는 사실을 2500여 년 전의 공자는 명확하게 인식하고 있었던 것이다. 사람이 자기의 자질, 능력, 직분에 따라 모두 함께 일 할 수 있는 사회로, 노동의 보편성과 소유의 공공성이 확립되어 임금이 있는지 없는지를 모를 정도로 잘 돌아가는 무위이치(無爲而治)의 세상이 대동사회라고 공자는 설파했다.

인간이다. 여기에서 인도주의(人道主義)가 탄생된다.

② 유학은 현실 중심 사상이다.

인간은 순간을 살고 있다. 매 순간 인간의 삶에 최선을 다하자는 강령을 실천하도록 강조한다. 즉 하학이상달(下學而上達)이다. 지금 내 다리가 서 있는 여기, 이 순간에 최선을 다하면 결국 천도(天道)에 도달한다는 사상이다. 예를 들어 '나는 내일부터 충실하겠다'라든가 아니면 '나는 내년부터 최선을 다하면서 살겠다'라고 누가 결심을 한다면, 그것은 아무 의미가 없는 결심이다. 지금 이 순간, 지금 내가 있는 이곳에서 최선의 삶은 시작되어야 하기 때문이다. '지금' 그리고 '여기'가 중요하다. '지금'은 시간이고 '여기'는 공간을 뜻한다. 시간과 공간의 중심을 꽉 잡는 행위가 충(忠)이다. 충은 마음(心)의 중앙(中)을 뜻한다. 마음의 중앙을 '지금'과 '여기'에 붙들어 매놓고 최선을 다하는 태도이다. 책을 읽을 때는 책에 집중하고, 대화를 할 때는 대화에 집중하고, 업무를 할 때는 업무에 집중하고, 놀이를 할 때는 놀이에 집중하는 행위이다. 유학은 현실과 현장의 순간에 근본을 두고 있는 사상이다.

③ 유학은 실천 중심 사상이다.

인간의 생각이나 말은 행동으로 실천하지 않으면 아무 의미 없다. 눈을 뜨면 '일신일일신우일신(日新日日新又日新)'을 실천해야 한다. 매일 나날이 새로워지고 지속적으로 새로워 져야 한다. 새로워짐은 더 나아짐이다. 어제 보다는 더 나은 오늘이 되어야 한다. 내가 새로워진다는 말은 오늘의 나는 이미 어제의 내가 아니고, 어제 보다 더 나은 오늘의 내가 정진하고 있다는 말이다. 나의 삶은 다른 사람과 비교되는 삶이 아니다. 오늘의 나의 삶은 어제의 나의 삶과 비교되는 삶이다. 어제의 내 삶보다 조금이라도 더 나은 오늘의 내 삶이 되기 위해 나의 삶은 더 나아지려고 정진하는 실천으로 존재한다.

④ 유학은 관계구현 사상이다.

유학은 자득철학(自得哲學)이다. 인간은 위기지학(爲己之學)을 해야 한다. 자기를 구현하고, 자기를 향상시켜야 한다. 그리고 자기를 완성시키고, 세상에 도움을 줄 수 있는 공부를 해야 한다. 다른 사람에게 보탬이 되고 모든 사람에게 이로움을 줄 수 있는 공부를 해야 한다. 내가 하는 공부는 나를 위하고, 너를 위하고, 모두를 위하는 공부여야 한다. 결코 위인지학(爲人之學)을 해서는 안 된다. 남을 의식하는 공부, 남에게 보여주기 위한 공부, 겉으로 꾸며대기 위한 공부, 자기를 속이고 남을 속이기 위한 공부, 단순히 대가를 받기 위한 공부, 돈만을 벌기 위한 공부를 해서는 안 된다.

공부와 학습은 개인인격완성을 위해 하는 것이고, 더 나아가 조직인격완성을 위해 하는 것이다. 자신의 인격을 완성시켜 자존을 구현하고 동시에 남을 섬기고 이롭게 하여 세상을 평안하게 해 주기 위해 하는 것이다. 유학은 자기존재의 관계구현 사상이다.

🌸 사이비와 사기꾼을 없애는 교육의 키워드: 선비정신

위에서 유학의 4가지 특징을 살펴보았다. 이 시대에 왜 유학이 다시 조명을 받게 되었는지 그 이유를 우리는 유학의 특징을 인식하면서 깨달을 수 있게 된다.

오늘날 지구촌의 현자들은 지금 우리시대를 두고 모두 위기라고 말한다. 미국을 비롯한 선진국가에서는 그 원인을 '무책임한 엘리트'에서 찾고 있다.

과거의 책임 있는 엘리트 정신이 다 사라졌다는 것이다.

세계 도처에서 무책임한 일이 벌어지고 있다. 선진국이라는 미국, 독일, 일본, 영국, 프랑스 등에서 뿐만 아니라 우리나라에서까지 흉악한 범죄인 묻지마 살인이 횡행하고 있는 것은 무책임 행동의 극치라 할 수 있다. 아무 이유 없이 무차별 살인이 벌어지는 현상을 우리는 어떻게 생각해야 하는가? 보이스 피싱과 파밍 앱으로 대변되고 있는 금융사기를 비롯하여 보험사기, 온라인 유통사기, 다단계 거래사기, 원산지 변조사기, 품질조작사기, 가짜 제품의 제조사기 등이 다반사로 발생하고 있는 우리 사회를 이대로 방치하면서 인간 세계가 과연 행복해질 수 있을까?

현대사회에서는 가짜 리더들이 진짜를 흉내 내곤 한다. 그 동안 서구의 리더십은 인간의 근본적 본성을 외면하고 인간의 외면에 있는 말초적 습관, 태도에 초점을 맞추면서 인간의 외면적 상황에 대처하는 방법을 개발해오는 데 주력했다.

리더의 자질을 말할 때도 우선 인사 잘하기, 화술에 뛰어나기, 친절한 기교에 능하기, 테크닉을 잘 사용하기, 겉포장을 그럴듯하게 하기, 이미지 관리 잘하기 등 다른 사람으로 하여금 쉽게 나를 믿어버리도록 유혹하는 '위장술' 내지는 '속임수'에 직결되어 있는 방법론을 연구해 왔던 것이다. 이러한 방법론은 대화술, 교제술, 처세술이라고 말할 수는 있다. 하지만 진정한 리더십이라고는 말할 수 없다. 진정한 리더십은 인간의 외면을 가꾸는 데서 나오는 것이 아니라 인간의 내면을 가꾸어 그것이 외면으로 표출되는 데서 나오는 것이기 때문이다.

남에게 보여줄 수 있는 외면적 포장을 매혹적으로 만드는 화장술과 포장술을 개발하는 데 집중해온 결과, 인간은 더 교활해지고, 더 간교해졌으며, 더 악랄해지고, 더 영악해졌다. 학계에서 끊임없이 발생하고 있는 논문의 표절,

도용, 날조, 대필 시비는 학문의 타락을 여실히 보여주고 있지 않는가? 이것은 인간 내면의 본성을 철저히 외면하고 인간의 외면 모습만 가꾸기에 급급해온 가짜 리더들이 행한 탐욕의 결과이다. 오늘날 우리 사회의 비리와 타락은 그러한 대가를 톡톡히 치르고 있는 위기현상으로 나타나고 있는 것이다.

이런 위기현상에서 한국의 선비정신은 위기 각성의 촉매제라 할 수 있다. 선비정신은 인간본성을 바탕으로 하는 배려정신과 책임정신의 상징이기 때문이다. 배려는 효충경신의 효의 정신이다. 책임은 효충경신의 충의 정신이다. 책임은 조직문화의 핵심이다. 배려는 인간관계의 첫걸음이고, 책임은 팀조직의 첫걸음이다. 배려와 책임을 중시하는 엘리트의 전통은 한국의 선비정신에 남아 있다.

특히 지난 30여 년에 걸쳐 자주 등장한 중국의 불량가공식품과 미국의 불량금융상품을 보면서 지구촌에서 G2국가로 평가받는 두 나라의 개인과 조직사회가 엄청난 타락에 빠져 있음을 확인하게 된다. 즉 선비정신의 부재를 목격하게 되는 것이다. 이러한 현상은 비단 중국과 미국뿐만 아니라 지구촌에 존재하는 대부분의 국가가 예외라고 할 수 없다.

하지만 지구촌의 수많은 국가들 중에서 이 두 국가를 특히 지목하는 이유는 오늘날 지구촌을 이끌어가고 있는 최대강국이기 때문이다. 미국은 지난 20세기에 지구촌 최강국가로서 실질적으로 세계를 이끌어온 국가임을 부정할 사람은 없다. 중국은 21세기 초에 최강국가의 반열에 올라 미국과 더불어 앞으로 세계를 이끌어가야 할 국가임에 틀림없다.

미국은 민주주의 시장경제체제이고 중국은 사회주의 시장경제체제이다. 시장경제는 자본주의체제의 근간이다. 따라서 두 국가의 정치체제는 민주주의와 사회주의로 다르지만 경제체제는 자본주의 시장경제체제로 동일한 경제체제 하에 있다는 점에서 이 두 국가의 역할은 세계적으로 주목을 받고 있는 것이다.

오늘날 우리 사회는 온갖 가짜가 횡행하여 인간사회를 좀먹고 있다. 우리의 선비정신이 지구촌에 확산되어 도덕적 지도력인 선비리더십이 파급됐었다면 지구촌의 자본주의 세계는 이렇게 만신창이가 되지 않았을 것이다. 적어도 세계 최강국가인 중국과 미국에서 '불량가공식품'과 '불량금융상품'을 범람시켜 지구촌 인류를 불행하게 만드는 가공할 사태는 미연에 방지할 수 있었을 것이다.[4]

오늘날 중국은 세계인의 먹거리를 대량으로 공급하고 있다. 농산물, 축산물, 수산물을 비롯하여 가공식품을 제조하여 공급하고 있는 수출 대국이다. 인간이 먹어야 할 음식에 불량가공식품을 만들어 내어 때 돈을 벌어들이고 있는 수많은 중국인들이나, 돈을 벌려는 인간심리를 역이용하여 불량금융상품을 만들어 팔아 때 돈을 벌어들인 월 스트리트의 수많은 미국인들이나, 그런 일을 기획하거나 창조해낸 관련 엘리트들은 모두 '사기꾼'이라 하지 않을 수 없다.

인간세계에서 우리가 가장 경계해야 할 사람은 바로 '사기꾼' 이다. 사람의

---

4) 미국은 지난 20여 년간 세계 금융시장을 지배하면서 엄청난 돈을 벌어들였다. 투자은행이라는 특수은행을 발 빠르게 설립하여 최첨단 금융기법, 금융공학적 시스템을 만들었다. 이 금융시스템은 '고위험, 고수익-high risk, high return'이라는 도전을 부추겼고, 실물적 근거가 없는 금융파생상품을 만들어냈다. 2008년 8월 뉴욕의 월 가에서 파산한 리먼 브라더스의 고위직이었던 금융전문가는 그것을 만든 사람도 그 기능과 책임을 잘 모르는 리스크와 부채를 판매하는 펀드가 쏟아졌다고 고백했다. 부실채권을 기본으로 부실펀드가 만들어졌고 부실펀드를 기본으로 부실파생상품을 탄생한 것이다. 그들은 파생상품을 수없이 생산했다. 한 마디로 불량금융상품을 만들어낸 것이다. 품질 좋은 제품과 서비스의 실물경제가 뒷받침되지 않는 금융제품은 아무리 좋은 말로 포장한다고 해도 허상에 불과하다. 2008년 하반기의 미국 금융위기는 이렇게 찾아왔다. 심각한 경제위기가 도래했고 기업과 은행의 매각, 도산, 파산이 줄을 이었다. 경기침체의 어두운 그림자가 찾아오면서 일자리는 줄고 실업자는 늘어났다. 근본원인은 투자은행에 종사하는 엘리트 리더들의 부도덕한 탐욕에 있었다. 그러한 탐욕이 아무런 책임감 없이 부정행위를 저지를 수 있도록 했던 것이다. 책임감 없는 생각, 태도, 행위는 자신뿐만 아니라 주위의 수많은 사람에게 피해를 주었다. 더구나 그것이 금융시스템을 기반으로 이루어졌기 때문에 세계 제일의 부국이라는 미국이 헤어나지 못할 상처를 입고 신음했던 것이다. 2011년 말 기준으로 미국정부는 자기가 살고 있던 주택의 대출금리를 갚을 수 없어 은행의 강제집행으로 집을 잃은 미국인 극빈자(기초생계비수혜자) 수가 4천 6백만 명을 넘어섰다고 발표했다.

가장 큰 죄는 사람이 사람을 죽이는 '살인'이다. 그 다음으로 가장 큰 죄는 사람이 사람을 속이는 '사기'이다. 속임수를 써서 사람에게 '사기'를 행하는 사람을 '사기꾼'이라 한다.

속임수를 쓰는 '사기꾼'을 이 세상에서 없애는 방법은 무엇인가? 그것은 양심과 정심을 바탕으로 인간본성의 삶을 중요시 하는 선비정신의 교육밖에 없다고 생각한다. 선비정신을 체득한 글로벌 인재의 양성이 시급하다. 선비형 인재의 양성은 우리 사회를 신뢰사회로 만드는 첫걸음이다.

우리나라에서만 선비형 인재를 양성해서 그칠 일이 아니다. 우리나라의 선비형 인재들은 지구촌을 리드하고 있는 미국과 중국에 선비사상 교육을 수출해야 한다. 선비정신을 체득한 미국과 중국이 앞장서면 지구촌은 양심과 정심을 바탕으로 하여 소비자를 배려하고 책임 있는 품질상품을 만들어 낼 수 있을 것이다. 잃어버린 선비사상을 되찾고 시급히 부활시켜야 할 책무가 우리나라 선비형 엘리트들에게 주어져 있는 것이다.

공자는 이렇게 말했다.

나는 사이비를 미워한다. 말 잘하는 것을 미워하는 것은 정의를 혼란시킬까 두려워서이고, 말 많은 것을 미워하는 것은 신의를 혼란시킬까 두려워서이다. 안에 있으면 충심과 신의가 있는 척하고 밖에 나가면 청렴결백한 척하며, 그들을 비난하려 해도 딱 들어서 비난할 길이 없고, 공격하려 해도 딱 들어서 공격할 구실이 없다. 내가 그들을 미워하는 것은, 세속에 아첨하고 더러운 세상에 합류하여, 사람들이 다 좋아하도록 만들어 놓고, 스스로도 옳다고 생각하기 때문에, 그들이 하늘의 뜻인 도(道)와 사람의 행실인 덕(德)을 혼란시킬까 두려워서이다.

인간사의 근본인 정치에 있어서도 공자가 가장 미워했던 것은 '진짜 같은 가짜'였다. 특히 공자가 미워했던 것은 '사이비(似而非) 정치가'였다. '비슷하지만 실은 아님' 이 바로 '사이비' 이다. 국가의 정치가 사이비 정치가의 손에 들어가면 그 국가사회의 모든 부문이 '사이비'가 되는 비참한 사회로 전락한다. 공자는 정치에 대해 '정자정야(政者正也)'라고 말했다. '잘못된 것을 바로잡는다'라는 뜻이다. 정치의 개념이 잘못된 것을 바로잡는 것이라면 오늘날 한국을 비롯한 지구촌의 모든 정치가는 잘못된 것을 바로 잡는 정치를 해야 할 것이다.

✵ 정암 조광조의 개혁추진과 선비사상의 정치접목

여기에서, 조선왕조 때 잘못되고 있는 정치를 바로잡기 위해 목숨을 바쳐 헌신한 조광조(1482-1519)의 행적을 살펴보기로 하자.

조선 중종 때 실천선비정신의 대가였던 정암 조광조는 향약(鄕約)을 실시하고 선비사상을 정치에 접목시킨 성리학자, 도학자였다. 그의 정치개혁은 당시 조정의 기득권층이었던 훈구파의 강력한 저항으로 실패했다고 역사서는 말한다. 그러나 필자는 그의 개혁정치가 결코 실패한 것이 아니었다고 생각한다. 그의 개혁정신은 후학들에 의해 조선실천성리학을 완숙시키는 데 주춧돌을 놓았기 때문이다. 더구나 그의 선비정신은 후학들에 의해 후세로 계승 발전되었다는 점에서 획기적이고 긍정적인 큰 영향을 끼쳤다.[5]

---

5) 조광조는 향약(鄕約)을 실시했다. 향약은 동네 주민들 사이의 생활규범이다. 향약은 다음의 네 가지 규약이 중심이다. '덕업상권(德業相勸): 옳은 일, 덕 쌓는 일은 서로 권하자. 과실상규(過失相規): 그른 일, 잘못하는 일은 서로 말리자. 예속상교(禮俗相交): 사귈 때는 서로 예의를 지키자. 환난상휼(患難相恤): 병들고 어려운 일이 있을 때는 서로 도와주자.' 향약은 지방자치단체의 주민 협약과 같은 것이었다. 조광조는 미

조광조의 정치철학은 '천인무간(天人無間)' 사상에서 나오는 '지치주의(至治主義)'가 근본이었다. 즉 하늘과 사람은 떨어져 있는 것이 아니라 '하늘과 사람은 하나'라는 사상으로 하늘의 뜻인 도(道)가 세상에서 실현되는 덕(德)으로 이상사회 건설을 목표로 하는 것이었다. 조광조는 정치와 권력의 중심에 있는 최고지도자인 임금의 자질을 중시했다.

조광조가 생각하는 하늘과 임금과 백성의 관계는 다음과 같이 정리할 수 있다.

- 하늘은 언제나 진실하다.
- 사람은 하늘을 따라 언제나 진실해야 한다.
- 이것은 하늘과 사람의 근본은 하나이기 때문에 가능하다.
- 임금과 백성의 관계도 마찬가지다.
- 임금과 백성의 근본은 하나다.
- 임금의 도가 백성의 도와 어긋나는 법은 없어야 한다.
- 임금과 백성이 어긋나는 것은 사람이 도덕적으로 타락하는 데 원인이 있다.
- 임금이 밝고 진실하지 못하여 군자(君子)가 되지 못하면 백성과 하나가 될 수 없다.
- 백성이 밝고 진실하지 못하여 소인(小人)이 되면 임금과 하나가 될 수 없다.
- 그러므로 진정한 개혁은 임금이 먼저 스스로의 허물을 고쳐 하늘의 뜻인 도를 땅에 실현하는 덕을 쌓아야 하고, 백성도 어진 마음으로 자신을 수양하여 하늘의 뜻인 도를 땅에서 실행하는 덕행을 해야 한다.

신타파와 백성들의 근본적 의식개혁을 위해 향약의 점진적 확대를 주장하고 이를 전국적으로 실시하도록 강력히 추진했다.

조광조는 사람을 개혁하고자 했다. 그는 제도의 개선이나 체제의 전복으로 개혁하는 것은 진정한 개혁이 아니라고 생각했다. 제도의 개혁은 또 다른 부패제도를 낳고 체제의 전복은 또 다른 부패체제를 낳는다. 권력은 독점되고 부패는 승계되는 속성을 가지고 있기 때문이다. 사람을 개혁해야만 진정한 개혁이 이루어진다고 생각했다.

조광조의 정치적 이상주의, 개혁정신이 미완성으로 남게 된 이유를 알기 위해서는 당시 훈구파와 사림파의 정치적 입장을 살펴볼 필요가 있다. 원래 훈구파는 훈구공신이나 훈구대신 등을 의미하는 일반용어에서 나온 말로, 오랫동안 왕을 보필하면서 공을 많이 세운 공신의 의미를 지니고 있다. 조선시대의 훈구파는 조선의 건국과 건국 초기에 중앙집권적 왕권을 다지는 데 크게 이바지한 인물들에게서 연유했다고 보는 것이 타당할 것이다.

그러나 실질적으로 훈구파가 본격적으로 등장한 것은 세조 때부터였다. 세조의 왕위찬탈을 도와서 공신이 된 사람들은 세력이 강화되어 그 후 왕의 교체와 몇 차례의 정치적 격변에도 불구하고 근본적으로 교체되지 않고 세조, 예종, 성종, 연산군에 이르기까지 정치의 실권을 독차지했다. 이들은 공신전, 과전 등을 통해 대규모의 사회경제적 기반을 소유했으며 상호 간에 혼인을 맺고 왕의 외척이 되거나 친척이 되면서 세습적인 명문거족의 지위를 굳혀 갔다. 관직은 사실상 이들 훈구파 사이에서 세습되다시피 했다.

성종이 즉위한 초반에는 왕을 대신하여 세조 비가 섭정을 하는 동안, 훈구파의 권력독점과 권력을 이용한 부의 축재가 심화되었다. 그러다가 성종 7년(1476) 세조 비의 수렴청정이 끝나고 성종의 친정이 시작되었을 때, 성종은 훈구세력(勳舊勢力)의 비대한 권력을 견제하고 왕권 친정체제를 구축하기 위해 김종직(1431-1492)을 비롯한 유생들을 대거 등용했다. 이는 국가통치이념이었던 유교에 입각한 정치를 펼치고 국가의 편찬사업을 활발히 진행시키기 위한다는 명분도 있었다. 이때 등용되어 정치세력을 구축한 유생들을 이른바 사림파라 부른다.

사림파의 유생들은 향촌의 중소지주라는 경제적 기반과 유학의 학문적 소양을 바탕으로 새로운 관리가 되어 중앙정계로 진출한 사람들이다. 이들의 유학적 학맥은 고려 말의 안향, 정몽주, 길재, 정도전 등을 거쳐 조선시대에 이르러서는 길재의 제자인 김숙자, 김숙자의 제자인 김종직, 김굉필(1454-1504), 정여창(1450-1504), 김일손 등으로 이어져 많은 사림파 선비를 배출했다.

이들은 성리학의 이상을 현실에서 실천하기 위해 '수기치인'을 내세웠고, 스스로의 도덕적 수양을 중시하여 개인의 인격도야를 강조했으며, 정치에 있어서는 공론을 바탕으로 하는 이상적 도학정치를 꾀했던 것이다. 따라서 임금에게는 성군(聖君)이 되기를 요구했고, 관리에게는 도덕적 수양을 쌓은 군자(君子)가 되기를 요구했으며, 백성들을 향약으로 교화하여 지치주의(至治主義)의 이상국가로 만드는 것을 목표로 했다.

사림파는 훈구파의 부도덕함을 비판하면서 점차 새로운 정치세력으로 형성되었다. 여기에서 기득권을 놓지 않으려는 훈구파와 새로 부상한 사림파 간의 세력싸움이 빚어졌다. 유생들의 성장을 질시하던 당시의 귀족층인 훈구파 무리들은 연산군이 집권하자 우둔한 왕을 움직여 유생들을 탄압하기 시작했다. 이것이 연산군 4년(1498)의 무오사화, 연산군 10년(1504)의 갑자사화였다. 이때부터 유생들의 기는 꺾이기 시작했으며 연산군의 횡포는 더욱 심해져 백성은 도탄에 빠졌다.

그 후 중종반정(中宗反正)으로 연산군이 내쫓기고 중종이 즉위하면서 정치는 다시 선대의 성종을 본받아 유교주의로 돌아가게 되었다. 중종은 다시 유생들을 등용했고 신진사류의 지도력을 가진 조광조 등이 조정에 발탁되었다.

조광조는 자신의 뜻을 펼쳐보려고 했다. 그러나 새로운 임금의 옹립에 공을 세운 훈구파는 신진사류들을 자신들의 기득권을 빼앗으려는 정치세력으로 보았다. 중종 14년(1519)의 기묘사화 그리고 명종 원년(1545)의 을사사화 등은 훈구파가 사림파를 숙청하기 위해 일으킨 조정의 피바람이었던 것이다.

조광조의 자는 효직이고 호는 정암(靜菴)이다. 조광조는 성종 13년(1482)에 출생하여 연산군 시대에 가장 감수성이 예민했던 소년기를 보냈다. 그는 한훤당 김굉필을 스승으로 모셨는데, 김굉필은 무오사회 때 유배를 갔고 유배지에서 조광조를 제자로 받아들였다.

연산군 4년에 일어난 무오사화는 성종실록 편찬에 실린 김종직의 조의제문이 문제로 거론된 것이다. 훈구파는 김종직이 사초(史草)에 조의제문(弔義帝文)을 쓴 것은 세조를 비방한 것이라고 하여 대역무도죄에 해당하는 행위라고 비판했다. 연산군은 본시 올바른 말로 간언을 자주 하는 유생들을 싫어했다. 이에 이미 고인이 된 김종직을 부관참시(무덤을 파고 관을 꺼내어 시체를 베거나 목을 잘라 거리에 효시함)하라고 명하고 김일손 등 많은 선비들을 유배 보내거나 파직했다. 김굉필은 김종직의 문하생으로 이에 관련이 있다고 하여 국정 비방의 죄목을 씌워 희천(熙川)으로 유배되었던 것이다. 이때 조광조는 찰방이었던 그의 아버지를 따라 어천(지금의 영변)에 살았는데, 그 곳이 바로 희천의 이웃고을이었다.

도학자로 이름이 높은 김굉필을 만난 조광조는 그로부터 시대를 잘못 만났음을 한탄하는 이야기를 듣고 비분강개하여 분노에 떨었다. 그가 후일 도학정치(도덕정치, 왕도정치)를 내세운 것은 이때부터 싹트기 시작했던 것이다.

조광조는 미목이 수려했고 몸가짐이 비범하여 남을 이끌 수 있는 카리스마를 가졌었기에 성균관에서 여러 유생들의 지도자가 될 수 있었다. 또한 두뇌가 명석하여 그의 논조에는 누구도 반박하기 어려웠다고 한다.

조광조가 희천에서 김굉필의 문인으로 있었던 어느 날 스승이 계집종 아이를 몹시 나무라는 광경을 목격했다. 이유인즉 김굉필이 어머니에게 보낼 꿩고기를 계집종 아이에게 말리게 했는데 그 고기를 그만 고양이가 물고 간 것이었다. 조광조는 즉시 스승 앞으로 나아가 서슴지 않고 "스승님의 부모님을 모시는 정성은 지극한 일입니다만, 계집종 아이에게 하는 군자의 언사가 너무 지나친 듯하옵니다. 소자는 스승님의 언사가 적의 의심스럽습니다"라고 고했다.

이 말에 김굉필은 얼굴을 붉히며 "네 말이 옳다. 내가 부끄러움을 잊었구나. 너는 진정 내 스승이다. 내가 너의 스승이 못 되겠구나"라고 했다. 이 이야기는 비록 자기 스승이라 할지라도 예에 어긋나는 일이 있으면 그 자리에서 잘못된 것을 가로막았다는 조광조의 강직한 성품을 잘 보여주고 있으며 후일 그의 행동을 짐작하게 하는 일화이기도 하다.

연산군이 쫓겨나고 진성대군이 추대되어 왕위에 올라 중종이 되었을 때, 조광조는 혈기왕성한 25세의 나이였다. 김굉필은 중종반정이 일어나기 2년 전에 유배지인 순천(희천에서 옮겨 옴)에서 사사된 뒤였다. 조광조는 이미 후학들을 가르치고 있었고 그 해에 진사회시에 장원급제하여 성균관에 적을 두었다. 그는 34세 되던 해에 성균관 생도 200여 명 중에서 1위로 천거되어 조정에 진출했다. 조광조가 받은 첫 벼슬은 조지서 사지(종6품)였다. 그리고 그 해 가을 알성시에 응시하여 급제한 후 성균관 전적(소중한 문서를 관리하는 벼슬)이 되었다. 그 해 11월 조광조는 사간원정언(정6품)이 되어 언론을 펴기 시작했는데, 이후부터 요직에 등용되었고 그 활동도 점차 활발해져 갔다.

정암 조광조는 후세에 남겨 놓은 글이 별로 없다. 오늘날 전해오는 것으로는 『정암선생문집(靜菴先生文集)』 4권이 있을 뿐이다. 그 중에도 그가 직접 붓을 든 글은 2권 정도 이고, 나머지 대부분은 소(疏), 책(策), 계(啓) 등 상소문이며 약간의 제문과 시가 남아 있다. 그러나 그는 생전은 물론 사후에도 조선왕조실록에 그 이름이 300여 개소에 등장할 정도로 화제의 중심에 존재하고 있었다.

이것은 조광조가 그만큼 문제의식의 대상이 되었다는 증거이기도 하다.

조광조는 도학자로 널리 알려져 있다. 도학자는 성리학자의 다른 말로, 공자로부터 내려오는 정명사상의 도통을 이은 학문을 실천하는 선비라는 뜻이 담겨 있다. 성리학이 한국에 들어온 것은 고려 말경 이지만 이 때는 널리 보급되지 못했다. 조선왕조 초기에도 사장지학(詞章之學)이 숭상되었기 때문에 과거시험도 이에 치중했고 성리학은 일반적으로 경시당하고 있었다.

사장지학은 다른 말로 하면 문장학이다. 조선 초기에는 문장학이 아주 중요했다. 당시에는 문물제도의 정립과 외교관계의 수립이 가장 중요했기 때문에 실용적으로 사장지학은 필요했다. 제도의 확립과 외교에는 문장의 역할이 매우 컸기 때문이다. 그 후 조광조의 개혁정신인 도학정치를 계기로 사장지학은 일변하여 의리지학(義理之學)으로 넘어가게 된다. 의리지학은 도학, 경학, 성리학 등에 무게를 두는 학문을 말한다.

문물제도의 확립 후에는 인간다운 품성을 가진 인재양성이 중요했기 때문에 의리지학은 조선 전기의 실학으로 등장하게 되었다. 조선 중기에 퇴계, 율곡과 같은 대가가 탄생하게 된 것은 이러한 학풍의 변화를 주도한 정암 조광조의 공로가 매우 컸기 때문이다.

정암의 목표는 도학으로 조선왕조의 이상 정치를 구현하는 것이었다. 도학은 도덕, 왕도의 다른 말이다. 그는 유학자가 되는 것을 자신의 임무라 자부했고 유학자의 임무는 임금의 마음을 올바로 잡게 하여 올바른 정치를 펴게 하는 것이라 생각했다.

정암은 "임금의 일신은 매우 중요하다. 왜냐하면 모든 정치의 근원은 여기서부터 이루어지는 것이기 때문이다. 그러므로 임금은 항상 그 일신을 조심해야 되는 것이다"라고 말했다.

정암은 또 군자소인지변(君子小人之辯)을 강조했다. "재이(災異)가 일어나게 되는 것은 소인이 군자를 모함하는 데 있다. 사실 군자와 소인을 분별하는 것은 어려운 일이다. 왜냐하면 소인은 군자를 소인이라 하고 군자도 소인을 소인이라 하기 때문이다. 그리고 소인은 주야로 군자를 공박하는 것밖에 생각하지 않는다. 소인은 임금과의 접견 시에 예모를 갖추고 좋은 말로 수식하므로 그를 가려내는 것은 용이한 일이 아닌 것이다." 그는 훈구파의 원로들을 소인으로 지칭했던 것이다.

정암은 유학자의 입장에서 미신타파를 위해 유학정신을 확립하는 개혁을 주장했다. 당시에 대궐에는 소격서(昭格署)가 있었다. 소격서는 원래 중국 도교사상에서 유래된 관청으로 일월성신(日月星辰)을 구상화한 상청(上清), 태청(太清), 옥청(玉清) 등을 위해 성제단(星祭壇)을 세우고 제사 지내는 일을 맡아 보던 곳이다. 여기서는 주로 국가에 흉사가 있을 때에 기도를 하거나 수해나 가뭄이 계속되어 천기에 관한 재변이 있을 때도 이곳에서 기도를 올렸다.

이런 일은 당시의 유학자의 눈에는 비합리적으로 보였다. 백성을 우롱하고 농락할 뿐만 아니라 성정(聖政)에 화를 미치고 정도를 해하는 것으로 세상을 속이는 간악한 행위로 본 것이다. 이러한 혁파의 필요성은 조광조 이전에 이미 유생들에 의해 자주 주장되어온 것이었다. 중종 13년(1518) 정암은 유생을 대표하여 중종에게 이를 여러 차례 건의했으나 중종이 들어주지 않았다. 이에 불복하여 대간들이 사직하고, 성균관 유생들은 궐외에서 비를 맞아가며 연좌했으며, 정암 등은 밤이 늦도록 어전을 물러나지 않고 재가를 기다렸다. 이에 중종은 소격서를 혁파할 것을 마지못해 허락했다. 이로써 정암은 미신타파의 선구자로 평가받기도 한다.

정암의 주청은 한걸음 더 나아가 반정공신의 재심을 간하게 된다. 정암은 공신의 수가 너무 많아 국가재정부담이 과하고 무위도식하는 공신들이 백성을 괴롭히는 존재라고 판단했다. 급기야 공신을 재심하는 과정에서 기득권을 가진 훈구파의 심한 반발에 부딪혔다. 중종 14년 10월 대사헌 정암은 대사간 이성동 등과 의기투합하여 반정공신이 너무 많다고 중종에게 주청한다.

그는 "반정은 대저 소인들이 꾀한 것이고 그들은 지금 모든 일을 다스림에 모두 이(利)를 먼저 취하고 있습니다. 지금 이를 개정하지 아니하면 국가를 유지하기 곤란할 것입니다. 반정공신 2, 3등 중 가장 심한 것은 이를 개정하고 4등 50여 명은 공이 없이 녹을 함부로 먹고 있는 자들이니 이를 삭제함이 좋을 것입니다"라고 강하게 주청했다.

그러나 공신들은 이미 기성귀족이 되어 있었다. 현실적으로 조정의 원로들인 그들을 소인배 취급하여 몰아내려는 것은 임금으로서도 쉽게 단행하기 어려운 일이었다. 중종이 7번째의 주청을 물리치자 대사간은 사직전술로 나와 중종의 여러 차례 권유에도 복직을 거부했다. 정암도 이번 일이 국가 대사임을 강조하고 어떤 일이 있어도 이 일을 성취시켜야 하다고 강조했다. 중립적이었던 영의정 정광필도 정암 쪽에 합류하여 중종에게 반정공신목록을 개정하지 않을 수 없다고 말했다. 드디어 11월에 들어 중종은 불허 방침을 바꾸고 반정공신 2, 3등에서 26명, 4등 공신 50명 등 총 76명을 공신명단에서 삭제하도록 윤허한다.

이에 조정의 실권을 쥐고 있던 훈구파 공신들은 긴급 회동했다. 공신개정이 결정된 지 5일째 밤에 남양군 홍경주, 공조판서 김전, 예조판서 남곤, 우찬성 이장곤, 호조판서 고형산, 화천군 심정 등이 밀의하여 홍경주로 하여금 임금에게 고하게 하여 "조광조 등이 작당하여 소(少)가 장(長)을 능가하려 하고 천(賤)으로써 귀(貴)를 능멸하니 국세는 어지러워 조정이 날로 말이 아니오니 조광조 일파를 중죄로 다스려야 합니다"고 탄핵을 주청하게 된다.

중종은 그렇지 않아도 유생을 비롯한 소장파들의 과격한 주장에 염증을 느끼고 있었던 터라 서슴지 않고 그 탄핵을 받아들였다.

훈구파의 역공으로 조광조, 김정, 김식, 김구는 먼 곳으로 유배를 떠났고, 그 외의 유생들에게는 차를 두어 치죄하게 했다. 이에 이어 정암의 정적이었던 김전이 영의정으로 승진했고, 남곤이 좌의정으로, 이유청이 우의정으로 임명되었다. 또 훈구파의 신임 대사헌으로 등용된 이항, 대사간으로 등용된 이빈은 "정암을 살려두면 반드시 후환이 생깁니다"고 끈덕지게 중종에게 주청했다. 이에 중종은 못 이긴 듯 정암에게 즉시 사사의 처분을 내리고 정암을 지지한 선비들을 귀양보냈다. 이를 기묘사화라 부른다.

중종의 기묘사화 이전에 있었던 무오사화, 갑자사화와 그 이후에 있었던 을사사화를 합해 4대 사화라 부른다. 이것은 모두 유학자인 사류들이 희생되었기 때문에 사화라고 부르게 되었던 것이다. 사화의 원인은 공신세력인 훈구파와 신진세력인 사림파의 충돌이라 할 수 있다. 또는 권력쟁탈을 위한 외척들의 투쟁에 사림파들이 희생당한 경우 등으로 분석된다. 그러나 사화에는 더 근본적인 요소가 내재되어 있었다.

첫째, 사림파들을 죽이거나 추방시킨 것은 최고 권력자인 왕이었다. 무오사화(1498), 갑자사화(1504)는 연산군이었고, 기묘사화(1519)는 중종이었고, 을사사화(1545)는 명종이었다. 연산군은 학문을 멀리 하며 성격이 포악했고, 중종은 우유부단한 성격에 유학정치를 요구하는 유생들에 염증을 느꼈고, 명종은 나이가 어려서 판단을 하지 못했다. 이유야 어쨌든 왕의 최종명령에 의해 사화가 일어났던 것이다.

둘째, 이들 사화의 배후에는 반드시 간악한 무리가 있었다. 무오사화에는 유자광, 갑자사화에는 임사홍, 기묘사화에는 남곤과 심정, 그리고 을사사화에는 윤원형 등의 간신배가 주도권을 쥐고 방향을 틀었다.

셋째, 당시의 주력산업은 농업이었고, 빈곤을 면할 수 있는 최선의 방법은 출세하여 권력층이 되는 길뿐이었다. 일단 권력을 잡은 훈구파들은 권력을 세습하려고 온갖 방법을 동원했다. 양반은 물론 중인, 평민들조차 권력에 대한 집착이 클 수밖에 없었다. 또 권력을 내 것으로 만들고 지키기 위해 상대방을 소인배로 비방하고 권모술수를 사용해서라도 없애려고 했다.[6]

조광조는 정치개혁의 웅대한 뜻을 품고 조정으로 나선 지 4년 만에 훈구세력의 모함으로 유배를 가게 되었고 그곳에서 사약을 받았다. 그는 요순시대와 같은 이상 정치를 현실정치에 접목할 수 있다고 굳게 믿고 실천에 옮겼지만 훈구파의 반발로 미완성의 개혁으로 마감되었던 것이다.

중종 14년 1519년 12월 20일은 조광조(趙光祖: 1482-1519)가 사약을 받고 죽은 날이다.

나이 37세. 죄명은 역적. 조광조는 전라남도 화순군 능주로 귀양간 지 28일 만에 유배지에서 임금이 내린 사약을 받고 죽었다. 그가 사약을 받던 날, 능주 적려 초가 앞뜰에는 눈발이 내리고 있었다. 사사의 어명을 받들고자 꿇어앉은 정암은 눈발 아래서 다음과 같은 절명 시를 남겼다.

애군여애부(愛君如愛父): 임금 사랑하기를 어버이 사랑하듯 했고

우국약우가(憂國若憂家): 나라 걱정하기를 내 집 걱정하듯 했네.

백일임하토(白日臨下土): 밝은 햇볕이 세상을 내려 보는 날

소소조단심(昭昭照丹心): 나라를 위한 나의 일편단심을 환하게 비추리.

퇴계 이황(1501-1570)은 조광조에 대해 이렇게 촌평했다.

---

6) 인류 역사에서 사람을 지배하는 권력의 이동순서는 크게 다음과 같이 분류된다. 처음에는 ①몽둥이를 잘 쓰는 힘센 사람(지배를 보장하는 것은 몽둥이를 맞는 두려움)→②토지를 소유하고 농업을 관장하는 사람(지배를 보장하는 것은 굶는 것에 대한 두려움)→③교회를 소유하고 신자들의 정신을 관장하는 사람(지배를 보장하는 것은 지옥에 가는 것에 대한 두려움)→④민중의 사회활동을 포괄하는 입법사법행정기구를 관장하는 사람(지배를 보장하는 것은 경찰, 검찰, 법원, 감옥에 대한 두려움)→오늘날에는 ⑤산업을 장악한 사람, 금융을 장악한 사람, 미디어를 장악한 사람, 네트워크를 장악한 사람들에게로 권력의 일부가 옮겨가고 있다.

조광조는 천품이 빼어났으며, 일찍이 학문에 뜻을 두고 집에서는 효도와 우애를, 조정에서는 충직을 다했으며 여러 사람들과 서로 협력하고 옳은 정치를 했습니다. 다만 그를 둘러싼 젊은 사람들이 너무 과격하여 구신들을 물리치려 함으로써 화를 입게 된 것입니다.

1568년 경연에서 이황이 선조의 물음에 답한 내용이다. 이황의 설명을 듣고 선조는 정암을 복권시키기로 결정한다. 그의 사후 49년 뒤, 선조 6년(1568)에 문정(文正)이라는 시호가 내려지면서 정암은 정식으로 복권되었다.

❀ 삼봉 정도전의 '거의소청'하는 개국정신

정암의 정치개혁 내용을 살펴보면 오늘날의 우리들에게도 시사하는 바가 크다. 조광조는 고려 말의 충신 정몽주(鄭夢周)와 조선왕조 개국공신 정도전(鄭道傳)을 정치적 사표로 삼았다. 포은 정몽주와 삼봉 정도전은 둘 다 성리학자이자 도학자다.

정몽주는 고려왕조 내에서의 점진적 개혁을 주장했으나 정도전은 고려왕조는 부패해서 희망이 없으니 새로운 왕조를 세우는 역성혁명을 통한 체제개혁이 필요하다고 주장했다.

정도전은 조선왕조의 근본 이데올로기를 확립한 성리학적 사상가다. 정도전은 고려왕조의 멸망 원인을 '도덕과 미덕의 붕괴'에서 찾았다. 그는 새로운 나라의 기강이 바로 서려면 무엇보다 '도덕과 미덕의 재건'이 필요하다고 생각했다.

정도전은 도덕과 미덕을 사회에 실행하는 수단이 정치이며, 그 전제조건이 경제의 안정이라고 생각했다. 그는 인간이 자신의 본분을 지키는 것이 사회 질서를 확립하는 길이라고 생각했다. 이는 정명사상이 바탕이 된 것이다. 또 인간이 본분을 지키고, 사회질서를 확립하는 길은 삼강오상(三綱五常)에 있다고 확신했다. 때문에 이를 위한 국가철학으로 성리학을 유일한 정학(正學)으로 삼았던 것이다.[7]

통치체제는 전국적 지배를 중앙정부에 두는 중앙집권체제를 지향했다. 그 정점에는 군주를 두었다. 세습왕조시대였기에 군주의 지배는 신하가 손 쓸 수 없는 영역이었다. 군주는 최고의 통치권을 갖고 전국의 토지와 백성을 지배하는 지위를 가지지만, 실질적 정무는 정승이 갖는 '정승중심체제'를 지향했다.

정도전은 통치자의 독재와 부패를 막기 위해 감찰권(監察權)과 언권(言權)의 강화를 제시했다. 통치윤리는 인정(仁政)과 덕치(德治)에 근본을 두어야 하며, 형벌은 보조적 수단이 되어야 한다고 주장했다. 이러한 체제의 확립은 경제 성장과 경제생활의 안정 없이는 불가능하다고 판단한 정도전은 민생을 안정

---

7) 삼강오상(三綱五常)은 전한(前漢) 무제(武帝: 재위 BC 141-87) 때 유학자 동중서(董仲舒)에 의해 등장한 이론이다. 춘추시대(春秋時代) 공자에 의해 등장한 유학은 전국시대(戰國時代)에 맹자로 대표되는 내성파(內省派)와 순자로 대표되는 숭례파(崇禮派)의 두 기둥으로 뒷받침된다. 맹자에 의해 정립된 삼강오륜(三綱五倫) 즉 3강 君爲臣綱, 夫爲婦綱, 父爲子綱과 5륜 君臣有義, 父子有親, 夫婦有別, 長幼有序, 朋友有信 중에서 3강은 그대로 이어받고, 사람이 지켜야 할 5가지 기본도리로 5륜(五倫) 대신에 5상(五常: 仁 어짊, 義 옳음, 禮 바름, 智 슬기, 信 믿음)을 제시했다. 3강을 그대로 인정한 것은 오랜 분열 끝에 중원을 통일한 한(漢)나라의 강력한 통치력 확립을 위해서 왕을 중심으로 하는 중앙집권체제 구축이 반드시 필요했기 때문이다. 삼강오상에 어긋난 행위를 한 사람을 강상죄인(綱常罪人)이라 불렀다. 무제는 유학자 동중서(董仲舒)의 건의를 받아들여 유학을 국가통치의 정학으로 정착시켰다. 그 후 후한(後漢) 때 유학은 약화되어 훈고학이 등장했고, 당나라 때는 경학, 송나라 때는 주자학, 명나라 때는 양명학, 청나라 때는 고증학 등으로 변천 또는 진화되었다. 조선 개국의 제일공신인 정도전은 조선 개국에 따른 한양 성을 설계할 때 오상의 기본이념을 흥인지문(興仁之門), 돈의문(敦義門), 숭례문(崇禮門), 홍지문(弘智門) 등의 동서남북의 출입문과 한양 성 중앙에 설치한 보신각(普信閣)에 상징적으로 형상화시켜 백성들이 한양 성을 드나들고 보신각의 그윽한 종소리를 들을 때마다 이 오상의 정신을 체득하여 일상생활에서 그 정신을 담아 실천하기를 염원했다.

시키기 위해 무엇보다 농업생산이 진흥되어야 한다고 생각했다. 농업생산의 진흥은 국가정책의 최우선 순위여야 하며 그러기 위해서는 부패한 권문세가와 불교사찰(寺刹)이 소유하고 있는 전답을 백성들에게 돌려주는 토지개혁이 필요하다고 생각했다.[8]

✿ 백성은 국가의 근본이요, 군주의 하늘이다.

정도전은 사대부 집안의 출신이 아니다. 그의 신분은 시골 향리 출신이었고 그의 어머니는 노비의 피가 섞인 우연(禹延)의 딸이었다. 그러한 그가 『조선경국전(朝鮮經國典)』을 써서 나라의 기본통치제도를 확립했던 것이다. "백성은 국가의 근본이요, 군주의 하늘이다"라고 『조선경국전』은 기록하고 있다. 이는 오늘날 민주주의 정치체제의 근본이념과 다를 바 없다. 정도전의 국가경영 이념은 오늘날 자유민주국가체제를 지향하고 있는 대한민국의 국가철학으로 대입해도 크게 무리를 발견할 수 없을 정도이다. "국민은 국가의 근본이요, 대통령의 하늘이다"라고 대한민국 헌법에 기록되어 있지 않을 뿐이다.

조선은 선비의 나라였다. 개혁의 고비마다 훈구세력에 의한 강한 저항으로 사림세력(士林勢力)이 자리에서 쫓겨나는 사태를 겪었지만, '군주 위에 백성을

---

8) 고려왕조는 불교국가다. 거란, 몽골의 외침을 막기 위해 대장경판을 두 번씩이나 판각할 정도로 불교는 권력이었다. 당시 젊은이들은 현실도피를 위해 툭하면 머리 깎고 절에 들어갔다. 요즘 고개만 들면 교회건물이 보이는 것처럼 당시에는 골목길 마다 절이 들어서 고개만 들면 절이 보였을 정도였다. 절은 땅도 많고 노비도 많았지만 세금이 면제되었다. 무엇보다 좋은 것은 군역을 피할 수 있다는 점이었다. 절은 자체적으로 승군을 조직했고 그 후 사찰의 승군은 외침이 있을 때마다 나라를 위한 호국승군이 되었다. 초기의 승군은 먼저 사찰 재산을 지키기 위해 싸웠다. 소작인 농민들은 절이 받는 높은 소작료에 불만이 많았다. 특히 고려 무인정권시절에는 불교계의 정권지지와 환심을 사려고 전국에 불사를 일으켰고 대형사찰에 많은 토지를 나눠주었다. 때문에 농민들은 절이 받는 높은 소작료 때문에 고통이 심해졌고 소작료 인하를 위해 승려들과 다툼, 갈등, 싸움이 잦았다.

두고자' 하는 끊임없는 주장과 끈기는 '선비정신·선비사상'이 아니면 지속적인 투쟁이 불가능했을 것이다.

'선비정신·선비사상'은 한국인이 독창적으로 창조한 지도자(리더)의 정체성으로 우리가 지구촌에 수출할 수 있는 보편적 가치이며 정신문화의 으뜸이라 생각한다. 선비사상은 버려야 할 사상이 아니다. 우리 사회에서 사이비인간과 사기꾼을 없애고 불량금융상품, 불량가공식품, 불량제조상품, 불량서비스상품 등을 근절하고 정치, 경제, 사회의 모든 분야에서 비리, 부조리, 부정부패를 척결하기 위해 더 가꾸고 기려야 할 기본사상이다. 선비사상은 우리가 세계로 보급해야 할 인류문화사적 고도의 가치이며, 대한민국의 정신적 국가브랜드이다.

✿ 변화와 개혁을 주장한 율곡 이이의 경장론과 양시양비론

여기에서, 율곡 이이(1536-1584)의 현실정치 참여와 사회개혁을 위한 노력을 살펴보기로 하자.

조선의 선비는 변화와 개혁을 신조로 삼았다. 율곡의 집안은 빈한했다. 가난은 그를 평생 따라다녔고 그가 부양해야 할 가족들은 적지 않았다. 일찍 죽은 형의 자식들조차 율곡에게 남겨진 짐이었다. 율곡은 생계를 위해서도 과거에 매달리지 않을 수 없었다. 사실 과거시험은 조선 선비들의 오랜 콤플렉스였다. 피할 수 없는 현실적 요구 앞에서 율곡은 "과거란 자신을 파는 짓으로 선비가 추구할 일이 아니다"라고 하면서도, 집안을 위해 어쩔 수 없지 않느냐는 타협안을 제시한다. 그리하여 "과거공부와 도학이 독서를 통한 성취인 점에서는 다를 바 없으니, 핑계대지 말고 열심히 공부하라"고 권면했다.

1536년 12월 율곡의 어머니 신사임당은 용이 나타나서 아이를 건네주는 태몽을 꾸고 율곡을 낳았다고 전한다. 율곡은 8세에 「파주 화석정」이라는 시를 지었다. 『국역 율곡전서』 권1에 실려 있는 시의 내용을 소개한다.

숲 속 정자에 가을이 이미 깊으니,
시인의 생각 한이 없어라.
먼 물은 하늘에 닿아 푸르고,
서리 맞은 단풍은 햇빛 받아 붉구나.
산은 외로운 달을 토해 내고,
강은 만리 바람을 머금는다.
변방 기러기는 어디로 가는고,
저녁 구름 속으로 사라지는 그 소리.

율곡은 16세에 어머니 상을 당한다. 마포에 배를 대는 중에 어머니가 돌아가자 임종하지 못한 회한과 그리움을 간직한다. 어머니 3년 상을 마치고 금강산에 입산하여 불교와 대면한다. 불학에 만족하지 못한 율곡은 1년 여 만에 하산했고, 그 길로 도산에 있는 퇴계를 찾아가서 가르침을 받는다. 그 후 율곡은 29세에 '구도장원공(아홉 번 장원 급제한 천재)'의 호칭을 받고 정치에 입문했다. 그러나 임금인 선조의 우유부단함에 환멸이 커져 자주 상소를 올려 사의를 거듭 표명했다. 율곡이 올린 상소에는 다음과 같은 표현이 보인다. 『경연일기』 권 29에 실려 있는 기록이다.

제왕의 지위는 책임이지 권력이 아닙니다!

만일 스스로 생각하시기에 나라를 다스리기에 부족한 그릇이라고 생각하신다면, 상감보다 어질고 유능한 사람에게 천권을 맡기는 것이 옳습니다!

율곡은 42세 때 은거한 해주 석담에서 초학자들을 위한 학문입문서 인『격몽요결(擊蒙要訣)』을 썼다. 46세 때 경제사(經濟司)의 설치를 강력히 건의 했고, 말년에 이조판서, 병조판서를 역임했다. 그리고 49세에 신병으로 작고한다. 임금에 실망하고 나라의 앞날을 걱정하던 그가 운명할 즈음의 모습은 아래와 같이 묘사되었다.

겨울 비바람에 기왓장이 날아가도, 율곡은 집안일을 묻지 않고 나랏일을 걱정했다. 죽기 하루 전 북방의 순무(巡撫)를 맡은 서익이 부임인사차 찾아오자 방비의 조언을 해 주어야겠다면서 일어났다. 모두가 말렸지만 듣지 않았다. 붓을 잡을 힘이 없어 아우에게 받아 적게 했다.「육조방략을 어사 서익에게 주다(六條方略與徐御使益)」. 이것이 그의 마지막 글이 되었다. 다 불러주고 난 후 극도의 피로로 혼절했다. 마지막까지 위의(威儀)를 갖추어 떠나고자 했을까. 잠깐 깨어나 손톱 발톱을 깎게 하고 목욕을 시켜 달라고 한 다음, 몸을 가지런히 하고 단정한 모습으로 숨을 거두었다. 1584년 그의 나이 마흔 아홉, 정월 열엿새 새벽이었다. 남겨둔 일이 그토록 걱정이었을까, 십 년이 채 안 되어 닥칠 민족사의 엄청난 재난을 예견하고 있었던 것일까. 죽어서도 며칠간 눈을 감지 못했다 한다.

❀ 율곡은 조정 내부의 흑백논리부터 없애야 한다고 주장했다

율곡 이이는 간신 윤형원의 죄상을 세상에 조목조목 밝혀 을사사화를 바로잡고, 사림(士林)들이 정치세력으로 오를 수 있도록 하기 위해 선조에게 경장론(更張論)을 제시했다.

율곡은 무엇보다 현실문제 해결을 하기 위해서는 먼저 폐단이 많은 조정내부의 흑백논리부터 없애야 한다고 주장했다. 율곡의 양시양비론(兩是兩非論)은 여기서 출발한다.

율곡은 '이것은 되고 저것은 안 된다'는 흑백논리보다는 두 가지 의견 중에서 '좋은 것은 취하고 나쁜 것은 버리는' 양시양비론을 주장했던 것이다.

율곡의 이러한 정치적 제안은 중용을 취하려는 선비의 자세라 할 수 있다. 율곡은 조정의 변화와 개혁을 꾀했던 것이다. 하지만 그의 '경장론'과 '양시양비론'은 끝내 관철되지 못했다. 율곡의 개혁주장은 붕당과 선조에 의해 번번이 좌초했다.

뜻을 펼치기 어렵다고 판단한 그는 본가가 있는 파주를 거쳐 처가가 있는 해주로 돌아갔다. 집안 전체를 이끌고 살 작정으로 터를 잡고, 가난한 살림이지만 대가족의 질서와 화목을 이루고자 노력했다. 백사 이항복의 기록에 의하면 대장간을 세우고 호미를 만들어 팔았다고도 한다.

해주에 낙향한 이래 율곡은 후학 양성에 전념했다. 그리하여 1577년에 탄생한 것이 『격몽요결』이다. 이 책의 첫 구절은 이렇게 시작한다.

사람이 이 세상에 태어나서 사람 노릇을 하자면 공부(學問)를 해야 한다. 공부는 무슨 남다른, 특별한 어떤 것이 아니다. 일상적 삶에서, 관계와 거래에서, 일을 적절히 처리하는 법을 배우는 것일 뿐이다. 산에서 한 소식을 하거나, 세상을 지배하는 힘을 얻자고 하는 일이 아니다. 공부를 안 하면 마음은 잡초로 뒤덮이고, 세상은 캄캄해진다. 그래서 책을 읽고, 지식을 찾는다. 지식이 길을 밝혀줄 것이니, 오직 그때라야, 정신의 뿌리가 튼튼해지고, 활동이 중(中)을 얻는다.[9]

율곡은 또 책을 쓰게 된 동기를 다음과 같이 적었다.

내가 해산(海山: 지금의 海州)의 남쪽에 거처를 정하자, 한 두 명의 학도(學徒)들이 서로 따라와 배우기를 요청했다. 내가 스승이 될 만한 자질이 없는 것이 부끄러울 뿐만 아니라, 초학자(初學者)들이 학문의 올바른 방향을 알지 못하고, 또 견고한 뜻 없이 대충대충 배우고서 더 가르쳐주기를 요구하면, 피차간에 도움됨이 없고 도리어 남의 비웃음을 살까 두려웠다. 그 때문에 간략하게 책 한 권을 써서 학문에 대한 뜻을 세우고, 몸을 가다듬고, 어버이를 모시는 태도, 사람을 대하는 방법들에 대해 거칠게나마 서술했다. 책 이름을 『격몽요결(擊蒙要訣)』이라 하여, '무지와 몽매를 타파하는 비결'이라고 붙였다. 학도들이 마음을 깨끗하게 씻고 다잡아 새롭게 출발하여 바로 이 훈련에 돌입하기를 바란다. 나도 그 동안의 묵은 때, 인습이 늘 걱정이었는데, 이 책으로 새로운 각성과 성찰의 계기로 삼고자 한다. 정축년(1577) 계동(季冬: 섣달)에 덕수(德水) 이이(李珥)는 쓰노라.[10]

율곡은 공부하는 사람에게 입지(立志)는 무엇보다 중요하다고 생각했다. 입지 편을 제1장에 두어 다음과 같이 설명하고 있다.

---

9) 『격몽요결』서(序)

10) 『격몽요결』본문

처음 배우는 사람은 모름지기 뜻을 세우되, 반드시 성인(聖人)이 되겠다고 스스로 기약하여, 털끝만큼이라도 자신을 작게 여겨서 핑계 대려는 생각을 가져서는 안 된다. 보통사람이나 성인이나 그 본성은 마찬가지이다. 비록 기질은 맑고 흐림과 순수하고 잡됨의 차이가 없을 수 없지만, 만약 참되게 알고 실천하여 옛날에 물든 나쁜 습관을 버리고 그 본성의 처음을 회복한다면 털끝만큼도 보태지 않고서 온갖 선이 넉넉히 갖추어질 것이니, 보통사람들이 어찌 성인을 스스로 기약하지 않을 수 있겠는가. 그 때문에 맹자께서는 모든 사람의 본성이 착하다고 주장하시되 반드시 요 임금과 순 임금을 일컬어 실증하시며 "사람은 모두 요 임금이나 순 임금처럼 될 수 있다"고 말씀하셨으니, 어찌 나를 속이시겠는가?[11]

마땅히 항상 스스로 분발하여 사람의 본성은 본래 선(善)하여 고금(古今)과 지우(智愚)의 차이가 없거늘, 성인(聖人)은 무슨 연고로 홀로 성인이 되시며, 나는 무슨 연고로 홀로 중인(衆人)이 되었는가. 이는 진실로 뜻을 확립하지 못하고 아는 것이 분명하지 못하고 행실을 도타이 하지 못했기 때문에 말미암은 것일 뿐이다. 뜻을 확립하고 아는 것을 분명히 하고 행실을 도타이 하는 것은 모두 나에게 달려 있으니, 어찌 다른 데서 구하겠는가? 안연(顔淵)은 '순(舜) 임금은 어떤 사람이며, 나는 어떤 사람인가. 훌륭한 행동을 하는 자는 또한 순 임금과 같을 뿐'이라고 말씀하셨으니, 나 또한 마땅히 안연이 순 임금이 되기를 바란 마음가짐을 본보기로 삼아야 한다고 생각해야 할 것이다.[12]

---

11) 『격몽요결』본문
12) 『격몽요결』본문

무릇 사람들이 스스로 뜻을 세웠다고 말하되, 곧바로 공부하지 않고 미적거리면서 뒷날을 기다리는 까닭은 말로는 뜻을 세웠다고 하나 실제로는 배움을 향한 정성이 없기 때문이다. 만일 나의 뜻으로 하여금 진실로 배움에 있게 한다면 인(仁)을 실천하는 일은 자기에게 말미암는 것이어서 인을 실천하고자 하면 인이 곧바로 이르게 되니, 어찌 남에게서 구하며 어찌 후일을 기다리겠는가. 입지를 중시하는 까닭은 입지를 확고히 하면 곧바로 공부에 착수하여 오히려 미치지 못할까 염려해서 항상 공부할 것을 생각하여 물러서지 않게 되기 때문이다. 만약 혹시라도 뜻이 성실하고 독실하지 못하여 그럭저럭 옛 습관을 답습하면서 세월만 보낸다면 수명을 다하여 세상을 마친들 어찌 성취하는 바가 있겠는가?[13]

율곡은 뜻을 세우는 것은 모든 일의 근본임을 강조한다. 인간이 세상에 태어나서 자기 일생의 삶을 좌지우지하고 생애의 좌표가 될 뜻을 못 가진다면 그런 사람은 존재가치가 없는 사람임에 틀림없다. 또 사람은 혼자 살아갈 수 없다. 공동체의 삶을 살아야 하고 공동체에 이로움을 주는 존재가 되려면, 사람은 많은 것을 배워야 한다. 역사적 사실을 배우고, 전승된 관례와 의례를 배우고, 정치적 격변의 정황을 배우고, 시의에 맞지 않는 인습을 타파하려는 혁신정신을 기리고, 현재 삶의 환경 과 제반 조건의 개선에 대해서 많은 것을 궁리해야 하고, 격물치지의 탐구는 계속되어야 하는 것이다.

우주자연과 인간세상의 룰을 모르면 적용할 수 없고, 비전이 없으면 현재를 넘어설 수 없다. 율곡은 인간의 내면적 성찰인 거경(居敬)과 더불어 적극적 지식인 궁리(窮理)가 필요하다고 거듭 강조한다. 율곡은 아무리 내면적 성찰

---

13) 『격몽요결』본문

인 거경을 체득해도 외면적 지식탐구인 궁리와 학습이 없으면 진정한 인간이 될 수 없다고 말한다.

공자는 73세까지 산 자신의 생애를 여섯 단계로 나누어 술회하고 삶을 되돌아본 적이 있다.

15세에 학문에 뜻을 두었고(而志), 30세에 확고히 자립했고(而立), 40세에 이리 갈까 저리 갈까 망설이지 않았고(而不惑), 50세에 하늘이 준 천명을 깨달았고(而知天命), 60세에 남이 아무리 거친 말을 해도 부드럽게 들을 수 있었고(而耳順), 70세에 마음 따라 행하여도 법도에 어그러짐이 없었도다(而從心)

2천 5백여 년 전 고대사회에서 술회한 성인의 일생을 오늘날 디지털 사회에 살고 있는 현대인의 일생에 대입해도 하나도 생소하지 않다. 신기한 일이다. 이는 무엇을 의미할까? 현대인들도 공자가 술회했듯이 무엇보다 먼저 자기의 뜻을 분명히 세우고, 그 뜻을 성숙시켜 자립하며, 이리 갈까 저리 갈까 우왕좌왕하지 말고, 하늘이 부여한 자신의 사명을 깨달으며, 남이 하는 말의 깊은 뜻을 헤아려 알고, 자기 마음에 따라 행동해도 조금도 법도에 어그러짐이 없는 삶을 영위할 수 있다면 성인의 반열에 오를 수 있다는 것을 상징적으로 시사해주는 말이라고 할 수 있겠다.

공자는 그의 생애를 회고하면서 입지의 중요성을 강조했다. 율곡은 그의 저서 첫 구절에 입지를 내세워 강조했다. 사람이 삶을 영위하는 데 뜻을 세운다는 것은 아주 중요한 일이다. 뜻이 있는 곳에는 반드시 길이 생기기 때문이다.

✸ 조선실천성리학의 이기론은 인간의 우주에 대한 이해다

여기에서, 한반도에 들어온 정주성리학이 어떻게 실천성리학으로 꽃을 피우게 되었는지 잠시 살펴보기로 한다.

송나라의 정주성리학은 고려말기 안향(安珦: 1243-1306) 등에 의해 전래되어 조선왕조에 들어 그 학문적 깊이가 더해갔다. 동시대 중국 명나라에서는 양명학이 부흥하고 있어서 성리학에 대한 관심이 약해졌다. 반면에 조선은 성리학의 심화작업에 매진하여 16세기 후반에는 성리학의 토착화에 성공한다. 결과적으로 조선은 성리학의 종주국이 된 것이다.

성리학의 조선 토착화와 조선실천성리학의 정립에 힘쓴 학자로는 김종직, 정여창, 김굉필, 조광조, 서경덕(1489-1546), 이언적(1491-1553) 등이 있다. 16세기에 들어오면서 조선 선비는 수신을 실천하기 위해 '심성론(心性論)'에 강한 관심을 기울였다. 특히 조선에서는 심학(心學)이 발달했다. 심학은 조선 유학의 핵심코드로 인문학의 중심에 존재했다. 마음성형의 기술이었고 힐링 프로젝트의 지침이었다. 심학은 16세기 중반 퇴계 이황, 율곡 이이 등에 의해 심층적 연구의 꽃이 만발했다.

성리학은 송나라 때 유학이 도교와 불교의 형이상학적 요소를 받아들여 이루어진 학문체계다. 따라서 원시유학과 구별되어 정주성리학으로 분류된다. 송나라의 정주성리학은 한반도에 들어와서 조선실천성리학으로 발전한다. 조선실천성리학은 조선 학자에 의한 유가사상의 독보적인 학문적 성취다. 중국에서 정주성리학이 정치적인 이유로 핍박을 받고 있을 때 조선실천성리학은 당대 유가사상 연구에서 세계 최고수준을 자랑할 수 있었던 것이다.

조선 선비의 학문적 사상논쟁은 처음에는 '이(理)'와 '기(氣)'에 대한 논리를 중심으로 전개되었다. '이기론'은 인간의 우주에 대한 이해다.

인간의 우주에 대한 이해는 인간의 심성에 대한 이해와 연결되기 때문에 결국에는 인간이 좋은 심성을 갖도록 하는 방법론으로 이어졌다. 우주는 인간을 비롯한 지상 모든 만물의 근원이라고 보고, 하늘의 섭리인 도(道)를 따라 지상의 이치인 덕(德)을 쌓아 행하는 것이 인간세계의 '최고선'으로 보는 것이다.

조선실천성리학은 조선 선비로 하여금 '이'와 '기'에 대한 논의를 더욱 강화시켰다. 이리하여 이기론은 조선실천성리학을 구성하는 뿌리로 자리 잡았다.

오늘날 한국의 전통문화인 선비사상, 선비정신 열풍은 이미 서구에 상륙하기 시작했다. 2011년판 프랑스의 『미슐랭 가이드[14]』의 한국 편에는 한국인의 정신을 이해하려면 이기론을 알아야 한다는 대목이 기록되어 있다.

유럽문화의 대표격인 프랑스에서 퇴계 이황의 사상인 이기론을 한국의 유교정신문화의 기원으로 해석한 것이다. 그만큼 조선실천성리학은 관념에 빠져 있던 중국의 정주성리학과는 다른 독보적이고 보편적이며 창조적인 학문으로 조선 선비의 중심사상으로 발전했던 것이다.

✺ 한국인은 모두 성리학자, 도학자라고 볼 수 있다

우리나라 사람들은 일상생활에서 '도리'라는 단어를 자주 입에 담는다. 사실 자나깨나 도리타령이다. "사람이 도리를 알아야지", "모두 자기 도리를 지키면서 사는 거야", "도리를 모르면 그게 사람인가" 등 우리나라 사람들의 생활은 도리를 떠나서는 존재할 수 없을 정도다.

---

14) 세계에서 가장 권위 있는 여행정보지. 이 책은 2011년 판에 처음으로 한국을 '여행해 보고 싶은 나라'에 등장시켰다.

또 우리나라 사람들은 일상생활에서 어떠한 일에 대해 "그럴 리가 있나?" 라는 말을 자주 사용한다. "아니, 그럴 리가 없지", "그런 일은 이치에 안 맞잖아?", "이치가 맞아야 이해를 하지", "이치를 따져 생각해봐", "이치대로 해" 등 일상대화에서 '이치'를 누구나 아무렇지 않게 거론한다. 그만큼 이치는 우리의 삶을 무의식적으로 지배하고 있는 것이다.

성리학의 '성리'란 하늘이 준 인간의 본성인 도리와 자연의 이치를 아울러 이르는 말이다. 또한 인간의 본성과 존재의 원리를 이르는 말이다. 따라서 인간이 가져야 할 '도리'와 '이치'를 이르는 말이다. 도리는 하늘이 준 본성과 존재의 원리다. 이치는 땅이 준 본성과 존재의 원리다.

'이'란 만물을 이루는 이치, 원리를 가리킨다. 중학교에는 지리(地理) 과목이 있고 고등학교에는 물리(物理) 과목이 있다. '지리'는 땅의 이치를 배우는 과목이고, '물리'는 우주의 이치를 배우는 과목이다. 결국 '이'란 우주만물의 근본 원리를 이르는 말이다.

한편 우리나라 사람들은 어떠한 경우나 상황에 대해 "내 참, 기가 막히네", "네가 그렇게 말하니, 내 기가 막혀", "기막혀 죽겠다" 등의 말을 일상생활 용어로 거침없이 사용하고 있다. 우리나라 사회는 '이'에 못지않게 '기'에 대한 말도 많이 발달되어 있는 것이다.

이렇게 인간의 삶에서 '이'와 '기'라는 철학적 용어를 별로 의식하지 않고 무의식적으로 쓰고 있는 사람은 한국 사람밖에 없을 것이다. 조선 선비들이 연구한 이기론은 이미 우리의 일상생활이 되어버린 감이 있다. 우리나라 사람은 누구나 성리학자라고 말해도 이상하지 않고 누구나 도학자라고 말해도 과언이 아니다.

사람이 가장 걸리기 쉬운 병에 감기(感氣)라는 것이 있다. 감기를 글자 그대로 설명하면 '기를 느끼는 것'이다. 사람은 평소에 숨 쉬고 있다는 것을 의식하지 못하고 살고 있다. 내 몸이 기이고 내 몸 밖의 것이 모두 기라는 사실을 모르고 살고 있는 것이다. 그러다가 어느 날 갑자기 내 몸의 기가 내 몸 밖의 기를 다른 기로 느끼는 것이 감기다.

기는 모든 사물을 이루는 바탕이다. 세상 모든 것은 다 기로 이루어져 있는 것이다. 따라서 내 몸은 기로 시현되어 있고 내 몸 밖의 모든 공간은 기로 꽉 차 있다. 그래서 아무것도 없는 것처럼 보이는 공간을 공기(空氣)라고 부른다.

세상의 기는 끊임없이 변화하는 존재다. 예부터 지금까지 사람을 사람답게 만드는 이(이치, 원리)는 한 번도 바뀌지 않았다. 사람의 본성인 인의예지는 오늘날에도 그대로 적용된다. 그러나 기는 변한다. 몇 년 만에 만난 사람이 옛날과 달리 부드러워졌다거나 씩씩해졌다거나 하는 경우 사람이 달라졌다고 말한다. 기가 변한 것이다. 그래서 기질(氣質)이 바뀐다고 말한다.

사람마다 생김새가 다르듯이 기질, 기력 역시 제각각이다. 체육학에서는 기질을 체질이라 부르고 기력을 체력이라 부른다. 사람 몸은 원래 기로 꽉 차 있다. 그 기는 끊임없이 움직이는 흐름이고 기가 막히면 더 이상 움직일 수 없게 된다. 즉 기가 더 이상 움직일 수 없어서 정지해 버리면 사람은 죽을 수밖에 없다. 우리나라 사람이 쓰는 "기가 막혀 죽겠다"는 말은 과학적으로 논리 정연한 말인 것이다.

한마디로 이(理)란 정신성을 가리키고 기(氣)란 물질성을 가리키는 말이다. 이황은 주리론(主理論)의 입장에서 '이동설(理動說)'과 '이기호발설(理氣互發說)'과 '이기이원론(理氣二元論)'을 주창하여 성리학을 더욱 심화·발전시킨 당대 최고의 학자였다. 이황은 도덕적 행위의 근거로서 인간의 심성(心性)을 중시했다. 이러한 이황의 이론은 조선 후기 영남학파의 이론적 토대가 되었던 것이다.

✱ 사람은 개인인격의 완성으로 독립할 수 있고
   사회인격의 완성으로 상생할 수 있다

여기에서, 조선성리학의 가장 큰 산맥인 퇴계 이황에 대해 조금 더 살펴보기로 하자.

이황은 수신(修身)의 근본을 마음에 두었다. 그는 "인간이 머물러야 할 곳은 본성이다. 인간은 태어날 때 명덕(빛)을 하늘로부터 받아 태어난다. 이 밝은 본성은 진실하여 거짓이 없다. 진실함은 인간뿐 아니라 만물의 본성이다. 천체의 운행에는 거짓이 없다. 초목은 싹이 나야 할 때 싹이 나고 꽃은 피어나야 할 때 꽃이 피어난다. 우주만물은 거짓 없는 그 자체다. 그 자체는 진실함이다. 인간이 태어나서 스스로 자신의 명덕을 밝히는 일은 인간의 일중에서 근본이다. 인간의 근본은 진실함이다"라고 강조했다.

이황은 진실함을 실천하는 데 있어서 '격물', '치지', '성의', '정심'으로 '수신'할 것을 강조했다. 이것은 『예기(禮記)』에 나와 있는 말이다. 그리고 이것을 옮겨서 주석을 단 『대학(大學)』에도 나오는 말이다.

『예기』는 공자가 편찬했고 『대학』은 주희가 편집하고 주석을 달았다. 이황은 성경현전에서 말하고 있는 '격물(格物)', '치지(致知)', '성의(誠意)', '정심(正心)'을 수신의 핵심요소이며 지도자가 되고자 하는 사람이 반드시 체득해야 하는 셀프리더십(Self -Leadership)의 근본으로 삼았다.

이황이 강조한 수신의 4가지 핵심요소의 의미를 살펴보자.

'격물'은 대상에 대한 깊은 궁리이다. '격물'은 밑바닥까지 캐내고 철저하게 규명할 것을 요구한다. 오늘날의 용어로는 '과학적 탐구'다.

'치지'는 격물을 통해 사물의 앎이 철저해지고 정확해지는 상태다. 철저한 지식기반의 확충을 말한다. 오늘날의 용어로는 '정확한 지식의 종착점'이다. 단순히 표현하면 '격물'은 '과학'이고 '치지'는 '정확한 지식'이다.

'성의'는 성실한 의지다. 열정과 집중을 한곳에 투입함을 뜻한다. 맡은 일의 효과를 높이기 위해 몰입하는 상태를 '성의'라고 말한다.

'정심'은 하늘로부터 받은 본래의 양심이다. 옳고 바르며 순수하여 편견이 없다. 정의(正義)의 마음, 공정한 마음, 순수한 마음, 천진난만한 마음, 깨끗한 마음, 바른 마음을 뜻한다.

'격물', '치지', '성의', '정심', 이 4가지는 수신(修身)의 핵심요체다. 사람의 생각과 말과 태도와 행동의 뿌리이다. 이렇게 하여 '수신'이 이루어지면 개인인격의 독립이 완성된다. 자신이 밝은 빛의 존재임을 깨닫고 그 빛을 스스로 밝히는 것이 개인인격의 완성인 것이다.

스스로 자신의 빛을 밝히고 난 뒤, 그 다음 단계는 내가 아닌 다른 사람의 빛을 이끌어 내는 행위이다. 다른 사람의 빛을 이끌어 내는 행위가 꼭 필요하다. 물론 쉬운 일은 아니다. 하지만 나만이 빛을 밝히고 다른 사람들이 모두 어둠 속에 존재한다면 내가 밝히고 있는 이 빛은 나만을 위한 명덕이 되어 버린다. 다른 사람의 빛을 이끌어 내는 행위가 바로 인(仁)의 행동이다.

사람은 개인적 존재이면서 동시에 사회적 존재다. 나와 남이 모두 동시에 빛을 발할 수 있어야 대동사회를 구축할 수 있게 된다. 그러므로 모든 사람의 명덕을 밝히는 행위가 가족, 이웃, 사회, 세상으로 단계적으로 이루어져야 한다. 그리하여 천하의 평안, 평등, 평화를 유지시키고 발전시킬 수 있는 대동사회를 실현하게 되는 것이다. 다른 사람의 명덕(빛)을 이끌어 내는 단계적 과정이 '수신', '제가(齊家)', '치국(治國)', '평천하(平天下)'이다.

수신 이후의 단계적 과정을 조목 별로 살펴보자.

'수신' 다음으로 '제가'가 먼저 이루어진다. 고대사회에서의 집(家)이란 넓은 의미의 일가, 즉 부락이나 고을을 의미한다. '수신'이 이루어져 개인인격이 수양되면 그 다음은 조직인격, 사회인격의 수양으로 나아간다. 집안은 물론 이웃과 고을의 삶을 평안, 평등, 평화롭게 이끌어야 한다.

'제가'는 수신을 디딤돌로 밟아 실행되는 리더십의 첫걸음이다. 기업의 입장에서 보면 기초조직이라 할 수 있는 팀의 리더십이다. 팀의 리더십이 건강하고 튼튼하게 이뤄져야 한다. 팀워크가 건강하게 펄펄 살아 있어야 모든 상위조직이 건강하게 살아 움직일 수 있기 때문이다. 오늘날의 관점에서 보면 민주정치의 효시가 되는 지방자치단체의 리더십에 해당된다고 할 수 있다.

'치국'이란 '수신', '제가'를 디딤돌로 딛고 더 넓게 이루어지는 리더십의 역할 증진을 말한다. 기업이라면 하나의 회사단위가 여기에 해당될 수 있다. 회사라는 개별기업조직이 그 기업이 처한 환경에서 자기역할을 충분히 발휘하여 종업원, 주주, 고객, 사회에 이로움을 제공할 수 있는 리더십을 말하는 것이다.

예를 들면, 한 나라는 여러 고을이 모여서 형성된다. 국가의 목적은 무엇보다 나라의 삶을 평안, 평등, 평화롭게 영위하여 국민을 행복하게 만드는데 있다. 오늘날 현대사회에서 보면 중앙정부의 리더십이 여기에 해당될 수 있을 것이다. 필요에 의해 집단적 삶을 이루기 시작한 고대사회에서부터 복잡하고 다양한 삶을 이루고 있는 현대사회에 이르기까지 국가는 동일한 정치공동체의 기본단위를 형성하고 있는 인간생활의 공동집합체다.[15]

---

15) 선사시대에 생성된 인류역사의 발달사를 보면 국가의 생성은 인간의 도구역사 발달사와 궤를 같이 하고 있다. 인류가 발명한 도구가 무기를 만들었고, 무기는 계급을 만들었으며, 계급은 권력을 만들었고, 권력은 국가를 만들었다.

'평천하'란 '수신', '제가', '치국'을 디딤돌로 하여 천하의 평안, 평등, 평화를 도모하기 위해 실행하는 통 큰 리더십을 의미한다. 오늘날로 치면 유엔기구의 리더십, 또는 국제공동체의 리더십이 여기에 해당된다고 할 수 있을 것이다.

기업의 관점에서 보면 산업계 전체를 한 덩어리로 폭넓게 보고 모든 산업계가 평안, 평등, 평화를 구가할 수 있는 세상을 말하고 있는 것이다. 한 국가 안에 존재하는 산업계가 아니라 국경을 넘어 공존하는 세계적인 산업계를 포용하고 있다.

정치적인 관점에서 보면 천하는 온 세상을 뜻하며 글로벌 세상인 지구촌을 상징한다. 지구촌에 살고 있는 인류가 모두 행복하게 살 수 있는 인간사회의 평안, 평등, 평화의 열매를 거두는 리더십을 말한다. '평천하'로 이루어지는 대동사회는 인류의 행복을 위한 인간리더십의 종착지다.

✿ 선비리더십의 8가지 핵심요소

'수신'에서 시작하여 '평천하'의 목적지까지 순차적 발전단계로 완성되는 과정이 개인인격→조직인격→사회인격→국가인격→국제인격→지구촌인격이다.

지구촌인격이 완성될 때 인간은 지구촌의 주인으로써 인류에게 평안, 평등, 평화를 선물할 수 있을 것이다. 『예기』와 『대학』에서 말하는 '격물', '치지', '성의', '정심', '수신', '제가', '치국', '평천하'의 8가지 단계적 과정이 존재하는 까닭이다.

8가지 단계적 과정을 순서대로 '격물'의 출발점에서 설명하면 아래와 같다.

사물의 이치를 확실하게 밝힌 뒤라야 자신의 지식이 지극해 지고, 자신의 지식이 지극해진 뒤라야 자신의 뜻이 진실해지고, 자신의 뜻이 진실해진 뒤라야 자신의 마음이 바르게 되고, 자신의 마음이 바르게 된 뒤라야 자신의 수신이 이루어지고, 자신의 수신이 이루어진 뒤라야 자신의 지역을 바로 잡을 수 있게 되고, 자신의 지역이 바로 잡힌 뒤라야 자신의 나라를 바르게 돌볼 수 있게 되고, 자신의 나라를 바르게 돌본 뒤라야 온 천하의 평안, 평등, 평화를 도모할 수 있는 것이다(格物 致知 誠意 正心 修身 齊家 治國 平天下).

8가지 단계적 과정을 '평천하'의 목표점에서 역순으로 설명하면 다음과 같다.

온 천하에 평안, 평등, 평화를 구현하고자 하는 사람은 먼저 자신의 나라를 바르게 돌보아야 하고, 자신의 나라를 바르게 돌보고자 하는 사람은 먼저 자신의 지역을 바르게 돌보아야 하고, 자신의 지역을 바르게 돌보고자 하는 사람은 먼저 자신의 몸을 바르게 닦아야 하고, 자신의 몸을 바르게 닦고자 하는 사람은 먼저 자신의 마음을 바르게 정해야 하고, 자신의 마음을 바르게 정하고자 하는 사람은 먼저 자신의 뜻을 진실되게 해야 하고, 자신의 뜻을 진실되게 하고자 하는 사람은 먼저 자신의 지식을 철저하게 궁구하여야 하고, 자신의 지식을 철저하게 궁구하고자 하는 사람은 먼저 사물의 이치를 과학적으로 분명하게 밝힐 수 있어야 한다(平天下 治國 齊家 修身 正心 誠意 致知 格物).

'격물'에서 시작하여 '수신'까지는 개인인격의 완성을 의미한다. 오늘날 현대 리더십강의에 나오는 셀프리더십이 여기에 해당된다.

'제가'에서 시작하여 '평천하'의 달성은 조직인격, 사회인격의 완성을 의미한다. 상호배려와 나누고 섬기는 리더십의 확립을 상징하는 것이다. 오늘날의 리더십강의에서 이야기하는 서번트 리더십(Servant-Leadership)의 근원이라 할 수 있다.

개인인격의 완성으로 인간은 독립할 수 있고 사회인격의 완성으로 인간은 상생할 수 있다. 사회인격 완성의 최종과정인 '평천하'는 무력이나 폭력으로 세상을 평정하는 일이 아니다. 인간이 도덕적인 삶으로 얻을 수 있는 평안, 평등, 평화의 세계, 즉 모든 인간의 존엄성과 인권이 차별 없이 존중될 수 있는 대동사회는 무력이나 폭력이 아니라, 도덕적 삶을 영위함으로 실현할 수 있을 뿐이다. 오직 자긍심과 이타심에 의거한 평화적 행동으로 성취해야 하는 것이다.

선비사상의 최종목표는 '평천하'이다. 인간의 삶이 공정, 공평하게 존중되고 현실세계의 평안, 평등, 평화를 지속적으로 유지하는 데에 선비사상의 최종목표가 존재하는 것이다.

✿ '수기' 와 '안인'은 선비의 수행본령이다

선비의 수행은 크게 두 가지의 수행본령으로 나누어진다. 하나는 개인인격 완성을 위한 수기(修己)의 본령이고 또 하나는 조직인격, 사회인격 완성을 위한 안인(安人)의 본령이다.

자신의 본성을 먼저 깨닫고 그 본성을 부지런히 갈고 닦아 스스로 밝고 빛나게 하는 수양과 수련을 지속하는 것이 개인인격을 위한 '수기'이다. 그런 다음에 타인으로 하여금 그 사람의 본성을 발견하도록 이끌어 주어서 그 본성을 널리 빛낼 수 있게 도와주고 배려하고 섬기는 행위가 조직인격, 사회인격을 위한 수행과 수도가 되는 것이다. 그리하여 최종적으로 모든 이에게 평안, 평등, 평화를 안겨 주는 것이 '안인'이다.

중요한 것은 자신이 다른 사람을 얼마나 도울 수 있는가이다. 더 중요한 것은 자신이 세상에 얼마나 이로움이 될 수 있는가 이다. 먼저 자신이 홀로 자립할 수 있어야 한다. 공자는 자신이 서른의 나이에 확실한 자립을 할 수 있었다고 술회했다. 홀로 설 수 있는 능력이 제고 되면, 그 다음은 주위 사람을 섬기기 위해 일해야 한다. 주위 사람을 섬길 수 있는 방법은 나의 행동이 주위에 이로움을 가져다 줄 수 있는 행동이 될 때 가능하다. 우리가 이웃을 섬기고, 동료를 섬기고, 팀원을 섬기고, 고객을 섬기고, 환자를 섬기고, 약자를 섬기고, 주민을 섬기고, 시민을 섬기고, 국민을 섬기고, 세계인을 섬길 수 있으면, 우리의 개인과 우리의 조직사회는 그 존재의 이유와 그 존재의 가치를 스스로 발현할 수 있게 되는 것이다.

퇴계 이황이 세계 최고의 성리학자로서 추앙받는 것은 그의 학문적 깊이에만 있는 것이 아니다. 이황은 스스로 연구한 학문을 실천하는 데 생애를 바쳤다. 이황은 벼슬살이할 때나 벼슬에서 물러나서 작고할 때까지 평생을 '수기안인'의 자세로 주위의 모든 사람들을 직업의 귀천이나 신분의 고하에 관계없이 존중하고 섬기는 삶을 살았다. 기회만 있으면 사람의 본성인 명덕을 깨우치게 하여 그 본성에 충실한 삶을 영위해야 한다고 강조했다. 그리하여 후세를 위해 젊은 제자들을 키워내는 참 선비의 삶을 영위했던 것이다.

율곡 이이는 금강산에서 수많은 불경을 독파한 뒤 하산하자마자 당대의 대학자 퇴계 이황을 찾아가서 스스로 제자의 예를 갖추었다. 일생에 단 한 번 스승으로 모신 이황에게서 이이는 평생학습이 될 수 있는 학문적 시사점을 얻었던 것이다.

이이는 스승의 이기론에 대해 독자적 사유를 얹어 기의 역할에 방점을 둔 제자다. 이이는 이렇게 독자적 사유를 전개했기 때문에 후일 기호학파의 종주가 되는 거목으로 자리 잡는다.

이이는 기본적으로 스승 이황의 이기론의 영향을 받아, '이'를 만물의 근원으로 보면서도 특히 '기'의 역할을 강조했다. 결국 그는 '기'의 국한성을 인정하는 '이통기국설(理通氣局說)'과 궁극적 원리는 '이'지만 '기'를 떠나면 '이'는 있을 곳이 없기 때문에 작위하는 것은 '기'라고 보는 '기발이승일도설(氣發理乘一途說)'을 주창했다.[16)]

이황은 '정심', '성의'에 무게를 두었고 이이는 '격물', '치지'에 무게를 두었다. 이황이 정신세계에 무게를 두었다면 이이는 현실세계에 무게를 둔 것이다.

이이는 물질성인 기의 역할이 정신성인 이의 역할과 근원을 같이 한다는 이론을 정립하여 개혁적이고 현실적인 학설을 폈다.

이이는 이황의 심학에서 한 걸음 더 밖으로 나온다. 그는 사물에 대한 정확한 지식을 매우 강조한다. 사물에 대한 지식이 없다면 적절한 판단과 가치 있는 행위를 기약할 수 없다고 본다. 지식이 인간의 덕성을 완성시키고 심신의 안정을 공고히 한다는 것이다.

이이는 실천이 어렵다지만 먼저 사물을 제대로 알기는 더 어렵다고 말했

---

16) 조선 창건 후 100년을 넘기고 16세기에 들어서면서 조선실천성리학은 절정기에 접어든다. 이와 기에 대한 논의에서 한유(韓儒)들은 제각기 선명한 입장을 취하게 된다. 이기론의 3가지 다른 입장의 대표적 학자는 화담 서경덕, 퇴계 이황, 율곡 이이라 할 수 있다. 화담은 기철학자다. 그는 주기론(主氣論)의 입장에서 존재의 궁극적 근원은 氣라고 주장하고 기를 기본으로 하여 이기를 일원적으로 파악했다. 그러나 퇴계에 있어서 존재의 궁극적 원리는 '이'이다. 태극은 '이'이고, 음양은 '기'로 본다. 따라서 이와 기는 하나가 아니고 둘이 되는(이기이원론) 것이다. 율곡의 경우는 화담의 기에 대한 설명을 긍정하여 그 경험성과 실재성의 불가결을 인정하지만, 역시 이는 궁극적 보편원리로 봐야 할 것이며, 결국 기의 국한성을 인정해야 한다(이통기국설)는 것이다. 퇴계의 주장대로 이와 기를 혼동해서는 안 되지만, 기를 떠나면 있을 곳이 없기 때문에, 궁극적 원리는 이 이지만 작위 하는 것은 기이므로 기발이승일도설을 주창하고, 더 나아가 이와 기가 하나라고 할 수 없는 부잡성(不雜性)의 측면과 이와 기가 둘이라고 할 수 없는 불리성(不離性)의 측면을 들어서 이기묘합(理氣妙合)의 이기지묘(理氣之妙)를 제시했다.

다. 어설프게 아는 것은 알지 못하는 것만 못하고, 애매하게 아는 것은 모르는 것보다 더 못하다. 어디까지나 제대로 알고 실천해야 한다는 것이다. 이이는 평생을 '격물', '치지'의 자세로 현실정치에 참여하여 정치사회를 변화, 개혁시키려고 몸을 던진 참 선비의 삶을 살았다.

❀ 조선실천성리학 학파의 성립과 붕당 출현

16세기 초부터 16세기 중반에 이르기까지 조선 사회에는 성리학에 대한 깊은 이해가 이루어졌다. 그 결과 조선실천성리학에 관한 여러 학설과 지역에 따른 여러 학파가 생겨났다.

서경덕학파, 이황학파가 먼저 형성되었고, 이어서 이이학파와 성혼학파가 형성되었다. 서경덕은 이이학파에 영향을 주었고, 이황은 성혼학파에 영향을 주었다.

이이는 성혼(成渾: 1535-1598)의 학문을 평가하면서 "분명 의리에서는 내 쪽이 훌륭하지만 실천에서는 내가 성혼에 미치지 못한다"고 말하면서 성혼의 실천력을 높이 평가했다. 이이와 절친했던 성혼(成渾: 1535-1598)은 이황의 이기호발설을 지지하면서, 이이의 기발이승일도설을 비판한 인물이다. 나중에는 두 이론을 절충하는 입장을 취했다. 성혼은 조식과 마찬가지로 수신의 측면에서 실천을 가장 중시한 참 선비였다.

조선실천성리학이 확립된 이후에 학파들을 중심으로 사림들이 조정에 다시 진출했던 시기가 조선 선조(宣祖: 1567-1608년 재위) 때였다. 이들은 명종(明宗: 1545-1567 재위) 때 윤원형(尹元衡)의 척신(戚臣)정치가 초래한 정치적·경제적·사회적 폐단을 시정하고 선비의 도덕적 통치이념을 구현하고자 했던 것이다.

이 때 구세력을 대표하는 심의겸(沈義謙: 1535-1587)을 중심으로 한 사람들과 소장관인의 대표격인 김효원(金孝元: 1532-1590)을 중심으로 한 사람들 사이에 의견대립이 일어났다. 결국 경복궁의 서쪽에 살고 있는 심의겸을 지지하던 사람들은 서인(西人)으로, 경복궁의 동쪽에 살고 있는 김효원을 지지하던 사람들은 동인(東人)으로 불리게 되었다.

이리하여 서경덕, 조식, 이황 등의 학파는 주로 동인을 형성했고, 이이, 성혼 등의 학파는 주로 서인을 형성했다. 학파는 처음에는 학문적 입장에서 생성되었으나 조정에 들어가서는 정치적 입장에서 서로 교차되는 경우가 발생했던 것이다.

그 후 다시 동인학파 중에서 이황학파는 남인(南人)으로, 서경덕과 조식학파는 북인(北人)으로 구분되었고, 서인(西人)학파는 나중에 정치적 입장에 따라 노론(老論)과 소론(少論)으로 분파되었다.

조선은 선조 다음의 임금인 광해군(光海君: 1608-1623 재위) 때에 서경덕과 조식학파의 북인이 세력을 얻었고 북인들은 독단으로 정국을 이끌었다. 그러나 북인의 집권은 잠시였다.

그 후 광해군을 몰아낸 인조반정(仁祖反正: 1623) 때는 서인이 세력을 얻어 단독으로 정국을 주도했다. 광해군을 폐위시키고 인조를 왕위에 올리는 데 서인은 주도적으로 활약했고, 반정에 성공한 서인들로부터 서경덕과 조식학파의 북인들은 철저하게 배척당했다.

그 결과 북인학파의 학풍은 힘을 얻지 못하고 서서히 명맥이 끊기어 갔다. 대신에 인조반정에 성공한 서인의 사상적 시조인 이이의 학풍과 인조반정 당시 정치권력과 잠시 떨어져 있었던 남인의 사상적 시조인 이황의 학풍이 조선사상계를 주도하는 양대학풍으로 살아남게 되었던 것이다.

이리하여 이황과 이이의 조선실천성리학은 조선사상사에 확고하게 뿌리를 내릴 수 있게 된다. 이에 따라 조선실천성리학 이외의 학문은 이단으로 간주하게 되었고, 이황, 이이, 그리고 절충론을 제시한 성혼계의 조선실천성리학만이 유일한 정통 학문으로 살아남게 되었던 것이다.

당시 조선을 둘러싼 국제정세는 급격히 변하고 있었다. 명은 쇠약해지고 후금(後金; 여진족, 후에 청을 세움)은 급격하게 성장했다. 1627년 정묘호란 때 후금은 3만의 군대를 이끌고 쳐들어왔고 인조는 강화도로 피신했다. 1636년 병자호란 때는 청의 태종이 20만의 대군을 이끌고 다시 쳐들어왔다. 인조는 남한산성으로 피신했지만 삼전도의 굴욕으로 항복했다. 이러한 전란의 와중에서 주화론(主和論)과 척화론(斥和論)이 격렬하게 논의되었다. 인조 말엽에 이르러서는 송시열(宋時烈: 1607-1689) 등이 주도하는 서인이 정국을 주도하면서 척화론이 조선 정책의 중심이 되었다.

당시 국제 정세는 명이 쇠망하고 청이 강력하게 떠오르고 있었기 때문에 서인의 척화론은 시대착오적 정책이었다. 송시열은 이이의 학통을 계승하여 기호학파의 주류를 이루고 노론의 영수로서 정국의 중심인물이 되었던 사람이다.

이처럼 16세기 이후 조선에서는 중앙 조정에 진출한 사림에 의해 이념의 논쟁이 정파의 정쟁으로 확대되기도 했다. 이것을 폐단으로 본 선비 중에는 관직에 진출하지 않고 학문연구와 수양, 수행, 수련, 수도, 후진양성에만 열정을 불태운 학자들이 많았다. 조정에 진출하지 않고 재야에 묻혀 학문하는 선비를 '산림(山林)'이라 불렀다.

이이는 선비가 산림(山林)에 묻혀서 자신의 몸만 깨끗하게 함을 목적으로 해서는 안 된다고 말하며, 선비는 벼슬을 하고 모든 사람들을 자신처럼 깨끗하게 만듦을 목적으로 해야 한다고 강조했다. 그러나 자신이 벼슬로 나가고 싶지만 세상이 자신을 받아주지 않을 때, 자신이 벼슬을 통해 이념구현을 할 수 없을 때, 또는 때를 만나지 못했을 때는 부득이 산림(山林)에 묻혀 독선(獨善)하는 것이라고 했다.

이이의 이 말은 다분히 스승인 이황을 염두에 둔 것일 것이다. 이이의 스승인 이황은 인생 후반에 조정의 부름에도 나가지 않고 오직 후학양성에만 힘을 기울였기 때문이다. 이이 본인도 자신이 주장한 '경장론'과 '양시양비론'이 받아들여지지 않자 벼슬을 버리고 후진양성을 위한 집필에 몰두하면서 교육에 힘썼던 것이다.

허목(許穆: 1595-1682)은 이황의 학통을 계승하고 나중에 남인의 강경파인 청남(清南)을 이끌었던 영수였다. 허목은 주자 주석의 4서(대학, 중용, 논어, 맹자)보다 원시유학의 5경(시경, 서경, 역경, 예경, 춘추경)에 더 많은 관심을 두었다.

허목은 "주자 주석으로 고문(古文)이 폐했다"라고 과감하게 주자를 부정했다. 또한 "세상에 5경과 제자백가의 학문이 없어졌기에 도는 땅에 떨어졌고 문학은 옹졸해졌으며 시대가 어려워졌다"고 말했다. 이렇게 그는 조선의 성리학자이면서 오히려 원시유학을 경모했던 인물이었다.

영남학파였던 허목의 학풍은 후에 이익-이가환-정약용으로 이어지는 남인 실학자들에게 계승되었다. 허목과 이익은 남인의 실학파 학문에 초석을 놓은 조선 최초의 실학자로 알려져 있다.

✽ 조선실천성리학의 대가 조식

조선에는 수많은 참 선비들이 존재했다. 그 중에서도 철저한 자기절제로 일관하여 불의와 타협하지 않고 산림으로만 살았던 남명(南冥) 조식(曺植: 1501-

1572)에 대해 살펴보는 일을 빼 놓을 수 없다.

조식은 이와 기에 대한 실천방법의 논의보다 더 중요한 것은 개인의 실천이라고 강조했다. 그는 '이'와 '기'의 논의가 한창 펼쳐지고 있을 때 토론에 참여할 것을 사양하고 한발 비켜 서 있으면서 자신의 실천학문을 수련하는 데 주력했다. 조식은 실천성리학의 대가다.

조식은 연산군 7년(1501)에 태어나 19세 때 산 속의 절에서 독서하다가 조광조의 죽음을 들었다. 숙부 언경도 이때 연루되어 죽음을 당하는 것을 보고는 어진 사람들이 간신배에 몰려 경륜을 펴지 못하는 세상을 슬퍼했다.

그는 과거공부를 하라는 어머니를 설득하여 과거를 포기하고 오직 경전 읽기에 집중하여 자신의 덕행수련과 학문에만 정진했다. 조식은 38세 때, 48세 때, 51세 때, 각각 벼슬에 제수되었으나 모두 나아가지 않았다. 55세 때 명종은 벼슬이 싫다는 그에게 단성현감으로 제수했다. 그러나 조식은 한 달도 되지 않아 사직서를 냈다.

그러다가 66세 때 을사사화로 유배되었던 선비들이 다시 조정에 돌아올 즈음 임금이 여러 차례 부르자 처음으로 대궐로 들어가서 사정전(思政殿)에서 임금과 독대했다.

명종이 나라 다스리는 도리를 묻자 ①정치의 근본이 되는 임금 자신이 인격을 도야하고 학문에 힘쓸 것 ②정치제도를 혁신하여 부패를 물리칠 것 ③새로운 인재를 등용하는 데 성의를 보일 것 등을 건의했다. 그러나 곧 명종이 무슨 일을 해낼 만한 임금이 아님을 간파하고는 귀향했다.

조식이 67세 때, 명종의 다음 임금으로 어린 나이에 왕위에 오른 선조가 두 차례에 걸쳐 그를 다시 불렀으나 나아가지 않았다. 68세 때 역시 부름을 받았으나 나아가지 않았다. 그 대신에 역대 임금이 나라를 다스림에 실패한 사례를 지적하고 "나라 다스림의 길은 다른 데 있는 것이 아니라 임금 자신이 학문과 인격을 닦는 데서 시작되어야 합니다"라는 상소를 올렸다.

조식은 72세에 일생을 마쳤다. 그가 죽은 후 선조로부터 대사간에 추증되었고 이어 광해군으로부터 문정공의 시호를 받은 후 영의정에 추증되었다. 조식은 평생 조정의 부름을 받았으나 이를 사양한 인물로 오직 산림으로서 선비사상을 실천한 참 선비였다.

✤ '수기치인'의 수양에서 '수기안인'의 수양으로

조식은 이론적 탐구보다 현실적 문제를 직시하여 이를 해결하기 위한 사회적 실천을 늘 강조했다. 이는 유학이 갖고 있는 핵심명제인 수기치인(修己治人)을 중시한 것으로 스스로 인격을 도야하는 실천지향의 선비사상을 강조한 것이다.

자신이 먼저 수양하여 타인을 구제한다는 수기치인(修己治人)의 실천사상은 그 후 자신이 먼저 수양하여 타인을 섬기고 평안하게 해준다는 수기안인(修己安人)의 실천사상으로 발전한다.

'수기치인'은 타인을 수습하여 바로잡고 구제한다는 의미가 강하고 '수기안인'은 타인을 평안하게 해 주기 위해 봉사하고 헌신한다는 의미가 강하다. '수기치인'은 타인을 내 쪽으로 끌어 오는 방향에 무게가 주어지고 '수기안인'은 내가 타인 쪽으로 다가가는 방향에 무게가 주어진다.

조식이 강조한 것은 '경(敬)'과 '의(義)'였다. 이는 『역경(易經)』에 있는 '경이직

내 의이방외(敬以直內 義以方外)'에서 취한 글로써 '경'으로써 안을 곧게 하고 '의'로써 밖을 반듯하게 한다는 의미를 가지고 있다.

송나라의 정주성리학자들은 이 가운데 '경'을 적출하여 심성수양의 요체로 삼았으나, 조식은 '경'과 '의' 둘을 다 뽑아서 '경'은 내적 수양과 관련시키고 '의'는 외적 실천과 관련시켰던 것이다.

✿ 안으로 마음을 밝히는 것은 '경'이고 밖으로
   행동을 결단하는 것은 '의'이다

조식은 그가 기거한 산천재의 벽과 창문 사이에 이 두 글자를 써 두고 "우리 집에 '경'과 '의'라는 이 두 글자가 있는 것은 마치 하늘에 일월이 있는 것과 같아서 영원토록 바뀌지 않을 것이니, 성현의 온갖 말씀이 모두 '경'과 '의'라는 이 두 글자를 넘어서지 않는다"라고까지 말했다.

조식은 그가 항상 차고 다니던 칼에 '내명자경 외단자의(內明者敬 外斷者義)'라는 글을 새겼다. 이는 "안으로 마음을 밝히는 것은 '경'이요, 밖으로 행동을 결단하는 것은 '의'다"라는 뜻이다. 내적 수양을 통한 사회적 실천의 결연한 의지를 볼 수 있는 행위이다.

조식은 비록 평생 조정에 나아가서 벼슬을 하지 않았으나 산림에 묻혀 조정에 '바른 길'의 상소를 올리고 제자들을 몸소 키워내는 일에 심혈을 기울였다. 그는 평생 선비의 멋과 매력을 간직하며 단아하고 진솔한 삶의 향기를 주위에 내뿜는 삶을 산 참 선비였다.

조선시대에는 관직을 마다하고 초야에 묻혀 성현의 길을 택한 선비도 많았다. 앞에서 언급한대로 조선 후기 최초의 실학자 허목은 60세에 이르도록 관직을 탐하지 않고 옹골차게 학문에만 매진한 대표적인 선비였다.

허목은 63세에 처음으로 사헌부 지평으로 출사했다. 학문에 전념하여 산림으로 이름을 날리다가 남들이 모두 퇴직하는 나이에 관직에 임명되었으나 병을 핑계로 사양하거나 사퇴를 거듭했다.

허목은 숙종의 지극한 우대를 받아 '나이 80세에 대사헌에 임명되었고 반년 동안에 벼슬을 다섯 번이나 옮겨 삼공(三公)에 이르렀으니 이는 만고에 없던 일이라'고 『숙종실록』은 기록하고 있다. 그러나 기본적으로 허목이 관직을 원해서 했던 것은 아니었다. 그는 마지못해 늙은 몸을 이끌고 나이 팔순에 관직에 진출했던 것이다. 그는 세속에 초연한 삶을 살면서 자기 연마에 대해서는 누구보다 치열했다. 88세로 타계할 때까지 선비 정승의 역할을 다하여 참 선비의 삶을 살았다.

❀ 선비란 벼슬을 탐내거나 명예나 재물에 눈이 먼 사람이 되어선 안 된다

선비는 자신이 학문을 연마하는 가운데서 얻은 소신을 거침없이 주장할 수 있는 사람이다.

때문에 자신의 신념에 어긋나는 언행을 강요받을 수도 있는 관직을 탐낸다면 그런 사람은 선비라고 할 수 없는 것이다.

선비란 재물이나 출세나 권력이나 명예보다 자신의 신념, 가치관, 인생관을 언행의 중심축으로 삼고 사는 사람이다. 설사 벼슬을 얻었다고 해도 자신의 신념을 굽히지 않아야 하며 윗사람에게 아부하지 않고 소신과 사명감으로 행동하는 사람이어야 한다. 선비란 결코 벼슬을 탐내거나 명예와 재물에 눈이 먼 사람이 되어서는 안 되는 것이다.

조선시대에도 가짜 선비는 존재했다. 선비의 허울을 쓰고 있으면서 벼슬을 탐하고 사적으로 재물을 밝히는 사람이 그런 부류였다. 선비인 유자(儒者)들을 분류하는 말로 진유(眞儒)와 속유(俗儒)가 생겨난 까닭이다. 높은 가치관과 정의로운 기개를 가지고 애민정신으로 사명감을 발휘하며 백성과 함께 모두가 잘 살 수 있는 대동사회를 만들려고 실천하는 선비를 진유라고 불렀다. 그러나 오로지 일신의 영달을 탐하고 백성 위에 군림하려는 권력을 탐하며 부유와 사치를 개인의 전유물로 탐하는 무리를 속유라고 불렀다.

세상을 잘 살게 하기 위해 벼슬을 하는 사람과 자기가 잘 살기 위해 벼슬을 하는 사람의 행동이 같을 순 없다. 예나 지금이나 무대가 바뀌어도 달라지지 않는 이치이다. 속유적 가치관으로 전락한 가짜 선비와 공익적 가치를 위해 자기를 헌신하는 품위와 기품을 가지고 평천하의 기개를 실천하려는 진짜 선비는 확실히 구분된다. 속유와 진유의 싸움은 붕당을 만들었고 불신과 갈등의 조정에서 반대를 위한 반대를 하는 정적을 만들기도 했다. 때문에 속유를 훈구세력으로 진유는 사림세력으로 구분하여 선비를 평가하기도 했다.

어쨌든 선비들이 자신이 속한 학파에 따라 서로 갈라져서 만들어진 붕당은 전제군주시대에 최고 권력을 견제하고 독선을 제어하여 애민정치를 하는 데 상당한 영향을 미칠 수 있었다. 따라서 조선 후기 선비들의 붕당은 오늘날 대의정치의 정당 역할이 하고 있는 정치적 기능을 제한적으로 발휘했다고 해석될 수 있는 것이다.

조선의 선비들은 선비에 대한 정의를 어떻게 내리고 있었을까? 조광조, 이이, 송시열, 이익, 이덕무, 박지원 등이 생각한 선비의 정의를 살펴보기로 한다.

16세기 초반 벼슬길에 나아가 직접 조정의 중심에 섰던 조선 중종 때의 개혁 정치가 조광조는 선비에 대해 다음과 같이 집약했다.

- 선비는 배움을 즐기고 사명감으로 일에 몰두한다.
- 선비는 이익이 있을 때는 의로움을 먼저 생각한다.
- 선비는 죽음을 당하더라도 지조와 신념을 버리지 않는다.
- 선비는 나라가 위기에 처하면 불굴의 용기로 앞에 나서 대처한다.
- 선비는 지나간 과거의 일을 후회하지 않으며, 오지도 않은 장래의 일을 미리 점치지 않는다.
- 선비는 그릇된 말을 두 번 거듭하지 않고 뜬소문을 두고 따지지 않는다.
- 선비는 죽일 수는 있어도 욕보일 수는 없다.

16세기 중반의 율곡 이이는 『동호문답(東湖問答)』에서 선비를 구분하면서 이렇게 말했다.

- 선비가 벼슬에 나가는 경우, 정도(正道)로 천하를 다스려 요순(堯舜)의 길을 구현하는 선비를 대신(大臣)이라 부르고, 정도의 구현에는 힘이 부족하지만 개인에 미치는 화를 두려워하지 않고 자신이 믿는 바를 임금에게 직언하는 선비를 충신(忠臣)이라 부른다.
- 이른바 진유(眞儒)란 나아가서는 한 시대에 도를 행하여(行道) 사람들로 하여금 태평의 날을 즐기게 하는 선비이며, 물러서서는 만세에 가르침을 드리워(垂敎) 배우는 이로 하여금 잠에서 깨어나게 하는 선비를 일컫는다.

17세기 중반의 송시열은 선비에 대해 다음과 같이 말했다.

- 선비가 이 세상에 태어나서 나아가면 임금을 잘 만나 도(道)를 실행하는 것 이외에 다른 무슨 일이 있겠는가? 선비가 도를 배우는 것은 농부가 밭갈이 하는 것과 같으니, 행도(行道) 두 글자는 선비 된 자로서는 모두 가당(可當)한 것이다.
- 선비가 벼슬에 나아가는 것과 들어앉아 있는 것은 결코 다른 길이 아니다. 스스로 자기의 역량과 시세의 가능함과 불가능함을 헤아려, 불가능하면 머무르고 가능하면 나아가 도를 실천하는 것뿐이다.

18세기 초반의 이익(李瀷: 1681-1763)은 선비의 자세에 대해 다음과 같이 말했다.

- 선비는 덕이 닦아지지 않음을 걱정하고, 이름이 세상에 알려지지 않음을 걱정하지 않는다.
- 선비는 학업이 넓지 못함을 걱정하고, 맡은 일이 없음을 걱정하지 않는다.

18세기 후반의 실학자 이덕무(李德懋: 1741-1793)는 선비에게 가장 중요하고 필요한 요건을 이렇게 말했다.

선비에게 가장 귀한 바는 자질과 인품이 고상한 것이요, 재주와 학문은 그 나머지다.

이덕무의 선비에 대한 정의를 보면, 선비의 학문이란 그것을 통해 자신의 인품을 수양하는 수단으로써의 학문을 말한다는 것을 확인할 수 있다.

선비는 학문을 통해 인격을 수양할 수 있다는 학문에 대한 관점이 확립되어 있었고 학문과 재능의 목적은 인품을 드높이는 데 두었다. 그러므로 자신의 학문이나 재능이 인품을 드높이지 못한다면 아무 의미를 부여할 수 없음을 강조했다.

18세기 말 열하일기의 저자 연암 박지원(朴趾源: 1735-1805)은 선비에 대해 이렇게 말했다.

선비 중에 학문을 위하여 주로 독서하는 사람을 사(士)라고 부르고, 벼슬을 받고 나아가 정치하는 사람을 대부(大夫)라 부르고, 도를 알고 인덕을 실천하는 사람을 군자(君子)라고 구별해서 불렀다.

선비에게 중요한 것은 무엇보다 하늘의 뜻인 도(道)를 깨닫는 일이고, 그 다음은 자신이 깨달은 도를 인간의 삶에서 실천하는 덕(德)을 쌓는 일이다. 하늘의 섭리인 도를 지상의 이치인 덕으로 쌓아 천인합일을 이루는 것이 선비의 삶이었다.

도(道)란 천도(天道), 지도(地道), 인도(人道)의 뜻이 있다. 인도란 천도와 지도를 깨달아 인간의 밝은 마음, 선한 마음을 그대로 실천하는 것을 말한다.

선비에게 필요한 것은 궁극적으로 자신이 몸담은 사회에 선을 실천하여 인도(人道)를 구현하는 것이다. 선비에게는 이처럼 도에 대한 깊은 믿음과 도를 실천하려는 역사적이고 시대적인 사명감이 요구되었다. 그러므로 조선의 역사에서 선비를 지사(志士)라고 불렀던 것이다.

지사에게는 입지(立志)가 가장 중요하다. 공자는 일생을 회고하면서 인생의 첫 단계에서 첫 번째로 한 일이 입지였다고 제자에게 말했다. 율곡 이이도 자신이 지은 『격몽요결』의 첫 장에서 다른 무엇보다 입지를 강조했다. 인간의 일생을 올바로 살고 성공하기 위해서는 뜻을 세우는 일이 가장 먼저라고 강조한 것이다.

✳ 조선의 선비는 '육예'에 능통해 풍류를 겸했다

　조선의 참 선비는 '사서'에 능하고, '오경'을 숙지하며, 자신이 공부한 학문에는 막힘이 없어야 했고 이를 실천할 수 있어야만 했다. 뿐만 아니라, 참 선비는 '육예(六藝: 예[禮], 악[樂], 사[射], 어[御], 서[書], 수[數])'를 체득하여 그것을 전문적으로 실행할 수 있는 사람이어야만 했다.

　'육예'의 내용에 관하여는 좀 더 구체적으로 살펴볼 필요가 있으므로 뒷장의 '선비가 공부한 성경현전과 선비 삶의 기본교육'에서 설명을 하겠지만, 선비가 활을 쏘고, 말을 타며, 창(唱, 소리)을 하고, 선비 춤까지도 출 줄 아는 것은 기본적인 선비의 자질, 능력, 풍류요건에 포함되는 것이다.

　따라서 이와 같은 학식과 풍류도[17]의 재능을 갖추지 못하면, 신분상으로 양반 집안의 출신이라도, 양반가문의 사람으로 불릴 수는 있어도 참 선비가 될 수는 없었다. 반면에 비록 신분이 낮아도 학식과 풍류를 겸비한 선비로서의 조건을 갖춘 사람이라면 참 선비가 될 수 있었던 것이다.

　풍류도(風流道)는 중국에서 유교, 불교, 도교가 한반도에 전해지기 전부터 우리나라에서 발생한 사상으로 우리 민족에게 전승되어 온 한민족 고유의 신도(神道-仙敎-仙道)에 그 뿌리를 두고 있다. 신도는 한민족 고유의 신선사상(神仙思想)과 천지신명(天地神明)사상에서 유래되어 천지자연과 하나가 되고 일체 생명과 격의 없이 어울리며, 사회적 지도층이 필요로 하는 실천덕목을 구비하여 현실세계의 명리를 초탈하는 사상이다.

---

17) '풍류도'의 기록은 『삼국사기』 「진흥왕조」 화랑설치에 나타난다. 최치원의 「난랑비서문」에 기록되어 있다. "나라에 현묘한 도(玄妙之道-아득하고 묘한 도)가 원래 있으니 이를 풍류라 한다. 가르침을 세울 근원이 선사(仙史)에 상세히 구비되어 있었으니, 실로 3가지 가르침을 포함하여 접화군생(接化群生)이라 한다. 집에 들어서는 부모에게 효도하고 나가서는 나라에 충성하니 노나라 공자의 가르침이 이미 들어 있고, 말없는 가르침으로 함이 없는 무위로 교화하니 노자의 가르침이 이미 들어 있고, 모든 악을 행하지 않고 모든 선을 받들어 행하니 석가의 가르침이 이미 포함되어 있는 것이다."

우리 민족의 고유사상인 '현묘한 도(道)'인 천지신명사상에 '격물치지성의정심수신제가치국평천하(格物致知誠意正心修身齊家治國平天下)'하는 유교의 군자(君子)정신, '상구보리하화중생(上求菩提下化衆生)'하는 불교의 보살(菩薩)정신, '무위이화소요자재(無爲而化逍遙自在)'하는 도교의 진인(眞人)정신이 하나로 조화되고 융합된 사상이 바로 '풍류정신'인 것이다.

풍류정신의 신명사상은 '널리 이롭게 하여 인간생활을 복되게 하라'는 홍익인간(弘益人間)정신과 '세상을 교화하여 우주자연의 이치와 하나되게 하라'는 제세이화(濟世理化)정신과 '하늘에 줄을 대고 인간본성을 밝혀 빛내라'는 성통광명(性通光明)정신이 통섭된 융합정신이다. 이것은 민족시조 단군(檀君)의 건국이념에도 나타나 있다. 여기에 풍류도가 녹아들어 삼국을 통일한 신라의 화랑정신이 되었고, 통일신라와 고려의 선비도를 거쳐 조선시대에 들어와 대륙의 성리학의 영향을 받아 결실을 맺은 조선실천성리학이라는 꽃이 만개하여 선비사상으로 융섭(融攝)되었던 것이다.[18]

결국 선비란 죽음 앞에서도 양심적, 학문적 소신과 신념을 지키고 사명감으로 일을 추진할 수 있는 지식인 이며, 인격적으로 높은 덕성과 예술성을 갖춘 사람으로 풍류를 즐길 줄 알고, 위험이 닥칠 때는 누구보다 먼저 나라를 위해 최전선에 뛰어들 수 있는 용기를 소유하며, 평시에는 다른 사람들의 명덕을

---

18) '화랑정신'은 한반도에서 3국(고구려, 백제, 신라)이 각축했을 때 동남부의 가장 작은 약소국가였던 신라가 대당 국제외교를 성사시키고 용감무쌍한 애국심과 임전무퇴의 강인한 정신력을 바탕으로 삼국통일의 과업을 이루고 찬란한 고대문화를 꽃피울 수 있었던 국가적 원류정신이었다. '화랑'은 6세기 중엽 신라 진흥황 때 제도화된 수련집단으로 총명하고 아름다운 귀족자제들을 선발하여 이루어진 선도(仙徒)로서 '화랑'이라 불렸고 모든 사람들이 이를 높이 섬겼다. 이들은 신궁(神宮)을 받들어 대제(大祭)를 지내며 도의로써 서로 연마하고(相磨以道義), 춤과 노래로써 서로 즐기며(相悅以歌樂), 명산대천을 노닐며(遊娛山水), 학예와 무술을 닦았다. 신라의 어진 재상과 충신, 훌륭한 장수와 용맹한 병사들이 여기에서 생겨났다. '화랑'의 활동과 기풍을 풍류(風流)라 불렀고, 무리의 우두머리를 국선(國仙) 또는 풍월주(風月主)라 했다. 삼국통일의 주역인 김유신, 김춘추는 풍월주를 지낸 후 용장(勇將)과 명군(名君)이 되었으며, 남다른 부하사랑과 뛰어난 리더십을 보여 모든 화랑이 어버이처럼 따랐던 문노(文努) 역시 풍월주를 지냈다. 일체유심조(一切唯心造)를 깨달아 원융화쟁(圓融和諍)사상을 펼치고 무애가(無碍歌)를 부르며 승속을 넘나드는 보살행으로 신라 국민들을 널리 교화한 원효대사 또한 화랑 출신의 승려였다.

이끌어 내어 올바른 길로 인도할 수 있는 리더십이 있는 사람을 말한다.

선비는 절대 출세와 재물에 눈이 멀어서는 안 된다. 만에 한 번이라도 뇌물에 손을 내미는 순간 그 사람은 선비의 대열에서 탈락하고 마는 것이다. 선비는 고매한 인품, 높은 덕성, 매력 있는 예술성으로 주위와 지역사회로부터 칭송을 듣는 인물이다. 무엇보다 주위 사람들을 참되고 올바른 삶을 영위할 수 있도록 이끌어 주는 솔선수범의 모범인이다. 그러므로 속유는 자신의 출세와 재물에만 관심이 있는 가짜 선비이고, 진유야말로 다른 사람들을 이끌어 줄 수 있는 진짜 선비였던 것이다.

❀ 선비리더십이란 무엇인가?

우리나라의 참 선비는 선비사상으로 무장한 선비리더십을 낳았다.

선비리더십은 『예기』와 『대학』에서 말한 3강령 8조목을 실천하여 '인의예지'인 어짊, 옳음, 바름, 슬기로 개인인격의 독립과 완성을 이루고 '효충경신'인 배려, 책임, 섬김, 신뢰로 조직인격의 확립과 완성을 이루는 리더십이다.

선비리더십이 요구하는 3강령과 8조목의 내용에 대해서 살펴보면, 3강령은 ①명명덕(明明德), ②친민(親民), ③지어지선(止於至善)으로 리더를 지향하는 실천강령인 동시에 인간존재의 목적이다.

'명명덕'은 밝은 덕을 더욱 밝히라는 명제이고, '친민'은 사람을 사랑하라는 명제이고, '지어지선'은 최선의 경지에 머물라는 명제이다.

인간의 본성은 명덕이다. 밝은 빛이다. 먼저 인간은 스스로 타고난 밝은 빛을 스스로 더욱 밝혀야 한다. 이것이 '명명덕'이다. 스스로 타고난 빛을 스스로 밝힐 수 있는 사람이 어른이다. 어른이 된 사람은 인간답게 사는 길로 들어선 사람이다. 스스로 자신의 빛을 밝힌 사람만이 나 이외의 사람을 사랑할 수 있고 존중할 수 있다. 그렇기 때문에 다른 사람이 가지고 있는 그 사람의 빛을 더욱 밝히도록 이끌어 줘야 하는 것이다.

사람에 따라 자신이 명명덕의 존재임을 모르고 있는 사람이 있을 수 있다. 때문에 모는 사람은 평등하게 명명덕의 존재라는 사실을 깨닫고, 다른 사람에게는 자신이 타고난 명덕을 스스로 밝혀야 하는 존재임을 일깨워 주는 삶이 필요하다. 이렇게 타인을 일깨워 주는 삶이 '친민'이다. 글자 그대로 사람을 사랑하는 삶이다. 사람이 스스로 자신의 빛을 밝히고 다른 사람도 그가 타고난 빛을 스스로 밝히도록 이끌어 주는 삶이 인(仁)의 삶인 것이다.

인의 실천이 되는 사랑과 존중의 행위가 모자람이 없고 지나침도 없는 최선의 자리에 머물면 그것이 '지어지선'이 된다. 달리 표현하면 최선의 삶이다. 모자람이 없고 지나침도 없는 삶은 변함없이 이어질 수 있는 지속적인 삶으로 존재하게 된다. 최고의 삶은 언젠가는 무너지고 마는 속성 때문에 영원히 지속될 수 없지만, 최선의 삶은 영원히 지속 가능한 삶으로 존재한다. 그러기에 최선의 삶은 선에 이르러 거기에 머물러 사는 삶인 '지어지선'이 되는 것이다.

8조목은 3강령의 명제를 달성하기 위한 실행과정이고, 실천과정으로 3강령을 실행에 옮기는 단계적 과정이다.

8조목은 앞에서 설명한 대로 '격물', '치지', '성의', '정심', '수신', '제가', '치국', '평천하'의 단계적 과정을 말한다.

격물은 이치를 밑바닥까지 캐내어 객관적이고 과학적으로 궁리하여 확실하게 밝히는 것을 말하고, 치지는 격물의 결과로 이르게 되는 지식기반과 경험세계의 앎을 지극하고 철저하며 분명하게 하는 것을 말하고, 성의는 진정한 뜻과 성실한 의지로 열정과 집중을 투입하는 것을 말하고, 정심은 인간이 본래 하늘로부터 받은 맑고 밝고 선한 바탕으로 편견에 지배되지 않는 것을 말한다.

수신은 격물, 치지, 성의, 정심으로 이루어지는 개인인격의 독립과 완성을 말한다. 제가란 수신을 디딤돌로 실행되는 리더십의 첫걸음을 말하고, 치국은 수신, 제가를 디딤돌로 더 넓게 실행되는 리더십의 역할 증진을 말하고, 평천하란 수신, 제가, 치국을 디딤돌로 인간사회의 평안, 평등, 평화의 열매를 거두는 리더십의 마무리를 말한다. 이것이 조직인격, 사회인격의 확립이고 완성인 것이다.

✿ 선비의 목표는 공동선을 창조하는 공동체의 구현에 있다

선비리더십이 형성하는 좌표는 세로축과 가로축의 융합으로 디자인 될 수 있다.

세로축은 하단에서 '격물', '치지', '성의', '정심'으로 개인인격의 독립을 완성하고, 상단에서 '수신', '제가', '치국', '평천하'의 단계를 거치면서 사회인격의 확립과 공동체를 완성하는 축이다. 개인인격의 독립과 사회인격의 완성은 상생사상을 창조하는 덕행수련이다.

가로축은 스스로 타고난 빛의 구체적 내용, 즉 '인, 의, 예, 지'를 실천함으로써 개인인격의 독립을 완성하고, 다른 사람이 가지고 있는 빛을 밝히는 구체적 내용, 즉 '효, 충, 경, 신'의 실행을 통해 사회인격의 확립과 공동체를 완성하는 길이다. 즉 어짊, 옳음, 바름, 슬기로 개인인격의 독립을 꾀하고 배려, 책임, 섬김, 신뢰로 사회인격의 완성을 도모한다.

선비는 더불어 사는 삶, 모두 잘 살 수 있는 대동사회가 목표이다. 즉 공동선(共同善)을 창조하는 공동체의 구현을 목표로 하는 꿈이 있다. 모두 잘 살기 위해서는 공동선의 실현이 반드시 필요하고, 공동체를 위해 하늘의 뜻에 따라 지상에서 덕을 쌓는 '지어지선'의 삶은 공동선 실현의 공통분모인 것이다.

참 선비는 하늘의 섭리인 도(道)를 최고의 가치로 삼고, 지상의 이치인 덕(德)의 실천을 인간 행위의 근본으로 삼았다. 그러므로 선비정신을 수련하기 위하여 자신의 행동 근거를 언행일치(言行一致), 학행일치(學行一致), 심행일치(心行一致)에 두었던 것이다.

오늘날 우리는 살기 좋은 공동체 형성을 위해서 어떤 마음가짐과 어떤 행동을 체득해야 할 것인가? 우리는 고대인의 생활방식인 목축사회, 농경사회를 현대사회에서도 걸쳐 메고 있다. 동시에 산업사회, 정보사회, 지식사회라는 사회변천사의 모든 현상을 복합적으로 모두 짊어지고 있다. 현대인에게 우리조상들이 생각한 '공동선을 창조하는 공동체의 구현'은 시대적으로 퇴색한 고루한 이념에 불과한 것일까?

오늘날 우리가 살고 있는 현대사회는 디지털 사회의 투명화, 보편화 사회의 대중화, 다문화사회의 다양화 현상을 보여 주는 특징이 있다. 때문에 '공동선을 창조하는 공동체의 구현'이 더 필요 불가결한 생존이념으로 다가온다.

우리의 정부조직, 기업조직, 사회단체조직에서 '공동선을 창조하는 공동체의 구현'을 실현시키기 위해 각각의 조직에 알맞은 실천적 방안을 마련하는 데 선비정신과 선비리더십은 결코 경시할 수 없는 엄중한 필수요소로 다가오고 있는 것이다.

공동선(共同善)을 창조하는 선비리더십

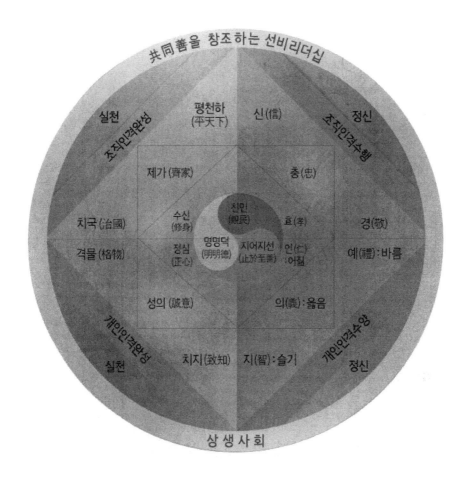

일본에 건너간 조선의 선비정신

1945년 8월 15일 광복 이후 한국인에게 일본이라는 나라는 오랫동안 '가깝고도 먼 나라', '가깝고도 불편한 관계'의 나라였다. 한국정부는 국가의 정체성을 찾는 과정에서 남의 나라를 침략하고 식민통치를 한 일본정부의 진정한 사죄와 반성을 기대했지만 일본정부의 공식태도는 '과거는 과거이고 현재는 현재이다'에서 조금도 벗어나지 못했기 때문이다. 뿐만 아니라 한국과 일본 사이에는 상호갈등을 조장하는 현안이 아직도 남아있다. 하나는 고대역사해석의 문제이고 또 하나는 독도문제이다.

일본은 고대사회에서 일본이 한반도를 지배했다고 주장한다. 이것은 일본의 양심적 역사학자들이 부정하고 있는 비사료적이고 일방적인 주장이지만, 일본정부는 역사교과서에 기술해서 가르치고 있다. 그리고 독도는 일본영토라고 지리교과서에 기록해서 가르치고 있다.

일본정부는 엄연히 한국의 영토인 독도를 자기 땅이라고 전혀 근거 없는 허구적 주장을 미래의 주인공인 학생들에게 교육시키고 있다. 일본의 지도자들은 억지논리를 만들어 일본국내의 극우파들에게 환심을 사고 나아가서는 엉뚱하게도 미래에 어떤 계기를 만들어서 영토, 영해문제를 제기하려는 전략, 술책으로 독도는 자기네 것이라고 주장하고 있는 것이다.

❀ 가깝고도 먼 나라에서 가깝고도 가까운 나라로

2002년 한일월드컵 공동개최를 기점으로 한국과 일본은 '가깝고도 가까운 나라'가 되었다. 그리고 '가깝고도 편안한 관계'의 나라로 변해가고 있다. 이 와중에 일본의 대중문화가 한국으로 많이 들어왔고 한국의 대중문화가 일본으로 꽤 건너갔다. 특히 '한류'로 불리는 한국의 드라마, 영화, 음악, 한식, 한글 등에 대한 일본인의 호감도는 날이 갈수록 증가하고 있다.

한글 배우기는 일본의 아줌마들이 앞장섰다. 한국의 드라마와 영화를 자막 없이 보고 한국노래를 부르기 위해 일본의 아줌마들이 시작한 한글공부 열풍은 오늘날 일본의 10대, 20대의 젊은 층까지 한국어학원 등록을 하게 만드는 현상으로 발전했다.

오늘날 한국인의 대 일본관은 '비우호적'인 시선과 '우호적'인 시선으로 나누어진다. 비우호적인 시선이 형성된 동기는 역사적인 사실에 기인하고 있다. 그 중에서도 조선시대에 있었던 임진왜란 7년 전쟁의 침략행위와 대한제국 시절에 있었던 일제강점기 36년간의 찬탈행위 때문이라 할 수 있을 것이다.

한국인이 일본인에게 분개하는 데는 명성황후 시해사건을 빼놓을 수 없다. 1895년 10월 8일 새벽, 무장한 일본인들이 경복궁을 급습해 명성황후를 참혹하게 시해했고 시신을 불태웠다. 미우라 고로 일본공사가 직접 지휘한 극악무도한 만행이었다. 명성황후는 일본의 책동과 열강의 침탈에 맞서 이이제이(以夷制夷) 방식으로 외교력을 발휘하고 있었던 대한제국의 국모다.

한 나라가 다른 나라를 침략하는 것은 역사적으로 비일비재했지만 명성황후 시해와 같은 침략대상이 된 나라의 왕비를 살해하고 시신마저 불태워버린 나라는 일본 외에는 없다. 일본은 명성황후 시해 후 독도를 먼저 침탈하고 한반도를 식민지로 만들었다. 그 후 태평양전쟁을 일으켜서 한국인 남자는 강제징용하고 여자는 성 노예인 종군위안부로 끌고 갔다.

명성황후 시해와 대한제국의 국권강탈을 자행할 당시 일왕은 현 일왕의 증조부인 메이지였다. 한국여자를 성 노예로 끌고 가고 한국남자를 강제로 군대에 징집하는 등 잔인한 식민통치를 한 일왕은 부친인 히로히토였다. 그렇기 때문에 한국정부는 독립운동을 하다 돌아가신 분들에게 일왕의 진정한 사과를 요구했던 것이다. 하지만 일본정부는 "무례하다", "예의를 잃었다"라고 반발하면서 사과는커녕 오히려 "한일 간 통화 스와프를 중단하겠다", "독도문제를 국제사법재판소에 제소하겠다"며 노골적인 반한 감정을 나타냈다.

무례하고 예의를 잃은 쪽은 한국이 아니라 일본이다. 명성황후시해, 한반도의 국권강탈 등은 무례하지도 않고 예의를 지켰기에 일어난 침략행위란 말인가? 그들이 제공한 원인에 대해서는 일언반구의 사죄와 피해에 대한 배상도 없이 망언을 일삼는 일본정부의 이중적 행태에 대해 한국인은 분노하고 있는 것이다.

일본의 한반도 침탈과 같은 영토침략의 원인은 개인적인 악이라기보다 체제적인 악이라 할 수 있다. 체제적 악에 빠지면 도덕적 실패를 인정할 능력이나 용서를 구할 능력을 상실해버린다. 때문에 일본은 환골탈태해야 한다. 일본은 뼈를 깎는 심정으로 "일본이 잘못했다"고 큰소리로 고백하고 널리 용서를 구해야 한다. 가해자가 피해자에게 잘못을 고백하고 진심으로 용서를 구할 때 한일관계는 미래지향적으로 전진할 수 있을 것이다. 하지만 이렇게 너무도 분명한 잘잘못에 대해 일본정부는 지금 모르쇠로 일관하고 있는 것이다.

❀ 일본인의 대 한국관은 비우호적 시선과 우호적 시선으로 나뉘어져 있다

한국인의 대 일본관이 나누어져 있듯이 일본인의 대 한국관도 비슷하게 2 가지로 나누어져 있다. 일본인의 주류세력은 한국의 정치, 사회, 경제, 기술, 군사 분야에 관심이 많으면서 한국인을 경시하는 시선으로 보고 있다. 한편 일본인의 비주류세력은 한국의 역사, 전통, 학문, 문화, 예술분야 등에 관심을 많이 기우려 한국인을 동경하고 존중하는 태도를 보이고 있다.

역사적으로 고찰해 보면 예로부터 일본인은 한국인을 일본열도에 선진문화를 제공해 주는 문화인으로 '동방예의지국'의 교양인으로 인식해 왔다.

일본은 5세기 초에 백제의 아직기, 왕인 등으로부터 한자문명을 받아들였고 가야로부터는 철기문명을 전수받았다. 특히 16세기 후반에 일본은 조선에서 들어 온 조선실천성리학의 영향으로 조선의 유학자를 숭배했고, 17세기까지 일본의 지도자 및 지식인은 조선을 선진된 문화국가, 예의국가로 인식하고 있었다. 그러나 조선에 대한 일본인의 일반화된 이해는 17세기 말엽부터 18세기 전반에 걸쳐 일본인 안에서 서로 모순되는 이해가 표출되기 시작함으로써 급격하게 반전되었던 것이다.

✤ 18세기 후반부터 조선을 멸시하는 풍조가 일본에 생겼다

17세기 말엽 일본에서는 조선을 선진국으로 존경해 오던 기존의 이해를 뛰어 넘는 새로운 주장이 대두되었다. 일본이 우수하다는 일방적이고 자구적인 사상이 움트기 시작한 것이다.

무사가문 출신의 양명학자 구마자와 반산(熊澤蕃山: 1619-1692)은 일본이 동아시아에서 중국 다음으로 우수하다고 주장했다. 그가 내 세운 논리는 간단하다. 일본의 시조신인 아마테라스 오미카미(天照大神)와 초대 진무천황(神武天皇)을 가장 위대한 인물로 묘사하면서 일본인의 자존심과 자부심을 높이는 방법을 시조신에서 찾았다.

또 무사가문 출신의 군사학자인 야마가 소코(山鹿素行: 1622-1685)는 한 걸음 더 나아가 중국, 조선보다 일본이 우수한 나라라고 주장 했다. 그가 내세운 논리도 간단하다. 중국과 조선은 정권이 몇 번이나 바뀌었지만, 천황의 혈통은 한 번도 끊어진 적이 없으므로 일본은 국가의 중심이 흔들리지 않은 가장 안정된 나라라고 주장했다. 그는 일본이야말로 진정한 아시아의 중심국가인 '중국(中國)'이라고 불렀다.

이러한 무사 출신 학자들의 주장이 널리 퍼지면서 18세기 후반부터 19세기 중반까지 일본에는 조선을 멸시하는 풍조가 번지기 시작했다. 이러한 분위기가 상승되어 조선 정벌론이 등장하기 시작했던 것이다. 뿐만 아니라 18세기 후반부터는 일본의 국학사상이 형성되기 시작했다. 일본의 국학이란 도교, 유교, 불교 등 외래종교나 외래사상이 전래되기 이전에 있었던 일본의 고유사상과 신앙 등을 연구하는 학문을 말한다.

일본의 국학계에서 모토오리 노리나가(本居宣長: 1730-1801)는 자의적인 주장을 하여 일본 고대사를 허황되게 날조한 대표적인 인물이다. 그의 직업은 의사였는데 취미로 일본역사를 공부하면서 『고사기(古事記: 말로만 전해 내려오던 이야기꾼의 이야기를 듣고 712년에 편찬된 일본의 신화집)』와 『일본서기(日本書紀: 일본의 설화 및 자의적인 역사해석을 담아 720년에 편찬된 역사서)』[19] 등 일본의 고전을 연구했던 사람이다.

일본의 고전에는 인근 국가의 역사서에 기록이 없는 일방적이고 의도적인 기술이 많다.

모토오리 노리나가는 황당하게도 이들 고전에 쓰어 있는 허구의 신화적·설화적 기재 내용을 모두 역사적 사실로 인정해야 한다고 주장한 사람이다.

그의 저서에는 일본의 한반도 지배 설이 마치 사실인 것처럼 등장 한다. 예를 들면 다음과 같은 허구적 기록을 하고 있다.

- 3세기 말 일본의 진구(神功)황후는 삼한(백제, 신라, 가야)을 토벌했고 삼한은 일본의 조공국이 되었다.
- 3세기 말 진구황후의 삼한 침략은 신의 뜻이다. 그리고 16세기 말에

---

19) 『일본서기』는 신라에 대한 비하적 기록이 많다. 일본이 서기 전 660년에 건국되어 1대 천황부터 만세일계로 내려오고 있으며, 3세기에는 일본의 진구(神功)황후라는 걸출한 여걸이 나타나 신라, 백제, 가야를 정벌했다는 소위 임나일본부설을 기록한 고서이다.

발생한 도요토미 히데요시의 조선 침략도 신의 뜻이다.

- 4세기 오진(應信)천황 때 왜의 사람인 목만치(木滿致)가 임나의 전권을 행사하고 있었고 4세기부터 6세기 중엽까지 야마토(大和)정권은 가야에 임나일본부를 두어 직접 한반도를 지배했다.

모토오리 노리나가는 역사적인 근거가 없는 설화적 허구라 할지라도 일본인의 자긍심을 고취할 수 있는 것이라면 크게 부각시켜야 한다고 굳게 믿은 사람이다. 그는 주저 없이 진구황후의 삼한 토벌을 역사적 사실로 해석하는 데 앞장섰다. 또한 의도적으로 왜곡되고 조작된 저술활동을 하면서 일본인에게 매우 취약했던 자긍심을 고의적으로 일으켜 세운 인물이기도 하다.

일본이 작은 규모라도 국가의 모습을 제대로 갖춘 것은 3세기 말경으로 알려져 있다. 이 때 한반도에서 몰락한 가야, 백제의 귀족들이 대거 일본에 건너갔고 이들은 국가의 형태를 갖추지 못한 원주민들의 지배층이 되었던 것이다.

1906년에 간행된 『대일본사』에는 2,000여 년 동안의 천황을 순차적으로 기록했다. 이 기록은 가공인물이라는 것이 역사학계의 정설이다. 하지만 모토오리 노리나가의 왜곡된 저술은 일본 역사학계에 한반도를 일본의 속국이라고 볼 수 있는 허구의 국학사관을 부각시키는 시각의 밑거름이 되었다. 이러한 국학사관을 배운 일본인의 뇌리에는 한반도가 일본의 속국이었다는 사실무근의 픽션이 자리 잡고 있는 것이다.

무사계급 출신인 히라타 아쓰타네(平田篤胤: 1766-1843)는 상인계급 출신인 모토오리 노리나가의 일방적인 논리를 더욱 발전시켜 일본은 '신국(神國)'이라는 사상을 체계화시킨 사람이다. '신국'이라는 말은 신라황실과 신라인이 자기나라를 일컬을 때 사용했던 말이다. '신국'이라는 단어는 신라가 오랫동안 자기나라를 호칭할 때 써온 말인데 히라타 아쓰다네는 이 단어에 매료되었던 사람이었다.

❀ 일본국학은 의도적으로 기록된 허구에 바탕을 두고 있다

무사가문 출신인 사토 노부히로(佐藤信淵: 1769-1850)는 히라타 아쓰타네의 사상을 흡수하여 '신국(神國) 일본의 세계제패'라는 이야기를 구체적으로 엮은 사람이다. 그는 '일본이 세계에서 가장 먼저 생긴 나라'라고 주장했다. 또한 일본은 세계만국의 근본이라고 말했다. 따라서 만국의 군장들을 일본 천황의 신복(臣僕)이라고 주장했다. 그는 세계를 제패하는 방법으로서 우선 약하고 점령하기 쉬운 나라부터 시작해야 한다고 주장하여, 먼저 조선과 만주를 발판으로 삼아 몽고, 중국, 남방제도를 공략하라고 역설했다.

에도 막부 말기의 군사학자 요시다 쇼인(吉田松陰: 1830-1859)은 조선침략을 강력히 주장한 사람이다. 그는 "일본의 조공국인 조선이 그 의무를 어기고 조공하지 않고 있으니, 그 죄를 책하고, 말을 듣지 않으면 공격해야 한다"고까지 주장한 사람이다.

이렇게 일본학자들에 의한 조선멸시론과 대륙침략론은 역사적 사실로 보기에는 아무 근거 없는 일본의 이야기책인 『고서기』, 『일본서기』 등의 신화 및 설화를 실제의 역사적 사실로 채택하여 그것을 바탕으로 민족주의 사고에 매몰된 일부 인사의 상상력으로 조작한 허구적 나열이 일본 역사학으로 발전되어온 데 기인한다.

여기에 일본국학의 특징이 있다. 다시 말해서 일본국학은 일본인의 자긍심을 고취시키기 위하여 '의도적으로 작성된' 기록에 근거를 둔 것이라 할 수 있다. 그리고 이러한 일본국학은 그 역사적 사실근거의 유무와 관계없이, 세계 속에서 일본인의 정체성과 자긍심을 드높이는 데 크게 성공한 것이 사실이다. 비록 허구적 역사성을 바탕으로 하는 허구적 국학이라 할지라도 자국민의 자부심을 세우는 데 크게 기여했던 것이다.

18세기 이후 오늘날까지 이어지고 있는 일본인 주류세력의 멸시적 대 한국관은 모토오리 노리나가의 역사관과 사상을 계승했다고 볼 수 있다. 일본의 지배세력이 공유하고 있는 국학정신은 에도 막부의 미토번(水戶藩)에서 발생한 미토학이 사상적 배경이 되어 한층 더 힘을 얻는다.

미토학을 대성시킨 사람은 도쿠가와 미쓰쿠니(德川光國: 1628-1701)이다. 그는 에도 막부를 세운 도쿠가와 이에야스의 손자로서 지방의 다이묘(영주)로 봉해져서 미토번으로 내려간 고산케(御三家: 3대 가문) 집안의 한 사람으로 미토번의 2대 영주였다.

도쿠가와 미쓰쿠니는 호기심과 탐구심이 강한 인물이었는데 그의 학문적 업적 중 가장 뛰어난 것은 『대일본사』 편찬이다. 그는 사국(史局)인 쇼코칸(彰考館)을 개설하고 1657년부터 『대일본사』 편찬에 착수했다.

『대일본사』는 전설적 인물인 1대 천황 진무(神武: BC 660-BC 585 재위)로부터 100대 천황고코마츠(後小松: 1382-1412 재위)까지 2,000여 년의 긴 세월 동안 천황들의 치세를 기록한 역사서이다. 『대일본사』는 도쿠가와 미쓰쿠니에 의해 집필이 시작되어 그가 죽은 후에도 미토 가문의 숙원사업으로 계속 집필이 이루어져 1906년에 최종적으로 완성되었는데 모두 376권에 달한다. 약 250여 년에 걸쳐 집필된 것이다. 연구자들은 『대일본사』는 일본이 근대정부를 세운 뒤에 완간되었다는 점에서 주목하고 있다.

❀ 일본통사는 일본인의 자긍심을 높이기 위해 자의적으로 편찬되었다

에도 막부의 창립자였던 도쿠가와 이에야스의 손자인 도쿠가와 미쓰쿠니가 『대일본사』의 편찬을 시작하게 된 배경은 그가 젊었을 때 읽은 중국의 역사서 『사기』가 큰 영향을 주었다고 한다. 중국에는 정통 역사서가 존재하는데 일본에는 정통 역사서가 없었기 때문에 독자적인 일본의 통사를 만들 필요가 있음을 느꼈다는 것이다.

한편 에도 막부의 대학두(大學頭)인 하야시 라잔(林羅山) 부자(父子)가 집필한 막부 주도의 역사서 『본조통감(本朝通鑑)』에서 '초대 천황 진무는 중국의 오(吳)나라 태백(泰伯)의 후예다'라는 기록을 발견하고 심히 분개하여 일본민족의 자긍심을 높이는 통사를 편찬해야겠다고 결심했다는 것이다.

이렇게 볼 때, 『대일본사』는 집필의도에서부터 강한 민족주의적 성향을 띨 수밖에 없었다. 이웃나라의 역사와 관련성 없이 자국 안에서 자의적이고 폐쇄적인 관점으로 만들어질 수밖에 없었던 편찬배경을 가진다. 이러한 미토학은 에도 막부 말기에 일어난 새로운 천황중심 체제를 구축한 이념적 지주 역할을 담당했다. 『대일본사』는 역대천황을 연대순으로 배열한 일본 최초의 역사서인 것이다.

✤ 조선실천성리학의 선비정신은
임진왜란 때 본격적으로 일본에 건너갔다

조선실천성리학은 임진왜란을 계기로 한반도에서 일본열도로 건너가게 된다. 상세한 과정은 뒤편에서 설명하겠지만, 임진왜란 당시 조선에서 일본으로 건너간 조선실천성리학은 일본의 에도 막부의 초기 정권수립기반을 확고하게 해 주는 관학 역할을 담당했다. 일본이 최초로 통일된 평화국가를 만드는 데 필요한 정신적 토양과 비료를 제공해 주었던 것이다.

아이러니 하게도 조선실천성리학은 무사정권인 에도 막부가 국가를 건국하는 데 필요한 국학이 됐고, 장기간의 평화정권을 유지할 수 있도록 밑거름을 제공해 준 통치사상이 됐으며, 또 동시에 에도 막부 말기에는 무사정권을 붕괴시키고 '존왕사상'을 성장시키는 데 크게 기여했던 혁신사상이 되기도 했다. 일본의 사무라이들은 조선실천성리학의 긍정적인 사상을 필요에 따라 편취하는 방법으로 자기합리화를 시켜나가는 데 성공했던 것이다.

❋ 조선 선비의 붓은 문치정권의 상징, 일본 무사의 칼은 무사정권의 상징

에도 막부가 일본을 평화적으로 장기간 통치할 수 있었던 것은 조선의 '붓(선비정신)'이 일본에 건너가서 사무라이의 피 묻은 '칼(전기 무사들을 상징)'을 깨끗이 씻어주었기 때문이다. '인의예지'와 '효충경신'의 선비정신으로 평화적인 국가건설을 할 수 있도록 전기 무사들의 싸움정신을 정화시킨 결과이다. 이른바 '붓'과 '칼'의 악수가 처음으로 이루어진 것이다.

에도 막부 시대 이전까지의 싸움만 할 줄 알던 무사들을 전기 무사, 에도 막부 이후에 평화정신을 체득한 무사들을 후기 무사로 구분한다. 조선에서 건너간 선비정신의 영향을 받은 일본은 새롭게 '사무라이정신'을 확립하여 에도 막부의 평화시대를 여는 데 성공했다. 그리고 이러한 평화시대는 260여 년 동안 지속될 수 있었던 것이다.

그러나 에도 막부가 쓰러지고 일본의 근대국가인 '메이지 유신(明治維新)'체제가 성공궤도에 들어서자, 일본의 후기 무사는 붓의 정신인 평화사상을 망각하고 봉건 토호 본래의 칼의 무사로 되돌아가는 양상을 나타냈다. 즉 무사도에 녹아들어 있던 선비정신이 퇴색하고 오직 싸워서 이웃 땅을 뺏기 위해 칼만 휘두르던 전기 무사 행태가 다시 살아났던 것이다. 이로써 '붓'과 '칼'의 악수는 260여 년 만에 '칼'의 일방적 배신으로 막을 내리고 말았던 것이다.

✿ 일본의 사무라이는 전기 무사, 후기 무사, 근대 무사로 구분된다

필자는 앞에서 일본의 사무라이를 전기 무사와 후기 무사로 구분했다. 하지만 붓의 평화정신을 옹호했던 후기사무라이가 다시 칼을 잡고 평화정신을 차버렸기 때문에 일본의 사무라이는 전기 무사, 후기 무사, 근대 무사의 세 부류로 구분해야 할 필요성이 제기된다.

즉 전기 무사는 일본에서 에도 막부 설립 이전의 사무라이, 즉 오직 영주의 명을 받아 땅을 따먹기 위해 싸움질만 하는 사무라이를 말하고, 후기 무사는 에도 막부 설립 이후로부터 에도 막부 붕괴 때까지의 사무라이로 조선 실천성리학의 영향을 받아 효충경신의 선비정신을 학습하여 전쟁대신 평화 사회를 구현하고자 했던 사무라이를 말하고, 근대 무사는 메이지 유신 성공으로 근대정부 설립 이후 입헌군주체제와 부국강병정책을 도입하여 다시 이웃의 땅을 따먹는 전쟁시대를 기획한 사무라이를 말한다.

1867년 메이지 유신이 성공하여 에도 막부를 굴복시키는 데 가장 큰 역할을 한 것은 조슈번과 사쓰마번의 사무라이 들이다. 이 두 번의 사무라이 세력은 1600년에 도쿠가와 이에야스 측의 동군과 싸운 도요토미 히데요시 측의 서군 세력의 후예들이었다. 이들 두 번은 막부초기에는 도쿠가와 이에야스 측에 머리 숙여 들어가서 막부를 세우는 데 협력했으나, 막부 말기에는 도쿠가와 이에야스 가문에 반기를 들어 막부를 타도하는 데 앞장 선 2대 세력이다.

원래 도요토미 히데요시의 지지기반이었던 2대 세력이 앞장서서 막부체제를 붕괴시키고 메이지 유신에 성공하여 정권을 잡게 되자, 이들의 선조였던 도요토미 히데요시의 조선침략 행위는 자동적으로 찬양의 대상으로 바뀌게 되었다. 이렇게 하여 일본은 역사적 관점에서도 『고사기』→『일본서기』→『대일본사』에 흐르는 자긍심의 관점에서 일본의 침략행위를 정당화시키는 황국사상이 지배하기 시작했던 것이다.

일본민족 중심의 황국사관은 메이지 유신 이래로 줄곧 일본지배세력의 세계관으로 자리 잡고 성장해 왔다. 황국사관으로 교육받은 근대 무사 세력이 지도층이 된 일본은 개방, 개혁체제로 국가를 혁신했다. 일본의 새로운 사무라이들은 조선, 청국을 비롯한 아시아 제국을 경시하기 시작했고, 국가의 근대화 깃발을 높이 들고 앞서가는 서구세력과 손을 맞잡아 일본의 국제적 지위를 향상시키는 촉매제 역할을 했던 것이다.

일본은 도쿠가와 이에야스의 에도 막부 시대(1603-1867)에 내내 조선과 평화스러운 관계를 유지했었다. 뿐만 아니라 조선실천성리학을 받아들인 이후에는 에도 막부가 쇄국정책을 취하는 와중에도 유일하게 조선과는 정식 국교관계를 유지하여 선린우호의 평화체제가 정착될 수 있었다. 이 기간에 12회에 걸쳐 파견된 조선통신사는 조선실천성리학은 물론 다방면의 조선문물을 일본에 전하고 일본의 문물을 견학하는 기회로 삼을 수 있었다.

조선통신사는 국가 간의 사절로서는 방대한 500~600여 명이나 되었고 에도(지금의 도쿄)까지 당도하는 데 7~8개월이나 소요되었다. 조선통신사가 가는 길에는 수많은 일본인이 나와서 환영행사를 열었고 특히 일본의 지식인들은 조선의 선비들로부터 글 한 자라도 얻으려고 경쟁하듯이 몰려들었다.

일본이 평화체제로 정착하고 조선과의 관계도 선린우호의 신의외교가 가능하게 된 것은 조선실천성리학이 가르쳐 준 높은 수준의 도덕사상과 평화사상에 기인했다. 이것은 세상을 평안, 평등, 평화의 대동사회로 만들겠다는 평천하 사상을 목적으로 하는 선비정신의 독보적 힘이었던 것이다.

임진왜란은 1592년에 일본의 지방 다이묘들을 처음으로 통일한 도요토미 히데요시가 15만여 명의 침략군을 파병하여 조선에 쳐들어왔던 전쟁이다. 조총으로 무장한 왜군은 칼, 창, 활로 방어하는 조선 군의 상대가 아니었다. 왜군의 선봉부대가 평양까지 진군하는 데 보름밖에 걸리지 않았다. 조선 육군의 저항이 거의 무력한 상태에서 거침없이 진군한 형국이다. 선조는 압록강이 가까운 의주까지 피난 가고 조선의 국토는 여지없이 유린당했다. 그나마 이순신 장군의 해군에 의해 간신히 왜군의 보급로가 차단되었으며 거북선을 앞세운 이순신장군은 23전 23승의 세계 해전사에 길이 남을 승리를 거두었다.[20]

---

20) 임진왜란은 1592년 4월 13일에 발발하는데, 이순신 장군은 1592년 4월 12일, 즉 왜란 발생 하루 전에 거북선을 완성한다. 전쟁이 발발한 지 사흘이 지난 뒤 이순신 장군은 전쟁소식을 듣게 된다. 거북선은 조선 초 『태종실록』(1413)에 귀선(거북선)이라는 이름으로 등장하는데 임진왜란 때 사용된 거북선은 이순신 장군이 고안하고 군관 나대용이 제작한 것이다. 나대용은 조선 최고의 선박기술자로 임진왜란 1년 전인 1591 이순신 장군의 휘하로 들어간다. 전쟁이 끝난 뒤에는 속도가 느린 판옥선의 단점을 보완해 속도가 빠른 해추선을 개발하기도 했다. 임진왜란 당시의 조선의 주력선은 판옥선이었다. 판옥선은 1555년 명종 때 개발되었으며 갑판 위에 집 모양 누각이 있어 판옥선이라는 이름이 붙었다. 배 바닥은 U자형으로 수심이 얕은 바다에서도 신속하게 방향을 바꿀 수 있다. 배 바닥이 V자 형인 일본 배 아다케는 전투 때 방향 급회전이 어렵다. 판옥선은 이중 갑판으로 밑에는 노를 젓는 군인들이 있고 상부에는 대포와 화실을 쏘는 전투원이 탔다. 판옥선은 대포로 적을 공격할 수 있었지만 일본은 주로 상대방 배에 올라타 육탄전을 벌였다. 판옥선은 일본 아다케보다 배 높이가 높고 크기도 커서 일본의 전투방식을 무력화시킬 수 있었다. 거북선은 판옥선에 덮개를 씌운 형태로 등에 철갑옷을 씌우고 앞에는 용머리를 만들어 붙였는데 그 입 부분에서는 대포를 쏘고 등에는 쇠못을 꽂았으며 안에서는 밖을 내다볼 수 있어도 밖에서는 안을 들여다 볼 수 없었다. 거북선은 1597년 7월 16일 원균이 칠천량 해전에서 패하면서 수장되었다.

❀ 임진왜란 때 잡혀간 조선의 선비들이 선비정신을 일본에 전수했다

　일본의 사무라이에게 조선실천성리학을 전수한 대표적 선비는 강항(姜沆)이라는 인물이다. 강항은 양반가의 유학자 아들로 태어나 어릴 적부터 학문적 재능이 뛰어났다. 강항은 이황을 스승으로 하는 성혼의 제자였다.

　1597년 도요토미 히데요시는 정유재란을 일으켰다. 이번에는 전라도를 급습했다. 조선 선비 강항(姜沆)은 당시 30살로 형조좌랑의 벼슬을 하고 있었는데 휴가를 얻어 고향에 내려와 있었다. 그는 가족을 데리고 바닷길을 건너 피난 가다가 일본 침략군에 붙잡혔다. 강항은 1597년부터 1601년까지 4년 동안 일본에서 포로생활을 했다. 그는 귀국 후에 일본에서의 포로생활을 기록한 『간양록(看羊錄)』을 남겼다.

　당시 일본은 칼싸움으로 세력다툼을 일삼는 '싸움의 나라'였으므로, 조선의 유학적 도덕사상으로 보면 야만인의 나라에 불과했다. 일본의 야만시대는 도요토미 히데요시가 전국을 통일했던 16세기 말경에 절정에 다다랐다. 눈만 뜨면 싸워야 했던 당시 일본에서는 '유학'이라던가 '성리학'이란 사상은 유일한 지식층인 승려조차도 극히 일부에서만 접하던 귀중한 학문이었던 것이다.

　납치해온 강항을 비롯한 조선의 선비들에게서 그들은 새로운 지식을 갈구하게 되었다. 비록 포로이긴 하지만 자신들이 접근하기 어려운 고매한 인품과 품위를 갖춘 조선의 선비들을 가까이 접하는 순간 범접할 수 없는 기품을 느꼈다고 한다. 그 중에서도 강항에게는 특별히 관대하게 대해주었다. 강항의 높은 인격과 고매한 학문에 일본의 지도자적 위치에 있는 지식인들이 사로잡혔기 때문이었다.[21]

---

21) 강항(姜沆: 1567-1618): 호는 수은, 본관은 진주로 16세에 향시에 합격했고 22세에 진사시험에 합격했으며 퇴계학파 성혼의 문하에서 학문을 쌓았다. 형조 좌랑으로 있을 때 휴직을 내고 귀향한 해인 1597년 정

일본의 최고 지식층이었던 승려들은 서로 그의 지식을 전수받으려고 애썼다. 그 중에서도 교토에 있던 선종승 후지와라 세이카(藤原惺窩: 1561-1619)가 강항을 찾아와 그를 스승으로 모시고 본격적으로 조선실천성리학을 공부했다. 당시 강항은 고향으로 돌아가겠다는 일념뿐이어서 처음에는 일본어를 일부러 배우지 않았다고 한다. 언어가 통하지 않았던 두 사람은 필담을 통해 성리학에 대해 토론했고, 강항은 성리학을 배우려고 하는 후지와라 세이카를 위해 특별히 조선실천성리학 이론서를 작성하여 주고, 이 사람을 깨우쳐야 하겠다는 의지로 정성을 다 하여 가르쳤다고 술회했다.

강항은 성리학 공부를 위해 승려임에도 불구하고 승복을 벗어 던지고, 유교적 복장을 입고 찾아오는 후지와라 세이카에게 크게 감동하여, 사서오경을 비롯한 유학사상과 조선의 과거제도, 장례제도, 혼례제도, 이황의 학문 등에 대해 자세히 가르쳐주었다. 강항은 후지와라 세이카를 통해 조선실천성리학을 일본에 정착시키는 데 기초를 구축했던 인물이다. 후일 일본에서는 후지와라 세이카의 가르침으로 아라이 하루세키, 아메노모리 호슈 등 일본의 지식층을 이끄는 조선실천성리학파 인재들이 배출된다.

임진왜란 때 조선에서 실어간 성리학 책들 중에서 퇴계 이황의 저술은 일본 지식인들을 강타하고도 남음이 있었다. 퇴계 이황의 『자성록』은 조선에서 보다 일본에서 더 큰 인기를 얻었고 지식인들 사이에서 많이 읽혔다.

당시 일본 지식인의 대표격인 야마자키 안사이(山崎闇齊: 1618-1682)는 퇴계의 저작을 독파하고 그의 학문과 사상, 인격에 깊은 감화를 받은 인물이다. 야마사

유재란이 발발했다. 강항은 남원성 낭관(郞官)으로 임명되어 군량조달 임무를 맡았으나 일본군 5만 명이 남원성을 함락시키자, 9월 14일 강항 일족은 2척의 배에 나누어 타고 피난을 가다가 왜선에 포로가 되었다. 이 배는 왜군의 수군대장 도도다카도라의 가신 신시치로가 지휘하는 병선이었다. 일본군은 강항 일행이 삿갓을 쓰고 의관을 정제하고 있으므로 이들을 고급관리라 생각하고 일본으로 연행하기로 결정했다. 임진왜란과 정유재란 당시 일본에 끌려간 포로의 수는 10만 명이 넘는 것으로 추정된다. 포로생활을 마친 후에는 일본에 정착하거나 노예로 팔려간 사람이 대부분이었고 극히 소수가 조선으로 귀환되었다.

키 안사이의 제자 사토오 나오카타(佐藤直方: 1650-1719)는 자신의 스승을 제치고 조선의 퇴계야말로 '유학의 단 한 사람'이라 꼽으면서 "조선의 퇴계 이후로는 성인의 학문을 진정으로 떠맡아서 한 사람이 없다"고 말했다. 그가 남긴 글「동지문(冬至文)」에서 그는 퇴계를 공자에 버금가는 학자라고까지 극찬했다.

1598년 도요토미 히데요시가 사망하자 동군의 대표격인 도쿠가와 이에야스는 도요토미 히데요시의 서군을 굴복시켜 일본의 전국통일을 이루며 1603년 에도 막부를 설립한다.

이에야스는 오랜 전란으로 혼란스러웠던 사회의 안정을 위해 새로운 시대를 여는 정치이념이 필요했다. 그는 조선실천성리학을 막부의 관학(官學)으로 수용했다. 이로서 강항은 일본성리학의 아버지가 되었던 것이다.

강항을 통해 조선실천성리학을 전수받은 후지와라 세이카는 한반도에서 일본에 건너간 백제 지배층의 후손으로 장원(莊園)을 소유한 명문 후지와라 가문 출신이다. 후지와라 세이카는 어렸을 때부터 신동으로 불릴 만큼 두뇌가 명석했다. 1578년 세이카가 18세 때 그의 아버지의 성(城)이 적군의 급습을 받아 함락되었다. 아버지와 형은 죽고 어머니와 동생들과 함께 교토의 쇼코쿠사에 피신했다. 그 후 세이카는 쇼코쿠사에서 불교를 배워 선승이 되었다.

임진왜란이 일어나기 2년 전인 1590년에 조선에서 파견된 조선통신사가 오사카성을 방문했다. 정사에 황윤길, 부사에 김성일, 서장관에 허성이었다. 세이카는 이 때 다른 선승들을 보내 3명의 통신사와 필담을 나누게 했다. 그 결과를 보고 세이카는 조선실천성리학의 학문적 깊이에 매료되어 이때부터 불교를 버리고 본격적으로 유학의 길에 들어서기로 결심한다.

그러한 그가 강항을 만나자 고기가 물을 만난 듯 조선실천성리학을 체계적으로 공부할 수 있는 절호의 기회를 가질 수 있었던 것이다. 그는 강항으로부터 이황의 성리학뿐만 아니라 이이의 학문, 성혼의 학설을 수용하는 등

포괄적으로 조선의 학문을 섭렵했다. 특히 이황의 이기호발설과 이이의 기발이승일도설을 절충한 성혼의 학문을 일본성리학의 기초로 삼았다.

세이카는 그 때까지 일본에 없었던 유학자의 복장을 나름대로 고안해서 스스로 조선과 중국의 복장을 참고하여 일본적인 옷차림을 만들어 입었다. 임진왜란이 끝나고 1년 후인 1600년 9월 도쿠가와 이에야스로부터 강의를 해줄 것을 요청받고 찾아 갔을 때도 스스로 만든 유학자의 복장을 입고 갔다. 당시 세이카가 입었던 복장이 에도 시대 일본 유학자의 복장으로 정착되었다.

세이카가 처음 이에야스에게 강의하러 갔을 때 이에야스는 세이카에게 잘 가르쳐 달라고 인사를 했다. 그러나 세이카는 강의를 시작하지 않았다. 그리고는 의아해 하는 이에야스에게 이렇게 말했다.

"장군님의 그 복장은 제게 강의를 들으려고 하는 복장이 아닙니다."

이에야스는 평소대로 편한 평상복을 입고 두건을 쓰고 있었던 것이다.

"내 복장에 무슨 문제라도 있는가?" 하고 이에야스가 묻자 세이카는 이렇게 대답했다.

"장군께서는 학문을 무슨 다과를 즐기듯 심심풀이로 생각하십니까? 학문을 취미 정도로 생각하는 분께 제가 가르칠 것은 아무것도 없습니다. 『대학』은 공자의 유서이며 이것은 우선 자신의 몸을 가지런히 유지하는 것이 기본이라고 가르치고 있습니다. 자신의 몸을 가지런히 하시지 않고서 어떻게 국가를 통치하실 수가 있습니까? 예절을 분별하지 못하는 분께 성현의 길을 가르칠 의미가 없습니다."

세이카의 이 말에 놀란 이에야스는 금방 옷을 정장으로 갈아입고 돌아와서 강의를 들었다고 한다. 당시 일본을 완전히 통일하여 에도 막부를 세울 꿈을 실현시키고 있던 이에야스는 일본 최고의 권력자였다. 그런 그에게 이렇게까지 설교할 수 있었던 사람은 오직 세이카뿐이었다. 강의를 듣고 난 이에야스는 세이카의 강의에 매료되었고, 머리회전이 빠른 그는 세이카가 강의한 조선의 성리학적 가치관에 따라 통치를 하면 좋겠다고 결심한다. 조선실천성리학이 에도 막부의 관학(官學)으로 자리 잡은 순간이었다.

이에야스는 세이카에게 관직에 들어 올 것을 권유했다. 그러나 세이카는 이에야스의 출사 요청을 사양하고 대신 그의 제자인 하야시 라잔을 추천했다. 이렇게 하여 하야시 라잔은 에도 막부의 학문소의 책임자인 대학두(大學頭)가 되었던 것이다. 이로써 강항이 전한 조선실천성리학이 에도 막부의 정통사상이 된 것이다.

한편 세이카는 조선실천성리학을 일본화시키는 과정에서 강력한 배불론(排佛論)을 전개하여 유가신도(儒家神道)를 제창했다. 신도(神道)의 중심은 유교와 같은 인(仁)에 있다고 주장해 신유일치(神儒一致) 사상의 기초를 마련했다. 이렇게 하여 일본의 토속 신앙인 신도와 조선의 선비들이 건네준 조선실천성리학은 대립하지 않고 일본 신도 속으로 녹아들어 토속신앙의 교리내용으로 융합되었던 것이다.

조선의 선비정신을 전수받아 탄생한
에도 막부의 사무라이정신

　이번에는 일본에 전수되어 에도 막부의 관학이 된 조선실천성리학을 완성시킨 조선왕조의 선비들은 조선에서 어떤 삶을 살았는지를 살펴보기로 하자.

　조선 선비를 상징하는 삶의 방식인 선비정신을 설명하려면 방대한 자료가 필요하다. 수많은 자료 중에서 필자가 선택한 것은 다음의 4가지 삶의 방식이다.

① 선비는 '어짊'인 사랑과 '섬김'인 존중을 실천하는 사람이다.

공자는 인간을 소인, 군자, 인인, 성인의 4단계로 구분해서 설명했다.

소인(小人)은 이(利)에 밝고, 주체성을 상실한 채 남과 같아질 수 있으며, 주체성을 살리면서 남과 어울리지 못하고, 견주기만 하고 두루 하지 못하며, 잘못의 원인을 남에게서 찾는 존재를 말한다.

군자(君子)는 의(義)에 밝고, 주체성을 살리면서 남과 어울릴 수 있으며, 주체성을 버리면서 남과 같아지지 않고, 두루 하되 견주지 않으며, 잘못의 원인을 자기에게서 찾는 존재를 말한다.

인인(仁人)은 살기 위해 어짊(仁)을 해치지 않고, 몸을 버려서도 어짊을 이루며, 자기가 앞서고자 하면 남을 앞세워 주고, 자기가 이르고자 하면 남을 이르게 해 주는 존재, 즉 어짊을 실천하는 존재를 말한다.

성인(聖人)은 인인(仁人)이 인위적 단계를 벗어나지 못한 경지인데 비해, 자연스럽게 이루어지는 단계이다. 마음이 하고자 하는 바대로 따라가도 법도에 어그러지지 않는 존재가 바로 성인이다. 즉 어짊의 궁극적 존재, 우러러 본받을 만한 존재를 말한다.

위의 인간 4단계를 살펴보면 우리 선비가 왜 소인을 멀리하고 '군자'를 가까이 했는지 알 수 있다. 그리고 사람은 누구나 먼저 '군자'가 되고, 더 나아가서 '인인'이 되고, '성인'이 되어야 한다고 강력히 제안하고 그렇게 되기 위해 스스로 정진했던 사람이 선비이다.

이것을 한 마디로 말하면 '된 사람'이 되어야 한다는 의미이다. '된 사람'은 인격적 완성도가 높은 사람이고, 사람의 도리를 알고 실천하는 사람이다. 사람의 도리를 모르면서 그저 아는 것만 많이 들어 있는 '든 사람'이나 자신의 인격적 완성도는 낮으면서 남보다 비상한 능력을 발휘하여 남보다 뛰어나게 보이는 '난 사람'이 되는 것보다 먼저 도리를 알고 인품이 높아 사람으로서의 됨됨이가 들어차고 주위와 사회에 이로움을 줄 수 있는 '된 사람'이 될 것을 강조하는 것이다.

우리나라에는 다양한 사상, 종교, 문화의 전통이 있다. 그 가운데 오랜 역사를 가진 유불도(유교, 불교, 도교)는 우리나라 사람들의 삶에 지대한 영향을 미친 철학이고 사상이고 종교이고 문화다. 그 중에서도 유학의 영향은 우리 일상생활에 아주 크게 남아 있다.

- 조상을 숭모하는 정신
- 인의예지효충경신의 솔선수범을 강조하는 정신
- 학문을 중시하고 훌륭한 학자, 인품이 드높은 지식인을 존경하는 정신
- 맡은 일에 정성을 다하는 자세, 태도를 중시하는 정신
- 사익보다 공익을 우선하고 공동선을 추구하여 공존, 상생하는 정신
- 법이나 제도에 앞서 양심, 도덕, 윤리, 정의, 공정을 삶의 중심잣대로 삼는 정신

이러한 유학정신은 오늘날 우리 사회에서 많이 바래지기는 했지만, 아직도 한국인의 정신을 잠재적으로 지배하고 있는 유전자적 규율이 되어 이어져오고 있다. 이러한 유학정신을 몸소 실천한 사람을 군자, 인인, 성인 등으로 일컫는다. 이들을 한마디로 표현한 말이 바로 선비다. 따라서 선비는 가장 이상적이고 바람직한 인간형이라 할 수 있다.

사랑과 존중을 뜻하는 인(仁)이라는 한자는 사람(人) 두 명(二)이 함께 있다는 뜻이다.

두 사람이 있으면 '나와 너', '너와 나'라는 인간관계가 만들어진다. 이 인간관계를 건강하고 따뜻한 관계로 만들기 위해서는 사랑이라는 요소와 존중

이라는 요소가 함께 융합되어 실제의 삶으로 나타나야 한다. 즉 두 사람의 인간관계를 건강하게 하고, 따뜻하게 하고, 거룩하게 하고, 돈독하게 하고, 신뢰하게 하고, 섬기게 하는 관계를 만드는 에너지가 바로 인이다.

예를 들어 갑과 을은 친구관계이고, 부모와 나는 자식관계이며, 아빠와 엄마는 부부관계이고, 선생님과 학생은 사제관계이며, 대장과 사병은 상하관계이고, 사장과 사원은 동업관계이며, 업주와 손님은 고객관계가 된다. 그러한 관계가 건강한 관계가 될 수 있도록 상대를 사랑하고 존중하는 정신이 바로 인이고, 그에 따라 행동하는 것이 곧 인을 실천하는 삶이다. 그래서 인을 사랑과 존중이라고 말한다.

여기서 말하는 사랑과 존중이란 내가 아닌 다른 사람이 잘 되고 잘 살 수 있도록 도와주는 마음과 행동을 뜻한다. 인(仁)은 이타심(利他心)의 핵심이다. 진정한 이타심이란 나 이외의 다른 존재가 나를 떠받치고 있다는 생각을 겸허하게 받아들이는 자세에서 나올 수 있다.

선비사상에서 말하는 인은 하루하루 살아가는 생활 속에서 나와 관계를 맺고 있는 사람들을 배려하고 내가 할 수 있는 작은 도움을 베푸는 것이다. 이렇게 내 주변에서 관계를 맺는 사람들에게 사랑을 나누고 존중하는 마음으로 상대방을 섬기며 그것을 점차 확장시켜서 좀 더 넓은 지역으로 좀 더 많은 사람들에게 이로움을 창출하는 삶을 단계적으로 실천하는 사상이 인이다.

② 선비는 자기 자신을 닦아 개인인격을 완성하고 나아가 공동체를 위한 조직인격과 사회인격을 확립시키는 사람이다.

선비사상의 중심사상인 인(仁)을 실천하는 사람이 되기 위해서는 먼저 개인인격 완성을 위해 기본학습을 연마하여 지식기술을 습득해야 한다. 여기에서 말하는 기본학습은 일등을 하거나 시험에 합격하는 것과 같은 겉으로 성과를 드러내는 지식기술을 말하는 것이 아니다.

- 얼마나 남을 배려하고 도와주는 마음을 가졌는가?
- 얼마나 자연의 섭리를 이해하고 상생 질서를 지키는 마음을 가졌는가?
- 얼마나 모든 일에 최선을 다하고 잘못은 내 책임이라는 책임의식을 가졌는가?
- 얼마나 공동체의 인간으로써 '된 사람'이 되려고 노력하고 그것을 실천했는가?

그보다는 위에 언급한 것들이 더 중요한 기준이 된다. 이런 마음을 갖는 데 도움이 되는 학습의 길은 다음의 3가지 방법으로 설명할 수 있다.

첫째, 수기안인(修己安人)의 학습이다.

수기(修己)는 자기 자신을 갈고 닦는 일이다. 곧 스스로 '된 사람', '멋있는 사람', '행복한 사람'이 되려는 수양방식이다. 안인(安人)은 다른 사람과의 관계를 건강하게 유지하고, 나아가 사회에서 자신의 본분과 역할을 충실하게 실행하여 공동선을 창조하는 공동체의 엘리트가 되어 사회 전체를 평안하고, 평등하며, 평화롭게 하려고 하는 수양방식을 말하는 것이다. 예를 들면 개인이 아침에 일어나면 자기 잠자리를 정돈하고, 자기 집안을 깨끗이 청소하고, 주변과 거리의 쓰레기를 치우며, 스스로 공부하여 지식습득에 근면하고, 사명감으로 자기 맡은 일에 정성을 다하며, 자신의 언행을 책임감 있게 하는 것들은 모두 수기(修己)에 속하는 일이다.

한편 부모의 말씀에 귀를 열고, 형제간에 사이좋게 지내고, 친구 간에 서로 도와주며, 직장 동료와 예의 바르게 사귀고, 고객에게 정성을 다하며, 어려운 처지에 있는 이웃사람을 도와주는 일은 모두 안인(安人)에 속하는 일이다.

안인은 '널리 모두에게 유익한 일을 하라'는 홍익인간철학에 연결되어 있다. 홍익인간철학보다 더 위대한 사상을 지구촌에서 발견할 수 없다. 수기안인의 학습은 홍익인간이 되는 것을 목표로 하는 것이다. 수기를 먼저 하여 개인인격 수양을 하고 그것을 기초로 조직인격 수양을 하기 위해 안인을 해나가는 과정이 바람직한 순서이다.

현대의 심리학자들은 "행복은 권리가 아니다. 행복은 의무이다"라고 강조한다. 사회봉사활동을 열심히 하는 사람들의 이야기를 들어보면 봉사활동을 하면 할수록 자신이 행복해진다고 한다. 다른 사람을 행복하게 해주는 행위가 다른 누구보다 자기 자신을 행복하게 해주는 것으로 되돌아온다는 이야기이다. 때문에 행복은 나의 권리가 아니라 내가 솔선하여 행동해야 하는 나의 의무가 되는 것이다. 내가 행복해야 다른 사람을 행복하게 해 줄 수 있고, 다른 사람이 행복해야 나의 행복이 보장될 수 있기 때문이다.

지구는 스스로 자전하면서 태양을 중심으로 공전하고 있다. 사람도 자전과 공전의 원리대로 삶을 영위하는 것이 순리다. 자전만으로 지구는 살지 못한다. 자전과 동시에 공전을 해야만 지구는 생명을 유지할 수 있다. 지구의 생명유지 원리나 인간의 생명유지 원리는 다르지 않다. 사람의 활동결과는 공익에 이득이 되어야 모두에게 선한 것이 되는 것이다. 한 사람의 활동이 공익에 손실을 끼치면서 자기개인에게만 이득이 생기면 그것은 선한 것이 되지 못하고 결국 악한 것이 되고 만다.

수기는 인간의 소양을 키우는 내공이다. 안인은 인간의 교양을 키우는 외공이다. 수기안인이 얼마나 인간생활에 있어서 소중한 것인지 깨달아야 할 것이다.

둘째, 위기지학(爲己之學)의 학습이다.

위기지학이란 자신의 인격을 수양하여 마음과 행동을 잘 다듬어 보려는 공부다. 자기완성의 학습을 말한다. 남을 배려할 수 있고 옳은 일을 바로 할 수 있는 생각과 행실을 몸에 익히는 공부다. 조선실천성리학에서는 이런 공부를 가장 중요한 배움이라고 생각했다. 일등을 하고 시험에 합격하는 것들은 그 다음에 필요한 부차적인 것이라고 여겼다. 최고(Best One)보다는 최선을 다하여 공동체에 꼭 필요한 '온리 원(Only One)'이 되는 공부를 중시했던 것이다.

최고보다 '최선'을 중시하고, 퍼스트보다 '온리 원'을 중시한다. 사회에 꼭 필요한 인재가 되는 것, 내가 없으면 다른 사람이 대신할 수 없는 나만이 잘 할 수 있는 능력을 가진 인재가 되는 것, 그리고 널리 사람들에게 이로움을 제공할 수 있는 인재가 되는 것이 '온리 원' 인재다.

사람들은 자기가 좋아하는 일을 하라고 많이 권한다. 자기가 좋아하는 일은 오래할 수 있기 때문이라는 논리다. 하지만 필자는 자기가 남보다 조금이라도 더 잘 할 수 있는 일을 하라고 권하고 싶다. 성공한 사람을 관찰해 보면 대개 자기가 잘할 수 있는 일을 하고 있는 사람이다. 실패한 사람을 살펴보면 보통 자기가 잘 하지는 못하지만 자기가 좋아하는 일을 하고 있는 사람이 많다.

자기가 좋아하지만 잘하지 못하는 일은 오히려 남에게 불편을 끼칠 수 있다. 자기는 좋아서 하는 일이지만 그것이 다른 사람에게 좋지 않다면 그 일은 좋은 일이 될 수 없기 때문이다. 자기는 좋아서 하지만 그 일이 별로 잘하는 일이 되지 못하면 그 일이 다른 사람에게는 별로 좋지 않는 일이 되어 버린다. 그렇게 되면 그 일은 개인이 좋아하는 일은 되겠지만 모두에게 잘한 일이라 고는 할 수 없을 것이다. 하지만 내가 남보다 더 잘 할 수 있는 일을 하는 경우에는 모두에게 도움이 되는 일이 될 수 있다. 결국 나에게 좋고 너에게 좋고 모두에게 좋은 일을 선택하는 것이 세상에 이로움을 줄 수 있는 일이 되는 것이다.

위기지학(爲己之學)과 반대되는 개념의 공부에 위인지학(爲人之學)이 있다. 위인지학은 자기 내면이야 어떻게 되든 외면으로 남에게 잘 보일 수 있는 대응적 공부를 하여 출세만 하면 그만이라고 생각하는 학습이다. 이는 인격적 향상에는 관심이 없고 오직 남이 알아 줄 명문대학 출신이라는 간판을 얻으려 하며 거기에다가 '된 사람'으로 살 수 있는 학습의 수준 높은 질보다 외면적으로 화려한 스펙 쌓기에만 매달려 있는 공부를 말한다. 혹시 오늘날 우리의 교육행태가 위인지학의 범주에 들어 있는 것이 아닌지 깊이 반성해야 할 것이다.

뜻도 모르고 내용도 이해 못하면서 답만 달달 외워 시험에서 100점을 맞아 칭찬을 받고 포상만 받으면 그만이라 생각하는 공부는 위인지학에 속한다. 또한 나의 내면적 인간됨은 아랑곳없이 외면적 겉모습만 그럴 듯하게 하여 다른 사람이 그 화려한 겉모습에 놀라서 그 사람의 진정한 모습을 보지 못하게 하는 공부도 위인지학에 속한다.

선비사상에서는 1등을 하거나 빨리 더 큰 성과를 내는 것을 가장 중요하다고 생각하지 않는다. 그런 것보다는 기본이 되는 나 자신을 잘 돌아보고 내 마음과 몸을 올바르게 가꾸어 부끄러움이 없는 행동을 하는 것을 우선으로 삼는다. 옳고 바른 행동을 바탕으로 빠르고 좋은 성과를 내어야만 가장 좋은 행동이라고 생각하는 것이다.

이렇게 옳고 바른 생각으로 하는 마음과 행동은 정심에서만 나올 수 있다. 정심에서 나온 열정과 집중으로 나만이 잘 할 수 있는 자질과 능력을 배양하여 어느 분야에서 내가 남보다 잘 할 수 있는 전문성을 확립했을 때, 그 사람은 공동체에 반드시 필요한 '온리 원'이 될 수 있는 것이다.

퇴계는 자신을 위한 학문을 하여 온 누리에 향기를 내 뿜을 수 있는 공부를 위기지학이라고 설명하면서 다음과 같이 말했다.

군자의 학문은 자신을 위할 따름이다. 이른바 자신을 위한다는 것은 '의도하는 바 없이 그러하다'는 것으로, 깊은 산 무성한 수풀 속에 한 그루의 난초가 종일토록 향기를 내면서도 스스로 향기로움을 알지 못하는 것과 같으니, 이것이 바로 군자가 행하는 위기지학의 의미에 맞는다.

난초가 종일 향기를 뿜고 있으면서도 자기 자신이 향기를 내뿜고 있음을 자랑하지 않는 모습에서 퇴계는 위기지학이 존재해야 하는 방식을 쉽게 설명해주고 있다.

세 번째는 법고창신(法古創新)의 학습이다.

'법고창신'은 옛 것을 바탕으로 새것을 창조한다는 뜻이다. 근본과 사실을 바탕으로 새로운 것을 만들어 내는 지혜를 말한다. 옛 것이 없다면 지금 것이 있을 수 없다. 오늘 있는 것은 모두 옛 것을 바탕으로 나온 것이다. 사람은 과거의 학문과 오늘의 학문을 골고루 익혀야 그것을 근거로 새로운 것을 창조할 수 있다. 우리의 과거가 우리의 미래로 탈바꿈할 수 있는 까닭이다.

선비는 새로운 것을 창조하는 데 앞장서는 사람이다. 사물의 창조만이 아니라 제도와 풍습의 창조에도 선비는 혁신을 늦추지 않는다. 선비는 '일신일일신우일신(日新日日新又日新)'을 매일 마음에 세기면서 아침을 여는 사람이다. 아무리 옛 풍습이 좋은 것이라 하더라도 시대정신에 맞지 않으면 과감하게 그것을 수정하여 새 시대에 맞는 새로운 풍습을 창조해 나가는 태도가 '법고창신'의 태도다.

'세상에 새로운 것은 없다'라는 말이 있다. 모든 것은 다 옛 것에서 유래하고 옛 것을 향상시켜서 새로운 것이 탄생하기 때문이다. '옛 것을 공부하지 않으면 새 것을 창조할 수 없다'라는 말이 존재하는 까닭이다. 근본과 사실을 파악하기 위해 우리는 옛 것을 알아야 한다. 우리에게 필요한 창의성교육은 고전을 읽는 데서 시작될 수도 있을 것이다.

❀ 우리는 인심은 황폐해지고 기억이 위임되어 버린 사회에 살고 있다

오늘날 우리 사회는 인심이 황폐해질 대로 황폐해져 있다. 물질적으로 풍요로운 사회일수록 인심은 가난해질 대로 가난해져 버렸다. 이러한 현상은 특정지역의 현상이 아니고 전 세계적인 현상이다.

과학은 물질의 창조에 속도를 내게 했다. 그 덕택으로 인간은 기억력을 컴퓨터에 위임할 수 있게 되었다. 모르는 것은 검색만 하면 금방 눈앞에 대령해 준다. 그릇된 정보가 대령되어도 내 탓이 아니다. 기억을 위임하기 시작하면서부터 우리는 거추장스러운 것들을 모두 위임해버리는 위임사회에 살게 되었다. 나의 건강은 의사에게 맡기면 되고, 교육은 학교에 맡기면 되고, 복지는 정부에 맡기면 되고, 국방은 군인에게 맡기면 되고, 자산운용은 투자자문사에 맡기면 되고, 세금은 세무서와 세무사에 맡기면 되고, 현찰은 은행에 맡기면 되고……. 이렇게 맡긴 순간부터 내가 책임진다는 마음은 사라진다. 위임사회에서는 내가 책임질 일이 모두 없어져 버린다. 문제가 생기면 불평하고 불만을 토로하고 비판하고 비난하면 된다.

불평사회, 비난사회는 무책임사회다. 서로가 책임을 전가하는 무책임사회를 창조하게 된다. 이제 우리의 창조성교육은 물질만이 아니라 인간의 의식을 창조하는 정신교육도 함께 필요하다고 생각한다.

오늘날 우리 사회가 부패에 찌들고, 권력을 가진 사람들이 자기의 이익을 도모하며, 청렴을 생명처럼 여겨야 할 공직자들이 비리를 저지르고, 문제가 발생하면 서로 책임을 전가하고 있는 것은 선비정신으로 무장한 선비리더십을 체득한 엘리트 지도자가 거의 없기 때문이다. 그렇게 된 이유를 가정, 학교, 사회에서 실행하고 있는 현재의 교육내용, 교육방법, 공부내용, 공부방법의 차이에 있는 것이 아닌지 살펴봐야 할 것이다. 오늘날 교육의 내용 중에 무엇이 잘못되어 있는 것인지 면밀히 분석해서 교육콘텐츠를 개혁하고 혁신할 필요성이 제기되고 있는 것이다.

❀ 인간성교육, 전문성교육, 창의성교육은 선비의 공부방법이다

오늘날 우리 사회에서의 가장 큰 이슈는 교육문제다. 우리가 현재 당면하고 있는 여러 가지 문제점들, 그 중에서 특히 청소년 학생들에게서 나타나는 인간성의 상실, 폭력교실, 부정행위, 탈선행동, 비리행동, 범죄행위 등은 그 원인이 교육당국과 선생님들의 교육정책, 교육내용, 교육방법 등에 기인하고 있는 것이 대부분이다.

이런 문제들을 해결하기 위해서 교육당국과 학교의 선생님들은 '수기안인', '위기지학', '법고창신'을 바탕으로 하는 교육 프로그램을 새롭게 만들어야 할 필요가 있다. 학생들이 그것을 몸에 익혀서 실천할 수 있도록 현대사회에 맞는 새로운 공부방법을 개발할 필요도 있는 것이다.

교육은 기본적으로 사람에게 여러 가지 삶의 문제를 스스로 해결하고 공동체에서 어려움을 당하고 있는 이웃을 도와줄 수 있는 힘을 길러주는 것이 핵심이다. 이러한 힘은 어려서부터 길러줘야 한다.

유치원과 초등학교 저학년의 교육주제는 바른 인사하기부터 가르쳐야 한다. 인사는 인간의 사회성을 인식하는 기본이다. 때와 장소에 알맞은 인사말은 어떤 것인지, 바른말 고운말을 왜 사용해야 하는지, 친구는 왜 존중해야 하는지 등을 세밀하게 가르쳐야 한다.

초등학교 고학년에 올라가면 배려와 질서는 왜 필요한지, 학급회의는 왜 절차에 따라 해야 하는지, 실수를 했을 때는 왜 사과해야 하는지, 친구의 좋은 점을 발견했을 때는 왜 칭찬해야 하는지 등을 가르치고 친구와의 갈등을 풀기 위해서는 상대방의 입장에서 바꿔 생각해보기 등을 몸에 익히는 훈련을 해야 한다.

중고등학생의 교육주제는 몸과 행실교육에 더하여 마음과 정신교육을 실시해야 한다. 사람은 먹고 살기 위해 왜 스스로 노동하며 경제를 꾸려가야 하는지, 사람은 왜 혼자만 살려고 해서는 안 되는 것인지, 사람은 사람과 어떻게 관계를 맺고 어떻게 소통하며 살아야 하는지, 화가 날 때나 속이 상할 때 어떻게 마음을 관리해야 하는지, 옳지 않은 일이나 그른 일을 당면했을 때 어떻게 대응하고 처리해야 하는지, 사회를 위해 봉사활동은 왜 필요한 것인지, 더 나아가서 삶이란 무엇인지, 인간으로 태어나서 영위하는 인생이란 무엇인지, 인간은 어떻게 살아가야 하는지, 우리에게 필요한 국가관은 무엇인지, 우리에게 필요한 세계관은 무엇인지, 특히 우리 사회가 놓여 있는 민주시민사회를 건전하게 유지하기 위해서 어떠한 시민의식을 가져야 하는지, 자본주의 시장경제와 사회주의 통제경제의 차이점은 무엇인지, 자유민주주의 사상과 인민민주주의 사상은 어떻게 다른 것인지 등에 대해서도 청소년기와 청년기에 모두 가르쳐야 한다.

이러한 문제는 삶에 필요한 아주 실질적이고 현실적이며 누구나 부딪칠 수 있는 문제이다. 삶의 실질적인 의미와 현실을 미래에 연결할 수 있는 방법을 가르쳐 주는 것이 교육의 기본이다. 인간성교육이라는 기본교육의 바탕 위에 전문성교육과 창의성교육이 부가적으로 이루어져야 한다. 이렇게 교육의 기본이 되는 인간성교육을 기초교육의 목표로 삼아 꾸준히 실천해 나간다면 우리가 당면하고 있는 학교교육과 사회교육의 문제점을 많이 개선할 수 있을 것이라고 생각한다.

선비들이 공부했던 공부의 내용과 방법을 현재의 교육용어로 바꾸어 이야기하면 '수기안인'은 인간성교육이고, '위기지학'은 전문성교육이며, '법고창신'은 창의성교육으로 설명할 수 있다. 특히 앞으로의 지구촌 사회에 필요한 글로벌 리더를 육성하기 위한 학교교육의 내용은 첫째로 인간성교육, 그 다음으로 전문성교육, 그 다음으로 창의성교육이 강조되어야 할 것이다.

우리나라는 인재의 나라다. 그것도 세계에서 가장 우수한 자질을 가진 인재들이 많은 나라다. 여기에 시대정신에 입각한 올바른 교육프로그램을 가동시킨다면 한국의 젊은이들을 지구촌을 리드하는 글로벌 인재로 키울 수 있다. 그러한 인재는 첫째, 도덕사상과 평화이념으로 확립된 한국인의 정체성을 계승하는 인재가 될 수 있을 것이고, 둘째, 인의예지효충경신의 선비정신을 함양하는 인재가 될 수 있을 것이고, 셋째, 글로벌 감각으로 널리 타인을 이롭게 하는 홍익사상을 실천하는 인재가 될 수 있을 것이다.

③ 선비는 지식기반사회와 문화국가를 건설하는 파워 엘리트이다.

우리나라 역사에서 선비다운 사람들을 찾아보면 삼국시대 이전까지 올라가지만, 오늘날 우리가 말하는 선비는 대부분 조선시대에 살았던 사람들이다. 왜냐하면 조선은 실천성리학이라는 선비사상을 국가이념의 근본으로 세워진 나라였기 때문에 당연히 성리학을 잘 알고 실천하는 선비들이 많았다. 결국 선비의 역사는 더 오래되었지만 오늘날 우리나라 사람들이 선비라고 부르고 머릿속에 떠올리는 이들의 대부분은 조선시대의 선비이다.

조선시대 하면 가장 먼저 떠오르는 것이 무엇인가? 왕, 경복궁, 조선왕조실록, 한복, 한옥, 한식, 씨름, 활, 유교, 훈민정음, 선비 등…… 어떤 사람은 한 가지도 생각나지 않을 수 있고, 또 어떤 사람은 앞에서 예로 든 것들이 다 떠오르기도 할 것이다.

사람의 생각은 그 사람의 행동을 결정한다는 측면에서 매우 중요하다. 컵에 물이 반쯤 담긴 것을 보고 "어! 물이 반밖에 없네"라고 생각하는 사람이 있는가 하면 "어! 물이 반이나 남아 있네"라고 생각하는 사람도 있다. 한 사람은 부정적인 생각을, 다른 한 사람은 긍정적인 생각을 가진 사람이다. 똑같은 상황이지만 생각을 달리 하면 행동을 다르게 하게 되고 그렇게 되면 그 결과도 달라진다.

어떤 생각을 가졌느냐에 따라 그 사람의 행동이 달라지기 때문에 예로부터 아름답고 건강한 정신과 진실한 마음을 지니는 것을 중요하게 생각했다. 아기를 가진 엄마들이 태교를 하는 이유도 좋은 것을 보고 좋은 생각을 하면서 몸과 마음이 건강한 아기를 출산시키려고 했기 때문이다. 선비사상은 이렇게 좋은 생각, 좋은 마음을 갖는 것을 중요하게 생각했고 조선시대의 엘리트들은 대부분 이런 선비사상의 영향을 받고 살았다.

❀ 선비는 자신의 사상을 더 높이기 위해
   후배로부터도 배우기를 주저하지 않는다

선비는 평생학습을 실천했기 때문에 스승에 따라 학풍이 생기고 학풍에 따라 학연이 생기고 학연에 따라 학우가 생기고 학우에 따라 학파가 탄생했다. 선비는 지식인이었고 엘리트 의식이 강했다. 서로 다른 의견을 가진 주제에 대해서는 격의 없는 토론을 벌였다.

퇴계 이황의 후학이면서 26살 아래인 고봉 기대승(1527-1572)과 함께 9년간에 걸쳐 100여 통의 편지로 왕래하면서 벌린 '사단칠정(四端七情)'에 관한 실천방법토론은 조선 선비가 아니면 생각할 수 없는 희귀한 사례다.[22]

퇴계는 아들 뻘인 기대승의 질문에 일일이 답변하면서 자신의 사유를 분명히 밝히는 작업을 하는 동안 기대승이 생각하고 있는 사유의 일부분을 수용하는 자세를 보임으로써 후학으로부터도 배움의 지혜를 발휘한 위대한 학자의 면모를 보여주었다. 이는 동아시아 유학자 중에서 단연 퇴계가 찬란한 빛을 발하고 있는 이유이기도 하다.

선비는 조선을 지식기반사회로 만들고 문화대국으로 건설하는 데 가장 크게 기여했다. 선비의 지식과 학풍 그리고 엘리트 의식의 집단적 파워가 있었기에 조선은 왕권에 대등한 신권(臣權)을 가질 수 있었다. 이러한 신권의 힘은 조선을 단순한 전제군주의 나라가 아니라, 사대부들도 삶의 풍류를 즐기고 수준 높은 문화적 삶을 향유할 수 있는 양반문화사회의 토양을 만들 수 있었던 것이다.

④ 선비는 옳은 삶, 바른 생활을 위해 목숨을 바치는 모범, 봉사, 헌신, 희생의 리더이다.

---

22) 이황은 「천명도설」에서 '사단(四端)을 이(理)가 발현한 것으로 칠정(七情)은 기(氣)가 발현한 것'으로 정리했다. 이에 대해 기대승은 문제가 있다며 비판을 제기한 것이 논쟁의 발단이다. 훗날 이황은 기대승과의 논변의 결과를 「심통성정도」로 정리했다. 사단칠정 논쟁은 단순한 공리공담이 아니라는 데 특징이 있다. 그것은 논리성이나 합리성을 추구하는 이론의 싸움이 아니라 인간의 삶과 현실 속에서 무엇을 어떻게 실천할 것인가를 둘러싼 실천방법의 논쟁이었다. 논쟁의 목적이 지향했던 것은 개인적이고 즉흥적인 인간의 감정을 수양을 통해 어떻게 이타(利他)적 감정으로 만들 수 있는가 하는 '올바른 수양 방법' 찾기에 있었다. 즉 착하게 살고자 하는 조선 선비의 고뇌가 그대로 담겨 있는 논쟁이었다. 사단(四端)은 『맹자』에 나오는 측은지심(惻隱之心), 수오지심(羞惡之心), 사양지심(辭讓之心), 시비지심(是非之心을) 말하고, 칠정(七情)은 『예기』에 나오는 희(喜), 노(怒), 애(哀), 구(懼), 애(愛), 오(惡), 욕(慾)을 말한다.

선비의 정신세계 속에는 어진 마음이 뿌리 깊게 자리 잡고 있다. 어진 마음은 다른 사람을 배려하고 그 사람이 잘 살 수 있도록 돕는 마음이다. 그런데 상대를 배려하고 돕는다고 해서 항상 좋은 말만 하고 칭찬만 하라는 말은 아니다. 개인적 친분이 두텁다고 해서 그 사람이 잘못한 일에 대해서 그냥 넘어가는 것은 바람직하지 못하다. 누가 봐도 잘못한 일이라면 반드시 잘못을 뉘우치고 반성할 수 있도록 지도해 주어야 한다. 그렇기 때문에 잘못한 일을 깨닫고 뉘우칠 수 있도록 반드시 잘못된 현장에서 지적해 주고 또 그 잘못을 올바른 길로 고칠 수 있도록 바르게 이끌어 주어야 한다. 그렇지 못하다면 그 사람은 자신이 잘못한 줄도 모르고 다음에 더 큰 잘못을 저지를 수 있기 때문이다.

이러한 부분은 오늘날 우리의 조직사회에서 심히 결여되어 있는 부분이라 할 수 있다. 학교에서 어느 급우가 잘못된 일을 하면 같은 반에 있는 다른 급우들이 그 자리에서 지적을 해서 그 행위가 잘못되었다는 것을 깨닫게 해 주어야 한다. 회사에서 어느 동료가 윤리적으로 어긋나는 일을 하고 있는 것을 발견하면 그것을 가장 먼저 눈치 챈 동료직원은 즉시 바로잡아 주는 용기를 발휘해야 한다.

공무원조직에서도 마찬가지 일이 발생할 수 있다. 어느 공무원이 비리행위를 하는 것을 가장 먼저 발견할 수 있는 것은 함께 일을 하고 있는 동료 공무원이다. 하지만 그 일은 내 소관이 아니라는 이유만으로 아무 말도 하지 않고 모르는 척 해버리는 경우가 현실적으로 나타날 수 있다. 측은지심, 수오지심, 사양지심, 시비지심을 가지고 있는 온전한 사람이라면 절대 그럴 수가 없다.

상대를 사랑하고 존중한다면 잘한 일에 대한 칭찬과 격려도 필요하지만, 잘못한 일에 대해서는 그 자리에서 바로 잡아 주는 배려와 엄격한 질책이 필요하다. 그렇게 하는 것이 올바른 사랑이고 존중이다. 그러므로 어진 마음에는 항상 옳은 것과 바른 것을 중요하게 생각하는 자세가 함축되어 있는 것이다. 따라서 사랑, 존중, 정의, 공정을 추구한다는 의미에서 인(仁)과 의(義)는 쌍둥이처럼 붙어 있다. 이런 생각 때문에 인을 실천한 선비들은 옳은 일을 위해서는 자기 자신의 생명을 희생하는 행동도 주저하지 않았다. 이것이 바로 살신성인(殺身成仁)의 정신이다. 세상에서 가장 중요한 자신의 생명까지도 기꺼이 내놓을 수 있을 정도로 옳은 일과 바른 일과 공정한 일을 중요하게 여겼던 것이다.

선비가 인의를 실천하는 정신은 임금의 판단이 바르지 못할 때 그 잘못을 지적하고 바로 잡을 것을 요구하는 선비의 대쪽 같은 사례나 전쟁으로 나라가 위기에 처했을 때 앞다투어 목숨을 바쳐 싸운 선비의 사례에서 그 내용을 확인할 수 있다. 선비들은 큰 나라의 큰일에만 관심을 가졌던 게 아니다. 상대를 배려하고 도와주는 정신인 인(仁)을 실천하고 정의와 공정을 기하려는 의(義)의 삶은 일상생활 속에서도 나타났던 것이다.

퇴계 이황이 배움에 목말라 하는 천민들에게 공부를 가르쳐 주고, 자식이 죽은 후 며느리가 수절하고 있는 것이 안타까워 재혼할 수 있도록 배려한 일 등은 당시 사회에서는 생각조차 어려운 일이었다. 당시에는 학문을 공부한다는 것은 양반만이 할 수 있는 사회적 특권이었으며, 여자는 일단 혼인하면 남편이 먼저 사망해도 한 남자만 섬기도록 강요되었기 때문이다.

이렇게 다른 사람을 배려하는 선비사상은 내 주변의 작은 일에서부터 나라의 큰일까지 모두 아우를 수 있어야 했다. 퇴계의 이런 실천사례는 당시 사회의 통념이나 정서를 뛰어 넘는 것으로서 '법고창신'의 선비정신이 없으면 실행이 어려운 일이었다.

✿ 남명 조식의 목숨을 건 상소문, "전하! 통촉하여 주시옵소서."

이번에는 실천성리학의 대가 남명의 에피소드를 하나 살펴보자.

남명 조식의 올곧은 기상은 그의 목숨을 건 상소문에 잘 나타나 있다. 외척의 척신정치가 정점을 이루고 있던 명종 때의 일이다. 명종이 12살에 즉위하자 문정왕후(1501-1565)는 수렴청정을 하면서 전권을 휘둘렀고, 문정왕후의 동생 윤원형의 권력이 하늘을 찌르던 그 때, 명종 10년(1555) 11월 경상도 단성 현감으로 막 부임한 조식은 다음과 같은 상소문을 올렸다.

전하의 국사(國事)는 이미 글러먹었고, 나라의 기반이 이미 무너졌으며, 하늘의 뜻은 이미 떠나고, 백성들의 마음도 이미 멀어졌습니다. ……말단 관리들은 아래에서 시시덕거리며 주색이나 즐기고, 고관들은 위에서 어물거리며 뇌물을 챙겨 늘리는 데만 골몰하고 있습니다. 백성들의 고통은 아랑곳하지 않은 채 궁궐의 신하들은 당파를 심어 안에서 피 터지게 싸우고, 지방의 관리들은 백성들을 착취해 밖에서 이리처럼 날뛰니, 살갗이 닳아버리면 터럭이 붙어 있을 수 없다는 것을 알지 못합니다.……자전(慈殿)은 생각이 깊지만 구중궁궐의 일개과부에 지나지 않고, 전하는 나이 어린 일개 고아일 뿐입니다. 천재(天災)가 수없이 일어나고 민심이 끝없이 갈라진 것을 무엇으로 감당하고 무엇으로 수습할 수 있겠습니까?……

나라의 정치가 엉망이라 백성들의 고혈이 다 빨려버린 현실에 대한 추궁이 신랄한 상소문이다. 무엇보다 놀라운 것은 명종의 어머니로 당시 수렴청정을 하고 있던 최고권력자인 문정왕후를 '궁중의 일개 과부'로 호칭하고, 국왕 명종을 '일개 고아'라고 지칭한 점이다. 국정을 농단하고 있던 문정왕후와 그 왕후에게 휘둘려 정신을 못 차리고 있던 명종에게 그야말로 직격탄을 날린 셈이다. 목숨을 내놓지 않으면 도저히 입 밖에 낼 수 없는 말이다. '살신성인', '거의소청', '극기복례', '법고창신', '솔선수범'의 선비정신 없이는 도저히 상소할 수 없는 상소문인 것이다.

요즘 사람들은 흔히 지위가 높거나 재산이 많은 사람들을 가리켜 사회지도층이라고 부른다. 그런데 사회지도층이라는 사람들이 오히려 도덕성이 결여되어 있다. 또 사회지도층이라는 사람들이 위법을 해서 뉴스에 회자되는 것을 보면, 사회적 지위가 높고 재산이 많다고 해서 곧바로 사회지도층이 되는 것이 아니라는 것을 알 수 있다.

사회지도층이란 지위와 돈으로 얻어지는 계층이 아니다. 지위와 돈과는 관계없이 선비정신을 체득하여 실천하고 있는 사람들이야말로 사회지도층이라고 할 수 있다. 선비는 지위나 돈과 관계없이, 사람들이 본받을 만한 소양, 교양, 학식을 겸비하고 또 자신의 위치에서 스스로 해야 할 임무와 책임을 솔선수범하여 많은 사람들이 따라 할 수 있는 공동선을 많이 창조한 사람인 것이다. 오늘날 이 시대의 진정한 국가 지도자가 되려면 무엇보다 법률차원 이전의 도덕적 차원에서 스스로 맑고 밝은 내면의 빛을 발휘할 수 있어야 하고, 더 나아가 타인의 맑고 밝은 빛을 이끌어낼 수 있어야 한다. 그리하여 공동체를 위해 함께 만드는 공동선으로 우리 사회를 만들어 갈 수 있는 역량을 발휘할 줄 알아야 하는 것이다.

사람은 누구나 자신에게 이익이 되는 일을 좋아한다. 선비도 마찬가지였을 것이다. 하지만 보통 사람들이 개인의 이익을 위해 노력했다면, 선비는 자신의 욕심을 이겨내고 더 많은 사람의 이익을 먼저 생각하는 습관을 배양했다. 이것이 바로 '극기복례'의 선비정신이다. 개인의 사욕을 이겨내고 옳은 일을 선택하는 것은 참으로 어려운 일이다. 하지만 인간은 누구나 이기심과 함께 이타심을 동시에 소유하고 있다. 이기심을 줄이고 이타심을 늘리는 행위는 교육을 통해서 가능하다. 이기심이 최소한으로 줄어들고 이타심이 최대한으로 확장됐을 때 우리는 선비가 될 수 있는 것이다.

선비가 자랑스러운 이유는 바로 다른 사람이 하기 어려운 일을 해 낼 수 있는 선비정신을 삶에서 구현할 수 있었기 때문이다. 오늘날처럼 자신의 이익만을 지나치게 추구하기 위해 온갖 권모술수를 부리고 있는 정치가를 비롯한 사회지도층들을 볼 때, 우리의 전통속에 살아 있는 선비정신이 우리 사회에는 절실하게 요청되고 있는 시점이라는 생각이 새록새록 들고 있는 것이다.

✿ 선비정신과 사무라이정신은 무엇이 다른가

그럼 여기에서 조선의 오리지널 선비정신과 일본으로 건너가서 다시 일본식으로 만들어진 사무라이정신의 차이점을 살펴보기로 한다.

원래 조선의 선비정신을 바탕으로 삶을 영위했던 선비와 원래 일본의 사무라이정신으로 살아온 사무라이는 삶을 영위하는 방법과 사물을 바라보는 관점이 서로 다를 수밖에 없었다.

우선 선비와 사무라이는 자신의 관점을 관철시키는 수단이 달랐다. 선비는 '붓'으로 싸워 논리적으로 자신의 주장을 관철시키려 애 썼고, 사무라이는 '칼'로 싸워서 상대방을 힘으로 제압한 후 자신의 주장을 관철시키려 했다.

따라서 사무라이의 후예인 일본인이 한반도에 쳐들어왔을 때, 조선왕조에서 이념적 명분 논쟁이 붓으로 하는 정쟁(政爭)으로 발전했다는 점을 이해하기는 힘들었을 것이다. 메이지 유신 이후 한반도를 식민지화한 일본인이 조선 후기 선비의 학파적 붕당을 당파싸움으로 왜곡하고 날조해서 자기들의 입맛에 맞추어 식민사관을 만들어 펴내면서 별다른 죄의식 없이 조선인을 가르치는 역사교과서로 만든 까닭이다.

섬나라 일본열도 안에서 오랫동안 사무라이는 칼로 싸워서 승자와 패자를 가리는 전쟁(戰爭)을 되풀이 했다. 반면에 한반도 안에서 선비는 붓으로 싸워서 대의와 명분을 가리는 정쟁(政爭)을 되풀이 했다. 사무라이는 승패(勝敗)를 가렸고 선비는 시비(是非)를 가렸던 것이다.

승패의 싸움에는 승자와 패자가 생긴다. 승자는 땅을 따먹었고 패자는 땅을 내주었다. 일본열도 안에서 300여 개의 호족들은 서로 땅 따먹기를 밥 먹듯이 했다. 도요토미 히데요시에 의해 일본이 통일될 때까지 땅 따먹기는 다반사였던 것이다.

하지만 조선의 선비가 일으킨 정쟁은 붓의 싸움이었고 싸움의 내용은 누가 옳고 누가 그르냐를 따지는 시비의 싸움이었다. 시비의 싸움에는 옳고 그름이 갈린다. 내가 옳으냐, 네가 옳으냐의 싸움이다. 여기엔 이론이 동원되고 문장이 동원되고 학식이 동원되었으며 역사가 동원되고 정황이 동원될 수밖에 없었다.

시비는 잘잘못을 가리는 행위다. 시비를 잘 가려야 사리에 밝은 사람이다. 시비를 잘 가려야 경우가 밝은 사람이다. 잘잘못을 판단하는 잣대는 올바르고 정의롭고 공정하고 분명한 가치관에서 비롯된다. 결국 인간의 품성, 품질, 품위 문제로 귀결 되는 것이다.

선비는 대의명분의 잣대로 시비를 따졌다. 대의명분은 조선 선비가 치켜든 국정의 최고 깃발이다. 실익이 바로 눈앞에 있어도 대의명분이 없으면 한걸음도 앞으로 나가지 않는 것이 조선 선비가 의리를 표출하는 방식이었다. 오늘날에도 한국사회의 국민정서는 떳떳한 대의명분 없이 자기의 실질적 이익만 추종하는 무리를 곱게 보지 않는다. 어떠한 일을 추진할 때에 그 일을 할 수 있는 명분부터 먼저 찾아야 일이 시작되는 곳이 한국사회인 것이다.

사무라이는 명분보다 실익이 우선이다. 사무라이는 땅을 따 먹어야 한다는 실용적 목표가 우선이었다. 땅을 넓혀야 영주(변주)의 인정을 받는다. 땅을 넓히기 위해서는 상대방을 몰아내기 위해 싸워야 했다. 칼로 싸움을 일삼는 사무라이의 세계는 힘의 세계다. 힘 있는 자는 이겼고 힘 없는 자는 순순히 겼다. 힘이 있는 자는 '오야붕'이 되었고 힘이 없는 자는 '꼬붕'이 되었다. 일본인의 세계는 예나 지금이나 '오야붕'과 '꼬붕'의 수직문화가 상존한다. 일본인에게는 정치인은 정치인대로, 관료는 관료대로, 회사인간은 회사인간대로 눈에 보이지 않는 '오야붕' '꼬붕'이라는 수직문화의 힘이 작용하고 있는 것이다.

❀ 일본의 전기 사무라이에게는 학문을 한다는 관점이 없었다

선비정신이 일본에 전수될 때까지 일본의 사무라이들에게는 학문을 한다거나 도를 논한다는 관점이 전혀 없었다. 일본의 전기 사무라이와 조선의 오리지널 선비가 그 존재감을 분명히 달리하는 차이점이다. 일본의 사무라이는 학문보다는 가신으로 영주를 모시는 일에 충실했고 영주의 명을 받들어 땅을 넓히는 싸움을 잘하는 것이 가장 중요한 임무였다.

앞에서 설명한 대로 일본의 사무라이는 전기 사무라이, 후기 사무라이, 근대 사무라이로 구분된다. 도쿠가와 이에야스의 에도 막부 설립을 기준으로 그 이전의 무사는 전기 사무라이이다. 에도 막부 설립 이후로부터 에도 막부 붕괴 때까지의 무사는 후기 사무라이이다. 그리고 메이지 유신의 성공으로 성립한 근대정부 설립 이후를 근대 사무라이 시대로 구분할 수 있다.

일본의 전기 사무라이는 충효와 신의를 찾아볼 수 없는 싸움만 일삼는 단순 사무라이였다. 전기 사무라이는 학문을 해서 지식으로 자신을 닦고 나아가 국가를 위해 한 몸을 바치겠다는 기개를 가진 무사도정신이 전혀 없었다. 단순히 자신의 주군을 위해 싸우고 공적에 따라 보수를 챙기는 싸움꾼에 불과했던 것이다.

이에 비해 후기 사무라이는 다르다. 에도 막부 설립 이후부터 사무라이는 선비정신을 배웠다. 임진왜란 때 포로로 끌려간 수많은 조선 선비들에 의해 일본의 지배층은 새로운 사상인 조선실천성리학을 배웠고 그로부터 사무라이정신인 무사도를 수립할 수 있었다.

일본의 사무라이가 조선의 선비로부터 배운 내용은 ①주군에게 충성하는 법, ②부모에게 효도하는 법, ③신의를 지키는 법, ④예의와 범절을 갖추는 법, ⑤정의와 신념에 목숨을 바치는 법, 그리고 무엇보다 중요한 것으로 ⑥도덕사상과 평화이념을 배운 것이었다.

❀ 관념학문인 정주성리학, 실천학문인 조선성리학

조선의 성리학자들은 중국의 정주학을 받아들여 관념적인 정주성리학을 조선실천성리학으로 발전시켰고, 인도주의적 가치관을 정리하여 주로 일상의 삶에 필요한 인간의 태도와 행동으로 대입하는 일에 주력했다. 이렇게 성리학적 가치와 논리를 삶의 실질적 태도와 행동으로 옮기는 실천과정에서 자연스레 선비사상이 잉태되어 조선에는 수많은 선비가 나타났던 것이다.

선비는 '인의예지'의 개인덕목과 '효충경신'의 조직덕목을 실천하는 사람으로 사회적 지도계층이 될 수 있었다. 그리고 선비의 열정적 삶과 치열한 학구열 때문에 조선은 지구촌 최초의 지식기반사회를 실현할 수 있었다.

조선은 15세기 초에 이미 과학, 수학, 시간 개념에서 세계 최고 수준을 향유했다. 세종 때 선비 이순지(1406-1465)는 '지구는 둥글다'라고 주장한 첫 번째 과학자이다. 이웃나라 중국에서도 '천원지방설(하늘은 둥글고 땅은 사각형)'이 보편적 진리로 통하던 시대에 이순지는 "지구의 그림자가 달에 지는 게 월식인데 사각형이면 그림자가 직각이어야 한다. 그림자로 볼 때 지구는 둥글다"라고 말했다. 이순지는 세종의 지시로 이슬람 달력을 우리나라 위도에 맞게 조정하여 중국보다 35년 앞서 독자적 달력을 만들었다.

또한 조선 선비 김석문(1658-1735)은 『역학도해』에서 "지구는 돌고 있다"라고 주장했다. 지구가 돌고 있다는 주장은 당시 아무도 믿어주지 않는 공상에 불과했지만, 김석문은 지구와 다른 별들의 거리를 측정하고 지구가 태양 주위를 돌고 있는 행성임을 알아내었던 것이다.

더구나 조선은 중세의 세계사 연대기에서 하나의 혈통을 가진 세습왕조가 500년 이상 이어진 유일한 나라였다. 그 저력은 조선을 이끈 엘리트(선비)와 시스템(신권)에서 찾아볼 수 있다. 조선의 선비는 인간을 새롭게 변화시키는 '법고창신'의 정신으로 평생학습을 생활화 했고, 공동체를 위한 공동선의 구현으로 인간의 존엄성이 평등한 대동사회를 만드는 것을 목적으로 삼았던 것이다. 그 결과로 절대왕권이 지구촌을 지배하고 있던 중세에 조선만이 신권(臣權)을 확립한 유일한 국가가 될 수 있었다.

그러나 조선 말기 대한제국을 세우는 과정에서 조선의 국왕과 집권층은 국제정세에 눈이 어두워 실기하고 말았다. 고종황제는 일본의 침략을 막지 못하고 결국 나라를 침탈당한 것이다. 대한제국이 망하자 일본은 식민 지배를 견고히 하기 위해 조선 총독부를 앞세워 조선실천성리학과 선비정신을 철저히 폄하하고 붕괴시켜 나갔다. 그 과정에서 일본식 교육에 세뇌된 일부 지식층들은 선비를 스스로 비하하여 경멸하고 조롱하는 악습이 생겼다. 이는 오늘날 한국인이 시급히 청산해야 할 과제이다.

❀ 조선의 선비정신을 수입하여 사무라이 무사도를 확립한 일본

일본에서는 임진왜란 이후 조선실천성리학이 수입되자 그때까지 주군을 모시는 단순 사무라이였던 무사에게 선비사상을 가르쳐 '무사정신'을 지닌 사무라이로 변신시켰다. 그리고 사무라이의 행위를 도의 경지로 승화시키는 무사도(武士道)를 수립했다. 그 후 20세기 초에 이 무사도를 미국으로 수출하여 국제적 보편화의 길로 밟아 나갔다.

일본은 근대에 국가 이미지를 잘 가꾸어 온 나라이다. 1900년 당시 일본은 해외에 수출할 상품이 아무것도 없었다. 일본은 한국의 선비사상을 수입해서 일본식 '무사도'를 만들어 'BUSHIDO(武士道)'로 명명했다. 그리고 이것을 일본식 명품으로 만들어 서구에 수출했다. 자세한 것은 다음 장에서 설명하겠지만, 일본은 한국의 선비사상을 마치 일본의 사무라이사상인양 포장만 바꾸어 해외로 내보냈던 것이다. 결과는 발군이었다. 이로써 일본은 서구의 선진국가들로부터 야만국가라는 이미지를 벗어버리고 문화국가라는 이미지를 얻었으며 서구의 우호적 협력을 받아내어 아세아국가 중에서 최초로 선진국 진입에 성공했던 것이다.

'선비정신=붓'과 '사무라이정신=칼'의 차이점

일본에서 '사무라이(侍い)'라고 말하면 '영주를 모시는 가신'을 뜻했다. 그 후 사무라이의 숫자가 늘어남에 따라 무사 전반을 사무라이라고 말하는 대신 하급무사를 제외한 상급무사를 가리키는 말로 대상이 축소되기도 했다. 그러나 그냥 무사라고 말하면 넓은 의미의 개념으로 받아들여져, 상급이나 하급을 막론하고 일본사회의 무인들 전체를 가리키는 말로 통한다.

일본에서 무사도(武士道)라고 말하면 모든 무인들이 상급무사가 되기 위하여 따르고 지켜야 하는 규범과 절도를 말한다. 일본인은 여러 가지 무술이나 예술에 도(道)를 붙이는 경향이 강하다. 유도(柔道), 검도(劍道), 다도(茶道), 화도(華道) 등이 그것이다. 일본에서 도 자를 붙이면 도를 닦는 구도의 자세가 요구되어 궁극적인 어떤 경지를 추구하는 철학적인 의미를 갖게 된다. 무사도라는 말도 무사가 추구해야 할 어떤 가치관과 그 경지에 이르는 길을 제시하여 지키도록 하는 규율 같은 것이다.

조선실천성리학이 전파되기 전의 일본 무사는 '무사도'가 없는 단순한 싸움꾼이었다. 조선실천성리학이 전파 된 후의 무사는 '무사도'를 체득한 상급 사무라이 무사로 변했다. 하지만 일본의 근대정부를 세운 근대 무사는 후기 무사에서 다시 전기 무사로 일정부분 되돌아간 듯한 면모를 보인다. 간단히 말해서 단순한 싸움꾼은 전기 무사이고, '무사도'를 갖춘 무사는 후기 무사이다. 여기서 말하는 일본의 무사도는 후기 무사들에게 요구되었던 규범과 절도라고 이해하면 될 것이다. 일본사회에서 '무사도'가 요구하는 규범들은 대개 다음과 같은 것들이었다.

- 무사는 스스로를 엄하게 다스려야 한다.
- 무사는 주군에게 충성을 다해야 한다.
- 무사는 부모에게 효도를 다해야 한다.
- 무사는 사적 욕심을 버려야 한다.
- 무사는 부귀보다 명예를 소중히 여겨야 한다.
- 무사는 부정부패를 증오하고 공정성을 존경해야 한다.
- 무사는 죽음을 두려워하지 않아야 한다.

위의 무사도의 규범을 보면 조선실천성리학의 가르침을 받은 영향이 고스란히 남아 있다. 조선의 선비가 갖추고 있는 선비정신의 본질을 그대로 연상시켜주는 가치관이다.

선비정신이 조선 안에서 낮잠을 자고 있는 동안 사무라이의 '무사도'는 국제화의 길을 먼저 걸었다. 조선의 선비정신이 서양에 알려지기 전에 '무사도'라는 단어가 서양인에게 먼저 알려진 것이다. 니토베 이나조(新渡戶稻造: 1862-1933)라는 일본인 외교관이 영어로 『BUSHIDO(武士道): The soul of Japan』를 출간했기 때문이다.

니토베 이나조(일본화폐 5,000엔 권에 있는 초상화 인물)는 일본 근대의 대표적 지식인, 교육가, 외교관으로 평가된다. 그는 도쿄외국어학교와 삿포로농업학교를 졸업하고 미국과 독일에서 유학했으며 도쿄제국대학 교수와 국제연맹 사무차장을 역임했다. 니토베 이나조가 쓴 『BUSHIDO』는 일본어가 아닌 유려하고 세련된 영어로 쓰여 1900년에 미국에서 발간되었기 때문에 많은 서양인들이 읽을 수 있었다. 이 책은 사무라이의 가치관과 윤리관을 제시한 명저로 꼽힌다.

이 책이 유명해진 것은 미국의 시어도어 루스벨트(1858-1919) 대통령이 읽고 일본에 푹 빠졌기 때문이다. 일본의 워싱턴 주재 외교관이었던 가네코 겐타로는 루스벨트와 하버드대 입학 동기로 서로 크리스마스 카드를 주고받는 사이였는데 루스벨트 대통령에게 영문판으로 나온 이 책을 선물했다. 이 책의 영향을 받은 루스벨트는 매주 세 차례 유도를 배우기도 했으며 그 덕에 가네코는 문턱 높은 백악관을 수시로 드나들 수 있었다.

대한제국의 이승만 청년이 일제의 한반도 침략야욕을 설명하고 지원을 호소하기 위해 처음으로 미국에 건너간 것은 1904년 12월이었다. 그리고 천신만고 끝에 1905년 8월 4일 루스벨트 대통령을 만날 수 있었다. 그러나 루스벨트가 약소국가 청년의 하소연을 들어줄 리 만무했다. 이승만이 루스벨트 대통령을 만나기 닷새 전에 이미 미국은 일본과 가쓰라-태프트 밀약을 맺고 대한제국에 대한 일본의 종주권을 인정한 뒤였다.[23)]

이승만은 루스벨트 대통령으로부터 "미국은 한국인을 위해 일본정부에 간섭할 수는 없다. 한국인들은 자신을 위해 주먹 한 번 휘둘러보지 못한 사람들 아닌가? 자신을 위해 스스로 아무것도 하지 못하면서 부탁만 하면 타국이 아무런 이익이 되지 않는데도 한국인들을 위해 무엇을 해 주겠다고 나설 수 있으리라고 생각하는가?"라는 냉정한 답변을 들어야 했다.

루스벨트의 중재로 1905년 9월 5일 체결된 러·일 강화조약(포츠머스 조약) 1조는 "일본이 한국에서 정치, 군사, 경제적인 우월권이 있음을 승인하고 지도, 보호, 감리에 필요한 조치를 취할 수 있음을 승인한다"고 되어 있다. 한반도에서 러시아를 몰아낸 일본은 1905년 11월 17일 대한제국의 외교권을 강탈하는 을사늑약을 맺기에 이른다.

『BUSHIDO』라는 책을 매개로 일본의 외교관들은 미국의 시어도어 루즈벨트 대통령과 절친한 인간관계를 맺게 되었으며, 미국 대통령과의 인맥을 십분 활용하게 되었고 이것이 국제조약을 체결할 때 일본에 유리하도록 막후에서 작용하는 데 크게 고무되었다. 『BUSHIDO』는 서양인에게 사무라이의 존재와 그들의 가치관을 세계에 알리는 계기가 되었다. 뿐만 아니라 아시아에 있는 일본이라는 나라가 문화와 사상적으로 서양에 못지않게 선진화되어 있는 나라라는 인상을 깊게 심어 주게 되었던 것이다.

사무라이와 선비의 가치관을 보면 매우 비슷하다. 그것은 선비사상을 기

---

23) 가쓰라-태프트 밀약은 1905년 7월 29일 일본 도쿄에서 미국의 육군장관 윌리엄 태프트와 일본 총리 가쓰라 다로 사이에 체결된 양국 간의 비망록이다. 그 내용은 일본의 대한제국에 대한 종주권을 미국이 인정하고 미국의 필리핀 지배를 일본이 확인한다는 것이다. 이어서 일본은 1905년 8월 12일 영국 런던에서 제2차 영·일동맹 조약을 체결하여 일본의 대한제국에 대한 지도, 감리, 보호 조치를 승인받았다. 이로써 미·일·영의 실질적 동맹관계가 확보되고 대한제국은 국제사회에서 고립되고 만다.

본으로 사무라이의 가치관이 확립되었기 때문이다. 그러나 조선실천성리학이 전수되기 이전의 일본 사무라이는 한 마디로 싸움꾼에 지나지 않았다. 일본의 전기 무사들은 후기 무사들이 따랐던 무사도의 핵심이라 할 수 있는 주군에 대한 윤리적 충성의식이 전혀 없었다. 당초 주군과 사무라이 가신들의 주종관계의 성립은 의리나 신의에 입각한 것이 아니라 일종의 강력한 힘에 의해 굴복되어 계급에 따라 주종을 구분하는 계약관계였기 때문이다.

영주를 모시고 있는 사무라이 가신의 입장에서는 가신이 영주를 위해 목숨을 걸고 '봉공(奉公)'하여 무공(武功)을 세우면, 그 대가로 영주는 가신에게 '어은(御恩)'을 베풀어 주는 관계였다. 가신은 목숨을 걸고 영주를 위해 싸우고 영주는 가신을 보호 해 준다. 즉 '오야붕'과 '꼬붕'의 관계였던 것이다. 영주가 공을 세운 사무라이 가신에게 베풀어 주는 은혜는 기본적으로 땅을 주는 것이었다. 때문에 사무라이 가신의 일차적 목표는 영주를 위해 공로를 세워서 땅을 얻어 자신이 그 땅의 주인이 되고 영주로부터 신변의 보호를 받는 것이 전부였다.

선비의 일차적 목표가 학문을 하여 수신을 하고 도(道)를 깨달은 다음, 벼슬에 나아가서 임금을 잘 보좌하여 자신의 정치적 소신과 사명을 펼쳐 보임으로써 나라를 태평하게 하고 백성을 잘 살게 하겠다는 것과 비교하면 사무라이의 목표와 선비의 목표는 서로 판이하게 다르다. 그러므로 사무라이는 자신에게 '어은'을 베풀어 줄 수 있는 새로운 영주를 모실 수 있는 기회가 온다면 지금까지 자신이 모시고 있던 영주를 떠나는 것은 당연하게 생각했다. 심지어는 '봉공'과 '어은'의 계약관계를 지키지 않고 파기하려는 영주를 제거해버리는 하극상사태까지 실제로 일어나기도 했다.

15세기 중반부터 16세기 중반까지의 100여 년 간의 전국시대(戰國時代)가 끝나갈 무렵, 일본을 처음으로 통일하고 전국을 통치하려던 오다 노부나가(職田

信長)는 그의 충신이었던 사무라이 가신 아케치 미쓰히데(明智光秀)에게 제거당하고 만다.

이 사건은 일본 무사의 하극상 사태 중 가장 큰 사건이었다. 당시 오다 노부나가는 일본을 통일한 후, 지방의 모든 영주들을 자신의 아즈치성(安土城; 현재 시가현) 주변에 모여 살게 할 계획이었다. 그것은 영주들을 인질로 삼아 시방에서 중앙을 노리는 반란을 도모하는 것을 사전에 예방하려는 노부나가의 구상이기도 했다. 그러나 그 계획은 지금까지 관례로 되어 있었던 '사무라이라면 일정한 토지를 관리해야 하고, 토지와 함께 살아야 한다'라는 전통적 개념을 파괴해 버리는 행위였다. 그는 이러한 개혁적 시도뿐만 아니라 천황이 가진 전통적 권위마저 부정하여 천황을 교토에서 아즈치성으로 이주시키라고 명령했다.

이에 반발하는 사람 중에는 오다 노부나가의 가신 아케치 미쓰히데가 포함되어 있었다. 마침 부하들 앞에서 오다 노부나가로부터 수모를 당해 개인적 원한까지 갖고 있었던 미쓰히데는 많은 무사들이 자신을 지지해 줄 것이라 믿고, 교토의 혼노지(本能寺)에 머물고 있던 영주인 오다 노부나가를 급습하여 친위부대를 모두 죽이고 영주도 스스로 자결하게 했다.

그러나 미쓰히데는 그 소식을 듣고 전장에서 달려온 노부나가의 오른팔 도요토미 히데요시(豊臣秀吉)와의 싸움에서 패배했고, 그의 권좌는 3일 천하로 끝났다. 미쓰히데의 하극상 사건은 일본의 역사를 바꾼 '사무라이 하극상 사건'의 대표격으로 기록되고 있다.

임진왜란이 끝날 무렵인 16세기 말까지, 일본의 사무라이에게는 자신이 모시던 주군을 바꿔 다른 주군을 모실 수 있는 권리가 있었다. 이것은 당시의 일본사회가 하극상을 인정하고 있었다는 의미이다. 이것은 16세기 말까지 무사의 일반적인 사고방식이었다. 그런데 이와 같은 상식적인 무사의 사고

방식을 바꾸어 조선의 선비와 같이 한번 모신 주군은 목숨을 다하여 끝까지 모셔야 한다는 생각을 갖게 한 동기부여는 어디에서 나왔던 것일까?

임진왜란을 계기로 일본 무사들의 사고방식에는 일대 변화가 일어났다. 일본에 납치되어 간 조선 유학자들이 조선실천성리학을 전파하여 일본에서 성리학의 계통을 확립했기 때문이다. 이때부터 일본의 사무라이들은 자신들의 정통성을 자신이 모시는 주군을 받들고 공경하는 것에서부터 찾기 시작했고, 사무라이의 가치관과 주군을 연결하는 고리를 조선실천성리학으로 단단히 고착화시켰다. 일본의 사무라이들이 만든 무사도의 규범은 조선실천성리학의 핵심이 그대로 전수된 것이다. 이것이 바로 '무사도'의 규범과 선비사상의 규범이 비슷하게 된 이유이다.

스포츠 종목인 유도는 고구려의 조의선사들이 수련했던 전통무예가 일본으로 건너가서 일본에서 꽃을 피운 것이다. 근대화 시기에 일본은 유도를 국제적 스포츠로 세계화시키는 데 앞장섰고 오늘날 유도는 일본의 무예로 알려지게 되었다. 올림픽 게임에서도 일본어인 'JUDO'로 소개되었고 경기진행의 용어도 일본어가 사용되고 있다.

조선의 선비정신은 일본으로 건너가서 에도 막부의 사무라이정신이 되었고, 일본은 근대화와 더불어 사무라이정신의 국제화에도 앞장섰다. 서구의 지식인들에게 '선비'라는 단어는 아직 생소하게 들리겠지만 '사무라이'라는 단어가 매우 친숙하게 된 이유는 일본인이 '사무라이' 정신을 일찍부터 수출했기 때문이다. 이렇듯 일본은 고구려의 무예인 유도를 세계화시켰고 조선의 선비정신의 옷을 입힌 사무라이의 국제화에도 성공을 거두었던 것이다.

오다 노부나가가 만들어 놓은 조직을 그대로 받아 일본을 실질적으로 통일한 사람은 도요토미 히데요시다. 그는 일본통일 에너지의 여세를 몰아 한반도를 침략하는 임진왜란을 일으켰다. 그런 도요토미 히데요시가 임진왜란에 이은 정유재란 도중에 병이 들어 죽자 도쿠가와 이에야스는 도요토미 계의 수하들과 도요토미 일가를 제거하고 도요토미 히데요시가 만들어 놓은 전국통일의 조직과 기반을 그대로 물려받았다. 그는 이어 무사정권인 에도 막부를 세우고 초대 '쇼군'에 취임했고 에도 막부의 통치철학으로 조선에서 들어온 '성리학'을 선택했다. 후지와라 세이카로부터 전수받은 조선실천성리학을 관학으로 삼는 결단을 내린 것이다. 이렇듯 그때까지 칼만 알고 있었던 사무라이들이 붓의 정신세계를 알게 만들었던 것이 조선실천성리학이다.

※ 선비는 붓과 한 몸이 되어 살았고, 사무라이는 칼과 한 몸이 되어 살았다

조선실천성리학이 전수한 효충경신의 사상 중에서, 주군에 대한 충성을 그린 이야기는 오늘날까지도 일본에서 많은 환영을 받고 있다. 사무라이는 부자간이나 형제간에도 서로 다른 주군을 섬기고, 전쟁터에서 서로 상대편에 서서 싸운 예가 많다. 조선실천성리학이 가르쳐 준 '충(忠)'의 정신은 사무라이에게 부모형제보다 주군과 자신과의 관계를 더욱 중시하게 보는 새로운 관습을 만들었다.

오늘날 일본인이 그가 속한 조직에 충성을 바치는 '회사인간'으로 불리게 된 것도, 그 정신적 뿌리는 후기 사무라이의 '충의 정신'에서 나온 것이라 할 수 있다. 사무라이가 부모를 위해서 목숨을 바쳤다는 사례는 별로 알려진 것이 없다. 그러나 주군을 위해서 자신의 목숨을 아끼지 않고 버릴 줄 아는 충성심을 발휘한 사례는 후기 사무라이 시대에 많이 발견할 수 있다. 그 중에서도 가장 유명한 예는 「주신구라(忠臣藏)」라는 실화다. 이 사례는 주군을 위한 신하들의 복수극이다.

1701년 아코번(赤惠藩; 현재 효고현)의 번주 아사이 나가노리(淺井長矩)는 개인적 원한으로 에도성 내에서 에도 막부의 고위관리 기라 고즈케노스케(吉良上野之介)를 칼로 베어 중상을 입혔다. 아사이 나가노리는 1682년에 도일한 조선통신사를 이즈에서 대접하는 중책을 맡았던 인물이다. 이 사건이 알려지자 에도 막부의 쇼군은 아사이 나가노리에게 할복을 명령했고, 그는 쇼군의 명령을 수행하기 위해 할복자살했다. 뿐만 아니라 아코번은 폐번되고 번의 재산은 모두 막부에 몰수당했으며 번에 있던 사무라이들은 하루아침에 낭인 신분이 되고 말았다.

이에 구 아코번의 사무라이 47명은 억울하게 할복자살한 주군의 명예를 살리기 위해 기라 고즈케노스케에게 복수하려는 계획을 세우고 일이 끝나면 전원이 할복자살하기로 맹세한다. 이는 자신들의 행동이 개인적 거사가 아니라 오직 주군의 명예를 회복시키기 위한 일념과 순수한 충성심에서 나온 것임을 증명하기 위해서였다.

이렇게 하여 47명의 사무라이는 주군의 명예회복을 위해 개인적 생활은 물론 가족과의 삶마저 버리고 오로지 복수를 위한 삶을 살았다. 사전에 이런 계획이 알려지면 모두 체포당해 목적을 달성할 수 없게 되므로 그들은 철저하게 비밀을 지키면서 흩어져 살았고 1년 여 동안 오직 복수의 기회만을 엿보게 된다.

1년 후에 드디어 때가 오자 47명의 사무라이는 모두 한날한시에 특공대처럼 모여 에도성에 있는 기라 고즈케노스케의 저택에 전격 침입했고 주군의 원수인 그의 목을 베어 마침내 복수에 성공하게 된다. 주군의 묘

앞에 그 목을 바친 그들은 집으로 돌아가지 않고 전원이 자수하여 모두 약속한 대로 할복자살했다.

이 사건은 사무라이들이 사욕을 버리고 주군을 위한 '충(忠)의 정신'을 구현한 훌륭한 무사도의 실천사례로 에도 막부 시대 이후 오늘날에 이르도록 일본사회에서 칭송받고 있다.

이 사례가 일본인에게 미화되는 이유는 복수가 끝난 다음에 처음 맹세한 대로 47명 전원이 한자리에서 할복자살했기 때문이다. 이러한 사례는 자신의 죽음으로 명예가 지켜지는 일본 조직사회 특유의 사무라이 가치관을 만들어냈고 이는 근대 사무라이의 정신에 스며들어 오늘날에도 일본사회 전반에서 조직을 위해 스스로 목숨을 버리는 사례가 끊이지 않고 나타나게 된 것이다.

선비는 기본적으로 문인, 무인을 포함한다. 사무라이는 기본적으로 문인이 없는 무인이다. 선비는 처음에는 붓으로 모든 것을 표현했고 꼭 필요할 때만 마지막 순간에 칼을 들었다. 사무라이는 모든 것을 처음부터 끝까지 칼로만 표현했다. 사무라이에게는 붓이라는 평화적 수단이 존재하지 않았다. 선비는 대체로 붓과 한 몸이 되어 살았고, 사무라이는 일생을 칼과 한 몸이 되어 살았다고 볼 수 있다.

✿ 근대화 이후 일본 사무라이정신의 변천 과정

1867년 메이지 유신 이후, 일본에서는 근대화의 아버지로 일컬어지는 후쿠자와 유키치(福澤諭吉)의 계몽사상에 의해 한때 사회적으로 유학과 조선실천성리학 등에 대한 관심이 낮아지기 시작했다. 그러나 무사도의 사무라이정신은 일본의 지도자들에게 정신적 지주로 면면히 계승되어 오고 있었다. 사무라이정신은 특히 청일전쟁(1894-1895)에서 승리한 이후부터 사회적 지도자뿐만 아니라 일반 시민의식으로 급부상하기 시작했다. 이는 당시 일본정부가 교육칙어를 작성할 때 부국강병의 국가를 건설하기 위해서는 천황을 가장으로 하는 가부장적 질서를 국가이념으로 체계화하는 과정이 필요하다고 판단했기 때문이다.

청일전쟁에서 승리한 일본은 에도 막부 말기, 즉 1850년대에 서양의 열강들과 강제로 맺은 불평등조약들을 하나씩 단계적으로 개정하는 데 성공한다. 따라서 계몽주의 사상 등 서구의 가치관을 그냥 따라 갈 것이 아니라 일본인에게 뿌리내린 전통적 사무라이 가치관을 주장해 나갈 수 있다고 생각한 것이다.

이러한 사회현상의 성숙에 힘입어, 이번에는 니토베 이나조의 『BUSHIDO』라는 책이 일본어로 번역되어 역수입되었다. 이에 일본사회에서는 사무라이 붐이 새롭게 일어나기도 했다. 사무라이정신이 새로운 차원의 시민의식으로 승화되는 분위기가 고조되었던 것이다.

니토베 이나조는 일본의 무사도를 영국의 기사도에 비교하면서, 무사도는 일본인의 윤리와 사무라이사상의 핵심이라고 설명했다. 그러나 그는 무사도의 핵심정신이 조선실천성리학에 기초했고 조선 선비로부터 배운 선비사상이 그 모태라는 역사·문화적 사실은 언급하지 않았다. 니토베 이나조가 몰라서 그랬는지도 모르지만 밝히기 싫어서 고의적으로 침묵했는지는 알 수 없는 일이다.

청일전쟁에서 이기자마자 일본은 서양열강들의 관심을 집중적으로 받았다. 그리고 10년 후에 일어난 러일전쟁(1904-1905)까지 일본이 승리를 거두자 일본은 국제사회에서 강력한 발언권을 가지게 되었다. 일본은 강대국 러시아 함대를 단 한 번의 해전에서 몰살시키고 대승을 거두었던 것이다. 이 전쟁의 결과로 태평양 제해권은 미국과 일본이 양분해서 나누어 갖게 된다. 일본 군대의 사기는 하늘을 찔렀다. 미국, 영국을 비롯한 서양인의 관심은 온 동 아시아의 섬나라 일본에 쏠려 있었다.

서양인들은 『BUSHIDO』를 읽고 일본을 본격적으로 배우고자 하는 마음을 갖기 시작했다. 이로써 칼의 이미지를 가졌던 사무라이의 가치관은 니토베 이나조에 의해 새롭게 미화되어, 일본은 미개한 야만인의 나라가 아니라 문명인이 사는 교양 있는 나라로 서양에 소개되었던 것이다.

당시 조선은 쇄국정책으로 문을 걸어 잠그고 있었다. 일본은 항구의 개방과 부국강병의 개혁정책으로 서양에 한 발 앞서 다가서 있었다. 『BUSHIDO』에 쓰여 있는 '무사도의 정신'은 원래 조선의 선비정신에 그 기반을 두고 있다. 이 책은 조선실천성리학이 들어오기 전에 전기 무사들이 가졌던 사무라이들의 무지에 대해서는 전혀 언급하지 않고 다만 후기 사무라이들이 가졌던 무사도에 대해서만 언급하고 있을 뿐이다.

한 번 더 이야기하지만, 저자인 니토베 이나조는 후기 사무라이의 무사도가 조선실천성리학에 뿌리를 둔 조선 선비들의 선비사상이라는 것을 단 한 줄도 쓰지 않았다. 때문에 그런 내용을 전혀 모르는 서구인들은 이 책을 읽고 조선의 선비정신이 일본에 건너가서 사무라이정신이 되었다는 사실을 알 턱이 없었다. 단지 무사도는 사무라이 특유의 일본적인 정신이라고 인식하게 되었던 것이다.

19세기 말엽, 무사도 정신은 일본사회에서 더욱 발전하게 된다. 하지만 당시의 무사도는 평화의 수단인 붓이 아니라 폭력의 수단인 칼을 앞세우는 전혀 다른 변질된 무사도로 진화하고 만다. 그 전환의 기점은 1868년 메이지 유신으로 근대정부 수립에 성공한 일본이 한반도를 침략대상으로 삼으면서다.

한반도를 일시에 삼킨 일본은 파죽지세로 칼을 들이대며 침략의 야심을 확대시켜나갔다. 1932년에는 만주사변을 일으켜서 '괴뢰 만주국'을 건국했다. 그리고 일본 국내에서는 일본학계의 정신적 지도자 이노우에 테쓰지로가 무사도를 일본국민의 보편적 도덕성과 동일시하여 『무사도의 본질』이라는 저서를 발표했다. 무사도 정신은 일본의 주류세력을 타고 변질된 정신으로 계승되고 있었던 것이다.

✿ 일제강점기의 식민사관이 조선의 선비정신을 훼손시켰다

한국에서는 근대화 과정을 통해 조선의 선비사상이 엄청나게 퇴색화 되어 버린 것이 사실이다.[24] 더욱이 한국의 초기 근대화는 한국인의 손으로 이루어지지 못했기 때문에 더했다. 무력으로 한반도에 진출한 일본인에 의해 한국의 초기 근대화는 강압적으로 이루어졌다. 초기 근대화의 내용은 한국인에게 필요하고 한국인의 삶에 유리한 근대화가 아니었다. 일본의 식민정책 실시에 필요하고, 식민통치에 적합한 일본 부속형 근대화가 될 수밖에 없었다.

일본은 한국인의 정신적 모태인 선비정신의 퇴색을 위해 할 수 있는 모든 교육정책과 문화정책을 동원했다. 한국인이 선비정신으로 무장하고 있는 한

---

24) 조선총독부는 선비정신의 타파를 획책하여 조선 선비를 폄하하고 조롱하는 교육을 꾀했다. 이런 교육을 받은 일부 한국의 지식인들은 스스로 선비를 무시하는 현상을 나타내 보이기도 했다. 사례: 이희승의수필 '남산골 딸깍발이' 등.

도저히 식민정책을 수행할 수 없다고 판단한 것이다. 한국의 전통적 윤리관, 가치관, 역사관은 물론 민족의 정체성이 내재되어 있는 한국의 선비정신을 일본관료들은 의도적으로 왜곡하고 폄하하고 훼손했다. 일본의 통치자들은 한국인에 면면히 흐르고 있는 선비정신과 선비 가치관을 훼손시키지 않고서는 통치가 불가능하다는 것을 꿰뚫어 봤던 것이다.

한국의 국사편찬위원회는 2002년에 『한국사』 52권을 처음으로 완간 했다. 다른 선진국들이 19세기 초에 자기나라의 근세사를 새롭게 다듬고 국가통사를 새로 쓴 것에 비교하면 한국은 1세기 이상 늦어진 것이다. 그러나 현재 조선의 정사(正史)는 조선총독부가 편찬한 『조선사』 35책이 있을 뿐이다. 일제강점기에 우리나라의 근세사 즉 '조선사'를 쓴 사람은 일본의 사학자들이다. 그들은 조선 선비들이 옳고 그름을 따지면서 정쟁하는 모습을 부정적이고 비생산적 측면만 부각시켜 기록했다. 일본사학자들은 '사색당파'라는 용어를 일부러 조작해 내기까지 했다. 조선왕조실록의 어느 곳에도 이런 어구는 찾아볼 수 없다. 조선시대 선비들이 쓴 어느 역사책에도 이런 단어는 존재하지 않는다.

지구촌의 오랜 역사를 가진 국가 대부분은 근대화 시대에 자기 나라의 역사를 새로 정립하기 위해 국가통사를 자신들 손으로 직접 써서 정비했다. 그러나 불행하게도 한국은 자신의 근세사를 스스로 쓰지 못하고 점령자의 손으로 쓰게 되는 비운을 맞는다. 일본인의 손에 의해 한국의 근세사가 정비되고 편찬되었기에 우리나라의 '조선사'는 왜곡되지 않을 수 없었다.[25]

칼의 문화인 사무라이정신으로 역사를 볼 때 그들은 조선의 선비가 칼을 써서 '전쟁'을 하지 않고, 붓으로 옳고 그름을 따지는 '정쟁'을 일삼은 사실을

---

25) 세계 각 나라의 통사는 19세기 후반부터 쓰이기 시작했다. 메콜리의 『영국사 History of England 』5권은 1849-1861년에 나왔고, 램프레흐트의 『독일사』 12권은 1891-1901년에 나왔다.

근본적으로 이해할 수 없었던 것이다. 그리하여 조선실천성리학으로부터 확립되고 오랜 전통을 가진 조선의 선비사상은 일제에 의해 처참하게 무시되고 왜곡되어 쓰레기 더미에 버려졌다.

일본의 어용 사학자 시데하라 히로시, 호소이 하지매, 미지나 쇼에이 등은 조선을 자치능력이 없는 나라로 규정하여 식민통치를 받아야 한다는 논리를 세우는 데 앞장섰던 학자들이다. 그들은 '조선의 당쟁은 한국인의 분열적 민족성 때문에 고치려야 고칠 수 없는 고질병'이라고 표현했고 조선총독부는 이를 초·중등학교 역사교과서에 넣어 강제적으로 가르쳤다. 한국인의 뇌리 속에 아직도 남아 있는 식민사관과 자학사관은 이렇게 하여 탄생한 것이다.

❀ 일본이 만든 식민사관 이론의 허구성

일제가 만들어 놓은 식민사관에는 몇 개의 이론이 있다. 이 이론들은 일본인 사학자들이 조선의 선비와 정책을 억지로 비틀기 위해 일부러 만들어 낸 이론이기 때문에 반드시 기억해 둘 필요가 있다.

① 반도적 성격론

지리적 결정론이라고도 말한다. 우리나라가 지형이 반도로 형성되어 있기 때문에 종속성을 면할 수 없다는 숙명론이다. 숙명론이기 때문에 아예 식민사관 이외의 어떤 사관도 가질 수 없다.

② 사대주의론

사대주의론의 주공격대상은 조선시대에 집중되어 있다. 조선은 중국에 무조건 사대했다는 것이다. 이는 사대의 의미를 왜곡 한데서 비롯된 그릇된 단정이다. 원래 사대(事大)는 사소(事小)의 반대말이다. 큰 것과 작은 것을 가리키는 단어에 불과하다. 사대와 사소는 쌍방관계다. 이것은 전통시대에 존재한 큰 나라와 작은 나라의 외교질서다. 사대주의론자는 조선이 중국의 책봉을 받아왔다는 것과 조공을 해왔다는 사실을 거론한다. 책봉은 당시 유교문화권의 외교관례로 큰 나라로부터 외교적 승인을 받아내는 것을 말한다.

오늘날에도 지구촌에서 새로운 정권이 탄생하면 강대국인 미국의 승인을 먼저 받으려고 하는 것과 같은 정치적 외교관례인 것이다. 어떤 나라가 미국의 승인을 받는다고 해서 미국의 속국이 되는 것은 아니다.

예를 들어 싱가포르는 1965년에 말레이 연방으로부터 떨어져 나와 독립했다. 당시 싱가포르는 하나의 독립국가로서의 생존여부가 불투명했다. 싱가포르에는 그때까지 말레이시아 연방군이 계속 주둔하고 있었으므로 말레이시아가 마음만 먹으면 언제든지 싱가포르를 흡수할 수 있었다.

한편 남쪽으로는 인도네시아라는 대국이 기회만 있으면 싱가포르를 집어삼키려 하고 있었다. 리콴유 총리는 싱가포르의 독립국가로서의 면모를 갖추기 위해서 기민하게 외교력을 발휘했다. 제일 먼저 미국의 승인을 획득했고 미국의 지원을 받아 1965년 9월에 성공적으로 유엔에 가입했다. 동년 12월에는 헌법을 개정해서 국가이름을 '싱가포르공화국'으로 선포했다. 오늘날 싱가포르는 말레이시아나 인도네시아가 부러워할 정도로 초일류 국가로 발전된 모습을 보여주고 있다.

조공(租貢)은 사여(賜與)의 반대어다. 조공과 사여는 세트로 연결되어 있다. 전통사회에서는 사신의 왕래가 외국과 교류하는 대표적 방식이었다. 사신은 규모가 작으면 300여 명 규모가 크면 700여 명이 국경을 넘나드는 정기적 왕래행사였다. 여기에는 당연히 물적 교류가 동반되었다. 자국의 특산물을 가져가는 것을 조공이라 하고, 조공품에 대한 답례품으로 받아오는 것을 사여라고 한다. 조공과 사여에는 동가동량의 원칙이 적용된다. 오늘날로 치면 수출과 수입을 하는 무역거래인 것이다.[26]

동아시아 유교문명권에서는 개인 사이의 예절을 중요시한 것과 마찬가지로 국가 간의 교역도 예의로서 해야 한다고 생각하여 조정의 육조 중에서 예조가 사신과 무역을 담당했다. 당연히 외국과의 거래도 예의를 갖추어 행하여졌다. 책봉과 조공은 일제식민사관이 단어의 의미를 왜곡하여 만들어낸 허구적 해석으로 조작된 사대개념일 뿐이다.

③ 사색당파론(사색당쟁론)

사색당쟁론은 식민사관 중에서도 일본의 어용사학자들이 만들어 낸 가장 왜곡된 논리다.

일본 어용사학자들의 주장은 조선이 사색당쟁만 하다가 망했다는 것이다. (사실은 조선은 망하지 않았다. 대한제국이 망한 것이다.) 조선이 전기에는 사화를 일으키고 후기에는 당쟁으로 점철된 싸움만 하다가 나라를 망하게 했다는 것이다.

---

26) 조선의 외교는 명·청과는 사대(事大)하고 일본·유구 등과는 친한 이웃으로 지내는 교린(交隣)정책이 핵심이었다. 이 사대교린(事大交隣)은 굴욕외교가 아니라 조선에 실질적 이익을 안겨준 실용외교정책이었다. 중인 출신 역관(譯官)들이 쟁쟁한 사대부 가문들을 제치고 조선의 최대갑부가 될 수 있었던 배경도 여기 있었다. 명나라는 3년에 한 번 조공하는 '삼년일공(三年一貢)'을 주장한 반면 조선은 1년에 3번 조공하는 '일년삼공(一年三貢)'을 주장했다. 무역을 많이 할수록 조선이 유리했기 때문이다. 조공무역(朝貢貿易)은 이때 생긴 말이다. 조공은 일방적 행위가 아니라 교역품을 맞바꾸는 행위였다. 조공품과 사여품을 맞바꾸는 것이 공무역(公貿易)이라면 사행(使行)을 따라간 역관들의 상행위는 사무역(私貿易)이다. 조선은 역관들에게 여비를 지급하는 대신 인삼 팔포(八包)를 가져갈 수 있는 무역권을 주었다. 역관들은 중국의 지배층에게 인삼을 팔고, 그 돈으로 조선지배층이 선호하는 비단, 금은 세공품 등을 가져와 이중으로 이익을 남겼다. 역관들은 명·청과 일본 사이의 중개무역도 했다. 청나라 중기까지는 해금(海禁)정책을 썼기에 일본은 청과 직접 무역을 할 수 없었기 때문이다. 조선의 역관들을 상역(商譯) 또는 역상(譯商)이라고 부르는 이유이다. 조선은 사대교린이라는 외교정책으로 평화를 유지하면서 막대한 국제무역의 이익도 취했다.

먼저 사색당파에 관한 역사적 사실을 분명하게 인식해야 한다. 무엇보다 조선에는 동시대에 존재한 사색이 없었다. 학파의 학문적 차별성 때문에 붕당이 되고 붕당은 정파가 되었던 것은 사실이다. 그러한 정파가 여당과 야당 역할을 했던 것도 사실이다. 그러나 조선은 2당 체제 또는 3당 체제는 있었지만 4당 체제는 한 번도 없었다. 시기적으로 차이를 두고 붕당이 만들어졌기 때문에 4당이 동시대에 존재할 수도 없었다. 사색이라는 용어는 일본인 사학자가 결과적으로 생긴 4개의 학파(남인, 북인, 노론, 소론)를 단순히 숫자만 세어보고 만들어낸 조어에 불과한 것이다.

조선의 학파 성립은 16세기 말에 시작한다. 사림이 전국적으로 늘어나게 되자 학파가 정파로 전환된 것이 붕당인 것이다. 붕당 때문에 나라가 망했다면 300여 년에 걸쳐 나라가 망했다는 논리다. 세계사에서 나라가 망하는 데 300여 년이나 걸린다는 말은 성립되지 않는다. 하나의 나라가 성립하여 300여 년간 존속하기도 힘든 것이 세계사에 나타나 있는 일개 국가의 역사다. 4천여 년의 역사를 가진 중국 왕조의 평균수명은 130여 년도 채 되지 않는다. 15년에서 30년을 지탱하지 못하고 망한 나라들도 손꼽을 정도로 많다.

조선왕조가 국학으로 삼은 성리학은 기본적으로 붕당을 인정하고 있다. 성리학을 개막한 시대인 송나라 때 구양수의 붕당론(朋黨論)이 그것이다. 붕당은 이름 그대로 뜻을 같이하는 붕우들의 모임을 말한다. 이념적 동지의 모임이 붕당이니 당연히 이념정당을 뜻하는 것이다. 붕당의 존재 의의는 절대 왕권의 견제였다. 세습제인 왕조에 함량미달의 왕이 전제군주통치를 할 때의 적폐를 미연에 방지하기 위해 균형을 갖추어 줄 신권(臣權)이 필요했던 것이다. 그 신권은 붕당을 통해 확보되었고, 이들은 성리학적 이념과 성리학적 논리로 정쟁을 했던 것이다.

✱ 조선에서 1,000명의 엘리트 선비가 죽은 뒤에 임진왜란이 일어났다

  조선에서 학파가 등장한 것은 사림 중에서 영남학파가 동인이 되고 기호학파가 서인이 된 것이 시발점이다. 그 후 동인은 퇴계 이황 계열의 남인으로, 그리고 남명 조식 계열과 화담 서경덕 계열의 북인으로 갈리게 된다. 따라서 남인, 북인, 서인의 3당이 존재했다. 하지만 선조 때 기축옥사의 변으로 동인 계열의 남인과 북인들이 대부분 제거되었다. 정여립의 모반사건으로 기록된 기축옥사는 조선에서 1,000여 명의 엘리트 선비의 목숨을 빼앗아 갔으므로 규모로 보면 사화에 버금가는 정변이라 할 수 있다. 하지만 훈구세력이 사림세력을 몰아낸 것이 아니라 역적모반이라는 성격으로 처리되었기 때문에 임금인 선조의 실책으로 평가된다. 이 사건 이후 동인은 씨를 말릴 정도로 도태되고 말았다. 그 후 조선은 서인들이 독주하는 체제로 임진왜란을 겪게 된다.[27]

---

27) 기축옥사는 임진왜란이 일어나기 3년 전인 1589년에 발생했다. 1575년 이후 선비들은 동인과 서인으로 갈라섰다. 동인이었던 정여립이 왕의 미움을 받고 하직하여 고향인 전주에서 대동계를 조직하여 후학을 양성하고 있던 중 역모를 꾀했다는 서인들의 변고로 정여립은 쫓기다가 자결하고, 그와 친교가 있던 많은 선비들이 죽임을 당했던 사건이다. 유성룡이 쓴 『운암잡록(雲巖雜錄)』에 의하면 선조는 "정여립은 그럴 인물이 아닌데"라고 말하면서도 한편 밀교를 내려 정여립의 거처를 수색하여 서찰을 모두 가져오게 했고, 이로 인해 정여립과 교류가 있던 지식인 1,000여 명이 희생당했다. 희생자 대부분이 동인이었으며 조선 최대의 지식인 학살사건이 되었다. 정여립의 사상을 엿볼 수 있는 짧은 기록이 실린 『기축기사』에 의하면 그는 이렇게 말했다. "백성에게 해가 되는 임금은 죽이는 것도 가하고, 올바른 행실이 모자라는 지아비는 버리는 것도 가하다", "왕후장상의 씨가 따로 있는 게 아닌 것처럼 귀천의 씨가 따로 없다. 천하는 백성들의 것이지 임금 한 사람이 주인이 될 수 없다. 누구든 섬기면 임금이 아니겠는가?" 선조는 재위 41년간으로 조선의 왕 중 영조, 숙종 다음으로 재위기간이 길었다. 동인계의 지식인을 숙청시키느라 3년 동안 조정에는 피바람이 불었다. 그 피비린내가 채 가라앉기도 전인 1592년 임진왜란이 일어나자 선조는 한없이 나약함을 보였고 명나라로 망명하려고도 했다. 또한 의심이 많아 인조처럼 아들까지 믿지 못했다. 명종이 후계자 없이 승하하는 바람에 방계 출신이었던 덕흥군의 3남인 선조가 16세의 나이로 왕위에 올랐으므로 그는 일종의 콤플렉스를 가지고 있었다고 추측된다.
『선조수정실록』은 임진왜란 당시의 상황을 이렇게 기록했다. "백성은 항심(恒心)을 잃어버리고, 군사는 장부에만 기재되어 있었으며, 안으로는 저축이 바닥났고, 밖으로는 변란이 잇따랐으며, 선비들의 여론은 분열되었고, 기상은 무너졌다." 정여립은 서인이었던 이이에 의해 추천되었으나, 이이의 미온적 개혁성향에 실망하고, 이이 사후에 그를 소인이라고 강하게 비판하는 자세를 취했다. 결국 그는 동인의 길을 택했고 대동사상에 심취했던 인물이다. 단재 신채호는 정여립에 대해 "충신은 두 임금을 섬기지 아니하고, 열녀는 두 지아비를 바꾸지 않는다는 유교의 윤리관을 여지없이 말살하고…… 군신강상설을 타파하려 했던 동양의 위인이다"라고 평가했다.

임진왜란이 종전된 후 광해군 시대에 소수의 야당이었던 북인 정권이 잠시 들어섰다. 임진왜란 때 북인 출신의 의병활동이 가장 눈부셨기 때문에 대의 명분을 얻은 북인들이 대거 출세를 할 수 있었다.

광해군 정권은 얼마 못 가 인조반정으로 무너진다. 정권에서 밀려난 서인이 다시 정권탈환을 주도했고 남인이 암묵적으로 동조하여 인조반정(1623)이 성공하면서 인조가 즉위했기 때문이다. 인조반정으로 일거에 무너진 북인은 붕당으로서의 의미를 상실했다. 이후 북인의 존재는 미미해지고 정권쟁탈전에서 사실상 사라졌다.

조선의 17세기는 서인이 여당을 하고 남인이 야당의 역할을 하는 양당체제였다. 서인은 쇄국을 주장하는 집단으로 강력한 집권체제를 구축했고, 서구 문물을 받아들여 실학을 주도한 집단인 남인은 서인 조정의 탄압을 받아 19세기 말에 이르기까지 단 한 사람도 조정에 진출하지 못했다.

200여 년에 걸친 서인의 독주체제는 결국 조선의 침체와 대한제국의 멸망을 불러온다. 서인은 1687년경 율곡 이이의 학맥인 노론과 우계 성혼의 학맥인 소론으로 분당한다. 노론은 조선 말기 200여 년 간을 사실상 지배해온 독주체제의 붕당이다. 따라서 조선은 남인, 북인, 노론, 소론이 동시대에 공존하면서 사색당쟁을 한 사실이 전혀 없는 것이다.

❀ 선비는 재물을 위해 싸우지 않고, 관직을 위해 싸우지 않고, 자신의 생각이 옳음을 증명하기 위해 싸운다

선비의 나라 조선은 엘리트 지식인인 학자들의 나라이다. 학자들의 나라 조선에서의 정쟁은 논리의 싸움이었다. 논리의 싸움은 학문적 축적 없이는 이루어질 수 없다. 신하들의 논쟁으로 전제왕권은 신권(臣權)에 의해 중화되고 견제될 수 있었다. 그만큼 조정은 시끄러웠으며 시시비비의 토론은 끊이지 않았다. 칼로 위협하여 일방통행의 힘으로 다스리는 무사의 나라인 일본의 지도자들은 붓으로 상소문을 내고 말로 시비를 가리는 사대부들의 토론 행위가 이루어지는 조선을 도저히 이해할 수 없었다.

조선은 지식인 선비의 나라였다. 비록 자신은 가난했지만 지조와 사명감을 먹고 사는 서생의 나라였다. 조선의 선비는 정치에 감 놔라 배 놔라 참견을 했고, 그른 일에는 인정사정 봐주지 않고 비난·비판하며 따지는 시비지심(是非之心)을 발휘했다. 조선은 그러한 선비들이 살아 움직이며 활동할 수 있는 사회였다.

사실 지식인은 가장 예민하면서도 자신감에 가득 찬 집단이다. 자기 이상의 실현과 주위 사람들의 존경이 가장 절실하게 필요한 집단이다. 현실은 항상 이상과 어긋나고 실천은 꿈과 괴리가 있었지만 선비는 지식인의 역할을 목숨을 걸고 실행하려 했다.

선비는 재물을 위해 싸우지 않았고 관직을 위해 싸우지 않았으며 오직 자신의 생각이 옳다는 것을 증명하기 위해 싸웠다. 그들은 토론을 하고 논쟁을 했다. 전제군주체제에서 조선은 정신적 자유를 누리기 위한 신하들의 투쟁이 만발한 민주의식의 나라였다. 16세기에서 17세기에 걸쳐 조선은 지구촌에서 가장 토론과 논쟁이 활발하게 전개된 나라였던 것이다.

프랑스의 버나드 헨리 레비는 "지식인이란 바로 논쟁"이라고 했다. 독일의 빌헬름 폰 훔볼트는 "사회를 교정하는 힘은 지식인으로부터 나온다"라고 말했다.

강한 세력들이라고 해서 항상 사회를 건강한 방향으로 이끌 수 있는 것은 아니며 지식인의 영향력은 이미 우세한 세력이라도 교정해 버리는 힘이 있다.

정치라는 영역에는 쓸데없는 사람의 지적이 꼭 필요하다. 이 세상에는 실제 유용성과 관련 없는 책들이 훨씬 많이 나와 있다. 이런 책들은 쓸데없는 취향이나 이상 때문에 존재하는 것이 아니다. 이런 책들이 나와 있기 때문에 사회는 더 건강하고 진지하게 발전할 수 있다. 올바른 가치를 이해하고 그것에 뜨거운 열정을 갖게 하는 것이야말로 가장 기본적인 국민교육이 될 수 있는 것이다.

실제 유용하다는 것은 현재에 유용하다는 것이다. 현재에 유용하다는 것은 실용주의가 존재하는 바탕이다. 따라서 실용주의는 현재성에 국한되는 위험을 배제할 수 없다. 오늘날에도 실용주의를 비판하는 사람들은 '실용주의는 실용주의라는 철학 자체가 잘못됐으므로 실용주의에 기반한 정치지도자의 정책은 성공할 수 없다'고 강력하게 주장한다.

역대 미국 대통령 중에서 버락 오바마 대통령만큼 철학적인 지도자는 없을 것이다. 버락 오바마 미국대통령에게 '철인(哲人) 대통령'이라는 타이틀이 붙여진 까닭이다. 그러나 현실정치에서 오바마 대통령의 통치철학은 실용주의에 머물러 있었다. 오바마 대통령의 실용주의는 그를 비판하는 사람들에게 빌미를 제공해 주었다. 비판자들은 오바마에게 이념을 바탕으로 한 비전과 리더십을 요구했으며, 그의 문제는 '철학의 부재'가 아니라 '잘못된 철학'이라고 맹렬히 비난했다.

실용주의는 이념주의의 반대적 개념이다. 현대의 실용주의는 19세기 말 미국에서 탄생했다. 실용주의의 아버지는 윌리엄 제임스(1842-1912)이다. 그는 현대심리학의 아버지이기도 하다. 1898년 윌리엄 제임스는 UC버클리에서 「철학개념과 실용적 결과」라는 실용주의 연구논문을 발표하고, 1907년에 『실용주의』라는 제목으로 책을 출간하여 서구학계에 실용주의의 대표 철학자로 각인되었다. 실용주의는 이념보다는 유용성, 효율성, 실제성을 강조한다. 실용주의는 서구사회의 기업가정신뿐만 아니라 정치, 사회, 법률, 예술 분야에까지 광범위하게 영향력을 행사했다.

근대화 시기에 일본의 메이지 정부 지도자들은 일찍이 실용주의 사상에 눈떴다. 실용주의는 상업을 중시하는 중상주의자들에게 잘 맞는 철학으로 시장경제에서 생존하기 위해서는 마음이 여러 번 바뀔 수밖에 없다. 실용주의가 '마음이 바뀌는 사람들을 위한 철학'이라는 비판을 받는 이유다.

일본인은 조선왕조의 토론과 논쟁의 정치를 전혀 이해할 수 없었다. 그래서 그들은 조선 선비의 정신적 자유를 쓸모없는 것으로 치부해 버리는 무지의 결단을 서슴없이 자행했고 그들이 만든 식민사관으로 조선을 난도질했던 것이다.

✽ 식민사관은 식민 지배를 쉽게 하기 위해
  억지로 꿰어 맞춘 역사적 관점이다

식민사관은 식민 지배를 쉽게 하기 위해 억지로 꿰어 맞춘 역사적 관점을 말한다. 일본은 우리나라의 역사를 일본식 관점으로 해석하여 왜곡했다. 일본의 사학자뿐만 아니라 당시 우리나라의 기성 사학자들도 일제가 만든 식민사관에 의한 교육을 받고 식민사관에서 자유롭지 못했다. 그들이 일본인이 만든 식민사관에 붙잡혀 있는 한 우리는 우리 역사의 진실을 알 수 없다. 일제의 식민사관으로 교육을 받은 기성 사학자들이 식민사관에서 벗어나는 때가 우리역사의 빛과 그림자를 제대로 알 수 있는 출발점이 될 것이다.

1945년 8월 15일 제2차 세계대전의 패전으로 일본군이 물러간 뒤 한국은 광복을 맞이했다. 3년간의 미군정을 거쳐 1948년 8월 15일 대한민국은 보통선거를 통해 자유민주공화국의 새로운 근대정부를 세웠다. 이는 일본이 근대정부를 세운 1868년보다 80여 년이 뒤처진 것이다.

한국의 주류세력 지도자들은 쓰나미처럼 밀려든 미국식 가치관과 서구사상에 앞다투어 놀입했다. 서구사상과 미국식 가치관이 홍수처럼 밀려오자 근대정부의 지도자들은 조선의 선비사상을 쳐다볼 여유도 없었다. 이렇듯 선비사상은 근대정부를 세운 한국의 주류세력의 가치관으로 자리 잡지 못했던 것이다. 이는 일본의 근대정부를 세운 주류세력이 사무라이정신인 무사도를 일본의 가치관으로 승계한 것과 비교되는 현상이다.

오늘날 선비사상, 선비가치관은 한국의 비주류 세력에 의해 그 명맥이 끊어지지 않은 채 면면히 유지되어 오고 있을 뿐이다.

한국에서 태어난 2명의 공자

일본의 신유학을 열어나간 사람은 후지와라 세이카라는 선승이다. 후지와라 세이카는 정유재란의 포로로 잡혀간 조선의 선비 강항을 스승으로 모시고 4년이란 세월을 오로지 조선실천성리학 공부에 몰두했었다.

강항의 스승은 성혼이고, 성혼의 스승은 퇴계 이황이다. 이황이 없었다면 일본의 성리학적 문예부흥은 있을 수 없고, 260여 년에 걸친 조선과 일본의 평화시대는 올 수 없었을 것이다.

이황은 26살 아래인 기대승과 9년 동안 100여 통의 편지를 주고받으며 치열한 논쟁을 벌였고 자신의 학문을 다졌다. 이황은 열린 자세로 기대승의 반론을 수렴하고 자신의 생각이 틀리지 않았는지 성찰해 보는 기회로 삼아 이기이원론을 확립할 수 있었다.

이이는 이황의 제자로 스승의 학문에 반론을 제기하여 이통기국설을 제시했다. 이황과 이이는 조선실천성리학의 양대 산맥이며, 조선실천성리학은 이황, 이이 두 성리학자에 의해 발전되고 완성되었다고 해도 과언이 아니다. 이렇듯 두 사람은 당대 세계 최고의 성리학자였던 것이다.

일본에 건너간 이황의 학문은 에도 막부 시대 이후 일본정신사에 큰 영향을 미쳤다. 일본의 유학자 야마사키 안사이(山崎闇齋)는 이황을 '주자의 직제자'라고 평가하고 '세계 제일'이라고 하면서 추앙했던 사람이다.

중국의 근대사상가인 양계초(梁啓超)는 이황을 유가(儒家)의 완성자로 평가하고, 퇴계에게 공부자(孔夫子)와 같은 칭호인 이부자(李夫子)로 표현함으로써 성인의 반열에 올려놓은 사람이다. 이렇게 이황이 세계적인 사상가로 우뚝 설 수 있었던 것은 그가 제자와 후학으로부터 배우는 것을 부끄러워하지 않고 그들을 학우(學友)라고 부르며 함께 학문을 논하는 것을 기뻐했던 참된 선비정신을 가진 인물이었기 때문이다.

유학사상 최초로 이기(理氣)의 철학을 내세워 성리학의 시조라고 불리는 사람은 북송의 정호(程顥)와 정이(程頤) 형제다. 연년생으로 태어난 정호, 정이 형제는 유가사상에 도덕의 철학적 기초를 마련하여 뛰어난 유학자로 명성을 굳혔다. 이 두 형제를 높이 불러서 정자(程子)라고 칭한다. 남송의 주자보다 100여 년 전에 태어난 이 두 형제는 신유학의 개조(開祖)라고 할 수 있는 주돈이로부터 학문을 배웠다.

주돈이는 우주의 근원인 태극으로부터 만물이 형성되는 과정을 그림으로

도해한 「태극도설」을 그린 학자이다. 「태극도설」의 설명에 의하면 태극은 음양의 '이'와 '기'로 나누어진다. 음양은 화목토금수의 오원소(五元素)로 나누어지고, 그 원소는 다시 건의 남성과 곤의 여성으로 나누어지며, 이러한 남성과 여성이 만물의 순서대로 나뉘어져 우주가 구성된다. 그 만물 중에서 인간이 가장 우수한 존재이기 때문에 인간은 도를 지키고 마음을 성실히 하여 성인이 되어야 한다는 것이다. 주돈이는 우주생성의 원리와 인간의 도덕원리를 태극이론으로 밝혔다.

신유학의 집대성자는 주자(朱子: 1130-1200)다. 유학이 공자에서 증자로 증자에서 자사로 자사에서 맹자로 이어져오다가 한동안은 끊어졌다. 그러나 주자에 이르러 이기론을 중심으로 하는 새로운 상호 관계론과 절대원리를 추구하는 성리학이 확립 되는 계기를 맞이했다.

주자는 사서(논어, 대학, 중용, 맹자)를 주석했을 뿐만 아니라 수많은 유학자들의 성리학을 총정리했기 때문에 정주학(程朱學)의 종주로 불린다. 그는 유학의 수직적인 고서와 수평적인 학풍을 총정리하여 '주자학'을 형성했다. 주자학은 공자의 인(仁) 사상에 바탕을 두고 인의 실천원리로 맹자의 성선설에 근거를 둔 도덕철학이다.

주자는 수평적으로 송나라 초기에 주돈이 등이 주창한 '태극'과 '음양이론'을 수용했다. 우주의 기본섭리는 곧 유학의 원리와 근본이 통하는 것이라며, 그것으로 모든 존재와 현상을 설명해 주는 새로운 '관계론'을 내세웠던 것이다. 이것이 바로 주자학의 골수라고 할 수 있는 '이기론(理氣論)'이다. 여기에서 신유학의 대명사인 '주자성리학'이 탄생되었다.

성리학이라는 명칭은 '본성이 곧 이(性卽理)'라는 주자의 핵심사상에서 비롯되었다. 그러나 이러한 '성즉리'의 핵심사상은 주자의 독창적인 철학사상이 아니다. 그것은 북송 초기의 유학자 정호, 정이 형제가 내세웠던 이기론을 수용해서 주자가 이를 더욱 발전시킨 것이다. 때문에 '주자성리학'은 정주성리학으로 자주 거론된다.

정주성리학을 한반도에서 더욱 발전시켜 조선실천성리학으로 완성시킨 사람은 이황과 이이이다. 주자가 태어난 지 300여 년이 지난 뒤였다. 당시 성리학은 중국에서보다 조선에서 더욱 연구되었다. 이황의 조선실천성리학은 이이에 이르러 더욱 과학성이 가미되었다.

이이는 23세의 청년시절 스스로 이황을 스승으로 정하고, 벼슬에서 물러나서 제자들을 가르치며 학문에 정진하고 있던 당시 58세의 이황을 찾아가 사제지간의 연을 맺게 된다. 이황은 이이와 35세의 나이 차이가 있었지만 이이의 총명함에 반하여 그를 반겼다.

퇴계는 당시에 이미 해동주자(海東朱子)라고 불릴 만큼 당대 세계 최고의 성리학자였다. 퇴계는 율곡을 만나본 후 "후생이 두려울 만하다(後生可畏)"라고 격찬을 했다. 이 말은 일찍이 공자가 학문과 덕행에서 가장 뛰어난 제자 안회를 두고 했던 말이다.

퇴계 이황은 율곡 이이와 헤어질 때 편지 한 장을 주며 동구 밖을 벗어난 후에 열어보라고 말했다. 그 종이에는 다만 넉 자의 글이 적혀 있을 뿐이었다. 그것이 바로 '거경궁리(居敬窮理)'이다. 이 말은 성리학의 요체라 할 수 있다. '거경'은 경에 머물러 있다는 뜻이고 '궁리'는 이치를 탐구한다는 뜻인데, '궁리'는 『대학』의 '격물치지(格物致知)'라는 말에서 발전된 말이다. '격물치지'는 사물의 이치를 철저하게 궁구하여 지식의 지극함에 이른다는 뜻이다.

이이는 스승이 주신 넉 자 '거경궁리'의 뜻, 즉 '정신을 통일하여 추호의 흐트러짐 없이 경(敬) 속에 살며, 이(理)를 궁구하여 하늘의 길인 성리학에 몰두하라'는 가르침을 받아, 스승의 이기이원론을 이통기국설로 계승 발전시키는

대업을 이루었다.[28]

🏵 중국은 유학의 맥을 세 번이나 끊어버렸다

기원전 479년경 공자가 작고한 뒤에 유가사상은 맹자, 순자 등을 거치면서 200여 년 동안 발전했지만, 중국을 처음으로 통일한 진시황이 저지른 분서갱유(焚書坑儒; 유학의 경전을 불태우고 500여 명의 유생을 산채로 땅속에 파묻어버린 유학 탄압 행위)의 사태를 맞이하여 유가사상의 맥은 끊어지고 말았다.

오랫동안 땅 속에 파묻혔던 유가사상은 그 후 한(漢)나라 7대 황제 한 무제에 의해 등용된 동중서(董仲舒: BC 179-BC 104)라는 유학자에 의해 부활한다. 한 무제는 북방의 흉노와 고조선을 멸망시키고 당시 중국역사상 가장 넓은 영토를 만들어 전한(前漢)의 전성기를 이룬 인물이다.

무제는 지방제후들의 왕권 위협을 말살하고 백성의 동요를 막기 위한 책문(策問)을 공모했다. 이때 동중서는 한나라를 일사분란 하게 통치하기 위해서는 학설이 분분한 백가(百家)를 축출하고 의리(義理)를 섬기는 유가(儒家)만을 채택할 것을 권유하는 '현량대책(賢良對策)'을 건의했다. 무제가 동중서의 주장을 받아들임으로써 그동안 명맥이 끊어졌던 유학은 다시 살아나고 유교가

---

28) 퇴계의 '거경궁리(居敬窮理)'는 실천수양방법이다. 이기론에 바탕을 둔 인간이해는 본연지성(本然之性)과 기질지성(氣質之性)의 개념을 중심으로 하는 인성론으로 체계화 된다. 본연지성은 모든 인간의 마음속에 본래 존재하고 있는 '이(理)'로서 도덕적 본성을 의미하고, 이에 반해 기질지성은 인간에 관여하는 '기(氣)'에 의해 형성되는 것으로 육체와 감각의 작용으로 나타나는 인간적 본능을 의미한다. 본연지성에 따른 행위는 선한 것이고, 기질지성에 따른 행위는 인욕(人慾)에 의해 악으로 흐르는 경향을 갖는 것이다. 때문에 인간은 인욕을 없애고 본성의 '이'를 보존하는 도덕실천을 통해 본연지성에 따르는 삶의 방식을 가져야 한다. 이러한 생활방식을 가지기 위해서 사물에 존재하는 본성을 늘 인식하고 인욕의 발동을 억제하는 내면수양으로서 '거경궁리'라는 수양방법이 제시된 것이다.

한나라의 국교로 선포되었다.

이로써 유교는 한나라 이 후 중국의 정통사상으로 발전했고, 중국문화의 전파와 함께 한국, 일본, 베트남 등에서 국가를 통치하는 정치사상으로 발전할 수 있었다. 이렇게 하여 동양문화는 곧 유교문화를 의미할 정도로 동아시아의 광범위한 지역에 유가사상이 뿌리를 내리게 되었던 것이다.

그 후 중국에서는 수와 당 시대에 부흥한 도교와 불교에 늘려 유가사상이 다시 쇠약해졌다. 유가사상은 송나라 때 잠시 일어났다가 원나라 때 폐기처분된다. 또한 명나라 때 잠시 소강국면을 맞이하기도 했지만 청나라 때 다시 폐기처분되는 국면을 맞이한다. 이것이 바로 조선이 신유학 이후 유가사상의 종주국이 된 까닭이다. 조선이 유학의 종주국이 되었다는 것은 세계정신문화사에서 중요한 획을 그은 상징성을 가지고 있다.

✸ 유학은 세계의 보편적 가치관과 공존이 가능한 유일한 철학이다

유학은 사후세계를 논하지 않는다. 내세관이 없는 유학은 현실세계에서 행복을 추구하는 철학으로 발전하고 보편적인 가치관을 가진 세계의 모든 종교와 공존이 가능한 '수기안인(修己安人)'의 학문으로 자리매김이 가능했다.[29] 이것이 근대화 이후 한국인이 유일하게 세계의 보편적 종교를 모두 마찰 없이 수용하고 있는 이유이다.

동중서는 새로운 삼강(三綱)과 오상(五常)을 제시했다. 삼강은 군위신강(君爲臣

---

29) 수기안인(修己安人)의 문구는 『논어』에 나와 있는데 신라 진흥왕순수비에도 기록되어 있는 것을 보면 이미 삼국시대에 우리나라에 들어온 것으로 추측되고 있다.

綱), 부위자강(父爲子綱), 부위부강(夫爲婦綱)이다. 오상은 어짊(仁), 옳음(義), 바름(禮), 슬기(智), 믿음(信)의 5가지 인간관계 덕목이다.

이 중에서도 군위신강은 왕권의 확립을 위하여 첫 조항으로 내세웠고, 이러한 새로운 삼강이 백성들에게 뿌리내리기 위해서 필연적으로 유가사상이 하나의 신앙으로 자리 잡기를 원했다. 이렇게 하여 유가사상은 사상이 아닌 하나의 종교(宗敎)로 승화되는 기회를 맞이하기도 했던 것이다.

동중서는 천인감응론(天人感應論)을 내세워 하늘(天)을 자연과 인간의 양자를 주관하는 존재로 파악하고, 자연과 인간의 일에 하늘이 감응하는 능력과 의지를 갖춘 인격신으로 설정했다. 또한 그는 장래가 촉망되는 학생을 가르치는 태학(太學)을 세울 것과 해마다 뛰어난 재능과 훌륭한 품성을 지닌 사람을 추천 받아 관리로 임명할 것을 제안했다. 이로써 비록 출신이 비천하더라도 인품이 훌륭하고 능력이 뛰어난 인물에게 권력과 영향력을 줄 수 있는 지위를 보장해 주는 관리등용제도인 '과거제도'의 토대가 만들어졌던 것이다.

이이는 원시유학의 공자를 비롯하여 맹자, 순자를 거쳐, 동중서의 유학에도 조예가 깊었다. 주돈이, 정호, 정이, 주자로 이어지는 성리학 연구에 평생 몰두한 이이는 스승인 이황에게 풀리지 않는 의문에 대해 의견을 구하며 자신의 독자적 학문을 개척했다.

이이가 23세에 쓴 『천도책(天道策)』의 내용은 명나라 조정에서도 널리 읽혔으며, 이때 중국의 유학자들은 이이를 '해동의 공자'라고 부르기도 했다.

이이는 "이(理)가 아니면 기(氣)는 근거할 데가 없고, 기(氣)가 아니면 이(理)는 의착할 데가 없다(非理側氣無所根 非氣側理無所依著)"라고 이기론을 주창하여 이와 기는 떼려야 뗄 수 없는 관계에 있음을 말했다.

이이는 '마음은 곧 기(心是氣)'라고 말하며 『천도책』에서 이렇게 적고 있다.

임금이 마음을 바로 하여 조정을 바르게 하고, 조정을 바르게 함으로써 사방을 바르게 하고, 이렇게 하여 사방이 바로잡히면 천지의 기운도 바르게 된다.

즉, 천지를 안정시키고 모든 자연현상이 순조롭게 되기를 기대한다면 우선 정치가 잘 되어야 하고, 정치가 잘 되기 위해서는 궁극적으로 최고 지도자인 임금의 덕을 하늘의 길(道)에 부합하도록 하여 잘 닦아야 한다는 주장이다. 이 말은 유가사상 최고의 '군주론'이자 이이의 '왕도론'이다.

이이는 "사람의 마음은 천지의 마음(人者天地之心也)이기 때문에 사람의 마음이 바르면 천지의 마음도 바르게 되고 사람의 기가 순하면 천지의 기도 역시 순하게 된다(人之氣順側天地之氣亦順矣)"라고 말했다.

이이는 동중서의 천인감응론에 영향을 받았지만, 하늘을 인격신으로 승화시키기보다 '심시기(心是氣)'를 주창하여 인간의 마음 씀씀이가 물질의 향방을 좌우한다는 논리에 무게를 두었다. 동중서에 의해 인격신으로 승화됐던 하늘은 조선 선비에 의해 인격신의 탈을 벗어 던지고 인간의 마음에 자리 잡을 수 있었던 것이다.

✸ 인간이 사악한 마음을 먹으면
디지털사회의 음기가 지구촌에 범람하게 된다

오늘날 국제사회에서 인류가 가장 걱정하는 문제는 지구의 기후변화(지구온난화), 기아, 질병, 전쟁, 인간성 상실 등이다. 이 중에서 기후변화 문제는 지구촌의 자연 재해, 재난 등의 원인으로 거론 된다. 인류가 배출하는 이산화탄소로 인한 온난화 현상은 지구촌 방방곡곡에서 이상기후와 기온의 상승 변화를 주도하고 있다. 뿐만 아니라 사람들이 하늘로부터 받은 선한 마음을 버리고 악한 마음을 먹으면 그것은 곧 디지털사회의 음기(淫氣)가 되어 온 세상을 범죄의 도가니에 가두어 버리게 된다.

선한 마음을 먹는 사람의 수보다 악한 마음을 먹는 사람의 수가 더 많으면, 지구촌은 현실사회의 천당이 될 수 없으며 현실사회의 지옥으로 변할 수 있다는 경고이다. 500여 년 전 이이가 한 말은 그대로 오늘날 지구촌 현상으로 나타나고 있음을 알 수 있다.

율곡 이이는 여간해서는 타인을 대단하게 평가하지 않았지만, 퇴계 이황만은 늘 존경하고 높이 평가하여 평생 동안 스승으로 섬겼다. 중국과 일본의 유학자들은 퇴계를 '조선의 공부자' 또는 '해동의 이부자'라고 불렀고, 이이는 '해동의 공자'라고 불렀다. 이것은 이 두 조선의 유학자가 신유학사상에서 비롯된 조선실천성리학을 완성시킨 위대한 사상가로 평가되었기 때문이다. 이렇듯 선비의 나라 조선은 공자 사후에 두 사람의 '공자'를 탄생시킨 셈이다.[30]

---

30) 우리나라의 위대한 참 선비 두 사람을 뽑으라면 퇴계 이황과 율곡 이이라할것이다. 퇴계는 천원 지폐 초상화의 인물이 되었고, 율곡은 오천 원 지폐 초상화의 인물로 선정되었다.

선비가 공부한 성경현전과 선비 삶의 기본교육

조선시대의 학교로는 지방에 있는 향교와 서울에 있는 성균관을 대표적으로 들 수 있다. 향교와 성균관은 국립학교다. 서원과 서당이 사립학교인 것과 대비된다. 성균관에 가보면 학생들이 기숙사로 사용하던 동재와 서재가 있고 그 중앙에 학생들이 모여서 공부하던 건물이 보이는데 이곳이 명륜당(明倫堂)이다. 이 명륜당의 뒤쪽에 대성전(大成殿)이 있는데 이 건물에는 공자의 위패가 봉안되어 있고 공자와 함께 네 사람의 위패가 모셔져 있다. 그들이

유가의 사성(四聖)으로 불리는 안자, 증자, 자사, 맹자이다.

공자 유학(원시유학)의 도통은 안자와 증자에게 전해지고 안자는 도통을 자사에게 전하고 자사는 도통을 맹자에게 전했다고 알려지고 있다. 조선의 선비들이 가장 많이 공부한 경전은 유경 13경 중에서도 사서(四書)와 오경(五經)이다.[31]

사서는 '대학', '논어', '맹자', '중용'이고 오경은 '시경', '서경', '역경', '예경', '춘추경'이다. 사서는 신유학(정주시대)을 대표하는 현전(賢傳)이고 오경은 원시유학(공맹시대)을 대표하는 성경(聖經)이다. 공자가 편찬한 성경은 모두 육경이었으나 그 중 '악경'은 전해지지 않는다.

옛날 지식인들은 오경을 성경(聖經)이라 칭하고 사서를 현전(賢傳)이라 불렀다. 성경과 현전을 합해서 경전이라 칭한다. 조선실천성리학은 500여 년 전 퇴계·율곡 시대를 말한다. 신유학은 1,000여 년 전 정자·주자 시대를 말하고, 원시유학은 2500여 년 전 공자·맹자 시대를 말한다.[32] 퇴계·율곡 시대에는 공부하는 방법에 따라 신유학의 현전을 통째로 외우는 선비가 있었는가 하면 원시유학의 성경에 천착하여 공맹사상에 더 깊은 연구를 기울인 선비도 많았다.

송나라의 주자는 자신의 새로운 주석을 달아 『논어집주(論語集註)』와 『맹자집주(孟子集註)』를 만들고, 오경의 하나인 『예기』 속에서 뽑아낸 대학장구(大學章句)와 중용장구(中庸章句)를 편찬하여 이른바 사서장구집주(四書章句集註)를 완성했다.

주자는 자신이 주석을 단 사서를 오경보다 중시하여 먼저 읽도록 했으며

---

31) 유가(儒家)에서 중시하는 13종의 경서를 13경이라고 한다. 13경은 논어, 맹자, 시경, 서경, 역경, 주례, 의례, 예기(중용. 대학 포함), 춘추좌씨전, 춘추공양전, 춘추곡량전, 이아, 효경이다.

32) 뚜 웨이메이 교수(하버드대학 동양철학연구소장)는 유학을 ①원시유학(공자, 맹자), ②신유학(정자, 주자), ③조선실천성리학(퇴계, 율곡), ④현대유학 등으로 시대를 구분하여 그 특징을 정리했다.

사서 가운데는 『대학』을 가장 먼저 읽도록 권장했다. 『대학』을 사람이 태어나 자신의 인생목표를 설정하고 가치관을 확립하는 데 가장 필요한 책으로 이해했기 때문이다. 『대학』을 먼저 읽은 다음에 『논어』와 『맹자』를 읽고 마지막으로 『중용』을 읽음으로써 유학의 근본이념을 순차적으로 탐구하기를 바랐다.

주자의 학문은 그가 살아 있을 당시에는 위학(僞學)의 낙인이 찍히는 등 정치적 정쟁수단에 휘말려 위세를 떨치지 못했지만, 그의 사후에 동아시아의 보편적 패러다임으로 '성리학'이 뿌리를 내리게 되었다. 이것은 중국보다 더 주자적이었던 조선의 선비들이 주자의 '성리학'을 연구하여 조선실천성리학으로 승화·발전시켰기에 가능했던 일이다.

조선의 선비들은 중국에서 양명학(陽明學)이 새로 일어나 융성할 때도 양명학에 눈을 돌리지 않고 오직 성리학의 연구에 집중했으며 결과적으로 중국을 능가하는 성리학 대국으로 우뚝 서게 되었다.[33]

조선은 싸움밖에 모르던 일본의 사무라이들에게 학문의 세계를 일깨워 주고, 유학의 모체인 인(仁)과 인을 떠받치고 있는 두 기둥인 의(義)와 예(禮)를 가르쳤다. 거기에 더하여 주군을 섬기도록 하는 충의(忠義)정신을 강조하여 가르쳐 주었다. 이리하여 조선실천성리학은 일본에 수출되었고 일본 땅에서

---

33) 성리학과 양명학을 가장 극명하게 구분하는 것은 바로 '성즉리(性卽理)'와 '심즉리(心卽理)'이다. '성즉리'는 사물세계가 가지고 있는 본연의 성품을 '이(理)'라고 주장하는 주자학(주희: 1130-1200)의 명제이다. 이에 대해 양명학(왕수인: 1472-1528)은 '심즉리'를 '성(性)'과 '정(情)'으로 분리하여 '정'이 속해 있는 '심(心, 마음)'이 주체적인 자각의 중심이며 이것이 바로 '이'라고 주장한다. 양명학은 '심즉리'에서 출발하여 '지행합일설(知行合一說)'을 거쳐 '치양지설(致良知設)'에 도달한다.
북송의 정호, 정이를 거쳐 남송의 주희가 성리학을 집대성했기 때문에 성리학을 정주성리학이라고 부른다. 명대의 왕수인의 학문사상인 양명학까지 성리학에 포함시킬 수는 있으나, 우리나라에서는 정주주학(주자학)만을 성리학으로 부르는 것이 일반적이다. 송대의 성리학 성립에는 불교철학이 많은 영향을 미쳤으나, 성리학의 세계관과 불교의 세계관은 근본적인 성격에서 차이가 났다. 불교의 세계관에서는 현실의 자연과 인간사회가 궁극적으로 부정되어야 할 허상, 즉 가상적 환상에 불과한 것이었지만, 성리학의 세계관은 자연과 인간사회를 도덕적인 본성을 갖는 실상으로 인식하여 존재하는 모든 사물들의 개별성과 현상세계를 있는 그대로 긍정하는 것이었기 때문이다.

무사도라는 사무라이정신으로 재탄생되었던 것이다.

한반도에서 성균(成均)이라는 명칭이 처음 사용된 것은 고려 충렬왕 때인 1289년의 일이다.

고려의 최고 교육기관의 명칭은 국자감(國子監)이었다. 그 이름을 성균으로 바꾼 것은 충렬왕 때이다. 그 후 충선왕 때인 1308년에 성균관(成均館)으로 개칭되었다. 공민왕 시절 한때 호칭을 다시 국자감으로 바꾸기도 했지만 1362년부터는 다시 성균관이라는 호칭으로 되돌려서 계속 사용했다.

당시 최고 교육기관인 성균관은 고려 말인 13세기에 그 위상이 확립되었으며 조선이 건국된 이후에도 성균관이라는 명칭이 그대로 존속되어 1395년부터 새 도읍지인 한양의 숭교방 지역에 대성전, 명륜당 등의 건물이 완성되면서 본격적 모습을 갖추기 시작했다.

성균관에는 최고 책임자로 정3품직인 대사성(大司成)을 두었으며 과거제도의 초시인 생원시와 진사시에 합격한 유생을 우선적으로 입학시켰다. 유생의 정원은 초기에는 150명이었으나 1429년 세종 11년부터 200명으로 정착되었다. 유생은 전원 기숙사 생활을 했고 국가로부터 학비를 전액지원 받았다.

성균관은 속칭 태학이라고도 불렀으며 조선의 지도적 위치에 있는 선비의 산실이기도 했다. 선비는 지식인, 교양인, 문화인, 모범인(roll model)이 되는 사람을 말한다. 선비는 늘 책과 가까이 있는 사람이다. 선비는 사서와 오경을 평생을 두고 읽고 또 읽었다.

그 경전 속에는 사람이 사람답게 사는 길이 있었고, 행복을 추구하는 길이 있었고, 이상사회를 건설하는 길이 있었으며, 인류 공동체를 위해 인류가 실천해야 하는 길이 있었다. 그래서 선비는 경전을 읽고 또 읽었으며 경전을 읽다가 경전에 동화되어 경전처럼 그렇게 살아가기를 희망했던 것이다.

그러나 아무리 경전을 많이 읽었다 하더라도 경전처럼 그렇게 살지 못하는 사람은 참 선비가 되지 못하고 사이비 선비로 전락할 수밖에 없었다. 그래서 경전처럼 실천하는 사람은 선비가 되었고 경전을 읽기만 하고 경전처럼 실천하지 못하는 사람은 선비가 되지 못했다. 아무리 좋은 학식을 겸비했다 하더라도 무엇이 옳고 무엇이 그른가의 판단력을 몸에 체득하여 옳은 일을 실천하지 못하는 사람은 선비가 되지 못했다.

❀ 가치판단의 삼단체계

무릇 가치는 판단에 의한 것이다. 사람의 가치 판단은 삼단체계에 의해 이루어진다. 먼저 기호차원에서 판단하게 되는데 이때는 개체가 중심이 된다. 나를 중심으로 '좋다 아니면 싫다'로 보는 일원론 판단이다. 일원론 판단은 호불호(好不好)가 잣대이다. 호불호는 언제나 변할 수 있다. 장소에 따라서, 시간에 따라서, 상황에 따라서, 개인감정의 변화에 따라서 달라진다.

두 번째는 상대차원에서 판단하게 되는데 이때는 대상이 중심이 된다. 내 것을 네 것과 비교해서 '낫다 아니면 못하다' 또는 나의 입장과 상대 입장을 비교해서 '유리하다 아니면 불리하다'로 판단하는 것이다. 이것보다는 저것이 낫고 저것보다는 이것이 낫다는 것이고, 이것보다는 저것이 유리하고 저것보다는 이것이 불리하다는 것으로, 이원론 판단이다. 이원론 판단은 비교분석이 잣대이다. 비교분석은 가능이고 가변이다. 비교가 잘못되고 분석이 잘못되면 못한 것이 나은 것으로 판단되고 나은 것이 못한 것으로 판단될 수 있다.

세 번째는 도덕차원에서 판단하는 것이다. 양심(정심)이 중심이 되며 도덕적 양심이 '옳다 아니면 그르다'를 판단한다. 양심은 절대적 잣대이고 전체적 기준이다. 변화가 없고 변수도 없다. 다원론 판단이다. 다원론 판단은 원리의 판단이며 우주의 원리는 하나밖에 없다. 하나이기 때문에 절대이다.

의식판단의 3가지 가치판단 중에서 '옳은 것'은 절대가치이다. 참 선비는 무엇이 옳고 무엇이 그른가의 판단력을 체득하고 도덕차원에서 옳고 그름을 실천하고 실행하는 사람이었다.[34]

선비는 흉내를 내는 사람이 아니다. 몸소 행동하고 솔선수범하는 사람이다. 그래서 『대학』의 문으로 들어가서 『중용』의 문으로 나와 그것을 실천하면 선비 한 사람이 만들어졌던 것이다. 이렇게 선비 한 사람이 만들어 지는 것은 쉬운 일이 아니었다.

선비가 공부한 경전은 '사서'와 '오경'이지만 선비의 기초적 교양은 '육예(六藝)'에 관한 교육과 실행으로부터 나온 것이다. '육예'는 공자에 의해 편찬되었다고 전해진다. 여기에서는 육예의 내용에 관하여 알아보자.

① 예(禮)는 바름이다. 모든 질서는 바름에서 나온다. 몸가짐, 마음가짐을 올바르게 하는 것이 예다. 선비는 예도(禮度)로 생활하는 사람이다. 예도는 우리 조상인 동이족(東夷族)에게서 처음으로 나왔다. 옛 중국의 한나라는 동이족의 예를 부러워했으며 그것을 본받고 싶어 했다고 『동이전(東夷傳)』은 기록하고 있다. 선비는 사회과학적 소양을 예(禮)로서 수양했다.

② 악(樂)은 음악이고 풍류다. 음악과 풍류는 사람의 마음가짐과 몸가짐을 유연하고 평화롭게 해준다. 선비라면 풍류를 알아야 했다. 우리 민족은 예

---

34) 예로부터 우리나라의 선비는 신언서판(身言書判)의 잣대로 인물을 평가했다. ①신(身)은 그 사람의 건강, 용모, 풍채, 태도, 행동을 말한다. ②언(言)은 그 사람의 말씨, 구술력, 설득력을 말한다. ③서(書)는 그 사람의 글씨, 논술력, 문장력을 말한다. ④판(判)은 그 사람의 분별력, 통찰력, 판단력, 도덕성, 그리고 평판을 말한다. 신언서판 중에서 '판'을 제일 무게 있게 다루었다.

로부터 가무를 즐기는 민족이다. 신라시대에는 거리에 노래 소리가 끊이지 않았고 잔치에는 언제나 춤추는 사람들이 넘쳤다고 전해진다. 이러한 음악전통은 현대에까지 양양하게 전해져 내려오고 있다. 오늘날 우리 사회를 보더라도 세계에서 가장 많은 노래방이 있는 나라는 한국이다. 세계적인 음악가를 많이 배출하고 있을 뿐만 아니라 미국 줄리아드 음대의 외국인 유학생의 2할 이상이 한국 학생이라고 한다. 한국인의 정체성인 끼, 깡, 흥, 한, 멋으로 가락과 율동을 다진 K-pop이 지구촌을 휩쓸고 있는 것도 한국인의 음악성이 특별한 까닭이다. 선비는 악(樂)으로 예술적 소양을 즐겼다.

③ 사(射)는 활쏘기이다. 옛 전통사회에서는 활쏘기야말로 선비가문의 유일한 스포츠였다. 특히 동이족은 활을 잘 쏘았다. '동쪽에 사는 큰활을 잘 다루는 사람(東夷族)'이라는 동이족의 이름을 봐도 알 수 있다. 이렇게 활을 잘 쏘는 우리 민족의 기술은 오늘날까지 계승되어 오고 있다. 올림픽 양궁대회에서 매회 금메달(양궁이 올림픽 종목으로 처음 실시된 1988년 서울올림픽부터 2012년 런던올림픽까지 7연패)을 따오는 우리나라 선수들의 활약에서 잘 나타나고 있다. 2008년 8월 베이징올림픽 양궁대회와 2012년 8월 런던올림픽 양궁대회에 출전한 전 세계 참가국의 대표선수 감독의 5할이 한국인이었다. 선비는 활쏘기를 통한 심신단련으로 체력을 기르고 마음을 다스렸다.

④ 어(御)는 말타기와 수레타기를 말한다. 말과 수레는 전통사회의 유일한 교통수단이었다. 선비는 교통수단의 이용에도 능숙해야 하고, 특히 승마는 선비의 삶에서 빼낼 수 없는 필수적 요소였다. 선비는 말타기와 수레다루기로 기술적 소양을 길렀다.

⑤ 서(書)는 글을 읽고 글을 쓰는 것을 말한다. 글은 의견을 소통하고 시문을 공유하며 토론을 하고 문자로 통신하는 최적의 수단이다. 선비는 글을 읽는 구술에 능해야 했고 글을 짓는 논술에도 뛰어나야 했다. 서예는 선비라면 반드시 몸에 익혀야 하는 체득적이고 필수적인 예능기술이었다. 선비는 서(書)로써 인문학적 소양을 길렀다.

⑥ 수(數)는 셈하기, 산술, 천문, 지리, 역학, 과학 등을 말한다. 선비는 격물, 치지하는 사람이다. 선비는 함부로 예측하지 않고 헛것을 말하지 않는다. 증험이 명확하고 숫자가 분명해야 거론한다. 오늘날 디지털세대들은 컴퓨터의 활용으로 쉽게 데이터를 이용할 수 있다. 하지만 당시의 선비는 셈법과 과학적 활용기술을 독창적인 학습으로 체득해야만 했다. 선비는 수(數)에서 자연과학적 소양을 길렀다.

✿ 선비의 삶은 사람답게 사는 삶이고, 동시에 인간답게 사는 삶이다

선비들이 이루어 낸 우리나라 전통사회는 두 가지 삶의 특징을 나타낸다. 첫째는 '개인이 스스로 사람답게 사는 삶'을 이루어 내는 것으로 개인적 존재의 인격을 완성하는 삶이고, 둘째는 '사람이 협동하여 더불어 이루는 공동체의 삶으로 서로 도우며 인간답게 사는 삶'을 이루어 내는 것으로 사회적 존재의 인격을 확립하는 삶이었다. 다시 말하면 선비들이 중요하게 생각한 삶은 첫째는 '사람답게 살자'는 것이고, 둘째는 '인간답게 살자'는 데 있었다.

'사람답게 살자'는 말은 개인이 스스로 인격을 도야하여 독립적이고 주체적이며 주도적인 삶을 영위함을 의미한다.

'인간답게 살자'는 말은 홀로 서서 스스로 독립적 삶을 이루어 내어 개인이 자기 스스로 인격을 함양함으로써 끝나는 것이 아니라, 더 나아가 공동체의 다른 사람들과 어울리고 섬기고 배려하여 이웃과 더불어 살아갈 수 있는 조직인격, 사회인격을 확립해야 한다는 의미이다.

이런 선비들의 생각은 오늘날에도 그대로 이어져야 할 삶의 진솔한 바탕이라 할 수 있다. 어머니는 어머니답게, 아버지는 아버지답게, 학생은 학생답게, 선생님은 선생님답게, 공직자는 공직자답게, 국회의원은 국회의원답게, 판사는 판사답게, 검사는 검사답게 사는 것이 진솔한 삶이고 '사람답게 사는' 삶이라 할 것이다.

'사람답게 사는' 개인의 삶이 확립되고 그런 다음에 각자가 존재하는 곳에서 자신의 존재가치를 발견하고 그 존재가치를 실현하여 이웃과 세상에 이로움이 되도록 활동하는 것이 '인간답게 사는' 길이다. 모든 사람이 가지고 있는 서로의 차이 나는 일과 다른 직분을 존중하고 섬기면서 서로 협동하여 함께 어우러지는 공동체의 삶이 바로 '인간답게 사는' 길인 것이다.

선비들이 가장 중요하게 생각한 삶은 '인간답게 더불어 사는 삶'을 실현해 내는 것이었다. 우리 민족은 수천 년 간 상생의 삶, 공존하는 삶, 더불어 사는 삶을 살아왔다. 더불어 사는 삶은 우리 민족의 생활철학이었다.

더불어 살자는 의식은 서양에서 들어온 새로운 문화가 아니다. 원래 우리 민족이 가지고 있었던 민족고유의 삶은 모두 더불어 사는 삶이었으며, 그것은 우리의 전통 미풍양속으로 우리 삶에 그대로 농축되어 있는 한국적인 삶의 정체성이다.

서양은 원래 더불어 사는 사회가 아닌 개인주의적 생활철학을 갖고 있었다. 모든 것은 개인적 사정이 우선하는 '개인주의의 삶'이었다. 다른 사람과의 관계는 약속과 계약에 의하여 성립되는 '계약주의 사회'를 형성했던 것이다.

우리가 사용하는 일상언어에 나타나있는 '우리'라는 단어는 공동체와 더불어 사는 삶을 영위하고 있는 민족임을 여실히 드러내고 있다. 오늘날에도 우리는 우리 어머니, 우리 아버지, 우리 대통령, 우리 학교, 우리선생님, 우리 회사, 우리 사장님, 우리 동네, 우리 사회, 우리 민족, 우리나라 등이라고 표현한다. 이러한 표현은 서양사회에 없는 표현이다. 서구 영미사회에서는 어디까지나 my mother, my father, my school, my teacher, my country로 표현한다. 이것은 개인주의 사상의 단면을 그대로 나타내고 있는 것이다.

일본의 전통사회에서는 우리나라와 마찬가지로 '우리'라는 뜻의 '와래와래(われわれ)'를 일상용어로 사용했었다. 그러나 근대사회로 넘어오는 과정을 통해 '와래와래'라는 말은 잊혀 갔다. 오늘날 일본인들은 이 단어를 거의 쓰지 않는다. 일본은 서구의 개인주의 사회와 비슷한 모습으로 사회가 변모했으며 타인과의 관계는 개인과 개인의 계약관계로 형성되고 있는 것이다.

일본이 근대화 과정에서 서구사회의 개인주의적 관습을 쉽게 받아들이고 그들의 생활관습으로 동화시킬 수 있었던 것은 역사적 고찰에서 이해할 수 있다. 중세 이후 서구는 황제와 지방제후 간의 계약으로 통치가 이루어지는 봉건제도가 발달해 있었고, 일본도 서구와 비슷한 계약에 의한 통치제도인 봉건제도가 확립되어 있었다. 오랜 세월 동안 일본은 봉건제도 정치체제를 가지고 있었고, 중국은 그 보다 훨씬 앞선 고대의 주나라 시대에 이미 봉건제도가 실시되었던 지역이다. 한국에는 예로부터 봉건제도가 없었다. 삼국시대와 남북조시대, 고려시대, 조선시대를 통해 우리나라는 일관되게 중앙집권의 통치구조를 확립하고 있었던 지역이다.

우리나라 전통사회는 염치를 아는 사회였고 정이 많은 사회였다. 나 혼자만 편하면 그만이라는 생각은 아예 할 수 없는 사회였다. 우리나라 전통사회는 '품앗이'로 연결되어 있는 삶이다. 농경시대에 '품앗이'는 공동체 삶의 지렛대 역할을 했다. '품앗이' 정신으로 우리는 모두 하나라는 공동체를 만들고 '공동선'을 지향할 수 있었던 것이다.

'품앗이'는 그냥 주고 그냥 받는 행위이다. 내가 먼저 주고 나중에 받는 행위이다. 이는 우주의 생존법칙이다. 살아 있는 모든 존재는 '품앗이'의 관계를 가지고 있다. '품앗이' 정신은 인간의 관계생활을 살찌게 하고 아름답게 하고 너그럽게 하고 풍요롭게 하고 품위 있게 만들어 준다.

우리의 조상은 좋은 일, 덕 있는 일은 서로 권하며 살았다. 그리고 그릇되고 잘못된 일은 서로 바로 잡아주며 살았다. 잘못된 일은 덮어주지 않았다. 서로의 잘못을 덮어주면 모두 같이 잘못되고 궁극에는 같이 함께 죽는 삶이 되기 때문이다. 잘못된 일은 인간의 삶에 필요한 건강한 소통을 막고 있는 것과 같다. 건강한 소통이 없으면 변화가 없고 변화가 없으면 살아 움직일 수 없는 것이 우주의 원리이다.

우리의 조상은 서로 사귈 때는 예절을 다하여 사귀었다. 가까울수록 예의를 갖추었다. 가장 가까운 부부 사이에도 깍듯이 예절을 지켰다.

인사는 자기 자신을 알리는 첫걸음이다. 자기의 존재를 알리는 일에 소홀히 해서는 안 된다. 자신을 알릴 때 정성을 다하여 의관을 정제하고 상대와 맞절을 하면서 통성명을 했다.

예의는 인간의 아름다운 사회생활을 가능하게 하는 기초수단이다. 가까운 벗일수록 예의는 반드시 지켜야 한다. 가장 가까운 부부간에도 예의는 필요불가결한 사항이다. 예의는 사람이 인간다움을 지킬 수 있는 기본이다.

우리의 조상은 이웃이 병들거나 어려운 일이 발생하면 서로 도와주며 살았다. 집에 담장을 만들어도 어깨높이 정도로 낮게 만들어 서로 형편을 돌볼 수 있게 했다. 서로 믿고 사는 신뢰사회가 아니면 상상하기도 어려운 일이다. 그리하여 얻은 '동방예의지국'이라는 별명과 '고상한 사람들이 살고 있는 보석 같은 나라'라는 별칭은 곧 우리 민족의 세계적 브랜드로 전통사회에서부터 오늘날에 이르기까지 한국을 상징하는 이미지로 자리 잡고 있는 것이다.[35]

✽ 한국 국민은 가난한 것보다 불공정한 것에 더 분노한다

우리는 오늘날 '사회적 자본'이라는 용어를 사용하고 있다. '사회적 자본'은 '신뢰지수'가 높을수록 확충된다. 원칙이 통하면 공정(公正)이 생기고, 공정이 통하면 신뢰가 생긴다. 신뢰가 통하면 소통이 생기고, 소통이 통하면 투명성이 제고되고, 투명성이 제고 되면 법질서가 확립된다.

권력은 국민의 삶에 공정을 기하라고 위임된 것이다. 따라서 권력은 국민에 대한 책임이다. 국가통치의 3권을 분배하여 쥐고 있는 입법부, 사법부, 행정부의 권력은 공정이 생명이다. 정부의 행위와 정책실시에서 공정이 결여된다면 공정을 기하라고 위임된 국민의 권력은 오랏줄로 변해 국민을 옥죄게 된다. 특히 우리나라 국민은 공정, 공평, 정의, 평안, 평등, 평화에 민감하다. 예로부터 엘리트 선비들이 지향해온 꿈이 대동사회였기 때문이다. 비록 가진 것이 풍족하지 않아도 서로 나누고 베푸는 삶의 현장을 지켜온 우리 국민은 가난한 것에 분노하기보다 불공정한 것에 더 분노한다.

---

35) 전통시대에 외국인에 의한 우리나라 이미지 중 대표적인 것으로는 ①'동방예의지국' - 동이전 ②'은자(선비)의 나라' - 아서 그리피스 ③'조용한 아침의 나라' - 하멜 및 타골 ④'고상한 사람들이 살고 있는 보석 같은 나라' - 펄벅 등이 있다.

조선 선비는 일찍이 16세기 말엽에 자신의 브랜드인 의(義)와 예(禮)를 이웃 나라 일본에 수출했다. 의와 예는 당시의 '사회적 자본'이었다. 의와 예는 신뢰를 생산한다. 신뢰는 공동체라는 협력사회를 구현하고 개인의 책임정신을 생산한다.

일본은 조선에서 의와 예를 수입하여 사회적으로 협력사회를 구현했고, 국가적으로 존왕사상을 확립했다. 오늘날 까지도 천황체제가 정치시스템으로 존재하는 까닭이다. 뿐만 아니라 의와 예를 통해 충의(忠義)정신을 세우고 후기 사무라이의 핵심정신으로 삼아 '무사도'를 체득하는 데 성공했다. 근대국가에 들어와서는 무사도를 통해 자유민주주의국가의 사회적 기초질서를 다질 수 있는 '시민의식'으로 성숙시켰다. 나아가서 민주시민이 반드시 체득하고 실천해야 하는 국민개인의 '자기책임정신'으로 승화시키고 발전시켜나갔던 것이다.

'신도'란 무엇인가?

일본은 백제에 의하여 전달된 불교의 영향을 크게 받은 나라다. 그러나 에도 막부시대에는 유교와 조선실천성리학의 영향을 받아 일본전통 종교인 '신도(神道)'에 유교를 접목시킨 '신유일치(神儒一致)' 사상이 사회를 지배했다. 에도 막부가 조선실천성리학을 관학으로 삼았기 때문에 사무라이 계급의 상류사회에서는 유교적 삶이 교조되었고 효충경신 사상이 뿌리를 내렸다. 그러나 상인계급 이하의 평민사회에서는 유교가 들어오기 전에 이미 불교가 들어와 신도에 융합되었기 때문에 전통 신도에 가미된 불교식 생활이 주류를 이루고 있었다. 따라서 조선에서 들어온 선비사상의 영향으로 사무라이 계급은 유교적 '신도' 생활에 가까웠고, 상인 계급은 불교적 '신도' 생활에 가까웠다고 할 수 있다.

일본의 불교는 남방계의 소승불교가 아닌 북방계의 대승불교의 영향을 받았다. 특히 정토교파라는 선불교가 크게 발달 했다. 하지만 일본인은 죽고 나면 대부분 신도식으로 장례를 치른다. 신도식장례는 오늘날에도 많은 일본인들이 행하고 있는 장례방식이다. 잘 모르는 서양인이 보면 불교식 장례로 오인할 수 있지만 이것은 불교식 절차를 신도식으로 포용한 것이다. 살아 있는 동안은 조선에서 전래된 유교적 예법이 가미된 유교방식에 철저한 생활을 하다가, 죽으면 장례를 신도식으로 치르는 것이 일반화되어 있다. 일본의 '신도'는 불교, 유교가 융합된 '신도'로 변천했다. 요즘 일본인들은 이런 생활방식과 장례방식을 유교식이나 불교식이라고 이야기하지 않고 신도식이라고 이야기한다.

일본인은 태어나서 첫 나들이를 유교식도 아니고 불교식도 아닌 '신도(神道)'식으로 하고 있다. 모든 신생아는 어머니에 안겨서 신사(神社)로 가서 신(神)에게 신고식을 하는데 일본말로 '진자 마이리(神社參拜)'라고 하는 신도식 출생신고를 누구나 빠짐없이 한다. 그 후에도 3세, 5세, 7세가 되는 생일날, 또 20세로 성인이 되는 생일날, 배우자를 만나 결혼하는 날에는 신사에 가서 신고식을 거행한다. 뿐만 아니라 매년 양력 정월 초하루, 조상의 기일, 중요한 기념일에도 '진자 마이리'를 빼놓지 않는다. 일본인의 종교관은 대체로 통일되어 있다. 일본인의 종교는 거의 대부분이 '신도(神道)'다. 그리고 '신도'를 신앙하는 곳이 '신사'다.

신도는 메이지 유신 이래 국가적 행사에 공식적으로 도입되었으므로 일본의 국교라고 말할 수 있다. 일본의 모리(森) 전 수상이 의회에서 일본은 '신의 나라'라고 공식 천명한 일이 있을 정도다. 오늘날 일본인은 신도와 분리하여 생각할 수 없다. 일본신도의 말에는 '800만의 신'이라는 표현이 있다. 이는 수많은 신을 의미하는 말로 모든 사물에 신이 깃들어 있다는 신도사상을 상징하는 것이다. 일본인은 사람은 죽으면 모두 신이 되고, 신사에 가서 신을 공경하면, 신은 산사람을 보살펴 준다는 단순한 신앙을 가지고 있다. '산사람은 신을 공경하고, 신은 산 사람을 보살펴 준다'라는 표어가 신사의 기둥 여기저기에 붙어 있는 광경을 일본의 어디에서나 볼 수 있는 것이다.

세계에서 가장 큰 개신교의 교회 10개는 모두 한국에 있다는 통계처럼 한국은 개신교가 들어와서 포교에 크게 성공한 나라다. 이러한 한국의 현상과는 달리, 세계에서 개신교의 포교가 가장 어렵고 활동이 미미한 곳은 일본이라는 나라다. 일본에도 교회, 성당이 있어서 기독교 신자가 전혀 없는 것은 아니지만 사실상 교세는 극히 미미하다.

한국은 유교, 도교, 불교, 기독교(천주교, 개신교, 성공회, 정교 등 범 기독교), 이슬람교, 민족종교, 샤머니즘이 각각 독립적으로 종교활동을 하고 있는 다양한 종교가 평화적으로 공존하고 있는 나라다. 그러나 일본은 불교, 유교, 도교와 일본적 샤머니즘이 하나의 일본식 전통종교에 스며들어 융합된 '신도'가 유일하게 종교적 활동을 지배적으로 하고 있는 나라다.

오늘날 일본인에게 물어보면 자신의 종교가 '신도'라고 하는 사람이 거의 대부분이다. 인도가 '힌두교'의 나라인 것처럼, 이스라엘이 '유대교'의 나라인 것처럼, 일본은 '신도'의 나라다. 인도의 힌두교에는 2억이 넘는 신이 존재한다고 한다. 일본의 '신도'에도 헤아릴 수 없이 많은 신이 존재한다. 예를 들면 부엌에는 부엌 신이 있고 밥에는 밥 신이 있다. 모든 신이 모든 일본인의 삶을 지배하고 있는 것이다.

한국은 샤머니즘 외에도 전통신앙인 단군교가 있고, 천도교, 대종교, 증산교, 갱정유교 등으로 민족종교가 다양하게 발달하여 왔다. 또한 서구 등 해외에서 종교가 들어 왔을 때 우리의 전통신앙에 그것을 접목시켜서 하나의 종교로 융합시키려 하지 않았다. 외래 종교의 교리를 그대로 받아들여 도교면 도교, 불교면 불교, 유교면 유교, 천주교면 천주교, 개신교면 개신교의 교리를 그대로 인정하여 각각의 신앙생활이 이루어지도록 종교의 자유가 허용되어 있다. 이는 물론 근대사상이 상륙한 대한제국 이후의 일이다.

일본인은 우리나라와는 다르게 종교를 수입할 때 도교, 불교, 유교의 교리를 부분적으로 채택하여 그들의 전통적 일본식 '신도'에 접목시키는 방법을 선택했다. 오늘날까지도 일본인이 하나의 종교체제를 유지하게 된 근본 이유다. 물론 이러한 종교의 융합적 도입은 근대 이전의 일이고 근대 이후 일본에서는 한국에서와 마찬가지로 종교활동의 자유가 허용되고 있다.[36]

일본인이 믿는 '신도'에는 형식상 유교, 도교, 불교적 요소를 취사선택한 면이 많아 외견상 유사한 신앙행위를 볼 수 있다. 그러나 '신도'는 일본의 건국신화에 뿌리를 두고 있기 때문에 극히 일본적이고 일본국민이라야만 이해할 수 있는 종교이다. 일본인 이외에는 신도를 신앙하는 사람이 거의 없기 때문이다.

---

36) 한국에서는 고려 말 『불씨잡변(佛氏雜辨)』을 저술하여 '억불론'을 주장했던 조선개국공신 정도전이 고려의 멸망원인을 '부패한 조정과 불교의 타락'으로 인식했다. 고려의 승려들이 왕실귀족세력과 결탁되어 있어서 역성혁명에 방해가 된다고 판단한 정도전은 '숭유억불(崇儒抑佛)'정책을 주장했다. '숭유억불' 정책으로 고려왕조에서 승려와 사찰에 주어진 혜택이 조선 초에 철폐되었으나, 조선 왕실은 개인적으로 불교를 신앙했고 일반 백성들도 불교를 믿는 관습을 이어가기 때문에 '억불'정책은 형식적인 선에 머물게 되었다. 조선 후기 천주교 탄압은 신해박해(정조 15년; 윤지충, 권상연이 처형됨), 신유박해(순조 원년; 노론파에 의해 이승훈, 이가환, 황사영 등이 처형되고 정약용, 정약전 등이 유배당함), 기해박해(헌종 5년; 풍양 조씨의 세도정치 집권기에 가혹한 천주교 탄압이 이루어져 우리나라 최초 신부인 김대건 신부, 정하상 및 프랑스 신부 3인이 처형됨), 병인박해(고종 3년; 대원군에 의해 프랑스 신부 9인과 수천 명의 신도가 처형됨. 프랑스 신부 한 명이 해외로의 탈출에 성공해 이 사실을 알림으로써 병인양요 발생의 계기가 됨)등으로 실질적 탄압이 가해졌으나 대원군의 실각 후 사실상 종교박해는 해제되었다.

❀ 한국인은 맹자사상, 일본인은 순자사상

종교관과 종교적 생활에서 한국인과 일본인은 근본적인 차이가 있다. 일본인이 아닌 외국인이 볼 때 일본사회는 질서정연하고 일사불란 하여 일본인끼리 똘똘 뭉쳐져 있는 것 같은 인상을 준다. 마치 유대인이 유대교로 뭉쳐져 있는 모습과 비슷하다. 그 이유는 모든 국민의 정신적 가치관의 동일시에서 찾아볼 수 있다. 이런 가치관의 토대는 하나의 종교관인 '신도'에서 출발하는 것이다.

유교사상이 일본에 상륙한 내용도 한국과는 기본적으로 다르다. 이것은 받아들이는 입장에서 자연적으로 달라진 측면이라고 볼 수 있다. 유교는 공자의 인(仁)사상에 맹자의 의(義)사상과 순자의 예(禮)사상이 두 기둥으로 첨가 되어 유교사상의 핵심이념을 이루고 있다.

한국인은 유교를 받아들일 때 맹자사상을 주축으로 한 '성선설'에 무게를 두고 유교를 받아들인 측면이 강하다. 따라서 한국인은 맹자의 의(義)사상에 의한 도덕성과 '성선설'로 체질화되어 있다. 한국인은 법질서보다 도덕적 평판을 더 중하게 여긴다. 반면 일본인은 순자의 '성악설'에 무게를 두고 유교를 받아들인 측면이 강하다. 일본인은 '성악설'에서 나온 예(禮)사상에 체질화되어 있다. 일본인은 도덕성 보다 국가가 만든 법질서와 국가와의 일체감을 중하게 여긴다.

인간은 태어날 때부터 착하다는 생각과 인간은 태어날 때부터 악하다는 생각은, 인간을 보는 시각과 그에 따른 대처방법이 달라진다. 맹자는 인간이 선천본선(善天本善)의 내재적 도덕성을 타고 태어난다고 보았다. 그렇기 때문에 인간은 자신이 갖고 태어난 선성을 갈고 닦아 약자와 타인을 위해 정의를 발휘해야 한다는 논리를 구축했다.

조선의 퇴계는 도덕성(四端)을 인간의 본성으로 보았고 감정(七情)을 인간의 본능으로 보았다. 인간의 본성은 선이고 명덕(빛)이므로 갈고 닦아 빛냄으로써 인간의 본능인 감정을 능히 다스릴 수 있다고 퇴계는 생각했다. 본성은 절대선이나 본능은 선과 악이 공존할 수 있으므로 인간은 악을 물리치고 제어하여 선을 선택해야 한다는 것이다.

그러나 순자는 인간은 본래 성악(性惡)이라 단정하면서 인간은 태어날 때부터 이익을 좋아하고 남을 미워하는 존재이며 이러한 것은 인간의 본성적 욕구라고 보았다. 따라서 선의 행위란 인간이 타고나서 행하여지는 것이 아니라 인간의 의지적 실천을 통해 본성을 변화시켜야 나올 수 있는 행위라는 논리를 세웠다. 이것이 순자의 화성기위(化性起僞)론이다.

인간의 의지적 실천을 외적 규범으로 제도화한 것이 예(禮)이며, 인간에게는 외적으로 규제하는 예의 규범이 반드시 필요하다고 순자는 주장했다. 이른바 예치주의(禮治主義)를 순자는 강조했던 것이다. 순자의 사상은 훗날 그의 제자 한비자에 의해 법가사상의 뿌리가 된다.

일본의 지도자들은 순자사상에 빠져들었다. 일본인은 맹자의 도덕론 특히 왕도론을 받아들이지 않았다. '백성이 원하면 군주도 갈아치울 수 있다'는 맹자의 왕도론과 혁명적 발상을 못 마땅하게 생각했다. 때문에 에도 막부 시대에는 맹자에 관한 책은 금서로 취급되었다. 일본의 지식인들은 맹자서적에 접근할 수 없었다. 한반도를 통해 많은 사상서적들이 건너 갈 때 맹자 책은 가려서 현해탄에 버려졌다고 한다. 일본은 장군이 통치하는 무사정권이 장기간 존재했지만 일본 왕을 갈아치운 혁명은 한 번도 일어나지 않았다.

맹자에게 있어서 천(天)이란 초월적이고 신비적이고 권위적인 것이 아니다. 맹자는 천(天)을 민의이고 백성의 뜻으로 보았다. 그렇기 때문에 비록 천자나 임금이라 하더라도 백성의 삶에 도움을 주지 못한다면 그런 임금은 하시라도 갈아치울 수 있다고 생각한 것이다. 뿐만 아니라 당시 농경사회에서의 하느님이었던 사직도 바꾸어버릴 수 있다고 생각했다. 이는 즉 부처를 믿다가 예수를 믿을 수 있고, 야훼를 믿다가 알라를 믿을 수 있으며, 알라를 믿다가 부처를 믿어도 아무 상관없다는 자유사상관으로, 다만 백성만은 절대로 갈아치울 수 없는 존재로 인식했던 것이다. 따라서 한국사에는 역성혁명이나 군사쿠데타가 용인될 수 있었지만, 일본사에는 역성혁명도 군사쿠데타도 용인되지 못했다. 일본에서는 천황을 바꾼 역사가 없고 군사쿠데타가 성공한 역사가 없다. 일본 왕을 최고의 성역으로 국가의 정점에 두고 그 밑에 사무라이와 상인계급이 자기분수를 지키는 공동체 사회를 유지해 온 까닭이다.

맹자사상의 추종자인 한국인과 순자사상의 추종자인 일본인은 정치의 실현방법도 서로 달랐다. 한국인은 최고지도자가 백성에게 해악이 된다고 판단하면 언제든지 갈아치울 수 있다고 생각한다. 조선의 사대부들은 임금에게 절대 충성을 보냈지만 도저히 납득할 수 없는 자격미달이라 판단하면 '거의소청(擧義掃淸)'을 내세워 임금을 바꾸어버리는 혁명을 주저 없이 실천했다.[37)]

한국인은 명분과 대의를 내세운다. 한국인은 순리와 원칙을 소중하게 생각한다. 한국인은 시비(옳은가 그른가)에 집착하는 '명분파'이고 '의리파'이다. 그러한 명분과 의리의 뿌리는 백성에게 있다. 명분과 의리는 왕에게서 나오는 것이 아니고 사대부에게서 나오는 것도 아니다. 오직 백성으로부터만 나올 수 있는 것이다. 그러나 일본인은 다르다. 일본인은 그들의 왕에게는 끝까지

---

37) 유학(儒學)에는 혁명과 개혁사상이 담겨 있다. 『맹자』에 나오는 일부론(一夫論)에는 이렇게 기록되어 있다. 제선왕이 신하인 탕(湯)과 무(武)가 임금인 걸(桀)과 주(紂)를 정벌하고 죽인 예를 들면서 "신하가 그 임금을 시해하는 것이 옳습니까?"라고 물었다. 맹자는 "인을 해치는 자를 적(賊), 의를 해치는 자를 잔(殘)이라고 하는데, 잔적(殘賊)은 일부(一夫)에 불과합니다. 일부인 주(紂)를 죽였다는 말은 들어도 임금을 시해했다는 말은 듣지 못했습니다"라고 답했다. 한 사내를 죽였지 임금을 죽인 것이 아니라는 뜻이다. 일부를 독부(獨夫)라고도 하는데 악정(惡政)으로 백성들에게 버림받은 임금을 뜻한다. 동양에서는 임금이 되는 것을 천명을 받았다고 하는데, 천명의 징표는 하늘에서 내려오는 신비한 계시가 아니라 백성들 민심의 귀일(歸一)과 순응(順應)이라는 것이다. 『서경』의 대우모(大禹謨)에 나오는 "가애비군가외비민(可愛非君可畏非民; 친애스러운 것이 임금이 아니고 두려운 것이 백성이 아닌가?)"도 가장 두려운 존재가 백성이란 뜻이다.

충성한다. 왕의 자질은 따지지 않는다. 왕은 원래부터 왕이다. 조직의 최고 지도자에게는 반역하지 않는다. 일본인은 명분과 대의보다는 현재의 실익과 체면을 중시한다.[38)]

일본인은 원칙보다는 현실적 계산에 따라 움직인다. 지금 내게 유리하면 취하지만 지금 내게 불리하면 과감하게 버린다. 자신에게 유리한 과거사는 끝까지 기억하지만 자신에게 불리한 과거사는 금방 잊어버린다. 일본인 특유의 이중잣대다. 오늘날에도 일본의 극우세력은 2차 세계대전 말미에 미국이 투하한 히로시마와 나가사키의 원폭투하를 영원히 기억하자고 외치고 있다. 그러면서도 선전포고도 없이 자신들이 먼저 침공한 하와이 진주만 폭격에 대해서는 까마득하게 잊어버린 듯이 아무 말도 하지 않는다.

일본인은 자기들이 저질은 침략행위에 대해서는 '과거는 과거다'라며 모른 체 하는 태도를 견지하고 있다. 한반도에서 대한제국에 대한 침략행위와 중국에 대한 만주침략행위도 벌써 잊어버린 듯 외면하고 있는 것이다. 일본인은 과거에 얽매이지 않고 현재에만 살고 있다. 현재의 손익(남느냐 손해냐)에 집착하는 '실익파'이고 '현실파'이다.

---

38) 일본의 경제학자 다케우치 야스오는 『일본인의 행동문법』이란 책에서 '일본인들은 자기가 속한 집단의 관행이나 룰을 사회, 국가, 국제사회의 관행보다 우선하는 경향이 있다'고 설명한다. 1995년 다이와(大和)은행 뉴욕지점이 11억 달러의 손실을 미국 금융당국에 보고하지 않고 은폐하려다 발각된 일이 있다. 다이와은행은 당시 일본 대장성에 이 사실을 먼저 보고했다. 그러나 대장성은 부실금융회사 처리에 여념이 없던 터라 미연방준비제도(FRB)에 이 사실을 알리지 않았다. 결국 미국이 이를 발견하고 대장성에 항의하자 대장성의 국제금융국장이던 사카키바라 에이스케는 '문화 차이'로 치부하고 넘어갔다.
2011년에는 세계적 광학기기 명가인 올림푸스의 분식회계가 문제가 되었다. 올림푸스는 1990년대 버블이 꺼지면서 큰 손실을 보았다가 이를 분식회계로 20여 년 동안 감춰왔다. 그러나 스카우트 해온 외국인 CEO인 마이클 우두퍼드 에 의해 발각되자 그를 2주 만에 해임시켜버렸다. 올림푸스가 손실을 은폐하기 위해 빼돌린 돈이 1,000억 엔(1조 4천 억 원)규모였고 2006~2008년 국내외에서 4건의 M&A를 하면서 비용을 과다 지급하는 방식으로 손실을 털어냈던 것이다. 올림푸스의 회장이 의혹을 제기한 마이클 우두퍼드 사장의 해임을 발표하면서 한 말은 '일본의 문화적 풍토에 대한 배려가 없었고 사원들도 이대로는 일을 못하겠다는 말을 많이 했다'라고 설명했다. 일본은 조직의 화합을 중시해 평지풍파를 피하려는 의식이 정부조직, 기업조직을 지배하고 있으며 '내 소관이 아니면 끼어들지 않는다'는 조직풍토가 정심(正心)을 말살시키고 있다. 일본인은 조직의 관행이나 상사의 명령을 '위법이니까 안 된다'고 정면에서 거부하는 행위를 할 수 없도록 훈련되어 있고, 나중에 처벌받더라도 죄의식으로 여기기보다 본인의 불운으로 받아들이는 관행이 있다. 즉 일본은 '오야붕'과 '꼬붕'의 수직적 '할거주의'가 사회현장에 남아 있는 나라다.

'혼인'은 한국말, '결혼'은 일본말

혼(婚)은 장가들 '혼'이고 인(姻)은 시집갈 '인'이다. 즉 '남자는 장가들고 여자는 시집간다'는 뜻이다. 우리나라 헌법과 민법에도 '혼인(婚姻)'이라고 쓰고 있다. 1994년 7월 가정의례에 관한 법률과 그 시행령을 개정하여 그 동안 헌법과 민법과는 다르게 쓰여 있었던 '결혼(結婚)'이라는 표현을 '혼인(婚姻)'으로 통일했다. 그래서 예식장도 혼인예식장으로 결혼상담소도 혼인상담소로 허가가 나간다. 예식장이나 교회에서 행하는 부부선언도 '혼인서약'이라고 말하지

'결혼서약'이라고 말하지 않는다. 그럼에도 불구하고 '혼인'이라는 표현보다 '결혼'이라는 단어가 더 많이 쓰이고 있는 사회현상을 어떻게 보아야 할 것인가? 이는 일제가 가져와서 한반도에 남긴 말이 아직도 보편적으로 사용되고 있는 언어의 인습현상 때문이다.

'결혼'이라고 하면 그냥 장가든다는 말에 지나지 않는다. 남자가 일방적으로 장가를 간다는 뜻밖에 없다. 일본어의 '결혼'이라는 단어와 한국어의 '혼인'이라는 단어는 그 의미가 근본적으로 다르다. 한국어의 '혼인'이라는 단어에는 남녀가 장가들고 시집간다는 의미가 동시에 포함되어 있기 때문이다.

우리나라 예학의 종장 사계 김장생 선비가 1599년에 집필한 『가례집람(家禮輯覽)』에 보면 혼인의 정의를 다음과 같이 설명하고 있다.

"혼인이란 남자와 여자가 몸을 합하는 데에 참 뜻이 있다(婚姻則男女合體之義)."

이와 같이 혼인의 뜻이 분명하다. 남자와 여자가 부부가 되는 것은 남녀가 음양의 조화와 융합을 일으켜 자녀를 두고 가정을 만들어, 그 가정을 잘 보존하고 행복한 삶을 영위하는 기초적 수단으로 자연스러운 현상이다.

남녀가 만나 부부가 되는 새로운 출발의식을 우리는 혼례(昏禮)라고 한다. 이때의 '혼'이라는 글자는 '날 저물 혼'이라는 뜻을 가지고 있다. 왜 하필 '날 저물 혼' 자를 써서 혼례라고 했는가? 혼인은 남녀가 몸을 합치는 일이므로 그 의식을 행하는 시간도 양과 음이 교차하는 시간이 좋다고 생각했다. 하루 중에 양인 낮과 음인 밤이 만나는 시간은 아침 해가 뜰 때와 저녁 해가 질 때이다. 남녀가 몸을 합하는 일은 바로 첫날밤이고 이것을 합궁(合宮)이라 한다. 합궁은 낮에 하는 것이 아니고 밤에 하는 것이 순리다. 아침 음양이 교차하는 시간에 혼인식을 올린다면 합궁하는 밤 시간까지는 너무 많은 시간이 남아 있어서 혼인을 끝낸 남녀에게 가혹하다는 생각을 하지 않았을까? 그래서 합궁시간 직전이면서 음양이 교차하는 해질 무렵에 예식을 올린다는 뜻으로 '날 저물 혼' 자를 써서 '혼례'라고 한 것이다.

'장가들 혼(婚)' 자는 날 저무는 시간에 여자를 얻는다는 뜻으로 '계집 녀(女)' 자와 '날 저물 혼(昏)' 자를 합친 글자이다. 우리나라의 전통혼례관습은 신랑이 신부 집에 가서 혼인예식을 올리고 몸을 합해서 부부가 된 다음에, 신부가 신랑을 따라 신랑 집으로 들어가는 의식으로 진행되며, 첫날밤은 반드시 신부 집에서 치러야 했다.

조선시대에는 신랑이 신부 집에 가서 혼례를 올리고 일정기간 동안처가살이를 하며 처(妻)의 부모를 모시고 살기도 했다. 그런 다음에 때가 되면 시가로 돌아와서 시부모를 모시는 것이 관습이었다.

이와 달리 중국의 혼인은 친영례(親迎禮)라고 한다. 신랑이 먼저 말 타고 신부 집으로 가서 그 말에 신부를 태우고 신랑 집으로 돌아와서는 예식을 신랑 집에서 올리고 첫날밤을 신랑 집에서 치른다. 중국의 혼례는 신랑 집에서 부부가 되며 이 점이 한국과 다르다. 한국은 반드시 신부 집에서 부부가 되었기 때문이다.

중국의 전통 혼례절차인 주육례(周六禮)를 보면 다음과 같다.

① 납채(納采): 남자 측에서 여자 측에 아내로 삼기로 결정했다는 뜻을 전한다.
② 문명(問名): 남자 측에서 여자 측에 신부될 규수의 어머니가 누구인가를 묻는다.
③ 납길(納吉): 남자 측에서 여자 측에 혼인하면 길할 것이라는 뜻을 전한다.
④ 납징(納徵): 남자 측에서 여자 측에 예물을 보낸다.
⑤ 청기(請期): 남자 측에서 여자 측에 혼인 날짜를 정할 것을 청한다.

⑥ **친영**(親迎): 남자가 여자의 집에 가서 여자를 데려다가 남자 집에 돌아 와 서 혼인 예식을 올린다.

위에서 보면 남자가 여자에게 아내 삼기를 결정했다는 뜻을 일방적으로 전하고(納采) 난 뒤에 여자의 어머니가 누구인가를 묻는 것(問名)으로 되어 있다. 오늘날의 감각으로 생각하면 일의 순서가 뒤바 뀐 감이 없지 않다. 그러나 당시에는 남자 측에서 여자 측에 아내 삼기를 먼저 결정하고 여자 측 어머니가 누구인가를 묻는 것이 순서였다. 중국에서는 여자 측을 경시하여 여자 측에서 해야 할 일은 혼인 날짜를 받는 것 외에는 아무것도 없었고, 남자 측 일변도의 절차만으로 의식이 행해졌다. 이러한 의식의 절차는 아직도 중국의 각 지방에 그대로 남아 있다.

우리나라의 전통혼례는 중국의 혼례절차와는 근본적으로 다르다. 조선사회에서 혼례가 이루어지는 절차는 다음과 같다.

① **혼담**(婚談): 남자 측에서 여자 측에 혼인하고 싶다는 뜻을 전하는 청혼(請婚)이 먼저 이루어진다. 그런 다음에 여자 측에서 혼인해도 좋다는 허혼(許婚)을 하게 된다.
② **납채**(納采): 허혼을 받은 남자 측에서 여자 측에 혼인의 뜻을 굳혔다는 뜻으로 사주(四柱: 신랑의 생년월일시)를 적은 사주단자를 보낸다.
③ **납기**(納期): 여자 측에서 신부의 생리일 등 형편을 고려하여 혼인일자를 확정해서 남자 측에 택일(擇日)단자로 보낸다.
④ **납폐**(納幣): 신랑 측에서 신부 측에 예물을 보낸다.
⑤ **대례**(大禮): 신랑이 신부 집으로 가서 혼인예식을 올린다. 첫날밤은 신부 집에서 보낸다.

⑥ 우귀(于歸): 신랑이 말을 타고 신부를 안내하며 신부는 가마를 타고 신랑을 따라 시댁으로 들어간다.

이와 같이 우리나라의 전통혼례관습은 부부가 평등하다는 원칙에 따라 남자 측에서 해야 할 일 과 여자 측에서 해야 할 일을 따로따로 정해 놓고 있다. 혼인예절 한 가지를 놓고 보더라도 한국예절은 중국예절과 다르며 한국에서는 남녀평등정신이 구현된 합리적인 관례를 만들었다고 볼 수 있다.

이렇듯 동양에서 일찍이 남녀평등정신을 실현한 지역은 한반도이다. 삼국시대, 통일신라시대와 고려시대에는 여성상위의 사회상이 오히려 강했다. 여성상위 시대는 조선왕조로 넘어오면서 남녀평등의 분위기로 변천되기 시작했다. 임진왜란 이후 일본에서 건너온 남존여비 사상이 조선 후기 사회를 여성비하사회로 바꾸기 전에는 조선에서 여성의 지위는 남성과 동등한 것이었다. 사람이 성인이 되어 부부를 이루고 한 가정을 이루는 혼례의 예절을 보더라도 조선왕조의 선비사상은 근본적으로 남녀평등을 바탕으로 하고 있었음을 알 수 있다.

서구사회에서는 역사적으로 여성은 오랫동안 인간적 대우를 받지 못했다. 여성은 노예와 같은 비참한 삶을 영위하고 있었다. 유대인의 민족사나 게르만족의 역사서를 보면 오로지 남성의 역사로만 점철되어 있다. 바이블에도 여성은 심히 차별적으로 묘사되어 있는 곳이 많다. 서구 사회에서는 르네상스 이후, 즉 합리적 인본주의 사상이 나타나서 인간이 신으로부터 독립한 18세기에 들어와서야 비로소 남녀평등사상이 발아되었던 것이다.

조선의 선비는 혼인한 부부가 사랑으로 살지 않았다. 오히려 사랑이 아닌 가문의 전통과 남녀 간의 애틋한 정(情)으로 살았다. 정이 없는 서양 부부의 사랑은 개인적이고, 일시적이며, 변수가 많은 것이지만, 한국 부부의 정은 쌍

방형이고, 가족적이며, 지속적인 것이다. 그리하여 죽을 때까지 변하지 않는 누적적인 정이 될 수 있었던 것이다.

1969년 12월 해가 저무는 어느 날에 부산에서 목회활동을 하고 있던 미국인 선교사가 교회에 나오는 한국인 할아버지에게 질문했다.

"지금도 부인을 사랑하십니까?"

할아버지가 대답했다.

"아니요, 우리는 사랑하지 않습니다."

"그런데 어떻게 백년해로 하십니까?"

"우리 부부는 정으로 살고 있습니다."

그 미국 선교사는 이 말을 이해할 수 없었다. 서양에는 우리가 쓰는 정이라는 단어에 꼭 들어맞는 단어가 없었기 때문이다.

사랑은 변하지만 정은 변하지 않는다. 정나미가 떨어졌다가도 반드시 다시 붙는다. 정이란 한 번 들면 참으로 끊기 어려운 것이다. 정은 미운 정 고운 정 다 어우러져 있기 때문이다. 하지만 사랑에는 고운 사랑만 있지 미운 사랑이 있을 수 없다. 미운 사랑은 증오로 변하고 증오는 저주로 돌변한다. 사랑이 저주로 변하면 그 사랑은 끝이다. 서로 저주하면 파탄, 파멸, 파혼이 오고 마는 것이다.

한국인은 일시적이고 유한하고 유행하는 사랑을 하지 못한다. 대신에 오래되고 무한하고 내면적인 정에 천착한다. 오래된 사랑, 무한한 사랑, 내면적인 사랑, 변하지 않는 사랑이 정이다. 겉으로 들어내지 않으면서 은근하고 따뜻하다. 정은 포근하게 감싸준다. 서로 육체만 포옹하는 것이 아니라 마음도 같이 포옹하는 사랑이 정이다.

정은 가족과 친구에게도 줄 수 있다. 이웃에게도 줄 수 있다. 여러 사람에게도 줄 수 있다. 정은 확장성을 가지며 영속성을 가진다. 정은 더불어 사는 삶의 밑거름이기도 하다. 한반도에서는 삼국시대, 고려시대, 조선시대에 남녀가 서로 사랑하면 상대방을 정인(情人)이라고 불렀다. 오늘날 우리 사회에서 사용하고 있는 애인(愛人)이라는 단어는 일제강점기에 일본인이 가져와서 사용하던 말이다. 일본은 영어의 'lover'라는 단어를 '애인'으로 번역했던 것이다.

사랑은 식으면 미움이 된다. 미움이 진화하면 증오가 된다. 증오가 쌓이면 저주가 된다. 이렇게 감정의 상태에 따라 변하는 삶에 더불어 사는 삶을 기대할 수 없다. 그러나 정으로 사는 삶에서는 더불어 사는 삶을 기대할 수 있다. 더불어 사는 삶은 따뜻한 삶이고 보살피는 삶이며 섬기는 삶이고 아름다운 삶이다.

사랑은 뜨거웠다가 식어버릴 수 있다. 정은 뜨겁지 않다. 그 따뜻한 온기가 변함없이 지속되는 것이 정이다. 우리나라의 부부는 서로 뜨겁게 좋아하기보다는 상대방을 소중하게 감싸주고 서로 섬기면서 살아간다. 뜨거운 삶이 아니라, 따뜻하고 포근한 정으로 서로 보살피는 삶이다. 이러한 따뜻한 정으로 서로 보살피는 삶이 백년해로의 기본이 되는 것이다.

조선으로부터 혼인예절을 배운 에도 막부 시절의 일본의 결혼식은 신부 집에서 거행되었다. 조선의 선비들이 전해 준 혼인절차를 따랐던 것이다. 그러나 조선이나 중국에서처럼 혼례의 절차가 복잡하지는 않았다. 양가의 첫 대면장소도 결혼 당일에 이루어졌으며 '나코오도(중매인)'가 증인으로 참석했다. 신랑 측에서 혼인의 의사를 신부 측에 전달하는 결납(結納)이 유일한 혼인절차의 행위였다.

신랑이 신부가 될 여자에게 결혼의 증표로 띠를 만드는 천과 옷가지를 만드는 재료를 목록과 함께 보내는 것으로 혼인은 결정되었다. 신랑 측에서 마음에 든다고 하면 대개 혼인은 성사되었다. 신부 집에서 혼인식을 마치면 신랑은 즉시 신부를 대리고 신랑 집으로 떠난다. 첫날밤을 신부 집에서 보내게 되는 한국과는 이 점이 다르다. 한국의 혼인과 중국의 혼인절차를 혼성한 것이라 볼 수 있다. 혼인절차에서 신부 측에서 의견을 내세우는 일은 허락되지 않았으며 신랑 측에서 요구하는 대로 따라가는 것이 관례였다.

오늘날 일본인의 혼인은 신사에서 하든 교회에서 하든 가족과 가까운 친척들만 참석하고 하객을 초청하는 피로연은 공회당이나 대형식당, 호텔 등에서 별도로 행한다. 하객은 참석여부를 사전에 통보하고 지정되어 있는 자기 자리에 가서 앉아야 하며 남자 하객은 결혼식장에서 반드시 흰 넥타이를 착용하도록 관례화되어 있다.

일본에서는 남녀가 결혼해서 부부가 되면 여자는 남자의 성을 따른다. 여자는 결혼과 동시에 자신의 성이 지워지고 남편의 성이 이름 위에 붙는다. 아내는 자신의 성만 없어지는 게 아니라 남편을 '주인(主人しゅじん)'이라고 불러야 한다. 결혼과 동시에 남편은 아내의 '주인'이 되는 것이다. 아내는 평생 남편을 '주인'으로서 모시고 사는 삶을 영위한다. 아내는 남편의 종속인처럼 남편의 시중을 들어 준다.

말씨도 부부간에 서로 다르다. 남편은 아내에게 반말을 쓴다. 하지만 아내는 남편에게 반드시 존댓말을 사용한다. 이런 관습은 중세를 거쳐 근대에 이르기까지 계속되어 현대의 가정생활에까지 정착되어 있다. 요즘 젊은이들이 부부간에 말씨를 동등하게 사용하는 신풍속을 만들어 가는 추세를 보이고 있지만, 오늘날에도 가풍이 있는 집안의 아내는 남편이 밖에서 돌아올 때 현관에 앉아 무릎을 꿇고 두 손을 앞에 모아 다소곳이 머리를 숙이며 정중하게 맞아들이며 부부간에 전통 말씨를 지켜가고 있는 모습을 볼 수 있다.

1878년 3월 28일 일본의 농상무(農商務) 대신 구로다 기요타카는 만취한 상태로 귀가를 하다가 자신을 정중하게 맞이하지 않는다는 이유로 그 자리에서 아내를 칼로 베어 죽였다. 폐병을 앓고 있던 기요타카의 아내는 현관에

빨리 나올 수 없는 형편이었다. 이 사건은 ≪단단진문≫이 보도를 하면서 알려졌다. 구로다 기요타카는 이 사건 이후에도 계속 승진해 1896년에는 정부 최고의 지위인 내각 총리대신까지 오른다. 자기 집에서 아내를 칼로 살해한 살인자가 벌을 받고 사회의 지탄을 받기는커녕 오히려 승승장구하는 일본인의 이런 모습은 극심한 남존여비 사고의 에너지가 아니면 상상할 수 없는 기이한 사회현상이다.

한국인과 일본인의 부부관계는 엄청난 차이가 존재한다. 일본은 혼인하면 부인이 남편 성을 따르고 남편을 주인처럼 모시는 관계가 성립하지만 한국은 신라시대, 고려시대를 거쳐 조선시대에도 혼인을 하면 가문을 대표해서 시집을 가는 것이기에 아내는 자신의 성과 이름을 그대로 사용했고, 아내가 죽은 뒤에는 묘비까지도 아내의 본관을 써서 비석을 세웠다.

한국의 전통사회에서 혼인이란 집안과 집안 사이의 결합이기 때문에 부인은 당당히 남편과 동등한 대우를 받았다. 신라시대와 고려시대에는 남자는 장가를 가면 여자 집에서 처가살이를 하는 것이 원칙이었고, 대개 첫 아이를 낳을 때까지는 처가살이를 했다. 그 후에는 시가로 와서 시부모를 공양하거나 형편이 허락하면 독립해서 살았다. 이렇게 처가와 시가를 동등하게 교차하면서 양가 부모를 동등하게 모시고 사는 삶을 영위했던 것이다. 고려시대에는 남자는 혼인하면 처가에 가서 머슴처럼 일했다고 해서 '머슴아'라고 불렀고, 여자는 혼인을 해도 제 집에 있는 사람이라고 해서 '제집아' 또는 '지집아'로 불렸다고 한다.

✤ '사색당파'는 일본이 만들어 낸 말,
 '남존여비'는 일본으로부터 들어온 말

조선시대 부부는 해로동혈(偕老同穴)이 원칙이었다. 살아서는 함께 늙어가고 죽어서는 한 무덤에 묻힌다는 부부동체의 풍속이 전통적으로 지속되었던 것이다. 조선 후기에 한 번 혼인한 여성에게는 개가금지령을 내렸을 때도 이에 대한 반대급부로 남성에게는 이혼금지령을 동시에 적용했다. 남녀평등의식이 근저에 깔려 있지 않으면 생각할 수 없는 부부생활의 규범이다.

식민사관의 사고를 이어받은 일부 한국인은 조선시대를 '남존여비' 사회로 알고 있다. 하지만 이는 일제강점기에 일본인이 '남존여비'의 일본식 생활방식을 한반도에서 그대로 답습하면서 조선의 사회관습을 왜곡하고 비틀어 버린 결과이다. 조선시대의 어느 책자에서도 '남존여비'라는 단어가 발견되지 않는다. 일본인의 남성우월사고와 여성비하사고는 임진왜란 이후에 한반도에 들어왔고 조선 후기 한국인의 삶에 심대한 영향을 끼쳤다. 또한 일제강점기에는 일본인들에 의해 '남존여비'라는 말이 공식적으로 쓰이기 시작했고, 그 후 일본인이 쓴 수많은 글과 서적에 이 단어가 쓰였기 때문에 마치 조선이 '남존여비' 사고의 사회인 것처럼 잘못 인식된 것이다.

'사색당파'가 일본인이 만들어낸 단어라면 '남존여비'라는 단어는 일본인이 한반도로 가지고 들어온 단어이다. 한국인의 대부분은 아직도 잘못된 사고와 잘못된 인식을 고치지 못하고 있다. 중국은 예로부터 남성우월사회였지만 한반도는 삼국시대부터 남녀가 평등했고 오히려 모계중심사고에서 파생된 여성우위사고가 남아있던 지역이다. '남존여비'는 서양에서 나온 단어로 근대에 일본이 도입해서 사용해 오다가 한국에 가져온 수입된 말이다.

조선시대에는 실제로 혼인 이후에는 아내가 집안 곳간의 열쇠를 가지고 집안의 대소사에 막대한 결정권을 행사했다. 부부간의 호칭도 평등하게 사용되었다. 이런 호칭은 사대부의 문집에 많이 기록되어 있다. 아내와 남편은 서로에게 '자네'라는 2인칭 대명사를 사용했다. 이런 사실은 문집 이외에도 1998년 4월 경북 안동시 정상동에 있는 이응태 씨의 묘에서 출토된 '원이 엄마'의 편지에서도 밝혀졌다. 이 편지는 1586년 음력 6월 1일 31세의 나이로 죽은 조선 무관 이응태 씨의 부인이 한지에 한글로 써서 관 속에 넣은 편지다. 이 편지는 임진왜란이 발발하기 훨씬 전에 쓰였다. 남편을 저 세상으로 먼저 보내게 된 부인이 쓴 편지의 전문은 아래와 같다.

자네 언제나 나에게 둘이 머리 희어지도록 살다가 함께 죽자 하셨지요. 그런데 어찌 나를 두고 자네 먼저 가십니까? 나와 어린아이는 누구의 말을 듣고 어떻게 살라고 다 버리고 자네 먼저 가십니까? 자네 나에게 마음을 어떻게 가져 왔고 또 나는 자네에게 어떻게 마음을 가져 왔었나요. 함께 누우면 언제나 나는 자네에게 말하곤 했지요. 다른 사람들도 우리처럼 서로 어여삐 여기고 사랑할까요? 남들도 정말 우리 같을까요? 어찌 그런 일들 생각하지도 않고 나를 버리고 먼저 가시는가요? 자네를 여의고는 아무리 해도 나는 살 수가 없어요. 빨리 당신께 가고 싶어요. 나를 데려가 주세요. 자네를 향한 마음을 이승에서 잊을 수가 없고 서러운 뜻 끝이 없습니다. 내 마음 어디에 두고 자식 데리고 자네를 그리워하며 살 수 있을까 생각합니다. 이 내 편지 보시고 내 꿈에 와서 자세히 말해 주세요. 꿈속에서 자네 말을 자세히 듣고 싶어서 이렇게 써서 넣어 드립니다. 자세히 보시고 나에게 말해 주세요. 자네 내 뱃속의 자식 낳으면 보고 말할 것 있다 하고 그렇게 가시니 뱃속의 자식 낳으면 누구를 아버지라 하라시는 거지요? 아무리 한들 내 마음 같겠습니까? 이런 슬픈 일이 하늘 아래 또 있겠습니까? 자네는 한갓 그 곳에 가 계실 뿐이지만 아무리 한들 내 마음같이 서럽겠습니까? 한도 없고 끝도 없어 다 못 쓰고 대강만 적습니다. 이 편지 자세히 보시고 내 꿈에 와서 자네 모습 자세히 보여 주시고 또 말해 주세요. 나는 꿈에는 자네를 볼 수 있다고 믿고 있습니다. 몰래 와서 보여 주세요. 하고 싶은 말 끝이 없어 이만 적습니다.[39)]

　　　　　　　　　- 원이 아버지께 병술년 유월 초하룻날 아내가.

오늘날 한국의 기혼남성은 자기 아내를 '마누라'로 부른다. 이 '마누라'라는 호칭은 조선시대 때는 아내에 대한 극존칭이었다고 한다. 19세기 홍선대원군이 청에 억류됐을 때 부인에게 보낸 편지에도 '마누라'라는 호칭이 등장한다. 이는 '대비 마노라' 등으로 왕실에서 사용되던 호칭이 사대부 집안에서 사용하게 되었고 그 후 평민들도 부인에 대한 존칭으로 사용하게 된 것이다.[40)]

한국은 고려시대까지는 여권이 상위였다가 조선시대에 들어와서 남녀평등, 부부평등이 이루어졌다. 조선은 유교를 국시로 정했기 때문에 고려의 풍속을 변화시키려고 노력을 했으나 조선 중기까지는 시댁과 친정 봉양을 사위와 며느리가 공동으로 책임지는 오래된 전통사회관습이 계속되었다. 예를 들어 처의 부모가 돌아가시면 그 제사까지도 사위가 지냈다. 제사를 지내는 방식도 처가의 가풍을 따라서 했다. 부모가 재산을 물려주는 상속도 아들, 딸 구별 없이 공평하게 배정했으며, 집안일은 부인이 전적으로 다스리고 집 밖의 일은 남편이 다스리는 가정의 공동경영 관습이 지속되었다. 왕이라고

---

39) 안동대학교 박물관 소장품이다. 이 편지는 이응태씨의 후손이 이장을 하려 묘를 파헤치다가 발견되었다. 천 년이 간다는 한지에 쓰여 있어서 이 편지는 후세에 전해질 수 있었다.

40) 한글창제(1443) 이후 19세기 말 까지 작성된 한글편지는 약 2500 여 통이 남아 있다. 이 중 부부간에 주고 받은 것은 약 1000여 통이 전해진다고 한다. 조선시대 한글편지 700여 통을 분석한 한국학중앙연구원 황문환 교수에 의하면 남편과 아내는 서로 '자네'라는 2인칭 대명사를 썼고 오늘날의 '하소' 체 종결어미를 사용했다고 한다.

해도 왕비가 관할하는 내명부의 일은 간섭하지 못했고, 사대부라고 해도 안채에서 일어나는 일은 남편이 간섭할 수 없었다.

양반들은 기본적으로 안채, 사랑채, 행랑채, 문간채로 구성되는 가정을 영위했기에 안채의 일은 부인이 알아서 관할하고 사랑채의 일은 남편이 관할하며 손님과 일꾼들이 기거하는 행랑채, 문간채의 일은 부부가 공동으로 관여했다.

한국은 '방방곡곡', 일본은 '진진포포'

일본인들은 물상을 표현할 때, 우리나라 사람들과는 상당히 다른 표현방법을 사용한다.

한국인은 대륙에 붙어 있는 반도국가라 전국을 표현할 때 '방방곡곡(坊坊曲曲)'이라고 하는데, 일본은 섬나라라 전국을 표현할 때 '진진포포(津津浦浦)'라고 부른다. 해안선을 따라 전국이 나루이고 물가이기 때문에 생겨난 표현이다.

밥을 먹을 때 한국인의 밥상에는 숟가락과 젓가락이 놓인다. 일본은 숟가락이 없고 젓가락만 있다. 한국은 숟가락과 젓가락이 한 쌍으로 놓이는 것이 기본이다. 일본은 정식요리인 카이세키 요리를 먹을 때도 젓가락만 놓인다.

젓가락을 사용하는 국가는 지구촌에서 몇 개 국가뿐이다. 한국, 일본, 중국, 대만, 베트남이 대표적인 젓가락 사용국가다. 그러나 쇠젓가락을 사용하는 국가는 한국이 유일하다. 한국 이외에는 모두 나무젓가락을 사용한다. 그만큼 한국은 최초로 철기문명의 수혜를 받을 수 있었던 나라로 오래 전부터 철제를 생활도구로 이용해 왔다.

한국인과 일본인은 음주법이 판이하게 다르다. 음주를 할 때 소주나 양주를 물에 타서(水割; 미즈와리) 마시는 습관은 지구촌에서 일본인뿐일 것이다. 한국에서는 옛날 시골에서 농부들이 품앗이를 할 때 막걸리가 좀 모자라면 물에 타서 휘저어 나누어 준 경우는 있어도, 소주와 양주를 물에 타서 마시는 습관은 존재하지 않는다. 소주는 그냥 마시고 위스키는 양주잔에 얼음을 넣어 마시는 것이 지구촌의 공통된 음주습관이다.

술잔을 채우는 예법은 더욱 다르다. 한국인은 자기 잔을 먼저 마셔서 비우고, 그 잔을 상대방에게 주어서 술잔을 가득 채워 주는 것이 주법의 기본이다. 일본인은 술잔을 건네주는 법이 없다. 상대방의 술잔에 자꾸 첨잔해 주는 것을 주법으로 생각한다. 술에 자신 있는 사람은 술을 마시면 마시는 대로 첨잔을 계속해서 받을 수 있다. 술이 약한 사람은 술잔에 입술만 대다가 그냥 두면 술잔이 차 있는 한 더 이상 첨잔을 해 주지 않는다.

한국인은 상대방에게 술을 더 마시라고 권한다. 일본인은 더 마시라고 권하지 않는다. 일본인과 한국인 주법의 근본적인 차이는 일본인은 술잔을 주거니 받거니 하지 않는다는 것이다. 이러한 주법은 따지고 보면 일본식이 아니다. 원래는 중국식이라고 말해야 옳을 것이다. 중국인은 자기의 술잔만으로 술을 마시는 습성이 있다. 중국인은 자기의 술잔을 남에게 권하지 않는다. 또 자신이 술이 약하면 자기의 술잔을 다 비우지 않으면 된다. 자기의 술잔을 비우지 않는 한 더 마시지 않아도 되기 때문이다. 중국인들은 술자리에서 일어설 때 대부분이 잔에 가득 찬 술잔을 그대로 둔 채 일어서는 것을 예의로 생각한다. 하지만 일본인은 자기가 받은 술은 다 비우고 자리를 뜨는 것을 예의로 생각한다.

한국인은 길거리를 가다가 서로 신체적 접촉이 발생할 경우 거의 예사롭게 생각한다. 약간 부딪치면서 걸어가는 것도 서로 양해한다. 친구끼리라면 어깨동무를 하고 다녀도 무방하다. 일본인은 가까운 사이라도 신체적 접촉을 아주 싫어한다. 친구끼리라도 어깨동무를 하는 경우는 거의 없다. 서로 뒤엉키는 것을 가급적 피하고 다닌다. 한국인과는 아주 다른 이러한 습성은 일본의 무사계급인 사무라이 사회에서 생겨난 것들이다. 옛날에 사무라이들은 모두 칼을 차고 다녔으므로 가급적 서로 부딪치지 않으려고 주의하면서 피해 다녔다. 몸을 부딪친다는 것은 상대방의 칼을 빼앗을 때나 필요한 행위라고 간주했기 때문이다. 마주 오는 사람과 어깨를 부딪치는 것은 칼을 빼앗는 행위인 것이다. 그러한 오해를 불식하기 위한 배려에서 나온 관습이 오늘날 일본인들을 서로 약간만 부딪쳐도 쩔쩔맬 정도로 만든 것이다.

❀ 이중적 정치구조를 선택한 일본인

일본인은 그들의 왕을 '텐노(天皇; 천황)'라고 부른다. 일본인이 생각하는 '텐노'는 신화에서 이야기 해 준 대로 태양신 아마테라스의 자손이다. 즉 일본 신화의 원조다. 또 그들의 민족신앙인 '신도'의 최고 우두머리로서 국가의 상징인 동시에 종교적 최고지도자로써의 의미를 내포하고 있다.

실제로 일본의 '텐노'는 국민으로부터 오랫동안 신(神) 의 대접을 받아 왔다. 세계 2차 대전 패전 직후 쇼와(昭和) 천황이 대 국민 방송에서 '짐은 신이 아니다'라는 점을 특히 강조하여 선언한 점을 보아도 알 수 있다. 당시 대부분의 일본인은 천황을 사람으로 여기지 않고 신으로 떠받들었기 때문에, 일본에 상륙한 미군정청의 최고사령관 맥아더 장군은 일부러 천황을 TV에 나가게 하고 지방 나들이도 자주 하도록 조치했다. 국민들과 자주 접촉하게 하여 천황이 신이 아니라는 사실을 인식시키고, 일반 국민과 똑같은 사람이라는 점을 널리 알려주고 싶었던 것이다. 이는 일본인의 맹목적인 천황신앙을 깨부수기 위하여 전략적이고 심리적인 조치로 취한 일이었다.

일본열도가 하나로 통일되기 전의 일본은 지방의 토호 세력 자들끼리 서로 자기 세력을 넓히기 위하여 땅 따먹기를 하고 권력을 다투는 싸움이 잦았다. 지방의 영주(다이묘)들은 자신들의 휘하 백성들을 칼로 보호하고 또 다른 영주들을 칼로 무찌르기 위하여 오직 싸움만 일삼은 사회였다. 눈만 뜨면 싸우고 밥만 먹으면 싸웠다. 따라서 전기 '사무라이'들은 싸우면서 해가 뜨고 싸우면서 해가 지는 삶을 영위하는 싸움꾼일 수밖에 없었다.

전기 '사무라이'에게서 가장 중요한 덕목은 싸움터에 나가서 '자기 몫'을 다하는 책임정신이었다. 비록 학문으로 수양을 하지 못하고 후기 사무라이정신의 덕목이 된 충의(忠義)사상은 배우지 못했지만 '자기 몫'을 다하자는 단순한 책임정신은 강조되었다. 바로 '자기 몫'을 다하자는 이 정신은 중세사회, 근세사회를 거쳐 근대국가의 일본인에게 일관되게 전수되어 일본인의 민족정신이 되었다. 일본인의 '자기 몫' 정신은 근대정부를 수립하면서 일본이 자유민주체제를 유지시키는 데 필요한 민주시민 개인의 사회적 '자기책임정신'으로 계승되었다.

쿄토(京都)는 일본 왕 '텐노'가 기거하고 오랜 기간 일본의 수도였던 도시이다. 일본의 전국(戰國)시대에 '텐노'는 국가적 상징과 위엄을 가지고 있었다. 각 지방에는 영주(다이묘)가 있어서 실질적인 백성의 통치는 영주들의 몫이었다. 영주들은 얼마간의 세금을 중앙에 내고, 텐노의 요청이 있을 때만 군사 동원 등의 의무를 지키면, 사실상의 모든 권력을 장악하고 백성을 다스릴 수 있었다. 물론 자손에게도 영주의 자리를 세습할 수 있었다. 유럽의 봉건제도와 비슷한 정치지배구조였다. 이렇게 지방영주들의 싸움터였던 일본전역은 임진왜란이 발발하기 2년 전 1590년경에 오다 노부나가의 통일기반을 인수한 토요또미 히데요시에 의해 처음으로 일본열도가 하나로 통일 되었던 것이다.

일본은 무사정권의 시대가 오래 계속된 나라다. 자신이 왕이 되지 않으면서 '텐노'를 허수아비로 만들어 놓고 실질적 통치권력을 장악하여 무사정권을 세운 영주가 세 명 있었다. 일본에서 최초로 '쇼군(將軍)'이라는 칭호를 받은 무사는 가마쿠라 영주였다. 그는 봉건영주로서 무사정권인 '막부'체제를 발상해냈다. 국가의 실질적 지배권력의 장악은 무사정권인 '막부'의 '쇼군(將軍)'이 가지고, 전통성과 국가상징은 '텐노(天皇)'가 가지는 이중 정부의 구성을 선택한 것이다. 이렇게 성립한 무사정권은 일본의 중세와 근세사의 대부분을 차지한다.

큰 무사정권으로는 ①가마쿠라 막부(1192-1333) 시대, ②무로마치 막부(1338-1573) 시대, ③에도 막부(1603-1867) 시대가 대표적인 무사정권이다.

오늘날 일본은 '통치권력'과 '국가의 상징'을 둘로 쪼개어서, '천황'은 나라의 상징 역할만하고 '내각총리'는 국가통치의 실권을 장악하고 있다.

일본은 메이지 유신의 성공으로 근대정부를 구성할 때 영국과 독일의 입헌군주체제를 본받았다. 영국이 유럽대륙에서 떨어져 있는 섬나라인 점이 일본의 지리적 이점과 비슷하다고 생각하여 일본은 영국으로부터 근대정부의 근간을 배웠다. 그러나 의회에 실권이 많이 넘어가 있는 영국의 헌법보다 황제에게 실권이 남아 있는 독일의 강력한 통치권력을 가진 헌법을 선호했다. 메이지 정부는 권력구조로 독일형을 본받아 비스마르크 식의 강력한 정부를 수립했다. 메이지 정부는 부국강병 정책을 강력하게 실시했다. 독일을 본받아 제철산업과 조선산업을 일으키고 군대를 훈련시켜 아시아 제일의 국력을 가진 강국으로 변신할 수 있었다.

일본의 헌법은 2차 세계대전의 패배 후 다시 개정된다. 이번에는 영국정치체제의 장점을 본받아 의회내각주의체제를 수립하고 모든 정치권력을 내각으로 집중시켰다. 천황은 국가의 상징적 존재로만 남겨두었다. 명분이나 원칙 보다는 실리적이고 현실적인 힘을 앞세우고 있다는 점도 영국정치와 닮은 점이다. 제2차 헌법개정에서는 영국을 본받아 강력한 의회내각주의를 선택하고 해양산업을 일으켰다. 경제건설의 핵심에 수출입국정책을 세우고 지구촌을 향한 무역국가로써 미국에 이은 경제대국 건설에 성공했던 것이다.

개인독립의식과 자기책임정신을 확립한 일본사회

일본인은 아무리 가까운 사이에도 넘어설 수 없는 자신만의 세계를 구축해 놓고 있다.

'너는 너', '나는 나'라는 매우 개인적이고 독립적인 인간관계를 가지고 있다는 점을 우리는 깊이 인식해 둘 필요가 있다. 한국인처럼 '우리'라는 연대감으로 서로 뒤엉키는 뜨거운 정을 기대할 수 없는 사회다. 일본인은 정이 없는 민족이다. 한국인이면 누구나 가지고 있는 따뜻하고 포근한 정이 없다.

한국인은 콩 한쪽도 나눠 먹는다. 이것이 정의 문화다. 그러나 일본인은 그렇지 않다. 동네방네 음식을 나눠 먹는 습관이 없다. 자기가 먹고 싶은 음식은 자기가 장만하여 자기가 먹으면 되는 것이다. 한국인처럼 집안에 좋은 일이 있다는 이유만으로 떡을 만들어 이웃집에 나눠주는 풍습이 없다. 이런 점에서 일본인은 서양인의 개인주의에 못지않은 비정의 문화를 가지고 있다. 한국인은 태풍이나 수해, 가뭄, 재난, 재앙 등의 사회적 어려운 일이 발생할 때마다 십시일반 정신으로 성금, 기부금, 구호금, 의연금을 낸다. 또한 방송, 신문을 비롯한 언론에서 앞장서서 독려한다. 상부상조의 전통문화를 가지고 있다는 것이다.

한국에서는 IMF 외환위기 때 전국적으로 금 모으기 운동이 일어났다. 가정마다 장롱 속에 간직했던 금 가공품을 정부에 내놓기 위해 모두 들고 나왔다. 이렇게 가정마다 들고 나온 한국인들을 TV에서 본 일본인들은 자기들은 도저히 할 수 없는 일이라며 혀를 내두르며 놀라워했다.

일본인은 지진 같은 처참한 재난에 처해도 '이치닝 마에(제 몫)' 정신을 강조한다. 꿋꿋하게 혼자의 힘으로 일어나야 한다고 생각한다. 일단 일어난 재난에 대해서는 얼른 현실을 납득하고 수긍해버리는 체념적 습성을 가지고 있다. 빨리 체념하고 현실을 인정해버리는 '쇼가 나이(しょうがない)' 정신은 일본인을 어려운 환경 속에서도 고통을 잘 참고 견디며 서로에게 양보하는 질서정연한 국민으로 돋보이게 만든다.

일본의 전통사회는 개인들이 성금을 내고 기부금을 모금하는 자발적 사회 관습이 정착되어 있지 않은 사회였다. 오늘날에는 대기업들이 많은 이익을 챙기고 자본축적이 비대해지자 자본의 사회환원이라는 명목으로 기업복지 활동은 눈부시게 전개되고 있다. 그러나 일반 국민의 성금이나 모금은 경제 대국이라는 면모에 비하면 활동이 미약한 사회이다.

2011년 3월 11일에 발생한 동일본대지진과 쓰나미 그리고 연이어 터진 후쿠시마 원전사고의 참혹한 사태로 일본은 2차 세계대전 패전 후 초유의 어려움을 겪었다. 일본의 재난, 재해에 대해 한국은 방송사가 앞장서서 대대적으로 이웃나라 돕기 성금운동을 전개했고 한국의 기업인, 연예인, 스포츠인들은 개인적으로 거금을 일본의 피해자들을 위하여 내놓았다. 한국인이 보여준 국민적 성금운동에 일본인은 너무 놀라워했다. 한편 신선한 자극을 받았다며 일본신문들은 관심 있게 보도하기도 했다.

이러한 일본인의 반응은 도움을 받았을 때 나타나는 일반적인 반응과는 다른 현상이다. 일반적인 반응은 '대단히 감사합니다. 더욱 힘을 내겠습니다.'와 같은 반응이 나오는 것이 상식이다. 그러나 일본사회의 반응은 비교적 차분하고 냉정했다. 오히려 한국인의 국민적 도움이 이상하다는 반응을 보이는 일본인이 대부분이었다. 왜냐하면 일본인은 '자기 몫은 자기가 해결해야 한다'는 국민정서가 강했기 때문이다.

일본인은 부모자식간, 형제간에도 어려운 처지에 놓여 있는 사람을 그냥 도와주는 법이 거의 없다. 도와 줄 형편이 되더라도 서로 차용증서를 교환하고, 또 반드시 갚는다는 약속에 필요한 법률적 절차를 밟은 후에 돈을 빌려주고 돈을 빌려 받는다. 당사자들은 그 약속을 이행하려고 최선을 다 해야한다. 이렇게 가족간, 친척간의 돈 거래에까지 '비즈니스 마인드'에 입각한 채권채무 관계를 분명히 하는 것을 보고, 한국인은 참 무정하고 비정한 일이라고 생각하겠지만, 일본인에게는 너무나 당연한 일이고 일상적이며 상식적인 일이다.

일본인은 만약에 성인 한 사람이 자기앞가림을 자기 힘으로 하지 못한다면, 그것이 바로 '사회의 평등'을 깨어버리는 행위라고 생각한다. 마치 '상자 속의 썩은 감귤'처럼 하나의 썩은 감귤이 모든 감귤에 나쁜 영향을 준다고 생각하는 식이다. 감귤을 담은 상자 속에 썩은 감귤이 하나 들어 있으면 그 감귤로 인해 다른 감귤들이 감염되어 쉽게 상해버린다. 일본인은 '상자 속의 썩은 감귤'이 되는 것을 가장 싫어한다.

✸ 도덕성이 없으면 자유시장에서 '자기책임'은 존재할 수 없다

인류 역사에서 '공산주의 전체경제'와 '사회주의 통제경제'체제의 실험이 70년을 넘기지 못하고 실패로 돌아갔다는 사실을 우리는 잘 알고 있다. 오늘날 인류사회에 국가공동체 운영의 가장 보편적 체제로 남아 있는 것은 '자유민주주의 시장경제'체제가 유일하다.[41]

'자유민주주의 시장경제' 체제를 유지하고 발전시키기 위해서는 반드시 필요한 전제조건이 있다. 그것은 국민의 '자유의지'와 구성원의 '자기책임' 정신이다. '자유의지'와 '자기책임' 정신이 없으면, '자유민주주의와 시장경제'는 허울 좋은 개살구에 불과하다. 민주주의는 국민의 '자유의지'라는 뿌리에서 태어나고 지속적으로 자라며 성숙해야 꽃이 핀다. 시장경제는 개인의 '자기책임'이라는 뿌리에서 태어나고 지속적으로 자라야 열매를 맺을 수 있다. '자유의지'와 '자기책임'은 인간의 도덕성에 뿌리를 두고 있다. 도덕성이 없는 '자유의지'는 방종과 방만이 된다. 그리고 도덕성이 상실되면 바로 '자기책임'이라

---

41) 중국은 사회주의 정치체제 이지만, 자본주의 시장경제체제를 수용하여 중국식 '사회주의 시장경제'체제를 실험하고 있다.

는 개인책임성과 집단책임성의 근거가 사라진다.

　1997년 11월 한국은 정부의 외환정책 미숙으로 국가경제가 위기에 빠지고 외환보유고가 바닥이 나서 국가부도에 직면했던 사태가 일어났었다. 한국의 기업들은 패닉 상태에 빠졌고, 직장에서 해고당한 가장들은 캄캄한 벼랑 앞에 내몰렸었다. 청년들은 일자리를 달라고 아우성쳤고 실의에 빠진 젊은이들이 거리에 넘쳐났었다.[42)]

　정부는 IMF의 구제금융을 받고 간신히 외환위기를 탈출했다. IMF가 한국에게 구제금융을 제공하면서 우리나라 금융정책이 IMF수중에 들어갔을 때 한국정부는 외화를 차입하기 위해 온갖 노력을 기울였다. 필자는 일본의 재계와 금융계 지도자들을 한국에 투자하도록 유치하기 위해 외국인 투자설명회를 주선하는 일에 뛰어들었다. 일본의 재계와 금융계 지도자들을 한국에 초청하여 투자설명회를 개최하는 일이었다.

　일본의 투자자들이 한국에 오면 우선 주한 일본대사관에 들러서 한국의 상대방을 만나기 전에 현지사전교육을 받는 것이 순서다. 주한 일본대사관의 연수장소에서 거론되었던 이야기다. 일본대사관의 경제공사가 설명에 앞서 일본인 참석자들에게 질문을 던졌다. 일본인이라면 누구나 알고 있는 두 견새 이야기를 화두로 질문을 한 것이다.

---

42) IMF 외환위기의 원인은 정부가 무리하게 OECD 가입을 추진한 것이 주 원인이다. 아시아에서 일본 다음으로 OECD에 가입하겠다는 조급한 정책이 문제의 초점이었다. OECD는 선진국 클럽이라는 경제협력개발기구다. OECD에 가입하려면 자본시장을 완전히 개방해야 하는데, 당시 우리나라는 자본시장개방의 준비가 되어 있지 않았다. 이런 점 때문에 싱가폴, 홍콩, 대만, 말레이시아 등의 아시아의 신흥공업국가(NICS)들은 OECD가입에 소극적이었다. 탄탄한 준비 없이 OECD에 가입하면 국내자본시장이 불안해져 큰 경제위기가 닥쳐올 것이 명확했기 때문이다. 한국에서는 실제로 OECD에 가입한 후, 우후죽순처럼 난립한 종합금융사와 은행들이 정부의 장려하에 마구잡이로 금리가 싼 단기외화를 차입하기 시작했고, 차입한 외화가 회수되기 시작하자, 국내 금융기관은 속수무책으로 외화부족 위기를 당했다. 정부가 OECD에 가입한지 꼭 1년 만에 외환위기가 닥쳐왔던 것이다.

여러분, 오다 노부나가[43]는 두견새가 울지 않으면, 울지 않는 새의 목을 비틀어버리고, 토요토미 히데요시[44]는 새가 울지 않으면, 갖은 수단 방법을 강구하여 새가 울도록 만들고, 도쿠가와 이에야스[45]는 새가 울지 않으면, 새가 울 때까지 기다리는 사람이지요? 자, 질문 하겠습니다. 한국의 대통령은 새가 울지 않으면 어떻게 할까요?

아무도 대답을 못하자, 그 공사는 이렇게 말했다. 제가 정답을 알려드리죠. 한국의 대통령은 "어떻게 하다니요? 새가 울지 않는 것은 내 책임이 아닙니다. 그것은 나와는 무관한 일입니다, 라고 대답하죠"라고 설명했다. 이 일본인 해외 주재 공무원은 한국의 관료들에게는 '자기책임의식'이 없다는 것을 통렬하게 비판하고 있었던 것이다.

한국의 외환위기로 닥친 IMF체제는 한국에 경제의 식민통치를 불러온 국치에 버금가는 국가위기였다. 그만큼 정부의 외환 무제한 개방정책은 분명한 정책실패였다. 무방비적 금융개방정책으로 외국의 단기 성 핫머니가 물밀듯이 국내에 들어왔던 것이다. 한국에서 단맛을 빼먹은 외국의 핫머니는 지불유예를 거부하고 상환을 재촉했다. 한국의 금융권과 대기업들은 단번에 외화부족 사태에 직면하게 되었다. 순식간에 국민경제는 도탄에 빠졌다. 정부의 경제정책당국자는 마땅히 책임을 져야 했다. 그러나 정부에서 누구 한 사람 책임지는 사람이 없었다. 외화부족 사태의 원인을 기업과 국민의 외화 과소비에 있었다고 그 책임을 국민에게 전가할 뿐이었다. 정책수립의 잘못을 책임지는 관료들이 한 명도 없었다. 일본 공무원은 한국공무원의 이런 모습에 대해 냉엄하게 질책하고 있었던 것이다.

---

43) 일본의 전국(戰國)시대에 통일의 기초를 닦아 낸 다이묘
44) 오다 노부나가의 사후에 통일의 열매를 거머쥔 불세출의 노력파 장수
45) 토요토미 히데요시의 사후에 '에도 막부' 시대를 연 쇼군

❀ 일본인의 숙제: '화혼양재'냐 아니면 '양혼양재'냐

일본은 메이지 유신 이후 개방개혁정책으로 부국강병국가를 만들고 근대국가로 발 돋음 한나라다. 이때일본정부는 '화혼양재(和魂洋才)'정신을 일본국민에게 적극적으로 교화시켰다. '화혼양재'는 일본고유의 정신을 잊지 않으면서 서양의 문명과 문물을 수용하자는 취지다. 즉 '화혼'과 '양재' 이 양자를 잘 조화시켜 서양의 사상, 자본, 기술, 서비스를 도입한 것이다.

일본은 전통시대에 외래에서 들어온 종교를 이런 방식으로 도입하여 신도에 융합시킨 사례가 있는 국가다. 그런 결과로 일본인의 국민적 정신통일을 공고하게 지키면서 민족종교를 수호할 수 있었다. 또한 서양 근대문명의 해외사상, 해외자본, 해외기술이 물밀듯이 밀려들어왔을 때도 일본정부는 총체적이고 체계적인 청사진을 미리 세워 일본식 가치를 추구할 수 있는 수준으로 조정하여 도입하는 방식을 취했다. 아시아에서 가장 먼저 서양화된 일본에서 가장 일본적인 가치, 풍속, 습관 등이 오늘날까지 남아 있는 까닭이 여기에 있는 것이다.

일본은 서구에서 도입한 자본, 기술로 제철산업, 조선산업, 항공기산업 등을 키우면서 욱일승천의 기세로 발전했다. 더구나 노일전쟁과 청일전쟁에서의 승리는 일본인에게 세계에서 일본민족이 가장 우수하다는 자부심을 심어주고도 남았다. 대부분의 일본인은 그 시절 일본을 위한 '가미카제(神風)'가 불어오고 있다고 생각했다. 적어도 1945년 8월 15일 2차 세계대전에서 패전할 때까지 일본인은 '가미카제' 정신을 공유하고 있었던 것이다.

그들은 2차 세계대전 패전 후에도 새로운 '미일방위조약'을 체결하고 미국의 보호아래 또 다시 정부와 국민이 혼연일체가 되어 전후 복구를 서둘러서 마치고 경제강국으로 부상했다. '화혼양재' 정신도 계승되어 일본고유의 정신을 살려가면서 서구의 문물을 지속적으로 도입할 수 있었다. 순식간에 세계 2위의 경제대국이 된 일본은 순풍에 돛을 단 듯이 고도의 발전을 구가하여 또 다시 제2의 '가미카제'가 불어온다고 생각했다.

그러나 1990년대 이후에 불어온 버블붕괴와 저성장현상은 '잃어버린 20년' 을 일본사회에 안겨주었다. '잃어버린 20년' 동안 일본은 세계 2위의 경제대 국의 위상을 중국에 내주었다. 하지만 2012년 말 자민당의 승리로 아베 정권 이 탄생한 이후 일본은 다시 경제부흥의 시기를 맞고 있다. 일본은 세계 어 느 나라보다 교육수준이 높다. 국민의 단결력과 결속력은 세계에서 가장 강 하다. 거기에다가 정부와 국민의 일체감은 다른 나라에서 찾아볼 수 없는 응 집력을 보여준다.

이것은 정치경제적인 시각에서 볼 때의 일본의 모습이다. 하지만 정신문화 적인 측면에서 볼 때의 일본은 매우 고뇌에 찬 모습이다. 오늘날 일본은 '화 혼양재'의 정신을 지속적으로 밀고 나가야 할 것인지, 아니면 '화혼양재'가 아 닌 '양혼양재(洋魂洋才)'의 정신을 선택해야 할 것인지에 대한 고민에 빠져 있는 것처럼 보인다. 현재 일본이 직면하고 있는 문제는 지금까지 고수해온 '화혼' 의 정신을 버리고 서구의 정신적 가치관을 받아들여야 할 것인지에 대한 전 반적인 고민이라 할 수 있다. 일본의 비즈니스는 서구의 철학적 가치관을 이 미 받아들이고 있기 때문이다.

일본이 '화혼양재'를 버리고 '양혼양재'를 선택하는 순간 일본의 모든 시스템 은 변질되어 버릴 것이다. 일본의 일본적 아이덴티티의 붕괴는 정치적 혼란, 종 교의 퇴폐, 범죄의 증가 등으로 지금까지 경험하지 못했던 커다란 문제를 야기 할 것으로 필자는 예상하고 있다. '화혼양재'냐 아니면 '양혼양재'냐가 앞으로 오는 변혁의 시대에 일본정부와 일본국민이 선택할 갈림길이라고 생각한다.

일본 공무원들은 어떻게 일하고 있는가?

한국인이 일본인을 생각할 때 한국인과 일본인의 차이점으로 꼭 인식해야 할 특징적 사항은 다음의 5개 항목으로 정리할 수 있을 것이다.

첫째, 일본인은 한국인과 철학이 다르고, 사상이 다르며, 종교적 배경이 다르다. 한국인과 일본인의 차이점은 인문학에서 출발한다. 한국사상과 일본사상은 미세적 국면에서 같은 면이 많이 나타나 있지만 기본적 국면에서 분명히 다르다. 한국인은 맹자사상의 영향을 받았고, 일본인은 순자사상의 영향을 받았기 때문이다. 같은 동양사상이지만 거시적 총론에서 분명한 차이점을 보이고 있는 것이다.

둘째, 고대사회에서 한반도에서 몰락한 사람들이 일본에 건너가서 현지주민의 지배층이 되어 국가를 건설했기 때문에 생활문화적으로 한국인과 동질적인 부분이 일본에는 많이 남아 있다. 또한 일본인은 지구촌에서 한국인과 가장 가까운 외모를 지니고 있는 민족이다. 하지만 정신적 측면에서는 한국인의 정신과 일본인의 정신은 매우 다르다. 한국인과 일본인은 정신적 궁합이 맞지 않는다고 말 할 수 있을 정도다. 한반도에서 건너간 지배층은 오랜 세월을 거치면서 숫자가 많은 피지배층에 동화됐고 섬나라인 일본을 통치하기 위해 섬나라 특유의 민족성이 탄생하지 않을 수 없었을 것이다. 일본인은 '점토'와 '다다미' 같은 국민성을 가진 민족이다. 점토는 모래와 달라서 서로 한 덩어리가 되는 성질이 있다. 다다미는 '이구사'라는 풀로 만들어지는데 이 풀은 홀로 있을 때는 약하지만 다발로 묶어놓으면 칼로 찍어도 꺾어지지 않는 특성이 있다.[46]

셋째, 일본인은 국가적으로 '일본인 특유의 정체성'이 하나로 잘 결집되어 있는 국민이다. 통일된 국민적 정체성을 만드는 데 성공한 나라이다. 전 국민이 하나로 뭉칠 수 있는 동질성을 체계적으로 배양하는 데 성공했다. 일본인은 국내시장에서는 무한경쟁을 한다. 그러나 해외시장에서는 유한경쟁을 한다. 일본인끼리 담합하고, 일본기업끼리 협력하여 국익을 우선시한다.

넷째, 일본인은 지구촌에 '사무라이 브랜드'를 홍보하여 외국인들에게 일본인 하면 '사무라이'를 연상하도록 이미지를 만들고 '사무라이'에 대한 호감도

---

46) 일본인이 한국인의 민족성을 비평할 때 한국인을 반짝반짝하는 '모래' 같다고 흔히 말한다. 개인은 우수하지만 단체적 힘을 발휘하여야 할 때는 모래처럼 쉽게 흩어진다는 이야기다. 일본인이 쓴 여러 권의 책을 보면 일본은 '진흙민족'이고 한국인은 '모래민족'이라고 묘사해 둔 곳을 종종 발견할 수 있다.

를 높이기 위해 부단히 노력하고 있다. 일본인은 국가이미지를 잘 가꾸고 포장하는 데 일가견이 있는 국민이다. 일본정부는 일본적 사상, 문화, 예술, 기술의 해외수출을 위해 국가적으로, 체계적으로, 조직적으로 끊임없이 매진하여 왔다. 예를 들면 일본시장에서 발행하는 엔화표시 외채를 '사무라이 펀드'라고 부르고, 일본의 축구응원단은 '사무라이 블루'라고 호칭하는 식이다. 헐리우드에서 제작한 영화 ≪라스트 사무라이≫는 서구인들에게 일본인의 사무라이정신을 재조명하는 계기가 되기도 했다. 오늘날 사무라이 인간형의 대표급인 미야모토 무사시는 미국의 초등학교 교과서에도 등장한다.

다섯째, '화(和)'라는 건국이념을 국민교육에 포함시켜 꾸준히 지속적으로 교육시켜 오고 있다. 근간인 체(體)로서는 사무라이정신을 모태로 하고, 도구인 용(用)으로서는 '화혼양재' 방식으로 발전시켰다. 사무라이정신은 오늘날 일본의 공무원, 경제인, 문화인의 정신자세와 협상태도에 내재화되어 있다. 일본인의 국민정신은 사무라이정신이라 할 수 있는 것이다.

❀ 한국의 국민정신은 무엇인가?

여기에서 한국인의 국민정신은 무엇인지 살펴보기로 하자.

한국의 국민정신은 무엇인가? 한국인의 국민정신은 선비정신이라고 생각한다. 한국인의 장점인 ①향학열, ②진취성, ③순발력, ④창의성, ⑤인내력 등은 선비정신의 산물이다. 이런 선비정신을 차세대의 주인공인 청소년들에게 가르쳐서 자신감과 자긍심을 고양할 수 있도록 해야 할 것이다.

한국인의 국민정신을 근간인 체(體)로는 선비정신으로 드높이고 도구인 용

(用)으로는 '실사구시' 방식으로 실천해 나가야 할 것이다. 우리는 차세대의 리더가 될 청소년, 청년들에게 선비정신을 고양시키기 위해 일본의 ≪라스트 사무라이≫를 능가하는 선비형 인물을 부각시키는 영화제작을 시도할 수 있을 것이다. 선비사상으로 진솔한 삶, 향기로운 삶, 멋진 삶을 영위한 선비들을 주인공으로 하는 문학작품, 연극, 드라마, 뮤지컬을 제작할 수도 있을 것이다.

❀ 일본의 식민사관이 한국의 고대사를 만신창이로 만들었다

다시 정리하면 일본인의 국민정신은 사무라이정신인 반면, 한국인의 국민정신은 선비정신이다. 위에서 살펴본 대로 사무라이정신은 선비정신의 자식뻘이 된다. 부모로부터 독립한 자식은 세계시장에 일찍 뛰어들어 선진문물을 앞서 받아들여서 부모를 능가하는 가정을 꾸리고 풍요를 누릴 수 있었다. 하지만 그것은 겉으로 볼 때에 풍요롭고 화려한 삶에 지나지 않았다. 사무라이정신은 부모 뻘인 선비정신의 뜻을 본질적인 면에서 그대로 이어가지 못했다.

자식은 부모의 가르침 중에서 가장 중요한 '인의예지'를 잃어버렸기 때문이다. 개인인격 완성의 필수요소인 '인의예지'를 잃어버리고 조직인격, 사회인격 확립의 필수요소인 '효충경신'의 체득에만 충실했다. 결과적으로 일본은 부국이 되고 일본사회는 풍요로 넘쳤지만, 일본인의 개인인격은 오히려 추락한 셈이다. '에도 시대'에 정의와 평화를 사랑하고 이웃과 신의관계를 돈독히 했던 후기 사무라이의 정신은 사라지고 말았다.

오늘날 우리가 만나는 일본인은 선비리더십에 있는 수신의 핵심요체인 '격물', '치지', '성의', '정심' 중에서 '정심'이 빠져버렸다. 제일 중요한 요소인 '정심'

을 빼버리고 '격물', '치지', '성의'에만 집중해온 결과, 현대의 일본인과 일본사회는 에도 막부사회가 이루어 놓은 '인의예지'를 바탕으로 한 도덕과 미덕이 상실되고, 경제적 이익만 추구하는 비인간적 사회현상이 나타났다. 지구촌에서 일본인을 '이코노믹 애니멀'이라고 부르는 이유다.

근대 사무라이가 세운 '일본제국'과 오늘날의 '일본정부'에 나타나는 비인간적 사회현상은 일본인의 행위에서 '정심'이 빠져있기 때문이다. 적어도 일본의 정치리더들에게는 '정심'이라는 가장 중요한 요소를 찾아볼 수 없는 현실이 안타깝다.

이러한 것은 일본의 과거 행적에서도 찾아볼 수 있는 일이다. 일본인이 일본제국을 세우고 첫 번째로 한 일은 대한제국을 침략한 일이다. 그리하여 한반도를 지배하기 시작했을 때 그들이 제일 먼저 한 일은 한국의 유구한 역사부터 왜곡하고 조작하는 일이었다.

그들은 우선 한국의 고대사인 단군조선을 부인했다. 일본보다 한국의 역사가 너무 길다는 것이 이유였다. 또 중국의 한(漢)나라 시대 지방의 통치기구로 존재했던 한사군(漢四郡: 낙랑·진번·임둔·현도)의 위치를 한강 이북 부근이라고 억지 주장했다. 『수서 隋書』에 의하면 이 지역은 모두 만주에 있는 지명으로 기록되어 있다. 조선의 학자 성호 이익, 적주 이상룡의 저서에도 한사군은 만주에 있었다고 기록하고 있다. 이 지역이 만주의 서쪽지역임은 중국사서와 한국사서에 모두 기록된 분명한 사실인 것이다.

그런데도 일본은 식민사관을 새로 만들어 한국의 고대사를 만신창이로 비틀었다. 오늘날 중국의 동북공정은 일본의 식민사관이 주장한 것을 반추하고 있는 모습이다. 또한 일본은 한반도의 남부에는 일본의 해외식민통치기구인 '임나일본부'가 있었다고 괴변 했다. 이렇게 남의 나라 역사를 마음대로 조작하고는 총독부산하에 '조선반도사편찬위원회(일명 조선사 편수회)'를 만들어 조직적으로 유포시켰다.

또한, 일제는 1912년 언문철자법을 새로 제정하여 훈민정음의 표기법을 만신창이로 만들었다. 『훈민정음 해례본(解例本)』에 실려 있는 총 28자의 글자 중 4개를 임의로 없애버렸다. 현행 한글맞춤법통일안은 일제가 만든 24개의 자모만 그대로 인정하고 있다. 결과적으로 영어의 R과 L, P와 F, B와 V발음을 구별할 수 있는 자모를 모두 없애버리고 말았다. 이렇게 훈민정음의 표기법을 왜곡하여 마음대로 조작해 놓고 일어를 국어로 부르게 했고 일문(日文)을 국문(國文)으로 호칭하게 했다.

일본은 반만년의 역사를 가지고 있는 한국의 역사를 보고 그들의 역사를 늘릴 수 있는 데 까지 늘이는 작업을 시도했다. 일본역사 교과서는 신화시대의 허구적 기록을 모두 역사에 넣어 위장역사를 정사로 만들어 가르친다. 이렇게 해서 기록한 역사는 약 2천 6백여 년 정도다. 일본의 실제 역사는 약 1천 7백여 년 정도라는 것이 연구자들의 정설이다.

한국의 고대사 연구에도 민족의식이 강하게 작용한 연구실적이 있다. 『한단고기』에 의하면 한국의 역사는 약 9천 여 년에 달한다. 그러나 한국에서는 교과서에 이런 것을 기록해서 가르치지는 않는다. 우리나라 사학계에서는 한국의 국가역사를 약 5천 여 년으로 보는 것이 정설이다.[47]

역사는 만들어지는 것이라는 말이 있다. 나폴레옹(1769-1821)은 "역사란 국민이 합의한 과거 사건들에 대한 견해다"라고 말했다. 이러한 역사관은 패도주의자들의 위험한 발상이다. 역사는 문헌학, 고고학, 문화인류학 등의 삼박

---

47) 1911년 『한단고기』를 편찬한 계연수(한국고대사 연구대가. 1920년 일본인 자객에 의해 살해 됨)는 한국의 고대사를 ①환국(한국) BC7197-3897 환인 7대 3301년간. 시베리아 바이칼호 중심. ②배달국 BC3897-2333 환웅 18대 1565년간. 내몽골 중심. ③고조선 BC2333-108 단군 47대 2225년간. 만주 난하, 요하 중심으로 국가단위를 형성했다고 주장한 사학자다. 역사학계에서는 환인시대와 환웅시대까지를 신화역사, 고조선 이후를 사학역사로 인식하고 있다.

자로 검증이 이루어지는 학문이다. 고대사의 연구는 인류가 존재하는 한 계속 이어지는 진행형이 될 수밖에 없을 것이다.

특히 고대사 연구는 주변국들의 통합적이고 유기적이며 전체적인 연구가 따라주어야 사실성이 강해진다. 유적이나 유물은 현대사회에 들어와서까지도 계속 발견, 발굴되고 있기 때문이다. 고조선의 '요하문명'이 중국의 '황하문명'보다도 1천여 년이나 앞서 만주대륙에 존재했었다는 문헌도 고고학적 증명이 부족했었는데 20세기 말에 들어와서 그와 관련된 유적, 유물이 발굴됨으로서 새롭게 입증되어 역사적 사실로 받아들여지고 있는 것이 사학계의 실정이다.[48]

❀ 친절하고 '성의' 있는 일본인, 아름답고 깨끗한 일본사회

필자는 일본에 체제하고 있는 동안, 일본의 기업인들로부터 일본식 전통요정에 초대받는 일이 많았다. 그들은 손님을 초대하면 반드시 손님보다 먼저 도착해서 방 안에서 기다리고 있었다. 그러다가 손님이 들어서면 다다미 방 바닥에 무릎을 꿇고 두 손을 모아 엎드려서 큰절로 맞이하곤 했다.

전통사회에서 한국인은 만나면 방 안으로 들어가 무릎을 꿇고 큰절로 인사를 교환하는 예를 갖추는 것이 관습이었다. 상대방에게 먼저 예부터 갖추

---

48) 20세기 말 중국 북만주 지방의 요하 유역에서 주거단지 조성공사를 실시하다가 고조선의 유물과 고대 문화유적이 대거 발견되었다. 하지만 중국정부는 이 지역을 차단조치하고 한국인의 방문을 일체 금지시켰다. 그러나 중국정부당국이 발표한 제한된 일부 자료만으로도 한국고대사의 '요하문명' 유물임이 틀림없다는 연구자들의 주장이 나왔다. 오늘날 중국의 내몽골 지역, 산동반도 지역, 동북3성 지역, 러시아 연해주 지역 등은 고조선 광역도에 들어 있는 지역이다.
중국은 BC2200년경 우(禹)임금에 의해 하(夏)나라가 최초로 세워졌다고 하지만, 역사의 기록이 거의 없어서 전설상의 국가로 추정된다. BC1700년경 폭군 걸 임금을 추방시킨 탕(湯)이 은(殷)나라를 세우고, BC1100년경에 주의 문왕이 은나라를 토벌해 멸망시켜 주(周)나라를 세웠다. 이때부터 중국은 확실한 기록이 있는 역사가 시작된다.

고 난 뒤에야 비로소 용무를 보았던 것이다. 서로 마주하여 엎드려서 방바닥에 이마를 조아리고 인사하는 모습은 한국의 일부 지방(경북 안동, 영주 등의 선비마을)에 아직 남아 있다. 우리선조들이 오랫동안 이어왔지만 이제는 사라지고 있는 우리의 전통 미풍양속이다. 한국인의 기품이 서려 있는 전통 인사법이 사라지고 있는 것은 안타까운 일이다. 이러한 우리의 전통 인사법이 일본에 전수되어 일본인들이 오늘날까지 생활습관화하고 있는 것을 보고 내 고향에 온 듯한 편안한 느낌을 받은 기억이 생생하다.

오늘날 일본인의 생활을 들여다보면 참 성의 있게 살고, 성실하게 일하고 있구나, 하는 것을 알 수 있다. 필자가 처음 거주한 곳은 도쿄 도시마쿠 이케부쿠로역 부근이었다. 두 번째 거주는 신쥬구쿠 신쥬쿠교엔역 부근, 세 번째 거주는 분쿄쿠 고이시카와쵸에 살았다.

처음 거주한 이케부쿠로에 있을 때의 일이다. 맨션의 베란다 창틀이 망가져서 창틀을 취급하는 인부를 불러서 고쳤다. 그 인부는 반듯하게 새 창틀을 달고 나서 베란다를 깨끗하게 청소해 놓고 떠났다. 자기 할 일을 다 해놓고 다음 일을 하러 간 것이다. 공사대금은 계좌로 입금해 달라는 쪽지 하나가 달랑 남겨져 있었다. 서로 믿는 신용사회란 이런 것이구나, 하는 생각이 들었다.

집안의 공사이건 집밖의 공사이건 일본인의 공사장은 세계에서 제일 깨끗한 공간이라 할 수 있다. 공사장은 공사장이라기보다 정리정돈의 모델처럼 깨끗했다. 일본인은 공사장일수록 깨끗하게 청소한다. 공사장에서 일본인이 작업하는 모습을 일부러 지켜본 일이 있다. 작업장의 인부들은 누가 시키는 사람이 없는데도 참으로 성의 있게 자신의 작업을 마무리했다. 특히 도로공사 현장은 매 공정별로 청소를 해서 통행자의 불편을 해소시키는 데 섬세하게 주의를 기울였다. 먼지와 소음을 내지 않는 방법을 고안하는 데도 최선을 다하는 모습이었다.

❀ 일본의 공무원은 '성의'로 일하고 있다

일본의 공무원들이 일하고 있는 모습을 유심히 관찰해 본 일이 있다. 그들은 '성의'로 일하고 있었다. 그들은 일본이라는 국가와 후손들을 위하여 무언가 남겨 놓겠다는 일편단심으로 일하고 있는 것처럼 보였다. 이런 것을 국가에 대한 충성심, 후손을 위한 애국심이라고 표현할 수 있을까? 한국의 선비들이 가르쳐 준 조선실천성리학의 선비정신에서 만들어진 후기 사무라이정신이 계승된 현상이다.

'성의(誠意)'라는 단어는 '격물(格物)', '치지(致知)', '정심(正心)'과 함께 수신(修身)을 위한 전제조건이며 선비사상의 뿌리이다. 일본인은 '성의'있는 생활을 영위하고 일본의 공무원은 '성의'있게 공무를 집행하고 있는 것이 부러웠다. 하지만 한 편 더 깊게 성찰해 보면 일본인은 필자가 생각하기에는 너무 '성의'에만 집착한 나머지 인간생활에서 가장 중요한 인간의 본성인 '정심'을 빠트리고 있음을 지적하지 않을 수 없다. 일본인의 대부분은 그들의 정치지도자들처럼 꼭 가져야 할 '정심'이 빠진 것처럼 보였던 것이 필자의 느낌이다.

❀ '정심'이 빠진 '성의'는 불의와 허위로 조장될 수 있다

한마디로 '정심'은 양심이다. '정심'에서 출발한 '성의'라야 '격물' '치지'의 방향이 바르게 된다. '정심'은 편견이 없는 마음이고 집착이 없는 마음이며 정의(正義)의 마음이다. 일본은 '정심'을 회복하기 위해 다시 생각해보아야 할 것이다. '정심'이 없는 '성의'와 정의로움이 빠진 '성의'는 불의와 허위로 조장될 수 있는 위험성이 크기 때문이다.

한국사회에서는 사람이 무슨 일을 할 때에 '정성'을 들이는 것을 가장 높은 미덕으로 간주한다. '정성'이라는 단어에는 '정심'과 '성의'의 뜻이 내재되어 있다. 모든 일에는 '정심'이 없어도 안되고 '성의'가 없어도 안 된다. 따라서 이 둘을 합친 '정성'이라는 단어는 매우 중요하다. 인간이 인간다운 삶을 영위하는 데 필요 불가결한 사항인 것이다.

한국인은 '정성'이 가득 찬 역할과 거기에서 나온 결과를 보아야 만족한다. 한국인은 '정성'으로 부모를 모시고 '정성'으로 자식을 가르친다. 한국인은 '정성'으로 사람을 대하고 '정성'으로 일을 하고, 정성으로 음식을 장만한다. 그러나 일본인은 '성의'로 사람을 대하고 '성의'로 일을 하고 '성의'로 음식을 만든다.

'정성'에는 '정심'이라는 전제가 바탕에 깔려 있는데, '성의'에는 '정심'이 빠져 있다. '정심'이 빠진 자리에 일본인 특유의 '친절'로 예쁘게 포장했다. 일본인은 '정심'이라는 뿌리가 뽑힌 상태에서 '성의'만을 가지고 '친절'하고 예의 바르게 사람을 대하고 있는 것이다.

일본공무원의 실재 일하는 자세를 살펴보자.

예를 들면 독도가 분명히 한국 땅이지만 일본은 엉뚱하게 자기 땅이라고 주장한다. 또 그 주장에 동조하는 나라가 지구촌에 상당이 많이 생겨났다. 독도는 한반도 동쪽 끝에 위치한 대한민국의 아름다운 섬이다. 동도, 서도 등 89개의 크고 작은 바위들로 이뤄져 있고 대한민국 천연기념물 336호다.

독도는 512년 신라 이사부 장군이 우산국을 정벌한 이래로 대한민국 땅이다. 『삼국사기』의 「신라본기」에 한국 땅이라는 기록이 있고, 우리나라 고지도에는 우산도·우도 등으로 명료하게 표기되어 있으며, 일본의 고지도조차 조선의 울진현 소속으로 표기하고 있는 것이 독도 다. 에도 막부 시대 일본 어부가 독도에 상륙했다가 남의 나라 땅에 허가 없이 들어갔다는 이유로 사형당했다는 기록도 있다.

일본의 역사학자 나이토 세이추(內藤正中; 시마네대 명예교수)는 그의 저서 『일본외무성의 다케시마 비판』에서 "일본정부가 독도에 대해 영유권을 주장하는 것은 전혀 근거 없는 억지다"라고 정면으로 비판하는 양심적인 학자다. 그의 연구결과에 따르면 일본이 독도의 존재를 알게 된 것은 1695년 에도시대에 막부정부와 돗토리번의 교류에서였고, 그 해 12월에 막부와 돗토리번 사이에 독도 논의가 있었을 때 막부정부는 독도가 일본령이 아니라고 명백한 결론을 내렸다는 것이다. 1877년 메이지 시대에도 일본정부는 조사한 뒤 '독도는 일본과는 무관한 섬'이라는 결정을 내린 기록이 있다.

이렇게 명백하게 한국 땅인 독도를 오늘날 일본정부는 일본 땅이라고 우기고 있다. 뿐만 아니라 초등학교와 중 고교 교과서에도 '다케시마(독도의 일본명)는 일본영토인데 한국이 강제점령하고 있다'는 식으로 표기하고 있으며, 지구촌의 많은 나라에 독도를 일본 땅으로 인식하도록 지속적으로 왜곡 홍보하고 있는 것이다.[49]

---

49) 대한민국 초대 대통령 이승만은 국제 정치학 박사논문을 준비하면서 독도와 대마도가 원래 한국 영토임을 알게 되었다. 이승만은 집권하자마자 사흘 뒤인 1948년 8월 18일 일본에 대마도 반환을 요구했다. 이듬해 1월 8일의 연두 기자회견에서 재차 일본의 대마도 반환과 임진왜란까지의 배상을 요구했다. 일본이 독도를 자기네 땅이라고 우기는 진짜 이유를 그는 간파하고 있었다. '독도에서 밀리면 대마도도 위험하다'는 일본의 위기의식을 그는 알아차린 것이다. 이승만은 1952년 '인접해양의 주권에 대한 대통령 선언(평화선)'을 선포했다. 1950년에 일어난 6.25전쟁으로 경황이 없는 틈을 타서 한국의 수산자원을 싹쓸이해 갔던 일본에 대해 우리의 해양주권을 선포한 것이다. 이승만은 안과 밖이 한치 앞도 내다볼 수 없었던 때에 타이밍을 놓치지 않고 '평화선'을 선포하고 한국의 수산자원을 보호하는 조치를 취했다. 국제법상 영토 취득의 권원에는선점, 시효, 공인, 실효적 지배 등이 있다. 독도는 실효적 지배, 선점, 시효는 물론이고 공인의 관점에서도 한국의 땅이다. 왜냐하면 일본이 일본남부 오가사와라 군도를 1862년에 미국으로부터 일본영토라고 공인 받을 때 근거로 내놓은 지도가 '삼국접양지도 프랑스어판'이었기 때문이다. 이 지도에는 독도와 대마도가 한국영토로 표기되어 있는 것이다. 이승만의 '평화선' 선언으로 한국은 독도에 대한 실효적 지배의 계기를 만들었다.
이후 독도 문제가 본격적으로 복잡해진 것은 1997년 말 한국이 IMF사태를 맞으면서부터다. 한국이 IMF에 구제금융을 요청하고 일본의 경제적 도움이 절실히 필요했던 시점인 1998년 1월, 일본은 한일어업협정 폐기를 선언했다. 다음해 1999년 1월 한국(김대중정부)과 일본은 '신어업협정'을 체결했다. 이때 독도가 중간수역에 들어가버렸다. 어업협정은 영토문제와 별개로 크게 상관없다는 논리로 대처한 김대중정부에 책임이 크다. 하지만 한국의 국가위기의 어려운 처지를 이용하여 '신어업협정'을 무리하게 체결토록 주도한 일본정부의 비열한 협상은 '정심'을 도외시한 외교적 폭거로 볼 수 있다. 중요한 현안은 독도를 중간수역에 포함시킨 '신어업협정'을 폐기하고 한일어업협정을 다시 체결해야 하는 일이다. 현재 해안선을 따

이번에는 일본이 언제부터 독도를 빼앗으려 했는지를 살펴보기로 하자.

1905년 일본은 대한제국을 놓고 러시아와 전쟁 중이었다. 일본은 동해에서 러시아 해군과 싸울 때 독도를 중요한 군사시설로 이용해야 할 필요성을 절감하고, 그 즉시 지방정부인 시마네현 고시 40호를 일방적으로 작성해 발표했다. 독도를 '다케시마'로 칭하여 영토편입 고시를 함으로써 불법적으로 자기 땅으로 만들려는 흉계가 시작된 것이다. 당시 대한제국은 을사늑약으로 이미 일본제국에게 외교권을 빼앗겨버린 후였고 러일전쟁에서 승리한 일본은 1910년에 우리나라를 강제로 병합하고 식민지로 삼아버렸다. 독도는 일제가 우리나라 영토를 빼앗는 과정에서 가장 먼저 희생된 우리나라 땅인 것이다.

이렇게 우리나라 전 국토가 일본의 식민지가 되었던 적도 있었지만 광복을 맞이했을 때 모두 해방되었다. 그런데 오늘날 일본은 왜 유독 독도를 자기 것이라고 우기고 있을까? 그 이유는 무엇일까? 우리나라 국민은 일본의 음흉한 영토야욕을 분명히 인식하고 이를 격퇴할 방어 논리를 탄탄하게 갖춰야 할 것이다.

일본이 지방정부인 시마네현 고시를 근거로 걸핏하면 독도를 일본 것이라고 주장하는 이유는 간단하다. 독도를 국제분쟁지역으로 만들기 위함이다. 일단 국제분쟁지역으로 만들어 놓으면 그 다음에는 상황과 국력에 따라 미래의 판단이 달라질 수 있음을 알기 때문이다. 국제무대는 힘의 세계다. 그 것은 분명한 역사적인 사실이라도 그 사실을 믿지 않는 사람이 많으면 그 역사적 사실이 뒤집힐 수도 있는 것이 지구촌의 현실적 한계다.

일본정부는 국가의 손익 차원에서 자신들에게 불리한 역사적 사실은 믿지

라 설정되어 있는 12해리 영해도 일본처럼 20해리 직선기선으로 바꾸어 바로잡아야 할 것이다.

않으려고 온갖 새로운 자료를 만들어 왔다. 일본정부는 독도에 대한 어떤 역사적 사실을 근거로 논리를 세울 때 진실을 추구하지 않고 자신들에게 유리한 방향으로 자료를 왜곡시키는 수법을 잘 쓴다. 일제 강점기 때 조선총독부가 만든 우리나라 역사 교과서에 왜곡된 역사기록이 많은 것도 일본인이 '정심'으로 일을 하지 않고 일본정부에 맹목적으로 충성하는 '성의'로만 일을 했기 때문이다.

일본의 지도자들은 정치적인 목적이 있을 때마다 역사왜곡을 서슴지 않았다. 일본의 오래된 설화집인 『고사기』, 『일본서기』에도 왜곡된 기록이 많다는 것은 이미 밝혀진 사실이다. 일본의 역사왜곡은 백제와 가야가 멸망했을 때 수많은 몰락한 왕족과 귀족들이 일본으로 건너갔던 무렵부터 시작되었다. 그 후 왜곡의 역사는 더 많은 파생왜곡을 만들었고 일본의 고대역사는 왜곡투성이가 되었다.[50)]

일본이 만든 독도의 자료들도 왜곡투성이다. 일본의 지도자들은 왜곡된 자료라도 그것을 믿어주는 사람이 많으면 그것이 사실이 될 것이라는 믿음을 가지고 있는 사람들이다. 자신들이 의도적으로 만든 자료를 역사적 자료인 것처럼 꾸며서 지구촌의 모든 나라에 귀납적으로 홍보활동을 계속 해오고 있는 이유다.

한국인은 연역적으로 일하기를 좋아한다. 즉 '톱 다운' 식이다. 일본인은 귀납적으로 일하기를 좋아한다. 즉 '바틈 업' 식이다. 일본인은 어떤 일을 추진하고자 할 때 체계적으로 장기적 마스터 플랜을 세워서 시작한다. 국가적인

---

50) 일본의 역사는 보통 일본 열도의 역사와 동일시되지만 엄밀히 '일본'이라는 국호는 8세기 전반에 성립한 것이기 때문에 '일본의 역사'와 '일본 열도의 역사'를 명확히 구분해야 한다는 논란이 있다. 일본역사의 시대 구분은 고고학과 역사학에서의 구분으로 나뉜다. 고고학에서의 시대 구분은 구석기시대, 조몬, 야요이, 고훈시대, 그리고 역사 시대로 일반적으로 나누는 한편, 역사학에서의 시대 구분은 일반적으로 고대(아스카시대 및 그 이전~헤이안시대), 중세(가마쿠라·무로마치, 센고쿠 시대), 근세(아즈치모모야마시대, 에도시대), 근현대(메이지·다이쇼·쇼와 이후)등으로 나누고 있다.

일은 정부에서 종합적으로 리드한다. 민간기업의 일은 그 일을 맡은 기업의 최고책임자가 방향을 정하고 그 방향선상에서 실무적 전략을 수립하여 실시한다. 국가와 기업이 공동으로 방향을 정할 필요가 있을 때는 정부와 민간이 '밴쿄카이'를 통해 합동토의를 거쳐서 방향을 결정한다.[51]

정부의 공무원이나 민간기업의 업무담당자는 어떤 일을 추진하고자 할 때 우선 그 일과 관련이 있는 기관과 그 기관에서 그 업무를 담당하고 있는 담당자를 먼저 파악한다. 그런 다음에는 그 담당자들의 이해와 인식을 바꾸는 일부터 시작한다. 같은 사물이나 사건을 보더라도 이해와 인식을 어떻게 하느냐에 따라 선택과 판단이 달라지기 때문이다.

사실 독도문제는 한국인에게는 큰 문제다. 한국의 영토 주권에 해당하는 문제이기 때문이다. 하지만 일본인에게는 별로 큰 문제가 아니다. 원래 일본의 영토가 아니기 때문이다. 더구나 제3국의 사람들에게는 독도가 한국의 영토이든 일본의 영토이든 전혀 관심의 대상이 되지 않는 사항이다. 일본은 독도가 원래부터 자기의 영토가 아니었으나 국제적으로 유리한 입장을 쟁취해 놓으면 실익을 챙길 수 있는 기회를 가질 수 있다고 판단한다. 독도의 해저에는 상상을 초월하는 유익한 자원이 많이 있기 때문이다.

일본정부는 각국의 지리 담당국, 또는 지리원이나 지리 관련 학회, 영향력 있는 도서관의 지리분류 담당자, 그리고 선진국의 초·중·고교들에게 일본 측의 자료를 장기간에 걸쳐 면밀히 제공하여 왔다. 즉 독도가 일본 땅이라는 일방적 주장을 홍보하는 데 앞장서 왔다.

일본은 미래에 대비하여 초장기적으로 치밀하게 독도에 관하여 국제적분

---

51) '벤쿄카이'는 일종의 '공부회의'이다. 일본정부조직과 민간기업조직 간에 계층별로 소통의 폭을 넓히기 위해 수시로 만나서 토의하는 미팅의 이름이다. 일본정부는 각 성(省)과 국(局)별로 관련이 있는 민간기업과 사안별로 토의하는 '벤쿄카이'라는 비공식 조직을 광범위하게 운영하고 있다. 공식조직이 아니기 때문에 외국인이 이 비공식 조직을 인식하고 이해하기는 매우 어렵다.

쟁권을 노리고 있다. 자라나는 청소년들에게도 '독도가 일본의 땅임에도 불구하고 한국이 실효적으로 강제지배하고 있다'는 논리를 만들어서 가르치고 있는 이유이다.

1977년 7월 14일 미국지명위원회가 '독도'를 'Dokdo'가 아닌 'Liancourt Rocks'라는 지명으로 표기하기 시작한 것은 일본 외교관들의 장기적 플랜에 따른 치밀한 시도의 결과다.

'리앙쿠르 암'이라는 것은 1849년 프랑스의 포경선이 동해를 지나다가 발견한 바위섬 독도를 자기 선박의 이름인 'Liancourt'로 표기한 것이 시작이다. 프랑스에서는 오래 전부터 독도를 이렇게 표기하여왔다. 그러나 미국지명위원회는 '독도'를 'Dokdo'라고 표기 해오던 것을 1977년에 'Liancourt Rocks'로 변경해서 표기하기 시작한 것이다. 이것은 일본정부의 꾸준한 왜곡홍보의 결과이다. 일본정부는 어떻게 해서든지 독도를 국제분쟁지역으로 만들어 놓고 싶은 집착 때문에 왜곡홍보를 서슴없이 해오고 있다.

일본정부는 매년 연말마다 '독도(Dokdo)'는 '다케시마(Takeshima)' 이며 일본 영토라고 주장하는 문서와 지도를 세계 각국의 외무성, 지리국, 지리원, 지명위원회, 도서관, 박물관, 기록관, 각급 학교 등에 꼬박꼬박 보내왔다.[52]

이런 문서를 보낼 때도 외무성대신(장관)의 명의가 아니라 실무적 책임자의 명의로 보내는 것이 공무원들의 일하는 방식이다. 그것을 받는 사람도 기관장이 아니라 실무책임자 또는 담당직원에게 직접 보내는 '성의'를 보여준다. 이렇게 밑에서부터 인식의 저변을 넓혀 나가는 '일본식 외교' '일본식 홍보'를 일본정부의 공무원들은 '성의' 있게 실천해 오고 있다.

이것은 분명 '정심'이 결여된 '성의'이다. 분명히 표현하면 진실이 왜곡된 '친

---

52) 2011년 8월 현재 세계각국지도 중 '독도' 단독표기는 3.9%에 불과하고, 대한민국의 영유권이 표기된 경우는 단 1.5%라고 한다. (2011년 8월 14일자 중앙일보)

절'이다. 하지만 각 나라에 있는 실무자들은 겉으로 들어나 보이는 일본 공무원들의 '성의' 와 '친절'이 고마울 뿐이다. 그들에게는 일본이 '정심'이 있는지 없는지 그런 것을 알 필요가 없다. 그들에게 필요한 것은 매년 빠지지 않고 도착하는 새롭게 '업데이트'된 친절한 자료다. 그들은 자기들이 만들어야 하는 필요한 최신판 자료에 일본이 보내준 새로운 자료를 입력만 하면 되기 때문이다.

반면에 한국정부의 공무원은 이슈가 생기면 그 때 그 때 일을 처리하는 습성이 있다. 국가이익차원에서 마스터플랜을 짜고 장기적 시각으로 체계적이고 일관성 있게 처리해야 할 중대한 사안인데도 불구하고, 일이 불거지면 그 때서야 시위적으로 외교적 항의를 하기 위해 주한 일본외교관을 외무부로 불러 유감을 표시하는 등 공식적이고 형식적인 반응으로 그친다. 한편 '정심'이 강한 한국인들은 머리띠 두르고 일본 대사관 앞에서 시위한다. 이것 또한 일과성이다. 혈기 왕성한 연예인은 자비를 내어 '독도는 한국 땅이다'라는 광고를 만들어 미국신문에 게재한다. 물론 이러한 활동이 전혀 의미 없는 일은 아니다. 안타까운 심정을 가지고 있는 국민의 한 사람으로써 개인적 아이디어를 내고 비용을 충당하여 해외 미디어에 홍보하는 행위는 장려되고 지원되어야 마땅할 것이다.

하지만 이러한 일은 지속되기 어렵다. 그 뿐만 아니라 그러한 광고를 접하는 독자의 한계성을 극복할 수 없다. 이러한 일은 한국정부의 외무부 공무원들이 행하는 일과성 반응과 별반 차이가 없는 일이라 할 수 있다. 한국정부의 공식적인 태도는 '우리가 실질적으로 지배하고 있는 한 독도는 한국땅이다'라는 안이한 말로 공무원의 입장을 자위하는 성명을 반복해 오고 있는 실정이다.

❀ 독도는 우리 땅이라고 국내에서 외치기보다
   지구촌의 인식을 바로잡아야 한다

한국인은 일본인에 없는 강한 '정심'을 가지고 있다. 여기에 일본인이 가지고 있는 '성의'를 보태기만 한다면 한국의 독도홍보작업은 실질적 효과를 거둘 수 있을 것이다. 외국인들 특히 한국, 일본 사이의 현안에 대해서 잘 모르는 외국인들의 틀린 지식과 인식을 바로 잡아줄 수 있는 정확한 최신정보와 자료를 끊임없이 지속적으로 제공해 줄 수 있는 시스템을 만들어야 한다.

일본정부는 '왜곡된 자료'를 만들어 제공하고 있지만, 한국정부는 일본정부와 달리 '진실된 자료'를 만들어 제공할 수 있다. 한국정부의 공무원들이 정확한 자료를 만들어 제공하는 일을 귀찮게 생각하지 말고 꾸준히 정기적으로 실천을 견지한다면 외국의 지리국, 지리원, 기록관, 도서관, 학교 등의 담당자들은 결국에는 어느 것이 사실이고 어느 것이 허위인지 분별할 수 있는 눈이 생겨날 것이 틀림없다.

한 가지 중요한 일은 한국이 제공하는 정확한 최신자료는 일본이 제공하는 왜곡된 최신자료의 날조를 지적해 주어야 하는 것이다. 한국공무원에게 필요한 자세는 일본공무원처럼 세밀하고 친절한 정보제공을 끊임없이 지속시켜서 지구촌 모든 나라의 지명표기 담당자들을 감동시키는 일이다. 이렇게 해야만 한국은 일본과의 현안문제인 독도문제를 원만하고 원숙하게 해결하여 바로잡을 수 있다. 그리고 이러한 '정심'에서 나오는 '성의'는 결국 실질적이고 일관성 있는 올바른 정보를 저장하고 표출할 수 있는 에너지로 지구촌에 확장될 수 있을 것이다.

일본정부의 공무원들이 하는 일과 한국정부의 공무원들이 하는 일 중에서 어느 쪽이 세계인들에게 실질적으로 먹힐지는 짐작하고도 남을 일이다.

독도문제뿐만 아니라 어떤 사안에 대해 일본과 의견충돌이 일어날 때 한국인의 대응은 대체로 감정이 앞서서 흥분하고 호들갑을 떠는 측면이 강하다. 그리고 그러한 감정은 결국 일과성으로 그치고 만다. 그에 반하여 일본인은 냉정하고 차분하게 일을 처리하는 모습이 강하다. 그리고 일관성 있게 꾸준히 추진한다. '정심'은 없지만 '성의'를 끊임없이 공급하고 있는 것이다.

일반적으로 한국인은 감정발산에 유능하고 감정억제에는 무능하다. 일본인은 감정억제에 유능하고 감정발산에는 무능하다. 한국인은 욱하고 핏대를 잘 세운다. 그러면서 뒤가 없다. 일본인은 욱하지 않고 핏대도 세우지 않는다. 그러면서 반드시 뒤가 있다.

한국인은 순발력, 진취력이 있고 열정과 집중에 강하다. 일본인은 한국인보다 더한 인내력, 절제력이 있고 분석과 분류에 강하다. 한국인은 서생(書生)적 대의의식이 강하고, 일본인은 상인(商人)적 손익감각이 강하다. 한국인은 의(義)냐, 불의(不義)냐를 따지는 데 강하고, 일본인은 이(利)냐, 손해(損害)냐를 따지는 데 강하다. 한국인은 핫(hot)하고 일본인은 쿨(cool)하다. 조선의 선비들은 대의명분에 어긋난다 싶으면 핫(hot)하게 붓을 들었다. 일본의 사무라이들은 이익이 되고 땅을 따먹을 일이 있으면 쿨(cool)하게 칼을 들었다.

✱ 일본국민은 일본 근현대사에서 시대를 풍미한 인물들을 기억하고 존중한다

어느 나라, 어느 시대나 시대의 위인과 시대의 천재는 탄생한다. 그러나 그들을 기억하고 존경하는 방식은 다르다. 미국의 존 F. 케네디 대통령은 미국의 대표시인 로버트 프로스트가 죽은 뒤 그의 추모연설에서 이렇게 말했다.

"한 나라는 그 나라가 배출한 인물에 의해서뿐만 아니라, 그 나라가 존경하는 인물, 기억하는 인물을 통해서 그 존재를 드러낸다."

일본인은 그들의 역사에서 시대를 풍미한 인물들을 모두 기억하고 존중한다. 특히 근대사와 현대사의 인물들까지 교과서에 기록하여 미래의 주인공인 젊은 학생들의 표상으로 삼는다. 그러나 한국인은 역사적 인물과 시대적 인물의 장점을 기억하기보다 그들의 단점을 들춰내기를 더 즐기는 바람직스럽지 못한 습성을 지니고 있다.

❀ 한국인은 근현대사의 인물 중에서
국민적 '롤 모델'을 찾아서 기억하고 존중해야 한다

한국인은 역사인물과 시대인물을 기억하는 데 인색하다. 특히 근현대사의 인물에 대해서는 더 심하다. 우리는 과거를 통해 미래를 다듬어 가는 존재다. 한국의 근현대사는 무수한 인물을 배출했다. 정치, 경제, 문화, 예술의 모든 분야에서 영웅과 천재들을 배출했다. 하지만, 한국사회는 그들을 제대로 기억하지 못한다. 오히려 그들의 잘못한 일을 들춰내어 비하하고 증오하는 데 열심이다.

한국인은 우리 근현대사의 위인들을 대하는 태도를 바꿔야 한다. 그들의 장점과 업적을 찾아내어 미래의 비전으로 삼아야 하고 그들의 단점과 과오는 반면교사로 삼아야 한다. 한국인은 왜 그들로부터 본받아야 할 점에는 눈을 감아버리고, 그들의 오점과 허물을 들추어내는 데 쓸데없는 시간과 비용을 낭비하고 있는가?

한국인은 고대사와 중세사의 인물들에 대해서는 어느 정도 연구실적을 거두었다. 그리고 그들을 우리의 '롤 모델'로 부각시키는 데 부분적으로 성공하고 있다. 하지만 한국인은 우리의 근대사와 현대사의 인물들로부터는 아무런 롤 모델을 만들지 못하고 있는 것이 사실이다. 일본인은 역사적 인물 중 롤 모델이 많다. 특히 근현대사의 인물 중에 국민적인 롤 모델을 많이 확보하고 있다.

역사는 계승 없이는 이루어지지 않는다. 새로운 도약의 의지는 항상 역사적 인물이나 시대적 인물의 롤 모델에서 나오는 것이 상례이다. 한국인은 근대사와 현대사의 위인을 존경하고 기억하는 풍토를 조성하는 데 노력을 기울여야 할 것이다.

❀ 우리 자신이 변하지 않고는
어느 누구, 조직, 사회, 나라를 변화시킬 수 없다

일본인이 가장 존경하고 있는 일본 근 현대사의 대표적 인물은 사카모토 료마(坂本龍馬: 1835-1867)다. 그는 일본국민의 의식조사가 시작된 이래 지금까지 계속하여 과거 1,000년 간 인물 중 최고지도자 반열에 오른 사람이다. 그는 33세의 짧은 생애를 불 같이 살다가 불 같이 갔다. 사카모토 료마의 생애의 특징을 요약해 보면 다음의 3가지로 압축할 수 있다.

- 그는 국가의 장래에 대한 확고한 비전을 가지고 있었다.
- 그는 끊임없는 자기변혁과 진취정신을 가지고 있었다.

- 그는 조정과 협상에 누구보다 앞장섰고 자신의 생각이 틀렸다고 판단되
   면 즉각 수정할 줄 알았다.

료마는 스스로의 변화와 혁신을 통해 일본의 국익을 위해 제3의 길을 개
척한 인물이다. 일본의 대표적 역사작가인 시바 료타로는 그를 '하늘이 기적
처럼 내려준 영웅'이라고 표현했다. 료마는 그 어떤 지위도 없는 인물이었다.
또한 아무런 학문적 소양도 없는 인물이었다. 그러나 오직 일본을 새 나라로
만들기 위한 한 조각의 위대한 꿈을 간직한 젊은 사무라이였다. 그는 과거에
얽매이지 않고 잘못을 깨달으면 즉각 수정할 줄 아는 자기쇄신의 화신이기
도 했다.

1853년 미국의 페리 제독이 군함 4척을 이끌고 와서 일본의 개항을 요구
(黑船事件)했을 때 일본 정국은 양이파(攘夷派)와 개국파(開國派)로 양분되었었
다. 료마는 양이파였다. 그는 개국파의 거두인 가쓰 가이슈를 암살해야겠다
고 결심한다. 그러나 암살하러 갔다가 암살하기는커녕 오히려 개국의 불가피
성을 주장하는 가쓰의 열변과 그의 열린 사상에 매료당해 그 자리에서 즉각
개국에 헌신할 것을 결심하게 된 청년이다.

료마는 돌아와 대립관계에 있던 사쓰마와 죠슈의 지도자를 설득했고, 누
구도 예상치 못했던 양대세력의 결집인 삿쵸동맹(1866)을 이끌어 내는 데 뛰
어난 수완을 발휘했다. 삿쵸동맹이 불발되었다면 메이지 유신의 성공(1867)과
일본의 근대정부 성립은 불가능했을 것이었다.

료마가 아니었으면 일본의 개국은 훨씬 뒤로 미루어졌을 것이고 급진적으
로 발전한 서양문물을 배울 수 있는 기회도 멀어져 쇄국과 암흑의 사회는 오
래 지속되었을 것이다. 일본인들은 료마에게서 배울 수 있는 것은 바로 자기
변혁의 쇄신정신이라고 말한다. 자신이 먼저 변하지 않고는 어느 누구, 조직,
사회, 나라도 변화시킬 수 없기 때문이다.

필자가 경험한 바로는 일본인은 공무원들이 정말 '성의' 있게 일하는 나라다. 또 민간기업의 종업원들도 '성의' 있게 일하는 나라다. 일본인은 민간기업에서도 지구촌에 제품, 서비스, 기술을 판촉할 때 일본정부와 동일한 장기적 스타일의 방법을 활용하여 섬세하고 치밀한 마케팅활동을 한다.

일본기업은 일본상품을 구매하는 상대방 기업의 사장이나 고위임원을 처음부터 접촉하지 않는다. 그 전에 항상 상대 회사의 말단에 있는 담당자를 먼저 찾는다. 담당자에게 제품에 대한 설득과 이해를 구하여 밑바탕을 잘 닦아놓고 분위기가 익기를 기다렸다가 차례로 팀장, 본부장, 사업부문장, 최고의사결정자 순으로 접촉을 확대시켜나가면서 이해와 인식의 장을 넓혀나간다. 그런 다음 최고결정권자를 예방하는 자리에서 계약을 성사시킨다.

일본인이 전 세계의 수출시장을 석권하고 있는 것은 제품이 우수한 이유도 있지만 그들의 마케팅전략이 독특하기 때문이다. 일본인은 낮은 데서 시작하여 높은 데로 올라간다. 즉 가장 낮은 데서 시작하여 상호 인식을 공유하는 인간관계를 만든다는 것이다. 그리고 마지막으로 결국 최고결정권자의 결심을 끌어내는 것이다.

국제입찰에서 일본기업의 일하는 방식을 보면 일본정부와 일본기업은 한몸, 한 마음이라는 생각이 들 만큼 상호 협력이 빈틈없이 진행된다. 그들에게는 오로지 국익을 지켜야 한다는 마음뿐이다. 일본국내 시장에서는 피 터지는 경쟁을 하는 사이라도 해외시장에서는 정부나 '게이단렌(經團聯)'에서 정해주는 순서에 따라 입찰에 참가한다.

일본정부나 일본기업은 '정심'에 의한 경쟁이 아니라 '성의'에 의한 경쟁에 너무나 익숙해져 있다. 일본인의 '성의'는 '정심'에 뿌리를 둔 '성의'가 아니라 '친절'로 포장된 '성의'라는 점에 주의를 게을리 해서는 안 될 것이다.

평등사상과 분수 중심 사상의 실체는 무엇인가?

일본인은 국민개인이 '제 몫'을 다 하는 것이 '사회평등'이라고 믿고 있다. 이 말은 일본인을 이해하는 데 매우 중요한 말이다. 왜냐하면 '제 몫'을 다 하지 못하면 공동체의 균형이 깨어지고, 균형이 붕괴 되면 일본이 평등한 사회를 이루어낼 수 없다고 인식하고 있기 때문이다. 남에게 폐를 끼치지 않기 위해서 나는 물론 내 주위를 내가 깨끗이 하는 생활습관을 일본사람들은 자신의 삶에 농축시켜놓고 있다. 나의 밥벌이는 내가 책임져야만 남에게 폐가 되지 않는다는 개인적 독립사고를 체질적으로 확립시키고 있는 것이다.

일본인은 내게 발생하는 모든 문제, 심지어는 나로 인해 발생하는 조직의 문제까지도 책임은 내게 있다는 광범위한 '자기책임' 의식이 양성되어 있다. 일본인은 남의 좋은 것은 받아들여서 나의 발전의 밑거름으로 삼는다는 열린 사고와 자기향상심 의식이 확립되어 있다.

그러나 아무리 좋은 것이라도 무조건 받아들이지는 않는다. 나에게 어울리고 '나의 분수'에 맞는 것만을 받아들인다는 기본 잣대를 가지고 있다. 예를 들면, 국민들의 언어생활에 일본인의 분수가 잘 들어나 있음을 볼 수 있다. 일본에는 서구에서 들어온 외래어가 수없이 많다. 그런데, 그렇게 많은 외래어를 사용하고 있어도 일본식발음으로 일본화된 외래어만을 사용한다.

대표적으로 일반화되어 있는 외래어의 일본화는 다음과 같은 방식으로 활용된다. 즉 컨비니언트 스토어는 '콤비니', 빌딩을 '비루', '퍼스널 컴퓨터는 '파소콘', '아르바이트'는 '아르바이토', 텔레비전을 '테레비'라고 부르는 식이다. 이유는 간단하다. 그것이 일본 국민들에게 편리하다는 것이다. 일본인들의 혀의 구조상 원음 발음을 그대로 따라 하는 것은 '분수'에 넘치는 일이기 때문이다.

일본이 먼저 개국하여 서구문물을 받아들였고, 근대에 일본의 지배를 당해야 했던 우리나라는 영어를 일본인을 통해 전수받아야 했다. 이렇게 영어가 우리나라에 처음 들어올 때 일본인을 통해서 들어왔기 때문에 우리 사회에는 일본화된 영어표현이 사용되지 않을 수 없었다. 하지만 6.25 전쟁을 계기로 미군이 대거 한국에 진주하기 시작한 이후부터는 한국은 일본을 통하지 않고 직접 영어를 전수받을 수 있는 시대를 맞이했다. 그런데도 오늘날 한국사회에서는 아직도 일본화된 영어를 사용하고 있는 사람들이 상당수 존재한다. 이는 하루빨리 불식해야 될 일이다. 일본인이 즐겨 쓰는 일본화된 외래어를 한국인이 따라 할 필요는 없는 것이다.

✿ 일본은 영미권의 '팁' 문화를 받아들이지 않은 유일한 아시아 국가이다

일본은 아무리 좋은 외국의 문화를 받아들여도, 일본의 전통문화를 고스란히 지키려고 노력한다. '화혼(和魂)'이 살아있는 상태로 외래문명을 받아들이겠다는 삶의 습관이 확립되어 있었기 때문이다. 예를 들면 영미사회에서 확립되어 있는 '팁' 제도(奉仕料)가 일본에는 없다. 서구 특히 영미문화권에서 들어온 팁 문화는 오늘날 한국뿐만 아니라 지구촌에 넓게 침투되어 있다.

서양의 서비스문화가 아무리 앞서있다고 해도 팁 문화는 일본에 발을 붙이지 못했다. 식당의 종업원, 술집의 호스티스, 골프장의 캐디, 호텔 종업원(배차원, 짐꾼, 방 안내원 등), 미용실 종업원 등에게 주는 공식적 팁이 없다. 여행할 때 호텔 투숙객이 룸 메이드(청소원)에게 주기 위해 침대에 두고 나오는 팁도 없다. 외국인들이 습관적으로 두고 나오는 경우는 있어도 일본인 투숙객들은 팁을 두고 나오는 일이 없다. 어느 조직에 있든지 거기에서 일하고 있는 사람은 모두 그 조직의 직원으로 대접받고 정당한 보수를 받고 있기 때문이다.

일본은 지구촌에서 가장 높은 수준의 서비스를 제공하면서 별도로 서비스 값인 팁을 받지 않는 사회를 확립하고 있다. 이러한 일본식 제제도의 확립은 '이치닌 마에'정신에서 나온다. 일본식 제도는 일본사회를 지구촌에서 높은 수준의 투명하고 서로 믿을 수 있는 '신뢰사회'로 구축하는 데 원동력이 되었다. 일본은 세계에서 아주 높은 신뢰사회를 구축해 놓고 있다. 다만 그 신뢰가 일본인 사이의 신뢰로 제한되어 있는 것이 아쉬운 대목이다.

일본인이 지구촌에 확산되어 가는 팁 제도를 받아들이지 않은 것은 획기적인 일이다. 서양으로부터 서비스 다양화 기술을 받아들이면서 팁 지불의 관습을 제거했기 때문에, 일본인들은 서구에서 횡행하는 세무자료 없는 음성 수입에 물들지 않을 수 있었다. 조직과 사회 속에서 '제 몫'을 철저히 다하는 삶의 습관을 잃어버리지 않을 수 있었다. 그리고 자신의 모든 수입에서 정당하게 정하여진 세금을 내는 것이 '제 몫'을 다하는 것으로 인식하는 사회를 수립하여 지켜나갈 수 있게 된 것이다.

✸ 검찰의 권력은 국민의 자유와 권리를 공정하게 지키기 위해 만들어진 국가제도다

일본인이 가장 경멸하는 범죄는 국민이 세금을 내지 않는 탈세행위와 정치자금법을 위반하는 정치인의 뇌물수수행위이다. 특히 정치인이 정치후원금을 받고 사용할 때 투명한 회계를 하지 않으면 일본 세무당국은 세금탈루죄를 적용하여 엄격하게 죄를 묻는다. 지위가 아무리 높아도 사정의 칼을 들이대는 검찰권이 확립되어 있다.

일본검찰은 정치인의 정치자금법 위반 및 납세자의 세금탈루를 가장 악랄한 죄로 엄격하게 다룬다. 불법 정치후원금을 받았다는 죄목으로 현직 수상인 다나카 가쿠에이 총리대신을 관저에서 체포하여 구속한 일이 있다. 한국이나 미국에서는 도저히 상상도 할 수 없는 일이다. 사정의 칼날을 국가의 현직 최고통치자에게 들이댈 수 있다는 것은 일본사회가 그만큼 법치사회라는 것을 말해준다.

검찰은 '국가권력으로부터 국민의 자유와 권리를 지키기 위해' 프랑스혁명 이후에 만들어진 국가제도다. 일본의 검찰은 자유민주주의를 지키고 사회기강확립을 위해 철두철미한 법질서 세우기에 앞장섰다. 일본의 검찰은 특히 정치인의 불법정치자금과 기업 및 자영업, 전문인의 탈세행위에는 가차 없는 칼날을 겨눈다. 그러기 위해 일본의 검사는 청렴생활의 달인이 될 것을 요구받는다. 일본의 검사는 현대판 사무라이다. 일본에 법치주의가 정착되고 정치인의 부패가 통제되는 원인은 일본의 검사가 사무라이정신을 계승하고 있기 때문이다.

✺ 한국은 선비정신에 투철한 선비검사와 선비판사가 많이 나와야 한다

한국이 국민의 권리가 보장되는 투명한 나라로 가려면 한국의 검사는 '국가권력으로부터 국민의 자유와 권리를 공정하게 지키기 위한' 사람임을 망각해서는 안 된다. 그리고 '국민의 자유와 권리는 도덕성과 법제도가 존중되는 사회기강확립'에서 창출된다는 것을 잊어버리면 안 된다. 한국의 검사는 단순히 '법률 기능자'나 '법률 기술자'로 전락하지 않아야 한다. 오직 자유민주주의를 지키는 대한민국 정체성의 보루자가 되고, 공정한 사회를 만들기 위해 권력이나 재력의 특혜로부터 국민을 보호하는 '법률지사'나 '법률선비'가 되어야 한다. 처음부터 마지막까지 투철한 선비정신을 가져야 한다는 것이다.

한국의 검사가 모두 인간본성인 빛을 밝히고 청렴한 선비사상으로 무장될 때, 한국사회는 탈세행위 없는 법치주의가 정착되고 정치인의 불법 정치자금 및 관료의 부패통제도 이루어질 것이다. 한국의 검사는 조선 선비의 청백리(淸白吏) 정신을 내재화하여 '청렴의 달인'이 되어야 한다. 한국의 검사는 '정심', '성의', '치지', '격물'의 선비사상을 계승하는 '선비검사'가 되어야 한다.

일본은 선비정신이 가르치고 있는 '근면', '검소'의 삶과 '절약', '절제'의 정신이 정부의 재정운용 정책과 사회조직운용에 그대로 농축되어 있다. 예를 들면 일본의 도로를 자동차로 다녀보면 금방 알 수 있다. 일본은 꼭 필요한 넓이만큼 도로를 만들었다. 대도시나 시골을 막론하고 확 트이거나 뻥 뚫린 도로 대신에 차 두 대가 겨우 지나다닐 수 있는 도로가 많다. 대신에 이면도로를 많이 만들어 교통소통의 효율을 꾀했다. 교통량이 많은 대도시에서도 4차선을 넘는 도로를 건설하는 경우는 매우 드물다. 물론 필요한 경우에는 8차선도 만들어 놓고 있지만 전국의 어디를 가나 국토 이용을 절제와 절약 정신에 의거하여 조화적으로 개발하고 있는 것이다.

일본인의 절제와 절약정신은 개인이 주거하는 집의 넓이에서도 잘 나타나 있다. 작은 집이라도 효율적으로 주부의 동선을 처리하고 수납공간을 설계하는 등 세계 제일의 기술을 자랑한다. 일본의 개인주택은 경제규모나 소득규모에 비하면 아주 작은 것이 특징이다. 실생활에 필요한 넓이 이상의 공간을 혼자 과점하지 않겠다는 사고가 일반화되어 있다. 대기업의 회장, 사장이 살고 있는 주택이나 정부의 고위 관료인 대신이나 중의원, 참의원의 의원들이 살고 있는 주택 규모를 보면 일반 중산층이 살고 있는 주택 규모와 별로 다르지 않다. 한국인의 관점에서 보면 일본인은 그 주택규모가 너무 작다. 대부분의 일본국민들은 비교적 작은 공간에서 비용이 적게 드는 삶을 영위하고 있는 것이다.

일본은 고이즈미 전 수상의 개혁정책으로 작은 정부로의 '정부혁신'에 성공한 나라다. '작은 정부와 큰 시장'이라는 경제 정책으로 글로벌 경쟁시대의 무한 경쟁에 대응하고 리드해나가기 위해 정부의 불필요한 쓰임새를 줄였다. 공무원의 수가 많으면 그만큼 불필요한 규제가 많아지고 또 정부지출이 많아지며 국민으로부터 받는 세금을 올려야 하기 때문이다. 일본은 선진국 중에서도 가장 작은 정부를 자랑한다. 가장 작은 정부로 국민생활의 효율성을 높이기 위한 '고급행정서비스', '고급입법서비스', '고급사법서비스'를 제공하는 곳이 일본정부이다.

일본인은 식사할 때 자기 밥공기에 밥을 남기거나 장국 그릇에 장국을 남기지 않는다. 자기 먹을 분량만 떠서 먹기 때문이다. 밥을 남기면 죄악으로 여긴다. 만약에 자기가 먹는 밥이나 장국을 남기면 이것은 '제 몫을 다하지 못하는 일이 되고 어른이 되지 못한 사람으로 취급받는다. 즉 '덜 떨어진 사람'으로 인식한다. 이렇듯 음식에도 절제와 절약정신이 생활화되어 있다.

지구촌에서 음식물 쓰레기가 가장 적게 나오는 곳이 일본사회다. 자기 쓰레기는 반드시 자기가 치우는 곳도 일본사회다. 공해 유발을 공공의 적으로 여기는 곳 역시 일본사회다. 인간의 손이 미치지 않은 버려진 땅이 없는 곳도 일본사회다. 국토를 자연과 인간의 조화로운 삶의 터전으로 개발한 곳도 일본사회다. 일본은 매년 지진이 발생하고 태풍의 피해를 입는다. 그러한 일본사회가 지구촌에서 가장 깨끗한 주거환경을 만들고, 가장 건강한 장수사회를 만들어 낼 수 있는 원동력은 '제 몫'을 다한다는 정신이라 할 수 있다.

일본제품이 세계적으로 신뢰 받는 이유도 '성의' 있게 살아가는 일본인의 생활자세가 그대로 제품 속에 녹아 있기 때문이다. 일본은 세계적인 브랜드 제품을 많이 보유하고 있다. 특히 정밀기계제품, 전자제품, 전기제품, 소재와 부품 등은 지구촌에서도 그 우수성을 인정받으며 선두를 달린다.

21세기가 시작되면서 한국의 삼성전자, 현대자동차, 포스코 등의 대기업제품과 일부 중소기업 제품들이 일본제품보다 품질, 기술 면에서 앞서기 시작했고, 한국이 일본보다 경쟁력 있는 부문이 많아지고 있다. 또 지구촌 시각에서 보더라도 세계시장에서 우위를 점하고 있는 한국제품이 날로 늘어나고 있는 것이 사실이다. 하지만 엄밀히 따져볼 때 소재, 부품, 원료, 정밀공업, 기초과학 분야에서 한국은 아직도 일본에 상당히 의존하고 있는 형편이다.

일본은 1964년 동경 올림픽 때 토요타, 닛산, 혼다 등의 자동차와 소니, 파나소닉, 토시바 등 전자제품의 브랜드를 세계화하는 데 성공했다. 스포츠용품 부분에서도 서구의 명품에 버금가는 제품을 기획하여 아식스, 미즈노, 요코하마 등 세계적인 파워브랜드를 만들었다. 일본의 브랜드 파워를 책임지는 사람들은 바로 '직인(職人)'이라는 사람들이다. 이들은 모두 기술의 대가들이다. 거창한 것뿐만 아니라 작은 일상용품까지 완벽하게 만들기 위해 성의를 다하는 '장인(丈人; 한국은 '장인'이라 부르고, 일본은 '직인'이라고 부른다)'들의 생활철학이 공장 근로자들에게도 확산되어 있는 것이다.

일본인은 한 사람이 필요한 물건도 만든다. 생산자의 원가구조상 대량으로 필요한 물건이 아니면 기업은 만들기를 기피한다. 하지만 일본기업은 생활에 꼭 필요한 물건은 아무리 소량이라도 만들어 낸다. 미국이나 독일에서 구할 수 없는 물건이 일본에서 구할 수 있는 이유다. 오늘날 지구촌에서 다른 나라에서 구할 수 없는 물건이 일본에서는 구할 수 있는 현상을 우리는 간과할 수 없다.

일본인은 세계에서 평균수명이 비교적 긴 장수인(長壽人)으로 평가 받고 있다. 일본기업 역시 오래된 장수기업이 많다. 2012년 기준으로 일본의 200년 이상 된 기업 수는 3,200여 개로 전 세계 장수기업의 56.3%를 점하고 있다. 독일 800여 개(15%), 네덜란드 200여 개(4%), 프랑스 190여 개(3.5%)에 비교해 보면 월등히 많은 기업이 장수하고 있다는 사실을 알 수 있다. 일본에는 100년 이상 된 기업이 5만 개를 넘는다. 1,000년 이상 된 기업도 7개나 있다. 1,000년 이상 된 기업은 일본에만 존재한다.

일본의 최장수기업은 세계 최장수기업이다. 2012년 현재 세계 최장수기업은 1,434년의 역사를 가진 종합건축회사 곤고구미(金剛組)이다. 578년 오사카 지역의 최대 사찰인 시텐노지(四天王寺)를 건축하기 위해 백제에서 건너간 3명의 대목수 중 한 명이 창업한 회사다. 유서 깊은 장인정신과 현대의 경영기

법이 만나 전통과 현대의 융합으로 유지·발전되고 있는 회사이다. 일본은 전통적으로 장사를 중요하게 생각하고 기업을 매우 중시하는 나라다.

1990년 3월 필자가 대표로 있던 동경의 현지회사에서 10여 년 동안 근무하던 일본인 청년이 회사에 사직서를 내고 이임인사를 하러 사장실로 들어왔다.

필자는 "어디 더 좋은 회사에 가시는 모양이죠?"라며 의례적으로 물었다. 그러나 그의 대답은 뜻밖이었다. "아버지가 지방도시에서 라면가게를 하고 있는데 고향에 돌아가서 가업을 잇고 싶습니다."

그 가게는 할아버지 때부터 영업을 해왔으므로 자신이 이어 받으면 3대째의 라면가게가 되는데 그 자신도 아버지와 할아버지에 버금가는 라면의 '직인(職人)'이 되고 싶다는 포부를 말하는 것이 아닌가? 그 청년은 자기의 분수를 지키며 '성의' 있는 삶을 살아가려는 일본인의 전통적 모습의 실례를 보여주었다. 개인의 '분수' 중심사상은 일본이 각 부문에 걸쳐 광범위한 전문가와 '직인(職人)'을 많이 배출하게 된 원동력인 것이다.

선비는 과거사에 집착하지 않고 미래 비전에 몸을 던진다

영국에는 '젠틀맨 십'이라는 '기사형 신사 정신'이 있고, 미국에는 도전과 개척의 상징인 '카우보이형 프런티어 정신'이 있으며, 프랑스에는 가진 자의 책임과 의무를 중히 여기는 '칼레시민형 노블레스 오블리주 정신'이 있고, 중국에는 자신들이 세계의 중심적 위치에서 빛난다고 하는 '중화정신'이 있으며, 일본에는 일본인들끼리 똘똘 뭉쳐 국익을 추구하는 '사무라이정신'이 있다.

중화정신은 송나라 때 지방 여러 곳에서 민란이 일어나자, 통치적으로 어려움에 처해 있던 중국 황실이 백성들에게 전체적 자긍심을 심어주고 우월적 공동체 정신을 불어 넣어주어 나라를 혁신하기 위해 당대의 대학자였던 주희에게 명하여 이론을 집대성한 것이다.

중화정신은 북쪽에는 도둑 떼(北狄)가 있고, 남쪽에는 벌레 같은 야만 놈(南蠻)이 있고, 서쪽에는 창을 든 되 놈(西戎)이 있고, 동쪽에는 큰 활을 든 오랑캐 무리(東夷)들이 살고 있다면서, 오직 중국인만이 문화민족으로 세계의 중심이라며 자기우월성을 주장하는 일방적이며 교만한 민족정신이다.[53]

이것은 민중 속에서 자연스럽게 성숙된 민족 정신이 아니라 위정자가 고압적으로 만들어 민중들에게 교조적으로 주입시킨 정신이다. 북적의 적(狄), 남만의 만(蠻), 서융의 융(戎), 동이의 이(夷) 가 모두 '오랑캐'라는 뜻이 담겨 있다. 중화정신은 교만하고 일방적이며 적대적인 패권주의이다. 중국은 지정학적으로 끊을래야 끊을 수 없는 한국의 이웃이기 때문에, 중국의 중심사상이 되어 있는 '중화정신'의 생성과 본질을 한국인은 잘 이해하고 기억해야 할 것이다.

✿ 중국인과 일본인은 순자사상이라는 동질적 정신철학을 공유하고 있다

일본인과 중국인은 서로 다르지만 서로 같은 동질성을 몇 가지 공유하고 있다. 그 공유성의 바탕은 철학적 인식에 있다. 두 나라 사람들이 모두 순자

---

53) 중국에서 가장 오래된 자전인 설문해자(說文解字)에 보면, 동이(東夷)의 이(夷)는 '큰 활을 잘 다룰 이(夷)'라고 설명되어 있다. 이(夷)자는 큰 대(大) 자에 활 궁(弓)자 가 겹친다. 동이족(東夷族)은 '동쪽에 사는 큰 활을 잘 다루는 민족'이라는 뜻으로 바로 우리 민족을 가리킨다. 송나라 이후 중국의 동서남북에 사는 타민족을 모두 '오랑케'로 표기하기 시작하여 그 이후의 중국옥편에는 '오랑케 이(夷)'로 표시된 자전이 발견된다.

사상에 바탕을 둔 국민적 철학을 갖고 있다는 점이다.

순자사상은 유가사상에 법가(法家)적 과학성을 가미시킨 사상이다. 진시황은 중국을 최초로 통일한 후 한비자의 법가사상을 정치에 실험한 최초의 황제다. 한비자는 '성악설'을 주장한 순자의 제자다. 한비자 사상의 핵심은 '법술세(法術勢)'로 요약할 수 있다. 인간은 태어날 때부터 악성을 갖고 나온 이기적 존재이기 때문에 백성을 '법으로 묶고, 권모술수로 묶고, 권세로 묶어서' 통치해야 한다는 것이다.

진시황은 법가사상을 통치에 도입하여 황제의 위상과 권위에 아무도 도전하지 못하도록 하는 무시무시한 공포정치로 모든 백성을 노예화 시킨 최초의 황제로 역사는 기록하고 있다. 만약 진시황이 한비자의 주장을 국정의 핵심철학으로 삼지 않고, 맹자의 도덕정치(왕도정치)를 국정의 기본철학으로 삼았다면 인류의 역사는 도덕적으로 비약적인 발전을 이루었을지도 모른다.

유가사상은 법가사상을 비판한다. 법가는 획일적이며 외재적인 법만으로 사회질서를 구성하려 한다. 허용과 금지의 각종 외적 규제로 백성을 처벌과 구속이라는 공포 분위기에 끌어넣어 피지배자를 일사분란 하게 만들려고 한다. 이렇게 하면 백성은 어떻게 해서라도 처벌을 피하려고만 할 뿐 자신의 비행자체를 부끄러워하지는 않는다. 법을 피하기 위한 잔꾀를 부리고 편법과 탈법작업에 골몰할 뿐 그러한 일에 대해서 자신이 나쁜 짓을 했다고 느끼지 않기 때문이다.

따라서 유가는 인간미 넘치는 공동체를 유지하기 위해서는 법의 규제 이전에 인간본연의 수오지심을 고양할 것을 주장한다. 부끄러움이란 자신이 떳떳하지 못해서 자신을 스스로 숨기려는 감정이 아니다. 오히려 자신을 돌아보고 반성하게 만들어 다시는 잘못을 되풀이 하지 않도록 채찍질하게 되는 감정을 말한다. 자신보다 올바른 이를 본보기로 삼아 현재의 자신을 한층 고양시키려는 원동력이 수오지심인 것이다.

수오지심은 자신이 부끄러움이 없는 올바른 일을 해야 하지만, 또 올바른 일을 하지 못하고 그른 일을 하는 타인을 인정해주지 못하는 마음이다. 그래서 그른 일을 하는 사람을 보면 적극적으로 말리려고 하는 행동을 스스로 취하는 마음이다. 그른 일을 하는 타인을 보고 미워만 할 뿐 정작 말리지 못하는 것은 사람으로서 정말 부끄러운 일이기 때문이다.

유가사상은 몰염치와 파렴치를 거부한다. 염치를 안다는 것은 부끄러워할 줄 안다는 것이다. 염치는 할 수 있는 일과 해서는 안 되는 일의 경계를 자각하게 한다. 염치를 안다는 것은 사람이 자신이 스스로 할 일과 하지 말아야 할 일을 구분할 줄 아는 것이다. 만약 사람이 하지 말아야 할 일을 했을 경우 염치는 단순히 사람을 다른 사람의 시선에서 자신을 감추도록 하는 데에 그치지 않는다. 염치는 사람이 스스로 자기교정을 하게 만들어 준다.

사람이 부끄러움을 느낀다는 것은 같은 실수를 되풀이하지 않기 위해 자신이 한 일을 돌이켜 보고 그 원인을 분석하며 스스로 자기교정을 하기 위해서인 것이다. 서양학자들이 서양을 죄의식문화(guilty culture)로 동양을 수치심문화(shame culture)로 구분한 까닭이기도 하다. 죄의식 문화의 법은 피동적 위법의 죄인을 생산할 뿐이지만, 수치심문화의 수오지심은 법이 없어도 스스로 반성해서 고쳐나가는 염치 있는 인간을 만들어 낼 수 있는 자율적 율기이다.

진시황은 법가사상을 선택하여 백성을 무자비하게 노예화 시켰다. 황제는 자신을 빼고는 아무리 근접거리에 있는 신하라도 믿지 못하는 무서운 권력이 통치하는 불신사회를 만들었다. 결국 진시황은 아무도 믿지 못하게 되어 가까운 신하들까지도 모두 처단하고 소년병들에 둘러싸여 왕위를 보전하다가 병으로 타계하는 불운을 맞이했다. 진시황의 패도정치와 법치주의는 인류에게 정치적으로 질곡과 구속을 선물했던 것이다. 진시황 당시의 법은 전제자의 통치도구로 사용되는 기계적인 법이었다. 이러한 법의 도구적 풍조는 오늘날 지구촌의 많은 국가에서 아직도 정치적 도구로 활용되고 있는 것이다.

중국인은 타인을 잘 믿지 않는 습성을 지니고 있다. 오직 믿을 수 있는 사람은 혈육뿐이라는 사고방식을 키워왔다. 이런 생각은 오랜 기간 지배자가 피지배자를 노예로 생각해 왔기 때문이다. 오늘날에도 중국인은 가족 이외의 사람들 말을 잘 믿으려고 하지 않는다. 중국속담에 '남의 일에 신경 꺼라' 는 속담이 있다. 중국인은 남의 일은 신경 쓸 필요 없다고 생각한다. 남의 일은 내가 간섭할 일이 아니다. 나와 이해관계가 없는 일에는 절대로 참견하지 않는다. 괜히 그랬다가 내게 돌아올지도 모를 귀찮은 일에 겁을 내는 것이다.

중국인은 개인의 이익을 중심으로 모든 사안을 따지는 자세를 견지한다. 대부분의 중국인은 거짓말을 너무 잘 한다. 『삼국지』를 보면 등장하는 장수들이 개인의 이익이 보장되어야 활약하는 묘사가 많이 나오는 까닭이다. 오늘날에도 중국인은 허풍을 잘 떤다. 중국인을 상대할 때는 이점을 특히 주의해야 한다. 수오지심의 염치사회가 아니고 법만 피하면 된다는 편법과 탈법사회가 오랫동안 전통적으로 중국을 지배해왔기 때문에 생긴 사회현상이다.

✿ 선비는 과거사에 집착하는 사람이 아니라, 미래의 비전과 희망에 몸을 던지는 사람이다

과학은 상수보다는 변수가 많다. 과학은 대의가 아니고 명분이 아니다. 과학은 현재이고 실제이며, 실익이고 실용이며, 계산이고 수학이다. 그렇기 때문에 일본인과 중국인은 대의, 명분, 원칙, 상수보다는 실익, 계산, 과학, 변수에 따라 정책이 유연하고 재빠르게 이루어지는 공통점을 갖고 있다.

한국의 선비는 중국인, 일본인과는 다르다. 한국인은 변수보다 상수를 취한다. 실익실용보다 대의명분을 취한다. 계산보다 원칙을 따진다. 따라서 한국선비의 정책은 중국과 일본보다 유연하거나 재빠르게 변하지 못했다. 한국의 선비는 신중하고 과묵했다. 하지만 한국의 선비는 신념을 견지하고 희망의 끈을 놓지 않았으며 장래와 미래를 꿈꾸며 살았다.

한국의 선비는 과거에 집착하는 사람이 아니라 미래의 비전과 희망에 몸을 던지는 사람이다. 선비는 인간의 삶의 질을 높여 모두가 잘사는 이상향 꾸미기에 온 몸을 바친 사람이다. 한국의 선비는 '중용의 도'를 가졌기 때문에 신념에 살고 희망을 가꿀 수 있었다. 선비가 가졌던 '중용의 도'를 되찾으면, 오늘날 우리나라 정치지도자들이 빠져있는 허울뿐인 과거사 집착의 함정에서 결연히 탈출할 수 있을 것이다.

어제에 집착하고 과거에 함몰되면 내일과 미래로 나아가기 힘들다. 내일과 미래로 도약할 수 있는 에너지는 어제와 과거를 역사화 하는 데서 나올 수 있다. 한국의 정치지도자들은 선비정신을 함양하여 미래지향적으로 생각하고 국민과 국가의 발전을 위한 진정한 실사구시의 정책을 선택해야 한다.

❀ 중국인과 일본인의 삶은 '성의'에 무게를 둔 삶이고, 한국인은 '정심'에 무게를 둔 삶이다

한 번 더 강조하자면 일본과 중국의 정치는 순자사상이라는 공통분모를 가지고 있다. 일본과 중국이 대의명분에 약하고 실리와 현실에 강한 이유다. 중국에 가 보면 '중국인은 불의는 참을 수 있어도 불이익은 참지 못한다'는 말을 들을 수 있다. 이 말은 일본인에게도 그대로 통하는 말이다. 일본인도 '불의는 참을 수 있어도 불이익은 참지 못한다'는 말을 들으면서 살아온 민족이다.

전통적으로 한국인은 다르다. 한국사회는 맹자사상이 주축을 이룬다. '의'를 중심축으로 하는 맹자사상을 바탕으로 한국의 선비는 '살신성인'하고 '거의소청' 할 수 있었다. 자격미달인 임금을 보면 백성을 위한 '의'의 깃발을 높이 들어 임금조차 바꾸어 버리는 소청작업을 해올 수 있었다. '한국인은 불이익은 참을 수 있어도 불의는 참지 못한다'는 말이 있는 사회다. 한국인은 가난과 궁핍을 참을 수 있어도 불의와 불공정은 도저히 참지 못하는 유전자를 가지고 있는 민족이다.

동아시아 3국 중에서 중국인과 일본인은 경제적 관념이 서로 비슷하다. 하지만 유독 한국인은 경제적 관념이 다르다. 한국인은 이웃나라 중국, 일본과 다르게 독자적인 경제관념을 견지해온 민족이다. 한국인의 경제관념의 기본 특징은 '이익은 반드시 의로움에 근거하고 모두에게 이익이 돼야 한다'는 사회적 이익실현의 사고에서 나온다. 홍익인간철학이 배어 있는 서생적 이익취득개념이다. 한국인은 나만을 위한 상인적 이익취득행위를 경시하는 민족이다. 이런 점이 이웃나라 중국인, 일본인과 다른 점이다. 오랜 세월을 중국인과 일본인은 순자사상에 치중된 삶을 살아 왔고, 한국인은 맹자사상에 무게를 둔 삶을 살아온 결과이다.

오늘날 자본주의 사회에서 사람들을 움직이게 하는 가장 큰 동인은 이익, 즉 자기에게 들어올 돈이다. 사람들은 행동을 결정할 때 이득과 비용을 계산한다. 그리고 이득이 많은 쪽으로 움직인다. 오늘날 경제학에서 말하는 인센티브는 통상 경제적 인센티브다. 인간이 행동을 결정하는 요인이 무엇인가를 묻는다면 당연히 경제학에서 말하는 인센티브다. 그래서 인센티브를 '일상의 수수께끼를 푸는 열쇠'라고 하는 것이다.

오늘날 대부분의 사람들은 돈이 되면 움직이고 돈이 되지 않으면 움직이지 않는다. 수요와 공급도 경제적 인센티브로 설명된다. 그리고 경제적 인센티브에는 긍정의 인센티브와 부정의 인센티브가 있다. 긍정의 인센티브는 당근이고 부정의 인센티브는 채찍이다. 인간이 행동을 결정하는 요인이 당근과 채찍에만 국한되어 있는 것일까? 분명하게 대답할 수 있는 것은 '그렇지 않다.'이다.

유가의 공자·맹자사상에 크게 영향을 받은 한국인의 전통사상은 경제적 인센티브 대신에 도덕적 인센티브를 앞세운다. 지하철 계단에서 발을 헛디뎌 넘어지는 할머니를 발견하고 얼른 달려가서 일으켜 세우는 청년은 돈을 바래서 하는 행동이 아니다. 일본에 유학하고 있던 이수현(1974-2001)은 2001년 1월 26일 도쿄의 신오쿠보 전철역에서 선로에 떨어진 일본인을 구하려다 26세의 꽃다운 나이에 목숨을 잃었다. 이수현의 행동은 경제적 인센티브와는 전혀 무관하다. 그를 움직이게 만든 것은 순수한 도덕적 인센티브다. 인간이 태어날 때 하늘로부터 받은 선성의 발로이며 인의예지의 내재적 본성이 나타난 자율적 행동이다. 일본인과 중국인은 이런 도덕적 인센티브의 행동에 취약하다.

중국은 유가사상을 팽개친 지 오래 된다. 대문화혁명 때 홍위병들은 전국의 공자상을 모두 파괴했다. 공자를 자본주의 사상의 원흉으로 규정했던 것이다. 고대사회에서 중국인은 황제의 폭압정치에 시달렸다. 백성은 황제의 노예에 불과했다. 오늘날 중국은 공산당 일당독재의 집단지도체제를 구축하여 오직 당과 국가에 충성할 것을 요구하는 정치시스템을 구축했다. 다만 경제 분야에 개방개혁정책을 취하여 자본주의 시장경제체제를 도입한 것은 다행한 일이다. 현재 중국인은 경제적인 자유는 향유하고 있지만 정치적인 자유는 당과 국가에 완전히 억류되어 있다. 개인의 삶에서 정치적 자유의지는 당과 국가에 볼모로 잡혀있는 것이다.

❀ 일본식 모델은 무엇인가?

일본은 자유민주주의 국가다. 일본인은 경제적으로도 정치적으로도 삶의 자유의지를 만끽하고 있다. 일본인의 일상생활은 자유롭다. 하지만 국가의 정치적 활동에서는 메이지 유신 이래 도덕적 유가사상에서 벗어나 오직 국가손익을 우선하여 따지는 비즈니스 정치를 하고 있다. 서구의 대부분의 국가들이 비즈니스 정치를 하고 있는 것과 같은 현상이다.

일본인은 개인의 자유를 구가하기를 원한다. 그러나 국익이 관계되면 일본인은 스스로 개인의 자유를 억제한다. 일본 언론의 '엠바고'는 이상하리만큼 엄격하게 지켜지고 있다. 일본인은 정치적으로 자유인이다. 그런데도 일본인은 국익을 위해서는 잘 결속하고 잘 참는다. 일본인은 전체를 위해서는 개인이 희생되더라도 그것을 잘 견뎌내는 국민성을 유지하고 있다.

20011년 3월 11일에 일어난 일본 동북지방의 대지진과 연이어 덮친 쓰나미로 일본의 후쿠시마 원자력발전소가 붕괴되었다. 일본정부는 즉시 국민들에게 핵연료봉의 멜트다운(노심용해)은 전혀 없다고 발표했다. 인류의 재앙이라 할 수 있는 방사능 오염에 대해 일본정부와 일본 언론은 철저하게 보도통제를 했다. 일본국민은 정부의 지시대로 잘 참았고 일본 언론은 정부의 발표를 잘 따랐다.

그러나 결과는 어떠했는가? 수개월이 지난 후 밝혀진 사실은 경악을 금치 못할 만큼 심각했다. 핵연료봉은 지진이 일어난 직후 멜트다운이 시작되었음이 분명했고 방사성 물질의 유출은 지하와 바다 쪽에 무방비 상태로 진행되었기 때문이다. 일본정부는 자국민은 물론 세계인들로부터 빈축을 사는 결과를 초래했다.

일본정부는 예나 지금이나 진실을 밝히는데 신뢰성이 결여되어 있다. 이것은 '정심' 부재의 결과다. 일본정부는 2차 세계대전 때에 최전선에서 일본군이 패하고 있는데도 국민들에게는 승전보도를 하게 한 전력이 있다. 일본은 망하지 않는다는 믿음을 전국민에게 불어넣기 위해 온갖 수단을 동원했다. 일본정부의 이러한 진실은폐의 반복은 정부지도자의 '정심' 부재에 그 원인이 있는 것이다.

일본은 국가와 국민 간에 일체감이 매우 높은 나라이다. 그러나 후쿠시마 원전사고의 대응태세에서 빚어진 일본정부와 도쿄전력의 진실은폐가 밝혀지자 일부의 일본국민들은 정부불신의 목소리를 내기 시작했다. 하지만 그러한 목소리는 마이너리티의 목소리에 불과했다. 또 그 목소리는 언론에 눈에 띄게 보도되지도 않았던 것이다.[54]

일본정부의 '정심' 부재의 정치행위와 일본인의 '정심' 부재의 마인드에도 불구하고, 일본인 대부분의 사람에게는 근면, 검소, 절제, 자기책임이라는 사무라이정신이 면면이 흘러내리고 있음을 발견한다. 지진피해자들이 모여 있는 이재민 대피소에서는 질서정연하게 배식을 기다리고 음료수가 모자라면 서로 양보하는 모습을 보여주었다. 대피소의 사람들은 남녀노소를 막론하고 일본정부를 원망하지 않았으며 도움의 손길이 늦는다고 소리치는 사람도 없었다. 일본인은 잘 참았고 스스로 자신의 자유를 억제하며 공공질서를 견지했다. 철저하게 민주시민의 자기책임 정신을 발휘했던 것이다.

일본인의 자기책임정신은 그 원류가 선비사상이다. 사무라이의 '제 몫 정

---

54) 2011년 7월 27일 일본 참의원 참고인 증언에서 고다마 타츠히코 도쿄대 교수(방사성동위원소 센터 소장)는 후쿠시마 원전에서 100km 지역에서 시간당 5마이크로 시버트, 반경 200km 지역에서 0.5마이크로 시버트의 방사능이 검출되었고, 원전에서 300km 이상 떨어진 시즈오카의 찻잎에서도 방사능이 검출되었다고 진술하면서, 에다노(관방장관)의 '일본국민들에게 즉각적인 건강의 위험은 없을 것'이라고 브리핑한 것은 잘못이라고 비판했다. 또 유출된 방사능 물질의 총량도 열의 양을 토대로 유추했을 때 히로시마 원폭의 29.6개가 터진 정도가 노출되었다고 설명했다. 그는 이보다 더 두려운 것은 이제까지의 사례로 보면 원자폭탄의 경우 1년 후 남아 있는 방사능의 양은 1,000분의 1로 감소했지만, 원전사고의 경우는 1년 후 겨우 10만분의 1로 감소했다는 사실이라는 말을 덧붙였다.

신 '자기책임 의식' '근면 검소 절제 정신'은 선비의 '중용사상'으로부터 기인한 것이다. 선비는 인간의 삶에서 '중용'을 강조한다. '중용'은 균형이다. 균형은 '절제'이다. 모든 사물과 생물에서 가장 중요한 것은 균형이다. 균형(절제)은 바로 생명에너지이기 때문이다. 균형을 잃어버리면 모든 생물은 그의 생명에너지를 잃어버리게 된다.

일본은 선비사상을 수입하여 그것을 일본적 자기분수에 농축시켰다. 일본은 조선에서 선비사상을 수입하여 그것을 사무라이사상으로 전환시키는 데 천부적 소질을 발휘했다. 조선실천성리학이 가르쳐 준 선비정신의 혜택을 오늘날 일본인이 가장 많이 향유하고 있는 이유이다.

신기하게도 일본인은 정치적 자유도 누리고 경제적 자유도 누리고 있으면서 일본정부가 원할 때는 국민전체가 정부방침을 예외 없이 따른다. 일본은 일본인끼리 똘똘 뭉쳐야 산다는 '화'의 건국정신에 선비정신의 옷을 하나 더 입힌 것이다. 이것이 사무라이정신이고 일본식 모델이 되었다. 그리고 일본정부는 국민통합의 원동력으로 사무라이정신을 지속적으로 배양하고 있다. 그러나 우리가 일본정부를 신뢰할 수 없는 것은 일본정부가 '정심'이 결여된 '성의'를 일본국민들에게 계속 요구하고 있기 때문인 것이다.

❀ 중국식 모델은 무엇인가?

'정심'이 없는 '성의'의 정치를 하고 있는 나라로 일본 이외에 또 하나 중국이 있다. 우리나라를 에워싸고 있는 이웃 두 나라가 모두 '정심'이 결여 된 '성의'의 정치를 하고 있는 나라다. 중국도 정부와 인민의 일체성이 매우 강한

국가다. 동북아 공정을 만들어 한국의 고대사인 고구려, 발해의 역사를 중국의 역사로 편입시키는 데 앞장선 중국정치지도자와 중국사학계의 학자들을 보면 중국정부와 중국학계가 모두 '정심'에서 벗어난 '성의'에 치중하여 불의, 허구, 조작의 역사를 만들어 내는 데 아무 죄의식을 느끼지 못하고 있음을 알 수 있다.

오늘날 경제적인 관점에서 보면 중국은 대단히 경제성장을 빠르게 성공시킨 나라다. G7에도 못 들던 나라가 어느새 G2로 불리게 되었다. 중국의 지도층은 중국의 성장은 계속 지속된다고 믿고 있다. 향후 20년 동안 중국이 지금처럼 계속 발전한다면 중국의 경제규모가 미국을 추월할 것이고, 40년 동안 계속 발전한다면 미국과 EU를 합친 것 보다 클 것이라 추단하고 있다.

중국의 성공은 중국정부가 개방, 개혁의 정강을 취해 부단히 서방의 장점을 취해 온 결과다.

중체서용(中體西用) 방식으로 러시아(소련)에서 사회주의를 수입했고, 미국으로부터는 자본주의를 수입했다. 근대화 이후의 중국문명은 부단히 바깥 것을 학습한 결과다. 하지만, 중국인이 인정하고 있는 것처럼 중국문화는 짝퉁문화다. 역사도 짝퉁역사를 만들어 내고 있다. 문제는 짝퉁문화, 짝퉁역사의 결과로 중국인들이 '짝퉁상품'을 마구잡이로 생산해내고 있는 데 있다. 중국인은 이런 것을 별로 죄악으로 생각하지 않는다. 나와 국가에 이익만 가져다준다면 무엇이든지 다 해도 된다는 것이 중국인의 생활태도이기 때문이다.

중국의 정치는 공산당의 독재정치다. 야당이 없다. 공산당을 대치할 수 있는 정치세력은 존재가 불가능하다. 모든 권력은 인민으로부터 나오는 것이 아니라 당으로부터 나온다. 중국은 '중화인민공화국'이다. 이때의 '인민'의 의미는 공산당을 지지하는 국민을 뜻한다. 공산당을 지지하지 않으면 '인민'이 될 수 없다. 중국에서 정치권력에 관심이 있는 젊은이는 당연히 공산당원이 되어야 한다. 공산당원 안에서 당에 대한 치열한 충성경쟁을 해야 하는 것이다.

권력에의 진입은 외길이다. 다른 길을 택할 수 없다. 엘리트 지도자는 공산당 훈련원에서만 만들어진다. 마오쩌둥, 덩샤오핑, 장쩌민, 후진타오, 시진핑으로 이어지는 국가지도자를 배출할 수 있었던 것은 중국식 정치체제라는 오로지 하나뿐인 국가시스템이 작용했기 때문이다.

공산당 일당제는 절대권력이다. 문제는 절대권력은 절대로 부패한다는 데 있다. 중국의 부패는 어제 오늘의 문제가 아니다. 경제성장이 빠르게 성장함과 동시에 부패의 늪도 빠르게 만연하고 있다. 과거의 국민당 장제스 권력의 부패보다 오늘날 중국 공산당 권력의 부패가 몇 배 더 심하다. 연구자들은 중국은 '법치'가 아니라 '권력치'의 나라라고 평가하고 있다. 힘 있는 공산당원, 군부, 정부공무원들이 초법적으로 권력파벌 간에 나눠먹기를 하고 있기 때문이다.

중국의 경제는 '시장과 계획'이라는 서방의 이분법과는 다르다. 중국의 경제는 국유 부분(몸체)이 중심을 확실하게 잡고 있다. 거기에 비국유 부분(깃털)이 국유부분을 떠받치고 있는 형국이다. 결과적으로 국유와 비국유가 한 몸통을 이루고 있다. 몸체와 깃털이 한 몸통을 구성하고 있는 것과 같은 이치이다.

중국은 정부부분과 민간부분이 확실하게 구분되어 있는 미국이나 독일과 다르다. 구소련식 공산정치 모델(러시아는 이미 이 모델을 과감하게 버리고 국민이 직접 선거로 뽑는 정당정치를 선택했음)과 미국식 자본시장 모델이 중국이라는 영토 안에 동거하고 있다. 중국지도층은 이런 중국식 모델이 미국체제보다 더 오래 갈 것이라고 믿고 있다.

미국의 생각은 다르다. 중국의 경제는 정부의 '전제(專制)경제'에서 '시장경제'를 더한 것이기 때문에 중국이 경제발전을 계속한다면 언젠가는 시장경제가 중심이 되어 전제정치와 전제경제를 붕괴시킬 것이고 정치적 민주화를 초래할 것이라고 예견한다. 빈부격차가 심해지고 노동자의 요구가 강해지면 못 가진 자들의 내부반란이 일어날 것이라는 추측이다.

하지만 필자의 생각은 다르다. 중국인은 '살신성인'하고 '거의소청'하는 선비정신이 없다. 이 정신은 '정심'의 뿌리가 없으면 발현되기 어렵다. 중국인에게 '콴시(關係)'는 매우 중요하다. 중국인의 '콴시'는 개인의 이익이 보장되어야 이루어지는 특징을 가진다. 개인의 이익보장 없이 단순히 정의의 깃발을 높이 들어야 된다는 공리적 사회운동이 중국에서 발생한 적이 없다. 이런 관점에서 보면 중국에서 내부반란을 기대하기는 무척 어렵다고 생각한다.

오늘날 중국은 재정이 튼튼하다. 정부는 많은 돈을 가지고 있다. 낮은 임금 덕분에 외국자본이 대거 유입됐고 시장경제를 도입하여 엄청난 부를 축적했기 때문이다. 하지만 임금이 올라가고 덩달아 물가가 올라가는 사태를 피할 수 없는 형편이다. 돈맛을 알고 있는 중국정부의 지도층이 시장경제를 완전한 통제경제로 다시 바꿀 수는 없을 것이다.

시장경제는 궁극적으로 민주주의체제를 원한다. 이렇게 되면 일당독재의 공산주의체제는 흔들리지 않을 수 없게 된다. 지금과 같은 전제경제와 전제 정치에 '시장경제'를 가미한 기형적 체제는 오래가지 못할 것이다. 이런 생각은 민주주의 국가에서 보고 있는 중국의 미래다. 중국식 모델이 오래갈 것이라는 중국 측의 예상이 맞을까? 아니면 중국식 모델은 붕괴할 것이라는 미국 측의 예상이 맞을까? 필자는 누구의 예상이 적중할까 매우 흥미롭게 보고 있다.

중국의 사회는 복잡하다. 56개의 다른 민족이 다양한 풍속과 언어를 가지고 살고 있다. 특히 위그루족과 티베트족의 독립운동은 오늘날까지도 지속적으로 일어나고 있다. 그리고 가장 큰 문제는 문맹이다. 한때 문맹률이 98%를 넘었었지만 2006년에 공식발표된 문맹률은 39%이다. 사실 전문가들은 실제는 이보다 훨씬 높고 문맹률이 절반이 넘는다고 말하고 있다.

20세기 중국의 근대사상가이며 대학자인 루쉰은 "한자가 없어지지 않으면 중국은 반드시 망하고야 말 것이다"라는 말을 한 적이 있다. 농경사회에서는 한자의 위력으로 문화국가의 위상을 세울 수 있었지만 산업사회를 거쳐 정보사회로 발전한 현대사회에서 한자는 너무 불편한 문자이다. 상형문자, 표의문자의 한계를 절감하고 있는 것이다.

중국은 현재 한족이 쓰는 한어를 공용어로 쓴다. 한어에도 수많은 방언이 있어 1949년 중화인민공화국이 성립된 후 북방방언을 기초로 하여 베이징 말을 표준언어로 삼아 보통화로 제정했다. 오늘날 중국은 '간체자'를 쓴다. 중국은 문자를 개혁했다. 쓰기 어려운 한자를 없애고 사용하기 간편한 문자를 다시 만들었다. 1956년 중화인민공화국 국무원에서 한자간화방안을 공포하고 1964년에 중국문자개혁위원회에서 2235개의 '간체자'를 만들어 정부 주도로 편찬했다. 한국에서 쓰고 있는 한자는 원래 정자(正字)인데 '번체자'라고 구분하여 교과서와 공문과 현재의 모든 출판물에서는 볼 수 없는 고어로 처리된 지 오래다.

그리고 중국은 '한어병음'을 별도로 만들었다. 이것을 초등학교에서 가르치고 사용하고 있다. 현대중국어 보통화의 음성을 표기하는 발음부호이다. 이 한어병음 표기에는 로마문자를 차입해서 성모, 운모, 성조, 경조 및 발음변화를 표기하고 있다. 중국인민공화국 정부주도로 편찬하여 1958년 2월에 공포되었다.

학교에 다니는 모든 중국인은 ① 한어병음(로마문자인 발음기호)을 배워야 하고, ② 간체자를 배워야 하며, ③ 간체자를 만들지 못한 한자는 번체자를 배워야 한다. 번체자의 수효는 5만 자가 넘는다. 중국인은 자기들 문자(한자)를 배우기 전에 외국문자인 로마 문자(영어의 알파벳)를 배워야만 발음을 정확하게 학습할 수 있다. 자기나라의 문자를 읽는데 다른 나라의 문자를 먼저 배우지 않으면 읽을 수 없는 시대를 맞이한 것이다. 오늘날 약 14억 명의 중국인 중에서 자기나라 문자를 모두 읽을 수 있는 사람은 단 한 사람도 없다. 중국 문자의 태생적 한계이고 비애이다.

인구 3억 여 명의 미국은 문맹률을 두 자리 수인 10%대 이하로 낮추지 못하고 있다. 2006년에는 16% 수준이었다. 이민자가 많은 미국교육의 현실적 문제이며 다문화 국가가 겪고 있는 성장통이기도 하다. 미국이 문맹률 퇴치에 골머리를 앓고 있는 것에 비하면 중국은 아예 문맹률 퇴치를 포기해야 할지도 모르는 절박한 입장에 처해 있다. 국민의 절반 가까이가 글을 모르는 까막눈이라면 중국의 경제성장에는 한계가 올 수밖에 없다. 결국 일부 식자층만 부를 누리게 되고 빈부격차는 더욱 심해질 것이다.

지식인은 세습되고 극빈자도 세습된다. 지배층은 부자가 되고 피지배층은 빈자가 되는 구조의 악순환이다. 중국에서 글을 모르는 인민들이 겪어야 할 불이익은 점점 커져서 결국 국민의 불행으로 남게 될 것이다.

중국이 경제성장을 하면 할수록 빈부격차는 심해지고, 부패는 만연하게 되고, 정치권력의 독점으로 지배자와 피지배자의 경계가 더 높아지리라는 것은 불을 보듯 확연하다. 중국은 지금 '권력' 있고 '돈' 있는 자의 '천국'이다. 문자 그대로 공산주의의 장점(권력)과 자본주의의 장점(돈)이 잘 결합해서 발전하고 있는 것처럼 보인다.

국가전체의 사회문제, 인권문제를 제외하면, 중국은 정치와 경제면에서 독자적 모델을 자랑할 수 있다. 한마디로 중국식 모델은 모순의 모델이다. 하지만 현재 중국은 다른 어느 나라의 체제모델보다 중국식 체제모델이 오래 갈 것이라고 확신하고 있다.

❊ 한국식 모델은 무엇인가?

오늘날 한국은 경제규모로 세계 10위권의 경제대국이다.

지구촌에서 유일한 분단국가이다. 완전히 상반된 이념으로 대치하고 있는 휴전국가이기도 하다. 2차 세계대전의 종전 후 새로 탄생한 신생국가는 146개국이다. 그 중에서 1인당 국민소득 2만 불 이상을 달성한 국가는 한국뿐이다. 나머지 145개 국가는 모두 일인당 국민소득 3천 불 미만에 머물러 있다. 또한 한국은 원조를 받던 나라에서 원조를 제공하는 나라로 국가의 품격을 향상시킨 유일한 OECD 회원국가이다.

한국은 산업화에 성공하고, 민주화에도 성공했다. 오늘날 한국의 지상목표는 국민의 행복한 삶과 국가의 부강이다. 한마디로 뭉뚱그려서 복지선진화다. 정치의 선진화, 경제의 선진화, 사회의 선진화, 문화의 선진화다.

선진화의 잣대는 무엇일까? 그것은 바로 도덕과 미덕이다. 정치와 경제는 도덕성을 바탕으로 성과를 이뤄내어 국민생활이 풍요롭게 향상될 수 있도록 발전해야 한다. 사회와 문화는 미덕중심으로 미풍양속을 일구고 공동선을 생산하여 상생적으로 발달되어야 한다.

한국의 역사를 보면 도덕과 미덕의 역사라는 것을 알 수 있다. 우리나라는 고대사, 중세사, 근세사를 통해 모두 장수국가를 가지고 있다. 세계사 왕조 연대기를 보면 500년 이상 계속된 왕조는 모두 우리나라에 있다. 고구려가 705년, 백제가 678년, 신라가 992년, 고려가 475년, 조선이 518년을 넘긴 왕조다.

서양의 로마가 1,000년을 넘겼지만 로마는 힘의 제국이었고 혈통왕조가 아니었다. 힘이 가장 강한 자가 언제나 왕이 되었다. 한국에서는 나라가 건국되었다 하면 500년을 유지했다. 이웃나라 중국왕조의 평균수명은 130여 년에 불과하다. 대만의 인문학자 보양(1920-2008)에 따르면 중국은 역사상 83개의 정권이 명멸했다. 그 가운데 한 갑자인 60년을 넘긴 왕조는 14개에 불과하다. 16.9%의 생존율이다. 중국을 최초로 통일한 진시황의 진(秦)나라는 15년 만에 역사에서 사라졌다. 양(梁)나라 55년, 오(吳)나라 58년, 남조의 송(宋)나라 59년, 원(元)나라는 100년을 못 넘기고, 서한(西漢), 당(唐), 요(遼), 명(明), 청(淸) 5개 왕조만 200년을 간신히 넘겼다.

중원의 대륙을 지배했던 이웃나라 중국왕조의 수명이 이렇게 짧았다는 것은 지배자의 품위와 권위가 그만큼 확고하지 못했기 때문이다. 한국이 세계 최장의 장수국가의 역사를 보존한 것은 각 시대의 지배자의 품위와 권위가 그 시대의 백성을 도덕과 미덕으로 끌어안을 수 있었기 때문에 가능했던 것이라 할 수 있다.

❀ 권위는 국민으로부터 나온다

오소리티(Authority)는 고대사회에서나 문명사회에서나 국가를 유지하기 위하여 반드시 있어야 하는 필요 요소다. 국가를 통치하고 경영하는 정부가 권위가 없다면 그 국가는 통치부재, 경영부재의 혼란에 빠지게 된다. 혼란에 빠진 국가는 순식간에 붕괴될 수 있다. 오소리티는 어디에서 나오는 것일까? 국가의 지도자로부터 나오지 않는다. 궁극적으로 오소리티는 국민으로부터 나온다. 그리고 국민은 도덕적 권위만을 순수한 권위로 인정한다.

오소리티는 기업에서도 마찬가지다. 기업의 오소리티는 종업원과 고객으로부터 나온다. 기업의 최고경영층이 도덕과 미덕을 옹호할 때 종업원과 고객은 오소리티를 인정한다. 국가도 지배자가 도덕적 권위와 미덕을 옹호할 때만 백성은 권위를 따른다. 도덕적 권위를 우리는 순수한 권위라고 부른다. 품격이 있는 순수한 권위는 조직이나 국가사회를 관리하는 데 반드시 필요한 것이다. 하지만 권위에는 언제나 함정이 도사리고 있다. 권위가 도덕을 벗어날 때 권위는 품격을 잃어버린다. 그 결과 권위는 품격에서 추락하여 비열하고 악랄하며 잔인한 권력으로 타락해버리는 것이다.

✸ 미국은 도덕과 미덕을 무기로 독립할 수 있었다

우리나라 역사에 장수국가가 많은 것은 우연이 아니다. 도덕과 미덕에 바탕을 둔 정부를 가졌다는 증거다. 도덕과 미덕은 우리 민족의 전가보도(傳家寶刀)다.

20세기에 세계 제일의 선진국은 미국이었다. 자타가 모두 인정하고 있다. 미국 혁명사를 보면, 미국이 영국에서 벗어나 독립할 수 있었던 것은 혁명지도자들의 확고한 도덕성 강조와 미덕 옹호였음을 알 수 있다. 조지 워싱턴, 토머스 제퍼슨, 알렉산더 해밀턴 등 미국 건국의 아버지들을 살펴보면 알 수 있다. 그들은 영국이 '썩고 부패했다'고 규정했다. 그들은 '도덕에 앞서가고 있는 미국이 더 이상 영국 밑에 있어선 안 된다'고 다짐했다.

정규군이 없었고 무기도 없었던 미국이 18세기 세계최대의 강대국이었던 대영제국을 어떻게 이겼을까? 가장 결정적이었던 것은 혁명지도자들의 도덕적 영도력, 즉 도덕적 리더십이었다. 조지 워싱턴은 부하들을 얼싸안고 온갖 고통과 비판을 견뎌내며 힘든 싸움을 끈질기게 계속했다.

그가 강조한 것은 '영국은 도덕과 미덕을 잃어버린 부패한 국가'라는 것이었다. "영국은 위에서부터 아래까지 통틀어 부패하고 썩었다. 우리는 도덕으로 무장된 품격 있는 신생국가의 국민이다"라는 그의 연설은 영국군과 힘겹게 싸우고 있는 미국 군인들을 단결시켰다. 미국은 8년간의 전쟁 끝에 결국 요크타운에서 영국군의 항복을 받아내고 승리했다. 이후 미국은 '도덕'과 '미덕'을 국가의 근본으로 삼았다. 이로써 미국은 세계 최강국가로 성장할 수 있었던 것이다.

오늘날 21세기에 들어와서 미국사회의 도덕성은 크게 상처를 받고 허물어져 가고 있는 현상이 나타나고 있다. 2008년 하반기에 시작된 미국 금융시장 붕괴와 그에 따른 경기침체 및 경제위기를 보면, 오늘날 미국은 도덕과 미덕의 상실이 가져오는 탐욕과 부패의 늪에 빠져 있는 것처럼 보인다. 미국은 영국으로부터 독립할 때의 확고한 도덕성 바탕과 사회의 미덕 회복에 미국정부의 정책기조를 두지 않으면 미국인의 불만을 해소시키지 못할 것이다. 더 나아가서 지구촌에서 최초로 확보한 세계 제일의 선진국 위치에서 추락하고 말 것이다.

❁ 대한제국은 도덕과 미덕의 실종으로 망했다

한반도 정치사의 품위와 권위는 대한제국의 고종황제 때 이미 붕괴되었다고 볼 수 있다. 고종은 메이지 일왕과 동갑으로 1852년 같은 해에 태어났던 임금이다. 두 군주가 즉위한 1860년대에 큰 우열을 가리기 힘들었던 두 나라, 대한제국과 일본제국은 어떻게 먹고 먹히는 처지가 됐을까?

고종은 황제로 즉위했지만 대한제국의 도덕과 미덕은 이미 땅에 떨어져 있었다. 고종과 기득층인 서인 노론세력은 기득권 수호에만 관심이 컸고 세계의 시대조류를 파악하지 못했다. 고종황제는 개혁개방을 원하는 백성의 뜻과는 달리 전제군주체제를 고집했다. 당시 서울에서 처음으로 열린 군중집회였던 '만인회의'에서 백성이 원했던 것은 열강국가들이 선택한 입헌군주체제였다. 하지만 고종은 끝내 민심을 외면해버렸다. 이로써 대한제국의 민심은 정부로부터 이반되었던 것이다.

반면에 이웃나라 일본의 메이지는 서구의 정치시류를 파악하고 통치구조를 입헌군주체제로 재빨리 전환했다. 이어서 '부국강병' 정책을 도입하여 일본국민의 응집력과 단결력을 키워나갔다. 이로써 메이지 일왕은 한반도에 침략하여 36년 간 우리 민족을 자기비하를 일삼는 '엽전' 신세로 만들어버렸다. 일제의 식민통치에 의해 우리 민족의 자긍심과 전통 선비사상의 바탕이었던 도덕과 미덕은 여지없이 실종되기 시작했다. 조선총독부는 식민통치에 방해된다면서 의도적으로 선비정신을 왜곡하여 비하하고 선비의 참모습을 비틀고 상처를 냈다. 피지배자인 우리 민족은 선비정신을 버리는 대신, 일제에 의한 '신사' 강제 참배에 동원되었던 것이다.

❀ 한반도의 광복은 우리에게 가치, 품위, 품격, 권위를 세울 절호의 기회였다

1945년 8월 15일 광복은 우리 민족에게 새로운 도덕적 가치, 국가의 품위, 국민의 품격, 순수한 권위를 세울 수 있는 절호의 기회였다. 그러나 남쪽과 북쪽의 좌우대립 속에서 새로운 가치, 품위, 품격, 권위를 세우지 못하고 우왕좌왕 헤매는 사이에 북한의 남침으로 발발한 민족상잔의 6.25전쟁은 국토를 초토화시켰다.

불법침략을 당한 남한을 구하기 위해 유엔은 군대파견을 결의했다. 유엔군과 미군이 한반도에 진주하자 서구사상은 쓰나미처럼 밀려들어왔고 우리의 전통민족정신이었던 선비정신은 부활할 수 있는 기회를 찾지 못했다. 드디어 도덕과 미덕의 정신적 기반이었던 선비정신은 잊히게 되는 비운을 맞는다. 그 후 남쪽에서는 도덕적 지식인에 의해 선비정신이 다소 부활할 수 있었다. 하지만 북쪽에서는 선비정신의 뿌리가 폭정으로 인해 뽑혀나갔던 것이다.

우리나라가 해방을 맞이했을 당시 한반도 안에서는 이념충돌에 의한 대혼란이 광복의 기쁨을 삼키고 말았다. 강대국들은 이권추구의 틈바구니 속에서 한반도를 서로 차지하려고 노렸다. 이런 와중에서 한반도의 절반이라도 공산세력으로부터 지켜내기 위해 자유민주주의 신봉자였던 이승만 초대 대통령은 대한민국 근대정부를 성립시키는 데 성공했다.

✿ 도덕과 미덕은 민주주의와 시장경제의 뿌리이다

대한민국 근대정부수립 이후 이승만, 박정희 이후의 대통령을 보면 대통령 자신이 한결 같이 부정부패로부터 자유롭지 못했다. 전두환, 노태우는 본인들이 수감되는 치욕을 당했고, 김영삼은 차남이 구속됐고, 김대중은 자식 3명이 구속됐으며 노무현과 이명박은 친형이 구속되었다. 결국 노무현은 자살했고, 이명박은 구속을 면치 못했다. 그리고 박근혜는 탄핵되었다. 이들은 재임 중에 자유민주주의와 시장경제의 도덕적 가치, 품위, 품격, 권위를 확실히 세우고, 이를 근본바탕으로 국가경영을 해야 한다는 본질을 깨닫지 못했다. 이들은 오히려 정부와 고위권력자들의 도덕적 품위와 권위를 무너뜨리는 결과를 국민에게 보여주었다. 안타깝게도 그들은 도덕적 권위를 세울 수 있는 참으로 좋은 기회를 놓쳐버렸던 것이다.

✺ 우리나라 정치사에 큰 획을 그은 박정희 대통령은 선비리더십의 소유자였다

정부와 사회조직에 순수한 권위, 즉 품격이 없으면 사회도덕은 붕괴되고 정부의 법치주의가 무너진다. 박정희 대통령은 국민들에게 한결 같이 우리들이 잘살기 위해서는 우리의 국민적 정신모델인 도덕생활, 근면생활을 바탕으로 저축운동, 생산운동을 지속적으로 발전시켜야 한다고 강조했다. 그가 창안한 새마을정신운동은 국민적 실천 프로그램이었다.[55]

그는 스스로 청렴한 생활을 영위하여 솔선수범을 보여 주었다. 이런 영도력은 한국정치사에서 높이 평가되어야 할 부분이다. 무엇보다 도덕적 권위를 세우고 사회적 미덕을 다시 찾으려 노력한 점은 우리나라 정치사에 큰 획을 그은 긍정적 치적이다.

---

55) 새마을운동은 1960~1970년대 한국인의 삶의 질을 한 단계 도약시킨 근면, 자조, 협동운동이었다. 오늘날 지구촌의 개발도상국들이 롤 모델로 삼기를 강력히 희망하고 있다. 중국을 비롯하여 중동, 동남아, 아프리카, 중앙아세아, 중남미 등의 100여 개 국가들이 한국으로부터 새마을운동에 대해 연수교육을 받았다. 새마을운동이 시작된 당시에는 세계적으로 도시화가 당연한 추세였는데 한국에서는 농촌개발에 중점을 두어 도시와 농촌의 균형발전에 크게 기여했던 성공사례이다.

특히 5.16 군사혁명을 주도한 그의 결단은 거의소청의 관점에서 평가할 수 있다. 그는 무혈쿠데타를 성공시켰다. 한 사람의 국민도 피를 흘리지 않았다. 당시 풍전등화와 같았던 국가사회의 혼란과 무질서를 일거에 수습한 결과로 정치권력을 탐하던 일부 정치인을 제외하고는 국민의 대부분이 혁명을 지지했다. 이런 의미에서 보면 박정희는 선비리더십의 소유자라 할 수 있다.

한국은 오늘날 품격이 있어야 할 자리에 집단이기주의와 불법시위, 불법행위가 대체하고 있다. 심지어 정치적 지도자인 국회의원들 까지도 국회에서 토론하는 것보다 길거리에서 시위하는 게 더 능한 나라가 되었다. 국회 안에서도 국회법을 무시하고 폭력을 행사하는 국회의원이 있는가 하면, 국회의원이 국회 안에서 최루탄을 터트리는 사태가 일어날 정도로 순수한 권위는 실추되었다.

국민의 대변인이 국회의원이다. 국회의원의 권위와 권력은 국민을 위해 봉사하고 국민을 위해 헌신할 때 나타난다. 국회의 권위와 권력은 국민을 공정하게 섬기라고 위임한 권위이고 권력이기 때문이다. 국회의원이 국민에게 봉사하고 섬기는 정신을 잃어버릴 때 국회의 권위는 실추되고 그들이 갖고 있는 정치적 권력은 추악한 모습으로 타락한다.

❋ 국회의원이 해야 할 일은 법률을 제정하고 그것을 솔선수범해서 스스로 지키는 일이다

국회가 국회다워질 때 국회의 권위는 세워질 수 있다. 법치국가에서는 법을 제정하는 국회의원의 도덕성이 분명하고 엄격해야 한다. 누구보다 국회의

원은 부지런해야 한다. 국회가 자기 할 일을 못하면 그 폐해는 고스란히 국민의 고통이 되기 때문이다. 국회에서 해야 할 일 중에서 가장 중요한 일은 대한민국 헌법과 법률을 제정하고 그것을 지키는 일이다.

국회의원은 솔선수범해서 법을 지키고 국민은 법의 보호를 받아야 한다. 헌법과 법률이 잘못되었거나 국민의 역사의식과 시대정신에 맞지 않는다면 잘못된 법률을 고치는 일은 국회의원의 의무사항이다. 국회의원은 국민을 대신하여 대한민국의 건국이념, 자유민주주의 정체성은 어떠한 경우에도 지켜야 한다. 대한민국의 정체성, 정통성, 정당성은 어떠한 경우에도 긍정되어야 하는 기본명제이다.

오늘날 한국사회의 가장 절실한 문제는 소통부재와 대립증폭이다. 우리 사회의 보수는 학문으로서의 공산주의 사상, 사회주의 사상을 포용해야 한다. 이미 소비에트연방 공산당과 동유럽 공산당의 붕괴로 마르크시즘은 70여 년 만에 효력이 상실되어 역사의 뒤안길에 묻혔다. 한편 우리 사회의 진보는 대한민국의 정체성을 부정하는 친 공산세력을 완전히 축출해야 한다. 왜냐하면 공산주의체제는 인민의 낙원을 만들어준다는 선전으로 인민의 지옥을 만들었고, 빈부계급을 타파한다는 명목으로 새로운 독재계급을 창출했으며, 인간의 기본적 욕구를 충족시키는 데 실패했기 때문이다. 이러한 지구촌의 현실 속에서 오늘날 이념으로 나뉘어져 남쪽과 북쪽이 서로 대치하고 있는 민족은 우리나라 한반도뿐이다.[56]

---

56) 공산주의 창시자는 카를 마르크스(1818-1883)이다. 그는 유대인이다. 유대인사회에서 인류사에 가장 큰 영향을 준 유대인의 넘버 원은 예수, 넘버 투는 마르크스로 꼽힌다. 마르크스는 당대 독일 최고의 철학자 헤겔의 변증법과 철학 혁명론에 심취했다. 그는 정신적 상황이 물질을 결정한다는 헤겔의 학설을, 물질이 정신적 상황을 결정한다고 반대로 해석하여 유물론을 태동시켰다. 마르크스는 종교를 '민중이 현세에 겪는 고통을 내세의 환상으로 도피시키려는 민중의 아편'으로 정의했다. 1848년 「공산당 선언」을 시작으로 「프랑스에서의 계급투쟁」, 「자본론」을 집필했다. 1871년 3월 세계최초의 노동계급 투쟁인 '파리코뮌' 혁명을 일으켰지만 두 달 만에 실패로 돌아갔다. 그의 사후 추종자들은 유럽각지에서 공산혁명을 도모했으나 모두 실패했다. 1917년 마르크스 이념의 추종자인 블라디미르 레닌이 러시아의 차르(황제)체제를 무너뜨리고 세계최초로 공산혁명을 성공시켰다. 이후 공산주의는 세계로 확산돼 마르크스 이론은 각종 변형

우리나라는 자유민주사회로 통일될 것이냐? 아니면 공산통제사회로 통일될 것이냐? 하는 위기와 위험이 남북이 통일되는 그 순간까지 존재할 것이다. 왜냐하면 북한정부는 공산체제통일(적화통일)을 유일한 통치강령으로 규정해 두고 있기 때문이다. 이 점을 대한민국 국민은 확실하게 인식해야 한다. 중국의 공산당 과 중국정권이 시행한 것처럼, 북한의 노동당과 북한정권이 개방개혁정책을 수용하고 북한인민의 삶의 질을 높이려는 정강을 채택하여 국민경제생활의 변화를 꾀한다면 남북통일의 향방에는 긍정적 변수를 기대할 수 있을 것이다.

한 나라의 사회에서 학문과 사상의 자유는 보장되어야 자유민주주의 국가다. 하지만 북으로부터 지령을 받고 공산주의 정권인 북을 옹호하는 적화통일세력은 단호하게 척결되어야 한다. 종북의 체제전복세력은 대한민국 헌법과 한국의 정체성을 부정하기 때문이다. 대한민국의 헌법을 부정하는 종북체제전복세력이 남한에 존재하는 한 대한민국헌법의 정당성과 사회조직의 권위는 흔들리고 말 것이다.

이렇게 남한사회를 흔들어 놓기 위해 종북세력은 북을 지지하는 정당을 조직하여 투표하는 유권자를 속일 수 있다. 선거에서 국민의 표를 얻기 위해 겉으로는 '민주주의 옹호'와 '진보주의'와 '민족주의'라는 선동깃발을 흔들면서 대한민국 국회에 진출하려는 획책을 끊임없이 시도할 수도 있을 것이다. 공산주의자들의 이러한 행위는 남한이 북한체제의 공산사회로 통일돼야 한다는 생각에서 벗어나지 못하기 때문이다. 통일은 반드시 이루어져야 하는 지

된 형태로 나타나기 시작했다. 대표적인 이즘으로 '스탈린주의', '마오주의', '수정사회주의' 등인데 이러한 공산주의 이즘은 피지배층을 고통과 공포로 몰아넣었다. 종교를 부정한 공산주의는 스스로 종교를 대신하기도 했다. 각국의 공산독재자는 현세의 메시아를 자처했다. 계급타파투쟁은 새로운 공산당 귀족계급을 탄생시켰다. 인민의 낙원을 만든다는 선전은 현실적으로 인민의 지옥을 만들었다. 1989년 이후 옛 공산권 국가들이 시장경제체제로 전환했다. 공산주의체제는 인간의 기본적 욕구를 충족시켜주지 못해 자멸하고 말았다.

상명제다. 하지만 통일은 평화적 수단으로 이루어져야 하고, 반드시 자유민주주의 이념을 실현할 수 있는 헌법체제로 달성돼야 한다.

❀ 한국식 모델은 도덕과 미덕이다

우리가 지켜나가야 할 한국식 모델은 우리나라 역사가 잘 가르쳐주고 있다. 우리의 도덕과 미덕을 부활시키면 그것이 바로 한국식 모델이다. 유교를 부활시킬 필요는 없다. 조선실천성리학의 핵심가치인 선비정신을 부활시켜야 한다. 우리 민족이 장수국가를 유지할 수 있었던 핵심가치의 원동력은 바로 선비정신이기 때문이다. 선비정신의 핵심가치는 '도덕'과 '미덕'을 떠나서 존재할 수 없다.

한국은 1997년 말 아시아에서 불어온 '외환위기'를 맞이했고, 2008년 말 미국에서 불어온 '금융위기'를 맞이했으며, 2011년 후반에는 유럽의 유로 존 에서 불어온 '재정위기'를 맞이했다. 다행히 한국은 세 번의 위기를 잘 극복해내는 저력을 발휘할 수 있었다. 이는 우리나라의 미래가능성을 보여주는 결과라 할 수 있을 것이다. 우리 국민에게 도덕과 미덕을 바탕으로 하는 선비정신이 우리 국민정신의 일각에서나마 최후의 보루로 남아 있었기 때문에 한국의 미래가능성을 담보할 수 있는 저력을 발휘할 수 있었다고 생각한다.

선비정신, 선비리더십은 동아시아 공통의 가치이다

우리가 서구라고 지칭하고 있는 유럽에는 '아브라함 신앙(유대교, 기독교, 이슬 람교)'이라는 공통의 가치가 있다. 각론이 서로 다르기 때문에 상호 갈등을 일으키고 대립하여 싸움이 일어나는 경우가 많지만 이들의 종교적 뿌리는 '아브라함 신앙' 하나이다.

오늘날 유럽은 하나의 경제공동체를 형성하고 있다. 유럽이 경제공동체를 형성하는데 정신적, 물질적 기반을 제공해 주고 실질적이며 현실적인 힘이 된 것은 오래 전부터 내려오는 공통가치가 있었기 때문이다.

유럽은 오늘날 EU라는 이름의 실물 경제력으로 세계시장에 지대한 영향력을 행사하고 있다. 현실적으로는 '유로'라는 단일통화의 힘이다. 단일통화는 경제력을 통합하는 결정적 수단이다. 2009년 11월 유럽은 정치적 통합을 위한 첫 EU대통령을 선출했다. 공식적 이름은 상임집행위원장이다. 서유럽의 5개국이 모여 단일통화 논의를 시작한지 60여 년만의 결실이다. 회원국 27개국이 힘을 모아 유럽합중국을 향한 첫걸음을 시작한 것이다.

동아시아 3국에서도 유럽수준의 경제통합이 이루질 수 있을 것인가? 이런 물음에는 현실적 부정론이 나올 수 있다. 반면, 미래지향적 긍정론이 대두될 수도 있을 것이다. 유럽은 27개국이 유로 경제 존을 만들었지만 동아시아는 3개 국가가 서로 뜻을 맞추어 합의하면 될 수 있는 일이다.

유럽에 아브라함 신앙이라는 공통분모가 있다면, 동아시아에는 유가사상과 성리학이라는 공통가치가 있다. 중국에서 태어난 유가사상은 원시유학과 정주성리학의 시대를 거치면서 한반도에 들어온 뒤 조선 선비들에 의해 깊이 연구되어 조선실천성리학이라는 이름으로 그 꽃을 활짝 피웠다.

예로부터 우리 민족의 유전자에 각인되어 오던 선비사상은 조선실천성리학의 탄생으로 더욱 심화되고 세련되었다. 선비사상이 가지고 있는 우리 민족의 도덕원칙들은 비슷한 서양의 윤리원칙들이 유럽에서 자리 잡기 훨씬 이전에 중국과 일본 등 동아시아로 퍼져나갔다.

유가사상은 처음 중국에서 동쪽과 서쪽 그리고 남쪽으로 퍼졌지만 조선에서 완성된 조선실천성리학은 다시 중국으로 전파되고 일본으로도 전파되어 처음으로 일본이 평화로운 나라였던 에도 막부를 건설할 수 있도록 일본의 정신문화에 심대한 영향력을 끼쳤다.

한국을 비롯한 중국, 일본, 대만, 홍콩, 싱가포르 등은 조선실천성리학적 도덕원칙이 잠재적으로 살아 있는 지역이다.

이러한 조선실천성리학의 공통문화는 응집력 보다 취약성에 노출되어 있는 현실적 부담은 있다. 그러나 서유럽 사람들은 할 수 있고 동아시아 사람들은 할 수 없다고 단정 지을 수는 없는 것이다. 동아시아 사회를 오랫동안 지배해온 공통의 도덕적 기반인 선비사상은 전세계공통의 '도덕원칙'으로도 활용될 수 있는 보편적 가치라는 강점이 있다. 뿐만 아니라 동아시아는 시대적 대세인 다문화전통이 유럽보다 역사적으로 훨씬 강한 특색을 가지고 있는 지역이다.

동아시아 문명에는 또 하나의 바탕이 된 '불가사상'을 빼놓을 수 없다. 불교는 기원전 3세기에 북부인도에서 출발해 스리랑카를 비롯한 동남아시아로 평화롭게 퍼져나갔다. 1세기에 와서 불교는 동아시아로 전진을 계속했다. 비단길을 따라 중앙아시아와 중국으로 전파 되었고, 수세기 후에는 한국을 거쳐 일본에도 보급되었다. 중국에 들어온 불교는 중국의 토속 종교인 도교의 영향을 받아 선불교(禪宗)로 자리 잡았고 한국과 일본에도 선종이 퍼져나갔다.

지구촌에는 아직도 '서구적' 가치라든가 '동양적' 가치라는 이분법적 논란이 있다. 그러나 우리는 이러한 가치관의 깊은 갈등에 대한 논란이 거의 쓸모없다는 것임을 알 수 있다.

특히 동아시아는 전통적, 문화적, 정신적으로 훌륭한 선비사상의 '인간됨'이라는 황금률을 공통분모로 가지고 있는 것이다. 선비사상에는 유불도가 융합되어 있으며 서구에서 들어온 유대교, 기독교, 이슬람교까지 통섭할 수 있는 여유가 충분하다는 강점이 있다.

마르크시즘이 70여 년 만에 민중의 호응을 받지 못하고 자결하는 비장한 최후를 맞이한 이래 자본주의는 독주하기 시작했다. 그 결과 돈이 인생의 목표가 되고 돈이 좌지우지하는 세상이 나타나고 말았다. 자본주의의 주름살이 여기저기서 터져 나왔다. 여기에서 자본주의를 보완하려는 연구가 나온 것이다. 아이비리그 대학의 연구자들이 앞장섰다. 착한 자본주의를 만들어 보기 위해 착한 사상을 찾아 나섰다. 착한 사상을 먼저 서양에서 찾았으나 실패하고 말았다. 서양에 착한 사상이 없느냐 하면 서양에도 착한 사상은 많이 있다. 유대교 사상, 기독교 사상, 이슬람교 사상이 대표적인 착한 사상이다. 그리고 동양에서 찾아 낸 착한 사상이 있다. 유가사상, 불가사상, 도가사상, 힌가사상(힌두교)이 대표적이다. 서양의 유·이·기 사상이 있고 동양에 유·불·도·힌 사상이 있어서 합해 보니 7가지나 되었다.

그러나 여기서 문제점이 나타났다. 서양의 유대교, 기독교, 이슬람교 사상은 모두 종교사상이다. 동양사상 중에서도 유교를 제외하면 모두 종교사상이다. 현대 종교학에서는 종교의 정의를 내세관이 없으면 종교가 아니라고 정의하고 있다. 유가사상에는 현세만 있고 내세가 없다. 따라서 유교는 종교가 아니다. 아무리 착한 사상이라도 그것이 종교가 되면 문제는 아주 어려워진다. 기독교 보고 불교사상을 믿으라고 할 수 없고, 힌두교 보고 이슬람교 사상을 따르라고 할 수 없기 때문이다. 연구자들이 착한 사상 중에서 현세만 이야기하고 내세 이야기를 하지 않는 유가사상을 재발견하여 집중연구를 시작한 배경이고 까닭이다.

하버드 대학의 뚜 웨이메이 교수의 분류에 의하면 유가사상은 크게 3가지 시기로 구분된다. 즉 공맹시대의 원시유학, 정주시대의 정주성리학, 조선시대의 조선성리학이다. 원시유학은 약 2,500년 전의 개념유학이고, 정주성리학은 약 1,000여 년 전의 관념성리학이다. 정호, 정이 형제가 기초를 닦고 주희가 집대성을 했지만, 당시 송나라에서는 정치적인 이유로 꽃도 피어보지 못하고 이론성리학에 머물러 있었다.

조선성리학의 특징은 관념에 머물러 있던 성리학을 실천에 옮겼다는 데 있다. 이것이 조선실천성리학이 연구자들에 의해 새롭게 조명 받게 되었던 이유이다. 조선실천성리학은 유가사상의 산물이지만 유가사상은 종교가 아니기 때문에 지구촌의 모든 종교를 포용하고 통섭할 수 있고 자본주의를 보완할 수 있는 현실적 대안이 될 수 있는 것이다.

동아시아가 지역 사회에 이미 내재되어 있는 공통의 '도덕원칙'에 눈을 돌린다면 전혀 새로운 미래지향적이며 문화적인 단결의 정신을 발현시킬 수 있다. 동아시아에서 단결될 수 있는 이러한 새로운 정신권력은 반대자 없는 상태에서, 오직 동반자, 참여자, 협력자들이 모여 새로운 세상을 열어갈 수도 있다. 이렇게 함으로써 동아시아는 새로운 세상을 열고 신세계의 신질서를 수립하는 데 크게 공헌할 수 있다고 생각한다. 선비정신의 도덕원칙이 동아시아에서 성공할 수 있다면 서구를 비롯한 지구촌 전 지역에 퍼져나갈 수 있는 새로운 정신문화로 각광받을 수 있을 것이다.

왜냐하면 유학은 내세를 말하지 않고, 오로지 현세의 삶을 향상시켜 행복을 추구하는 대동사회의 건설이 목적이므로 종교적 관점에서 상호대결이나 충돌할 쟁점이 전혀 없다는 측면의 긍정적 에너지를 모을 수 있기 때문이다.

조선실천성리학은 내세에 집착하는 서양의 아브라함 종교, 동양의 힌두교, 불교와 달리 현실세계에서 인류가 설정해야 할 삶의 지표를 최선으로 하는 실학이라는 점에서 지식혁명사회가 요구하는 자본주의 혁신의 현실적 대안이 될 수 있는 것이다.

✸ 선비사상은 왕도주의이며, 중화사상과 사무라이사상은 패도주의이다

동아시아는 실질적으로 한국, 일본, 중국을 지칭한다. 한국의 선비사상의 상징인 '붓'과 일본의 사무라이사상의 상징인 '칼'이 다시 손잡고 새 시대를 열기 위해 모이는 자리에 중국의 중화사상의 상징인 '패도(창)'를 빼놓을 수 없다. 일본의 '칼'과 중국의 '패도(창)'를 한국의 '붓'으로 융합시켜야 한다.

한국의 평화주의인 선비사상은 중국의 패도주의인 '중화사상'과 일본의 군국주의인 '사무라이사상'을 끌어안고 본연의 선비정신으로 통섭해야 한다. 오랜 역사를 통해 왕도주의를 실천해 온 한국인의 선비정신이 아니면 화학적 작용이 필요한 융합운동의 주체가 될 수 없다.

선비정신의 평화사상이야말로 패도주의와 군국주의를 융합하는 불씨가 될 수 있다. 사실 동아시아 3국은 오래 전부터 유·불·도의 전통을 이어받아 종교적으로도 정신적 유대감을 유지해옴으로써 상호 응집력이 상당 부분 남아 있으며 지구촌의 현존하는 생활문화에서 공통분모를 가장 많이 공유하고 있는 나라들이다.[57]

일본은 1868년 메이지 유신으로 근대국가를 시작했고, 한국은 2차 대전 이후 1948년 대한민국정부를 수립하여 뒤늦게 근대국가를 세웠다. 일본보다 80여 년 늦게 근대정부를 수립한 것이다. 하지만 두 나라는 자유민주주의와 시장경제를 주축으로 하는 민주진영의 국가로서 지구촌이 공산주의 국가군과 민주주의 국가군으로 갈라져 냉전을 지속했을 때 민주주의 국가군에 편

---

57) '사무라이사상'과 '중화사상'은 군국주의, 전체주의, 패도주의가 되어버린 전력이 있다. 그러나 선비사상은 왕도주의에서 한 번도 일탈한 적이 없다. 일본과 중국은 언제나 왕도주의를 버리고 패도주의로 탈선해버릴 위험성을 가지고 있다. 이러한 위험성을 예방하기 위해 선비사상을 동아시아의 보편적 공통가치로 확립하는 재수출 운동이 필요한 시점이다. 중국과 일본 두 나라는 모두 '패도'정책에서 '왕도'정책으로 돌아와야 한다.

입되어 있었다. 이른바 정치이념의 동반자 관계였던 셈이다.

중국은 구소련과 함께 그 반대편에 서 있었다. 그러나 구소련이 1989년에 선택한 개방, 개혁정책은 구소련연방을 붕괴시켜 신생 러시아로 다시 태어나게 했으며, 중국도 1991년에 취한 개방, 개혁정책으로 비록 공산당 일당독재를 존치하여 정치체제는 변하지 않았으나 중국식 자본주의(사회주의 시장경제)를 채택하게 되어 경제적 성장이 크게 성공을 거두는 계기가 되었다.

하지만 중국은 정신사적 측면에서는 매우 취약하다. 한 마디로 중국은 도덕관념이 파괴된 국가로 세계적으로 짝퉁상품과 유해음료, 유해주류, 유해식품이 가장 많이 생산되고 있다. 공산품의 가짜는 물론이고 농산품의 가짜까지 진짜처럼 만들어내는 나라가 중국이다. 우리는 보도를 통해 중국인이 만든 가짜 계란, 가짜 식용유, 가짜 위스키, 가짜 와인, 가짜 과자 파동 등을 잘 알고 있다.

세계적 인문학자 기 소르망은 『중국 = 거짓말』이라는 책을 발간하여 중국인의 도덕부재의 실상을 소개하기도 했다. 중국의 거짓과 허세과장문화는 세계적으로 유명하다. 중국은 왜 이렇게 가짜가 성행하는 나라로 전락했을까? 우리는 그 이유를 중국인의 도덕성 상실과 탐욕적 이익추구에서 찾아볼 수 있다.

도덕은 유가사상의 뼈대이다. 중국은 3번에 걸쳐 본격적으로 유가사상을 내동댕이쳤다. 기원전에는 진시황이 원시유학을 땅에 묻었었고, 기원후에는 원나라와 청나라가 신유학인 주자성리학을 폐기 처분했다. 20세기에 들어와서는 공산주의가 현대유학의 맥을 끊어버렸다. 더구나 중국공산당 홍위병의 문화대혁명(1966-1976) 때에는 유학자, 지식인은 사람 취급도 못 받고 유학책은 짓밟히거나 불태워졌다. 공자의 묘비는 곡괭이로 찍히고 묘역은 폐허가 되었다. 중국에서 유가사상이 공식적으로 폐기처분되었던 것이다.

다행히 오늘날 중국에서는 물질적 성장이 가져올 수 있는 정신적 퇴폐를 막기 위하여 공자의 유가사상을 재건시켜야 한다는 목소리가 커지고 있다. 중국의 지도층은 공자를 다시 떠받들기 시작했다. 2008년 8월의 베이징올림픽 개막식에 공자의 제자로 분장한 3천여 명의 등장인물이 모두 죽간을 들고 나와 퍼포먼스를 진행한 것은 중국정부의 이러한 향방을 새롭게 조명한 것이다.

조선은 이미 16세기 중반부터 공자의 원시유가사상과 신유학의 성리학에서의 종주국 역할을 해왔다. 따라서 중국과 일본은 유가사상에 관한 한 한국으로부터 많은 부분을 배우지 않으면 안 되는 현실적 제약이 있다. 여기에서 한국은 중심적인 가교 역할을 담당해야 할 것이다. 중국은 대륙(패권)이고 한국은 반도(붓)이고 일본은 섬(칼)이기 때문이다.

한국은 역사적으로 '붓'을 들고 살아왔다. 일본은 '칼'을 들고 노략질과 침략을 일삼았다. 중국은 기회만 있으면 '패권(창)'을 휘둘러 평화를 교란했다. 북호(北湖)와 남왜(南倭)는 평화로운 한국인의 삶을 괴롭혀왔다. 하지만 한국은 '붓'을 놓지 않았다. 동아시아 3국이 공유하고 있는 가치관의 정립과 정체성의 확립에 한국은 리더 역할을 해야 하는 입장에 처해 있는 것이다.

한국에서는 매년 봄, 가을에 서울 명륜동에 있는 성균관에서 석전대제가 열린다. 한국은 삼국시대 이래 지금까지 이 행사를 지속해 오고 있다. 중국은 유가사상의 폐기와 국가의 공산주의체제를 거치면서 석전대제의 맥이 완전히 끊겼다가 2005년부터 다시 석전대제를 부활시켰다. 그러나 어떻게 제사를 치를지를 몰랐던 중국정부는 석전대제의 감수를 위해 성균관의 한국 유학자를 초청했고 한국 유학자들이 중국에 가서 석전대제의 전통을 전수해 주었다.

중국의 대표적 철학자 탕 이지에(湯一介: 83) 베이징대 교수는 2008년 9월 28일 성균관석전대제행사에 처음으로 참가했다. 한국의 석전대제를 처음 본

탕 교수는 감격하면서 "이렇게 장엄하고 성대한 석전은 처음으로 접했다. 규모나 규범의 측면에서 중국의 석전은 한국을 따라가지 못한다"며 놀라움을 토로했다.

그는 이어진 초청강연에서 "문화대혁명시기에 중국의 도덕이 완전히 파괴되었다. 중국은 앞으로 오랜 시간을 들여 도덕관념을 다시 세워야 한다. 특히 관료들, 정치하는 사람들이 최소한의 도덕성을 갖추어야 중국이 세계로부터 평가받을 수 있다. 한국의 유학은 대단히 앞서 있다. 중국 학자들은 공자사상에 대한 이해에서 한국으로부터 많이 배워야 할 것이다"라고 말했다.

조선에는 르네상스를 이룬 두 명의 임금이 있었다. 세종(제4대)과 정조(제22대)다.

이 두 임금의 공통점은 '도덕적 열정', '애민정치'로 집약할 수 있다. 이 두 임금은 사대부와 양반 중심이 아니라, 백성을 중심으로 하는 민본정치를 했다. 두 임금은 무엇보다 도덕적 열정의 소유자였다. 국가를 통치하는 지도자가 맹목적 열정을 가지는 것은 위험한 일이다. 열정과 선택은 도덕적 뿌리를 가져야 한다. 도덕적 뿌리는 평화를 발전시킬 수 있는 유일한 에너지이기 때문이다.

❀ 선비정신은 지구촌의 평화를 아우를 수 있는 보편적 가치이다

평화는 인류의 행복이다. 평화는 정치의 목적지이고 종교의 종착점이다. 평화는 인간의 본능이고 생명현상의 본질이다. 인간은 누구나 자기 안에서 평화를 발견하고 스스로 삶을 통해 실현할 수 있다. 평화는 평화를 연구하고 평화를 인식해서 되는 일이 아니다. 인간 스스로 평화를 체험할 때 오히려 가능하다.

붓은 평화를 갈구한다. 붓은 그 자체가 평화다. 붓은 평화이기 때문에 칼보다 강할 수 있다. 붓은 스스로 무한한 평화의 힘을 체험할 수 있는 유일한 수단이다. 스스로가 평화로워져서 평화의 존재, 그 자체가 되는 것이 붓의 힘이다.

우리가 자신이 가진 평화의 힘에 대한 확신이 있을 때, 다른 사람에게도 평화를 전달할 수 있다. 세계평화는 칼의 힘이 아니라 붓의 힘으로 이루어지는 것이다. 이렇게 될 때 '붓'과 '칼'과 '창'의 코러스 노래 소리를 우리는 모두 함께 들을 수 있을 것이다.

선비정신은 세계평화를 위한 황금률이다. 선비리더십은 한국에서 태어나 지구촌에 퍼져나가는 글로벌 문화자본이다.

한글과 선비정신의 세계화

　맹자의 '의(義)' 사상은 우리나라 국민성의 바탕이 되어 왔고 앞으로도 그럴 것이다. 맹자사상은 사람의 본성을 선(善)으로 인식하고 그 선성(善性)을 옹호하고 확충시켜나가는 교육, 경제, 정치사상이다. 그러므로 정심(正心)·양심(良心)을 유일한 근본 잣대로 삼는다. 왜냐하면 양심이 바로 하늘이 내린 천심이기 때문이다.

　양심의 설명을 쉽게 하기 위해 수학공식을 비유하겠다. 수학에서는 바꿔지 않는 공식이 하나 있다. 0×( )=0이다. 괄호 안에 무엇이 오더라도 영이다. 0은 마음, 생각, 의식, 정신, 영혼의 영점이다. 이런 영점상태를 양심이라고 할 수 있다. 양심이 빛을 내면 미움, 시기, 질투, 증오, 탐욕, 적의, 악감, 두려움 등은 힘을 잃는다. 실체가 없는 무엇이 오더라도 사라진다. 양심만이 실체이기 때문이다. 양심이 밝아져야 한다. 양심이 커져야 한다. 양심을 어떻게 밝히고 키울까? 그것이 바로 인성, 인간성, 인간본성 교육인 것이다.

양심은 순수하다. 편견이 없고 고정관념도 없다. 양심에서 사람이 쌓아야 할 덕(德)이 나온다. 양심에서 인(仁)이 나오고, 의(義)가 나오고, 예(禮)가 나오고, 지(智)가 나온다. 양심에서 어짊이 나오고, 옳음이 나오고, 바름이 나오고, 슬기가 나오는 것이다.

이는 인간이 타고난 덕목이다. 맹자는 인간이 하늘로부터 받은 네 가지 선한 도덕성의 단서로 측은지심, 수오지심, 사양지심, 시비지심의 사단(四端)을 설명하고, 이 네 가지 실마리가 확충을 통해 완성되는 도덕덕목이 인, 의, 예, 지로 나타난다고 했다.[58]

✽ 양심의 잣대는 인위적으로 만든 모든 잣대에 우선해야 한다

양심의 잣대가 바로 서면 그 다음으로 나오는 인위적인 잣대, 즉 법의 잣대, 힘의 잣대, 권력의 잣대, 돈의 잣대가 발을 붙일 수 없다. 그러나 양심의

---

58) 맹자의 사단(四端)은 측은지심(惻隱之心): 다른 사람을 측은하게 여기는 마음. 수오지심(羞惡之心): 자신의 잘못에 대해 부끄러워하고 다른 사람의 잘못에 대해 바로잡아 주려는 마음. 사양지심(辭讓之心): 다른 사람의 호의나 친절에 대해 사양하고 감사하는 마음. 시비지심(是非之心): 사람의 생각, 태도, 행동에 대해 잘잘못을 가릴 수 있도록 분별하고 판단하는 마음으로 이 네 가지를 인간의 본성으로 본다.

잣대가 무너지면, 바로 무너진 그 자리에, 온갖 인위적 잣대가 등장하여 활개를 치게 된다. 뿐만 아니라 인위적으로 만든 잣대는 제아무리 완벽을 기한다고 해도 편견, 편협, 단견, 시차, 미성숙, 고정관념, 비현실성, 비합리성, 비총체성, 정보부족 등에서 오는 부작용과 갈등이 동반하여 찾아오게 되는 것이다.

오늘날의 자본주의사회는 이기적 사회다. 이기적 사회는 이익사회를 만든다. 개인이기, 집단이기, 지역이기, 조직이기, 계층이기, 세대이기 등이 만연하고 있다. 끊임없는 헐뜯기, 흠집내기, 망신주기, 끌어내리기, 모함하기, 비난하기, 갈등, 대결, 대립, 분열, 적대, 다툼, 싸움 등이 일어난다. 국론이나 국가적 사업, 국가적 행사 등에도 분열과 갈등으로 점철된다. 시간과 예산의 낭비는 격화되고 법정싸움으로 치닫게 되어 아까운 시간부담, 비용부담, 납세부담이 엄청나게 늘어나고 있다.

❀ 우리나라는 법의 제정과 법의 개폐가 늦어져서
　　무법천지가 되는 경우가 많다

근대정부를 수립한 모든 국가에서는 인간과 인간, 조직과 조직, 집단과 집단의 갈등은 결국 법정으로 가져가서 심판받는다. 법은 모든 시민의 삶을 지배하는 최고지배자로 군림하고 있다. 인간은 태어나면 출생신고를 하여 법의 지배를 받기 시작한다. 죽으면 사망신고를 마침으로써 비로소 법의 지배를 벗어날 수 있는 것이다.

법은 근대정부의 대들보이고 기둥이며 서까래고 지붕이다. 법률 없이는 행정, 입법, 사법이 지탱할 수 없다. 그러므로 법률의 가치화, 현대화, 실용화는 국민의 삶을 좌우하고 있는 것이다. 국민의 삶은 살아 움직이고 있는 유기체적 삶이다. 그러므로 국민의 삶을 간섭하는 법은 살아 움직이는 유기체가 돼야 한다.

특히 우리나라와 같이 근대정부 수립 후 법률을 만들기만 하고, 시대와 환경의 변화에 발맞추어 법률의 개정과 수정이 제대로 따라주지 못한 국가에서는 법률적 해악이라는 부작용이 적지 않게 나타나고 있다. 사회는 빠르게 변하고 있다. 사회변화에 법률이 따라가지 못하는 부분이 너무 많이 생성되면 사회발전은 지체된다. 국민이 지킬 수 없는 악법이 발생하는가 하면 디지털시대에 반드시 필요한 시점인데도 새로운 법률의 제정이 뒷받침 되지 못하여 국민의 일상생활이 앞서 나가면 웃지 못할 무법천지가 발생하기도 한다. 국민이 법을 지키지 않아서 무법천지가 되는 것이 아니라 국회에서 법을 제정하고 개폐하지 않아서 무법천지가 되는 현상이 나타나는 것이다.

현대국가에서 법치주의가 성공하려면 국회의 기능이 살아 움직여야 한다. 국회의원이 전문지식으로 무장해야 하며 무엇보다 근면성실 하지 않으면 안된다. 국회에서 법을 선도적으로 만들어야 세계시장에서 우리 국민이 선도적 입장에서 경쟁력을 제고할 수 있게 된다. 국가의 법률이 그 국민의 일상생활을 편안하게 하고 미래생활을 가치 있게 선도할 수 있느냐 없느냐를 결정하는 시대가 온 것이다. 국민의 삶은 앞서가고 있는데 국가의 법은 국민의 발목을 잡아 메놓고 있어 지구적 차원의 경쟁에서 뒤지는 현상이 자주 목격되고 있다.

❀ 국민생활의 모든 갈등은 법의 심판에서 결론이 나온다

오늘날 국민생활에서 국민간의 모든 갈등은 법의 심판에서 결론이 나온다. 따라서 법의 심판은 최후의 보루다. 우리 경제의 대들보 역할을 하는 기업 간의 문제도 법의 심판을 받는다. 뿐만 아니라 기업부실의 문제도 종국에는 법원의 심판을 받아야 한다. 흔히 법정관리라는 단어를 쓰고 있지만 공적 용어는 '기업회생절차'이다. 그냥 두면 빚도 갚지 못하고 무너질 것 같은 회사를 법원이 관리해서 정상화시키는 제도다. 은행에서 빌린 돈이나 협력업체에 줘야 할 물건 값을 당장 치르지 않아도 되도록 하는 방법으로 기업의 지출을 줄인 뒤에 조금씩 재기를 모색하도록 해 주는 법적 '기업회생절차'를 말한다. 우리나라는 기업이 죽느냐 기업이 사느냐 하는 전문적 경영문제까지도 법원의 판결로 정하고 있는 것이다.

흔히 법정에서 '법관은 판결문으로 말한다'라고 이야기한다. 문제는 그 판결문이 '법률'과 '양심'에 따라 최선을 다했을 때 그런 말을 할 수 있다는 것이다. '법률'과 '양심'에 따라 최선을 다했을 때만 판결로서 말할 자격이 있는 것이다. 여기에서 법관의 판결을 좌우할 수 있는 근본적 바탕은 '양심'이다. '양심'은 '정심'이다. '정심'은 편견이 없고 고정관념이 없는 공정한 상태를 말한다. 따라서 '양심'이 없는 심판은 심판이 아닌 것이다. 법률은 양심 위에서만 권위를 인정받는다. 법률은 바꿀 수 있어도 '양심'은 바꿀 수 없기 때문이다.

우리 선조들이 최고의 덕목으로 숭상한 하늘이 내린 '양심의 잣대'가 형이하학적으로 실행되는 것이 덕도(德道)정치이고 덕치(德治)주의이다. 맹자는 이를 왕도(王道)정치라고 했다. 길 중에서 가장 원리에 충실하고 가장 옳은 길이며 가장 빠른 길이기에 왕도라고 칭한 것이다. 이것은 패도(覇道)정치와 법치(法治)주의를 훨씬 초월하는 이상주의적 덕목이다. 이러한 이상주의적 덕목은, 단순히 과거의 것으로 치부해버리고 말거나, 오늘날에는 어울리지 않는 지난날의 유물에 불과하다며 단견적으로 쉽게 버려야 할 대상이 아니다. 이러한 덕목은 현재에도 여전히 유효하고 유익하다. 뿐만 아니라 인류사회의 미래에는 더욱 더 그 가치를 높여야 할 덕목 중의 근본 덕목인 것이다.

❀ 한국인의 고유사상은 홍익인간 정신에 직결되어 있다

우리 조상이 대대로 이어온 고유한 한국사상의 근본정신은 숭천경조사상(崇天敬祖思想)이라고 볼 수 있다. 우리 민족은 하늘을 숭배하고 조상을 공경하는 신앙과 풍속을 오래 전부터 보유하고 있었다. 이런 한국사상은 '널리 인간 세상을 유익하게 하라'는 홍익인간 정신에 직결되어 있다. 그리하여 '하늘의 뜻을 땅 위에 펼치는 마당'이라는 신시(神市)를 연 것이다. 맹자사상이 우리나라에 들어왔을 때 우리의 선비들이 맹자사상을 기꺼이 수용할 수 있었던 까닭이기도 하다. 하늘의 뜻인 바른 길(道)을 사람이 땅 위에 펼치는 덕(德)이 바로 도덕이기 때문이다.

'양심'이 없는 법률은 흉악한 칼날이 될 수 있다. '양심'을 확고한 바탕으로 했을 때에만 법률은 인간의 삶을 온전히 지배할 수 있는 것이다. 특히 오늘날의 사회는 디지털 사회로 우리 생활의 모든 면이 투명해지고 있다. 정보의 공유, 지식의 공유, 기술의 공유, 문화의 공유, 지혜의 공유 등으로 인간의 생활은 어느 특수층이 독점할 수 없는 투명한 세계에 놓여 있다. 인간의 세계는 더욱 더 투명조직, 투명시장, 투명사회로 가지 않을 수 없다. 이러한 사회는 우리의 조상인 선비들이 바라고 희망해 왔던 사회다. 이러한 사회가 바로 공동선을 최고의 덕목으로 하는 공동체 조직인 대동사회(大同社會)인 것이다. 그리고 대동사회를 만드는 핵심엔진은 '양심'이고 '정심'이다. 즉 '양심'과 '정심'이 평화의 도구로 일구어내는 '문화사회'인 것이다.

우리에게 필요한 것은 지금이라도 선비정신과 선비리더십을 되찾아 문화부흥을 일으키는 일이다. 또한 지금이라도 '양심의 잣대'를 바로 세우는 일이 시급하다. 우리는 선비정신을 되찾고, 더 나아가서 고조선 단군의 개국정신인 '홍익인간', '이화세계', '성통광명'의 건국정신을 다시 되찾아야 한다. 우리가 건국정신을 되찾을 때, 우리 사회는 한 단계 더 높은 수준의 새로운 '인도주의'를 확립할 수 있을 것이다. '널리 인간세상을 유익하게 하라'는 홍익인간 정신은 인류적 교육가치이며 우리가 지구촌에 보급해야 할 글로벌 평화가치이기도 하다.

✿ 선비자본주의는 시장경제의 부작용을 해소시킬 수 있는 자본주의의 대안이다

우리나라는 붓의 사회, 문화의 사회, 예술의 사회, 예의의 사회, 신뢰의 사회로 점철된 '문화대국'이 되어야만 글로벌 경쟁에서 선도적 지위를 확보할 수 있다. 문화대국의 주춧돌이 바로 선비리더십의 확립과 선비가치의 세계화다. 한국이 선비정신을 새롭게 확립한다는 것은 양심을 가진 '붓'의 힘을 강화하는 일이다. '붓'의 힘으로 '칼'을 가진 사무라이를 포용하고 선비정신을 일깨워서 다시 악수할 수 있도록 해야 한다.

앞에서 조선실천성리학이 확립되었던 조선 후기 사회와 일본의 에도 막부

사회를 살펴보면서 우리는 한국과 일본이 평화의 시대를 열었음을 발견할 수 있었다. 상극이던 '붓'과 '칼'이 악수하여 상생했고, 조선과 일본은 격의 없는 문물교류를 통해 선린국가의 사례를 만들었다. 조선과 일본은 260여 년이 넘도록 상호신뢰로 교류했고 평화로운 신의우호 관계를 지속했던 것이다.

오늘날 유가사상의 선비자본주의 이론과 동아시아적 가치는 새로운 평가를 받고 있다. 특히 시장경제, 신자유주의 이론 등으로 무장했던 지구촌 선진국가들은 지금까지 경험하지 못했던 탐욕의 부작용들이 감당할 수 없는 빈부격차 심화 등으로 나타나자 자본주의에 대한 의구심을 표출하기 시작했다. 자본주의는 정치, 경제 분야에서 도덕이 확립되고 사회, 복지, 문화 분야에서 미덕이 전재되지 않으면 심한 부작용의 폐해가 발생하는 이기적 구조의 시스템이기 때문이다.

더구나 사이버 월드로 지칭되는 인터넷, SNS, 스마트 정보시대가 도래하여 오늘날 인간은 개인이 누구나 자발적으로 미디어가 될 수 있다. 모든 사람은 스스로 미디어의 발신자가 되고 미디어의 수신자가 되어 있다. 이러한 미디어의 대부분이 익명성으로 제조되고 보급되어 유통된다. 인간성이 낮고 책임성이 약한 사람들은 정보와 지식을 고의로 만들고 날조하거나 왜곡할 수 있다. 사람에 따라서는 자기가 원하는 정보, 자기가 듣고 싶어 하는 의견에 편중하고, 자기 의견에 동조하는 사람들끼리 소통하는 울타리 쳐진 광장을 만들어버리기도 한다.

이렇게 되면 소통의 효과가 더 많은 불통을 낳는다. 소통은 오로지 자기의 견과 다른 의견을 가진 사람들을 소탕하기 위해 존재하는 칼날로 변해버린다. 그 결과로 우리는 편리하지도 않고 행복하지도 않게 된다. 도덕과 윤리는 끝없이 타락하고 예절과 질서는 더없이 혼탁해진다.

『정의란 무엇인가?』를 쓴 하버드 대학의 샌델 교수는 정의를 바라보는 각도를 ①행복의 극대화, ②자유의 존중, ③미덕의 추구로 설정했다. 그는 고대의 정의론은 미덕에서 출발했고, 근대의 정의론은 자유에서 출발했다고 설명한다. 하지만 필자가 생각하기에는 자유도 미덕을 잃어버리면 정의가 될 수 없는 것이다. 이는 누구도 원초적으로 부정할 수 없는 사실이다. 미덕이 없는 자유로는 행복을 양산할 수 없기 때문이다. 이 시대에 우리가 가져야 할 덕목은 정의, 공정, 배려, 신뢰, 책임 등으로 구성되는 미덕이고 이것은 선비정신의 핵심가치다.

✿ 한국은 인간개혁 교육의 메카 역할을 담당할 수 있는 유일한 국가이다

필자는 선비자본주의라는 대안이 서구자본주의의 병폐를 줄일 수 있는 유력한 방안으로 제시되고 있다고 생각한다. 선비자본주의는 선비사상이 가지고 있는 핵심가치를 인간생활의 중심개념으로 삼아 '도덕'과 '미덕'이 삶의 현장에 넘칠 수 있도록 인간개혁, 즉 새 인간을 만드는 교육을 실시하는 것이 중요하다.

지구촌에서 한국은 인간개혁교육의 메카 역할을 할 수 있는 유일한 국가라 할 수 있다. 한국은 선비정신의 원산지이고 반만년이라는 오랜 역사를 가지고 있으면서 외국을 침략한 전력이 없는 유일한 평화국가이고 상생국가이기 때문이다.

우리나라는 동양철학의 원류인 홍익정신의 발원지이고, 반만년이라는 해원 상생의 역사를 간직하고 있다. 또한 지구촌 인류를 위한 '평천하' 사상을 삶의 목적으로 하는 선비정신을 국민정신으로 체득하여 온 유일한 나라이다. 선비사상은 지구촌의 보편적 가치관으로 승화될 수 있는 다차원적이고 융합적 사상의 용광로가 될 내용을 담고 있다.

몸과 마음, 물질과 정신, 세속과 거룩, 피조자와 창조자로 분리하는 서구의 이분법적 사고는 이미 한계에 이르렀으며 더 이상 유효하지 않다. 우리는 철학, 종교, 사상, 과학, 자연을 모두 수용하고 포용하는 '융합적 인간주의'로 서구의 '분리적 인간주의'를 대체해야 하는 시기를 맞이하고 있는 것이다.

❀ 한국인은 태생적으로 융합적 인간이다

한국인은 태생적으로 융합적 인간이다. 우리 조상들은 남달리 자연 속에서, 자연을 이해하며, 자연과 같이 살고자 했다. 우리나라의 전통건축을 보면 모두 자연을 이용하고 자연을 활용한 것임을 알 수 있다. 한국의 전통건축은 자연을 파괴하지 않는다. 중국처럼 자연을 인위적으로 파헤치고 허물어서 과대하게 확대해 건축하거나 일본처럼 아기자기하고 섬세하게 축소하여 인공미뿐인 '인조정원'을 만들지 않았다.

우리나라의 정원은 자연미의 아름다움을 그대로 살려낸 것이 특징이다. 낮은 곳은 낮은 곳으로 살리고, 높은 곳은 높은 곳으로 살리며, 고인 물은 고인 물 데로, 흐르는 물은 흐르는 물 데로 살리면서, 정자를 짓고 정원을 만드는 자연미의 '인위정원'은 동양 3국에서도 한국에서만 볼 수 있다. 한국의 3대 정원으로 알려진 담양의 소쇄원, 남원의 광한루, 창덕궁의 후원을 보면 자연미를 그대로 살린 건축미가 찬란히 빛나고 있다.

우리나라에서 가장 아름다운 서원은 안동의 병산서원으로 알려져 있다. 병산서원을 보고 유홍준 명지대 교수는 "한국건축사의 백미"라는 말로 표현했고, 건축학자 김봉렬 서울대 교수는 "건축가들의 영원한 텍스트"라고 말했다. 일본인 건축가 구로가와 마사유키 교수는 병산서원을 보고 이렇게 평했다.

> 건축물 자체가 하나의 가르침이다. 자연과 사람, 사람과 사람의 공존을 강조한 동아시아 문화의 가치가 응축된 곳이다. 건물 자체의 아름다움도 놀랍지만, 나무를 쓴 방식도 기둥부터 들보까지 모든 목재들은 자연 그대로의 모습이다. 굽고 휘어진 것 등을 잘라내지 않고 하나하나의 개성을 존중해 배치했다. 각 나무의 개성을 살렸는데도 균형이 살아 있고, 완벽한 조화를 이룬다. 획일성은 우주의 섭리를 거스르는 것이다. 그 답을 보는 것 같다. 각기 다른 개성이 사회에 어떤 가치를 부여하는지를 말없이 가르쳐주고 있다…….[59]

선비사상은 자연과 합일하는 사상이고, 자연을 활용하는 사상이며, 옛 것을 바탕으로 새 것을 만들어 내는 창조사상이다. 선비사상은 도덕을 전제하는 정치, 경제 그리고 미덕을 전제하는 사회, 문화를 지속시켜 나갈 수 있는 시스템사상이다. 선비사상은 '온고지신'하고, '법고창신'하여, 인류의 평안, 평등, 평화를 도모하는 인류애사상이다. 선비사상의 재정립은 우리 사회를 바로잡는 필요불가결의 과제이며, 지구촌 자연을 훼손시키고 오대양육대주를 피폐화시키는 전세계 국가들의 끊임없는 탐욕을 제어시키기 위해서도 반드시 필요한 글로벌 과제이다.

---

59) 구로가와 마사끼: 일본의 대표적 건축학자. 그는 한국의 전통건축에 대해 연구하고 있는 해외연구자 중 한 사람이다.

✿ 세종의 리더십과 최고의 문화유산인 한글의 세계화

조선왕조의 역대 임금 중에서 가장 업적이 뛰어난 임금은 세종대왕이다. 세종은 왕위에 오르자마자 조선이 처한 현실을 직시했다. 세종은 우리의 현실을 남들이 바꾸도록 해서는 안 된다는 확신을 가졌다. 국가현실의 문제점을 스스로 개선하고 개혁해 나갈 방안을 찾는 데 모든 정념을 불태웠다. 세종은 국가사회가 당면하고 있는 시스템 개혁과 혁신의 선두에 섰다.

세종은 정치, 국방, 외교, 농업(당시의 기반산업), 과학기술, 문화예술에 이르기까지 전인적 업적을 쌓았다. 세종의 선비리더십은 ①창의력, ②생산력, ③통찰력, ④융합력, ⑤판단력을 겸비한 것이라 할 수 있다.

세종은 과학기술을 매우 중시한 임금이었다.

세종은 즉위 초 10여 년 동안 극심한 가뭄으로 흉년이 들자 과학에서 대책을 찾았다. 관노신분이던 장영실을 발탁해 측우기, 혼천의 (천체관측기)를 만들고, 이천에게 명하여 앙부일구(해시계)를 만들게 했다. 세종은 조선 과학의 르네상스를 일군 과학자이자 정치가이며 학문을 사랑한 참 선비였다.

세종은 인사의 달인이었다.

신하들이 자신을 드러내기를 좋아하고 반면에 내실을 기하는 데 인색한 걸 보고 첫째로 품성이 바른 사람, 둘째로 겸손한 사람, 셋째로 실력 있는 사람을 등용하는 데 힘썼다. 세종은 사람을 볼 때는 단점보다 장점을 간파하여 장점이 단점보다 많으면 그 인물들을 등용하는 데 주저하지 않았다.

예를 들면 육진개척의 영웅 김종서 장군의 등용이다. 세종은 김종서에 대해 이렇게 평가했다.

함길도 도철께사 김종서는 본디 유신(儒臣)으로서 몸집이 작고 무예도 짧으며 행정 능력은 뛰어나나 장수로서 마땅하지 않다. 다만 그가 일에 임하면 부지런하고 조심하며 일을 처리하는 것이 정밀하고 상세했다. 4진(鎭)을 새로 설치할 때에도 일을 처리한 것이 알맞아서 그 효과를 보았으니 포상할 만하다.

- 『세종실록』 22년 7월 5일

조선의 영토는 세종대왕 때 가장 넓고 크게 확장되었다. 두만강을 넘어 만주의 700리 땅이 조선의 영토가 된 것은 세종의 6진 설치로 가능했던 것이다. 세종은 체구 우람한 무신이 아니라 몸집이 작은 문신을 육진 개척의 적임자로 본 것이다.

세종은 신분보다 능력을 중시한 임금이었다.

그 자신 통념을 뛰어 넘어 적재적소에 인재를 발탁하는 능력을 보였다. 조선은 양반사대부가 벼슬을 하는 신분제 사회였지만 세종은 품성이 바르고 능력이 뛰어난 인재는 신분에 개의치 않고 발탁하기를 주저하지 않았다.

조선의 최장수 영의정으로 이름을 날린 황희 정승이 대표적인 예다. 황희는 아버지 판강릉부사 황군서의 서얼 출신이다. 황희의 어머니는 천인 출신이다. 세종은 이 사실을 알고 있었지만 서자 출신을 최 장수 영의정으로 등용한 것이다. 황희는 일인지하만인지상(一人之下萬人之上)이라는 영의정에 18년간이나 재직했다.

세종은 과학자, 기술자, 전문가를 우대했다.

사대부들이 기득권의 관점에서 깎아 내리려고 해도 그에 맞서 능력 있는 인물들을 보호했다. 세종 때 종2품인 중추원사에 오른 윤득홍은 시골 해안의 미천한 신분 출신이었는데 70세가 되자 사임하려고 사직서를 내었으나 세종을 이를 윤허하지 않았다. 결국 윤득홍은 세종 30년(1448) 77세의 나이로 사망했는데 세종이 그의 사직을 거부한 것은 윤득홍이 바다에 관한 한 꼭 필요한 해양 전문가였기 때문이다.

종2품인 가정대부에 오른 송희미도 천인 출신이다. 송희미는 세종 13년(1431) 북방의 경원절제사로 부임해 내내 북방을 지키는 공을 세워 세종 17년(1435) 종2품으로 승진했다. 하지만 세종 19년(1437) 여진족이 경원을 이틀 동안 포위하고 공격했음에 송희미가 나가서 싸우지 않았으며 150여 명의 백성이 잡혀간 사실도 숨기고 보고하지 않았다는 이유로 세종은 그를 자결하게 했다. 이 때 경원사람 사득귀 등 472명이 사형을 면하게 해 달라고 상언했으나 세종은 자신의 단호한 입장을 바꾸지 않았다.

또한 세종 24년(1442) 장영실이 제작·감독한 안여(임금의 수레)가 부서지자 의금부에 명을 내려 국문시키고 직첩을 회수했다.

이렇게 세종은 능력 있는 천인들에게 기회를 주었지만, 그 실책에 대해서도 매우 준엄하고 엄격했다. 세종은 아무리 신임했던 신하라도 잘못에 대해서는 용서하지 않음으로써 인사의 공정성을 유지했다.

세종은 비록 천인 출신이라 해도 일솜씨 있고 부지런한 인물을 중용했다.

세종은 즉위년(1418)에 노비 출신 박자청을 종1품 의정부 참찬으로 등용했다. 박자청은 태조 때 중랑장으로서 궁문을 지키는 경비병이었다. 태조의 동생 의안대군 이화가 임금의 명령 없이 들어가려 하자 못 들어가게 막았던 일이 있었다. 화가 난 이화가 발로 면상을 차서 상처가 났으나 물러서지 않았다. 이를 들은 태조가 의안대군을 꾸짖고 박자청을 정4품 호군으로 승진시키고 은대를 하사한 일이 있는 인물이다.

세종이 종1품으로 승진시킨 박자청은 건축에 특별한 재주가 있었다. 정도전이 한양을 설계했다면 건축물은 박자청이 지었다고 할 정도로 대부분의 도성 건물이 그의 손을 거쳐 건축되었다. 임금의 신임을 받는 박자청에 대한 사대부들의 견제와 비판이 너무 심해, 심지어는 이례적으로 삼성(사헌부, 사간원, 형조)이 합동으로 탄핵하며 들고 일어나기도 했지만 세종은 끝까지 그를 보호했다. 조선 초기의 건축공사와 토목공사는 박자청의 손길이 있었기에 후대에 남을 유물을 많이 만들 수 있었던 것이다.

세종은 임금 아래 백성이 있지 않고 백성을 위해 임금이 존재해야 한다고 생각한 군주였다.

세종은 재위 1년(1419) 2월 "나라의 근본은 백성이고, 밥은 백성의 하늘이다(民惟邦本 食爲民天)"라고 말했다. 오늘날 현란한 정치수사를 사용하는 어느 정치가보다 세종은 애민사상이 투철한 임금이었다. 조선왕조 27명의 임금 중 세종은 시종일관하여 백성을 받드는 정치를 한 임금으로 역사는 기록하고 있다.

세종은 특히 사회적 약자에게 세심한 주의를 기울였다.

관노(官奴)가 출산할 경우 7일 휴가를 주던 것을 100일 휴가를 주도록 했다. 남편에게도 30일 간 부부동반 출산휴가를 주어 가사를 볼 수 있게 해주었다. 세종은 감옥에 갇혀 있는 죄수에게도 신경을 썼다.

> 옥(獄)이란 것은 죄 있는 자를 징계하자는 것이지 사람을 죽게 하자는 것이 아니다. 그러나 옥관(獄官)이 마음을 써서 살피지 않으면 심한 추위와 무더위 속에서 질병에 걸리거나 굶어서 죽는 죄인도 없지 않으니 참으로 불쌍하다.
>
> - 『세종실록』 7년 5월 1일

또 재위 30년 8월에는 각도 지방 감사에게 "지방의 감옥은 죄인을 가두어 두는 곳이지만 보호하지 않으면 횡액으로 병에 걸려 죽는 사람이 나오게 된다"라고 말하면서 구체적인 죄수 보호책을 지시했다.

세종이 지시한 죄수 보호책 중에는 '음력 4월부터 8월까지는 새로 냉수를 길어다 자주 옥중에 비치할 것', '음력 10월부터 1월까지는 옥 안에 짚을 두껍게 깔 것', '죄수에게 자주 목욕을 시키고 머리를 감게 할 것' 등이 들어 있었다.

❀ 세종은 우리나라의 문화적 주체성을 확립한 최초의 임금이다

세종 때 조선은 국력신장, 영토확대, 문화 르네상스를 이루었다. 이는 신분보다는 능력을 높이 샀던 세종의 실용정신과 인재등용방침에 힘입은 것이다. 세종의 많은 업적 중 가장 큰 것은 훈민정음 창제다. 훈민정음은 세종의 창작이다. 『세종실록』 25년 1443년 12월 30일자의 기록은 세종이 직접 훈민정음을 만들었다고 기록하고 있다.

> 이 달에 임금이 직접 언문 28자를 만들었다. 그 글자는 옛 전자(篆字)를 본떴는데, 초성 중성 종성으로 나누어 합한 연후에야 글자를 이룬다. 무릇 문자(文字, 한자)에 관한 것과 우리나라의 이어(里語, 이두)에 관할 것을 모두 쓸 수 있다. 글자는 비록 간요하지만 전환이 무궁한데 이를 훈민정음이라고 일렀다.
>
> ─『세종실록』 25년 12월 30일[60]

---

60) 『훈민정음 해례본(解例本)』은 1446년(세종 28)에 발간되었으나 1940년에 이르러 경북 안동에서 처음으로 원본이 발견되었다. 이 『훈민정음 해례본』이 발견됨으로 해서 세종이 우리말과 타 민족의 말이 다르다

한자의 자전(字典)은 두 종류가 있다. 뜻을 중심으로 분류한 옥편(玉篇)이 있고, 음을 중심으로 분류한 운서(韻書)가 있다. 세종은 재위 30년(1448) 신숙주, 최항, 박팽년 등에게 『동국정운(東國正韻)』을 간행하게 해 훈민정음으로 조선 한자음을 바로잡았다. 신숙주 등은 훈민정음으로 한자음을 다는 운서 편찬 작업을 했던 것이다.

조선 중기 이정형이 지은 『동각잡기』에 훈민정음과 운서편찬과정이 순서별로 기록되어 있다.

임금이 언문 자모 28자를 만들었다. 대궐 안에 국을 설치하고 성삼문, 최항, 신숙주 등을 뽑았다. 이때 한림학사 황찬이 요동에 유배되어 있었는데 성삼문, 신숙주에게 명해 사신을 따라 요동에 가서 황찬에게 음운에 대해 묻게 했다. 무릇 요동에 13번이나 왕래했다.

– 『동각잡기(東閣雜記)』 「본조선원보록(本朝璿源寶錄)」

세종이 훈민정음을 만들고 신숙주 등에게 운서를 만들게 하여 한자에 조선음을 다는 작업이 완성되었다. 훈민정음이 창제되었다는 소식을 들은 집현전 부제학 최만리 등 7명의 학사가 훈민정음 창제에 반대하는 상소문을 올렸다(세종 26년, 1444년 2월).

는 것을 미리 알고 지구촌의 모든 인간이 낼 수 있는 소리를 표현할 수 있도록 28자의 자모를 만들었다는 것을 알게 되었다. 또 그런 말들을 모두 적을 수 있게 병서(竝書)와 연서(連書)원칙을 만들었고 순음(脣音), 순경음(脣經音)을 표시할 수 있도록 했다는 것도 이해할 수 있게 되었다. 즉 아래 아(ㆍ)를 비롯하여 ㄹㄹ, ㆄ, ㅸ으로 영어의 L, R, B, V, P, F 등의 발음구별도 정확하게 표기할 수 있도록 했던 것이다. 그러나 1910년 대한제국이 망한지 2년 후인 1912년에 일제는 보통학교용 언문철자법(諺文綴字法)을 새로 제정하여 훈민정음을 난도질했다. 즉 다양한 모음을 낼 수 있는 아래 아(ㆍ)를 비롯하여 사용하지 않는 발음을 표기하는 자모를 없애버리고, 두 글자 받침은 ㄺ, ㄼ, ㄽ만 인정하도록 했으며, 설음 자모는 ㅑ, ㅕ, ㅛ, ㅠ 등과 결합하지 못하도록 제한했고, ㄹ이 어두에 오면 강제로 ㅇ으로 발음하게 하는 두음법칙을 만들어 우리 민족이 낼 수 있는 발음도 제한시켰다. 우리가 나라를 되찾았으면 훈민정음 창제원칙대로 자모를 되돌려야 하는데 그렇게 하지 못한 아쉬움이 있다.

최만리 등은 "중국의 제도를 준행해야 하며 현행 이두를 써도 뜻이 통할 수 있다"면서 새 글자 창제를 반대했다. 이두는 신라시대 설총이 만든 글자이다.

세종은 최만리 등을 불러서 이렇게 말했다.

너희들이 설총은 옳다고 하면서 임금이 하는 일은 그르다고 하는 것은 무슨 까닭이냐? 또한 너희들이 운서(韻書)를 아느냐? 사성(四聲) 칠음(七音)을 아느냐? 자모(字母)가 몇 개인지 아느냐? 만약 내가 운서를 바로잡지 않으면 누가 바로잡을 것이냐?

– 『세종실록』 26년 2월20일)

세종이 집현전 학사들을 불러놓고 구체적인 전문적 지식을 물을 정도로 세종은 당대 최고의 언어학자였다.

세종은 재위 28년(1446) 9월 훈민정음을 반포했다. 정인지는 그 서문에서 "계해년(세종 25) 겨울에 우리 전하께서 예의(例義)를 간략하게 들어 보이고 명칭을 '訓民正音'이라 했다'라고 기록해 세종이 직접 한글을 창제했음을 분명히 밝혔다. 세종은 문화적 주체성을 확립한 최초의 임금이 된 것이다.

세종은 학문하기를 좋아하고 새벽부터 늦은 밤까지 정사를 돌보는 부지런한 임금이었기에 운동부족으로 지병이 많았다. 세종 재위 7년 명나라 사신을 따라온 요동 출신 의원 하양(河讓)이 세종을 진맥 한 후 이렇게 말했다. "전하의 병세는 상체는 성하지만 하체가 허한데 이는 근심이 너무 많으시고 과로를 많이 했기 때문입니다."

세종은 소갈증(당뇨), 등창, 풍습병, 눈병 등 복합적인 병세 중에도 노심초사의 마음으로 쉬지 않고 국사를 돌보다가 재위 32년(1450) 2월 향년 53세로 영응대군 집 동별궁(東別宮)에서 숨을 거두었다. 사관은 세종의 졸기에 이렇게 썼다.

인륜에 밝았고, 모든 사물에 통찰했으니, 남과 북이 복종하고, 사경(四境)이 편안하여, 백성들이 살아가는 것을 즐겁게 여긴 지 무릇 30여 년이다. 성덕이 높고 높으니 사람들이 이름을 짓지 못하고 해동요순(海東堯舜)이라고 불렀다.

- 『세종실록』 32년 2월 17일

어느 국가에 있어서나 그 나라의 '백성들이 살아가는 것을 즐겁게 여기는 것' 이상의 정치는 세상에 없다. 세종의 정치는 나라 밖에도 소문이 나서 북방 여진족과 남방의 왜인들이 다투어 귀화 했다.

예나 지금이나 살기 좋은 곳에는 지구촌 사람들이 모여 들기 마련이다. 세종 5년(1423) 2월 대마도의 왜인 변삼보라(邊三甫羅)등 24인이 "조선은 인정(仁政; 어짊으로 하는 정치)을 시행한다는 말을 듣고 성덕을 앙모해서 왔다"라면서 귀화 했다.

『세종실록』 6년(1424) 12월 29일자는 세종이 궐내에서 화붕(火棚; 불꽃놀이)을 설치하고 귀화한 여진족, 왜인들과 함께 구경했다라고 전한다. 세종은 재위 1년(1419) 5월에 이미 '귀화한 왜인, 여진족 등은 곧 우리나라 백성'이라는 원칙을 세워 놓았다. 귀화한 이민족은 모두 내 국민이라는 다민족, 다문화사상의 열린 정치를 실행한 임금이었다.

❀ 세계에 자랑할 수 있는 우리나라 최고의 문화유산은 무엇인가?

우리나라는 세계에 자랑할 수 있는 문화유산이 참으로 많은 나라다.

필자는 그 중에서도 가장 위대하고 귀중한 문화유산은 두 가지라고 생각한다.

첫째는 형이상학적인 유산으로 눈에 보이지 않는 선비사상이고, 둘째는 형이하학적인 유산으로 눈에 보이는 훈민정음이다.

우리나라는 선비사상이 펄펄 살아 움직였을 때 융성과 번영을 구가 했다. 한편 선비사상이 땅에 떨어졌을 때 외침을 받아 핍박을 당하고 급기야는 나라를 잃어버리는 수모를 겪었다.

오늘날 우리 사회가 자유민주주의체제를 계속 유지하면서 국민이 편안하게 잘 살 수 있는 선진문화국가로 진입하려면 우리의 고유 사상인 선비사상을 다시 일으켜 세워야 할 것이다. 선비사상은 우리나라뿐만 아니라 지구촌에 사는 모든 인류에게 글로벌화할 수 있는 인간의 보편적 가치이다. 선비사상의 핵심비전은 어진 삶, 강한 조직, 바른 사회, 청부 국가, 아름다운 세상을 건설하는 것이다.

우리나라는 부존자원이라고 할 만한 것이 변변히 없는 나라로, 필요로 하는 자원, 식량, 원료, 재료, 소재, 부품 등을 수입하지 않고는 하루도 살아갈 수 없어 대외의존도 80%가 넘는다고 한다(2009). 우리의 삶에 필요한 필수자원을 수입하기 위해서 우리는 외화를 획득해야 하고, 외화를 획득하기 위해서 우리는 한국상품을 수출해야 한다. 그리고 한국기술, 한국서비스, 한국학문, 한국철학, 한국문화의 수출을 확대해야 한다. 하드웨어의 수출은 물론 소프트웨어의 수출도 늘려야 한다. 우리나라의 독자적 아이디어, 디자인, 가치, 예술, 음식, 대중문화, 전통문화, 정신문화 등의 수출을 늘려야 한다.

✿ 한글은 지구촌 인류의 소통과 평안, 평등, 평화를 위해 탄생한 위대한 문자이다

'한글'은 유엔이 인정한 세계 최고의 문자다. 유엔 산하 기관인 유네스코는 지구촌 문맹퇴치에 공이 큰 각국의 기관과 단체에게 매년 '세종대왕 문해상 (King Sejong Literacy Prize)'을 수여하고 있다.[61]

지구촌에서 문자의 창제자, 창제일, 창제목적이 있는 글은 훈민정음 하나 뿐이다. 영어의 알파벳, 중국의 한자 등은 누가, 언제, 어떻게 만들었는지 아무도 모른다. 그냥 그 때 그 때 필요에 의해 합작하고 짜깁기하여 쓰여 왔을 뿐이다. 한글은 백성들을 편안하게 하고자 하려는 분명한 목적의식으로 만들었기 때문에 과학적인 문자로 탄생하지 않을 수 없었던 배경을 가진다.

세종대왕이 훈민정음을 만든 지 거의 600년이 되어 간다(훈민정음 창제 1443년 [세종 25년], 훈민정음 반포 1446년[세종 28년]). 하지만 우리나라 사람들이 한글을 실질적으로 전용한 기간은 불과 20여 년밖에 되지 않는다. 실로 부끄러운 일이다.

조선시대에는 명·청의 압력으로 한글이 '오랑캐 문자' 취급을 당했고, 일제 강점기에는 우리의 국어가 일본어로 바뀌었고, 한글은 비참하게도 땅에 굴러다니는 쓰레기 취급을 당했다. 해방 이후에는 한자겸용으로 오랜 기간 우리 스스로 한글을 홀대해 왔다. 실감하지 못하는 독자는 1945년부터 1980년대 말까지 발간된 신문을 살펴보면 확실한 증거를 알 수 있다.

---

61) 유엔 산하 기관인 유네스코는 지구촌 문맹퇴치에 공이 큰 각국의 기관과 단체에게 1990년도부터 매년 세종대왕 문해상(King Sejong Literacy Prize)을 수여하고 있다. 1989년 6월 21일 제정된 후 이듬해부터 매년 9월8일 '문맹퇴치의 날'에 시상하고 있다. 세계적 언어학자인 시카고 대학의 맥콜리 교수는 한글날만 되면 수업을 하지 않고 학생들과 한글날 기념식을 하여 세종대왕을 기린 것으로 유명한 학자다. 그는 "세계 언어학계가 한글날을 찬양하고 공휴일로 기념하는 것은 아주 당연하고 타당한 일이다. 나는 지난 20여 년 동안 해마다 한글날을 기념하고 있다"라고 말했다. 우리나라에서는 1991년 노태우 정부에서 한글날을 공휴일과 국경일에서 빼버렸다가 2006년부터 '기념일'에서 다시 '국경일'로 바뀌었고 2013년부터 '국가지정 공휴일'로 복귀되었다.

일반 국민이 매일 보는 신문이 한글을 전용한 것은 1990년대 이 후다. 뿐만 아니라 1980년대 이전의 출판물을 보면 한자겸용은 물론 문장을 세로로 편집하여 위에서 아래로 읽도록 만들고 또 오른쪽에서 왼쪽으로 읽어가도록 만든 책들이 수없이 많이 나와 있다. 한자와 일본어의 인쇄 습관이 그대로 남아 있었기 때문이다.

교과서에서 한자가 배제된 것은 거의 최근의 일이다. 2005년 「국어기본법」 제정으로 한글전용현상이 처음으로 우리나라에 굳어졌던 것이다. 세계에서 최고로 빛나는 과학적인 문자를 6백여 년의 세월 동안 잘 활용하여 거두지도 못하고 쓰레기 취급한 우리 자신이 너무도 불쌍하고 못 났다고 생각되지 않는가?[62]

오늘날 우리나라는 '인터넷 강국'이라는 글로벌 이미지를 확립하고 있다. 한국의 IT기술은 한글이 만들어낸 것이라고 말해도 과언이 아니다. 한글은 표음문자이고, 음소문자이며, 자질문자이다. 이는 인간이 만들어 낸 문자체계 중에서 가장 발달된 고도의 체계이며 이 범주에 드는 문자는 지구상에 한글 하나밖에 없다. 한글이라는 기계친화적이고 디지털친화적인 문자가 없었다면, 또 복제성과 전달성에서 영어를 훨씬 능가하는 과학성이 없었다면, 우리는 결코 '인터넷 왕국'을 건설하지 못했을 것이다.

부존자원이 거의 없는 우리나라를 경제대국으로 이끌고 한류문화가 세계를 휩쓸고 있는 한풍의 중심에는 '한글'이 존재한다. 한글은 마치 정보기술시

---

62) 한글학자 이윤재(1888-1943)는 한글의 변천을 네 가지 시대로 구분했다. ①정음시대(창세기) 세종 28년(1446)부터 성종 대(1469-1494)까지 50년간 ②언문시대(침체기) 연산군 때(1494-1505)부터 고종 30년(1893)까지 400여 년간 ③국문시대(부흥기) 갑오개혁 때부터 경술년(1910)까지 17년간 ④한글시대(정리기) 주시경의 한글운동부터 1933년까지 20여 년간이다. 위의 논문이 발표된 것은 1933년 10월 28일자 동아일보 지면이다. '한글'이라는 명칭은 주시경 선생이 근대에 들어와 명명한 것이고 그 이전에 한글은 훈민정음, '정음', '언문' 등으로 불렸다. 500여 년이 지나 부활한 한글은 1910년 한반도를 식민지화한 일본정부에 의해 한국인이 모두 일본제국언어(일본어)를 배워야 하는 교육정책 때문에 1945년 8월 15일 광복될 때까지 짓눌려 있어야 했다. 일제강점기 동안 한국인은 학교에서 공식적으로 한글을 배울 수 없었다. 일어가 국어 행세를 했기 때문이다.

대의 디지털 문명을 미리 내다보고 창제한 문자 같다. 세종대왕의 위대성은 한국인에게만 미치는 것이 아니다. 한글은 한국인을 위한 문자라기보다 전 세계의 인류를 위한 문자로 탄생한 것이 틀림없다.

필자는 선비사상과 한글을 한반도 안에 가두어 놓고 있는 것은 인류를 위해 불행한 일이라고 생각한다. 지구촌에 사는 모든 인류를 위하여 우리나라 사람들은 선비사상과 한글을 독점할 것이 아니라 널리 세상에 내놓고 펼쳐야 할 때라고 생각한다.

훈민정음 서문을 자세히 살펴보면 세종은, 영국의 권리장전(1689), 미국의 독립선언(1776), 프랑스의 인권선언(1789) 등 보다 수백 년 앞서서 왕권(王權), 신권(臣權), 민권(民權)을 수평적으로 생각한 유일한 임금이라는 사실을 알 수 있다.

나랏말쌈이중국과달라문자(한자)와 서로 사맛디 아니 할쌔(통하지 아니하므로)

이런젼차로(까닭으로) 어린 백성이(어리석은 백성이)

니르고져(이르고자) 훓배 이셔도(하는 바가 있어도)

마참내(마침내) 졔 뜨들 시러펴디(제 뜻을 실어 펴지)

몯핧노미하니라(못하는 사람이 많으니라)

내이랄위하야(이를 위하여)

어엿비너겨(불쌍하게 여겨)

새로스믈여듧자를맹가노니(만드노니)

사람마다해여(사람마다 하게하여) 수비 니겨(쉽게 익혀)

날로쑤메(매일 씀에) 편안케 하고져(편안하게 하고자)

핧따라미니라.(할 따름이다.)

훈민정음 서문은 내용이 모두 중요하지만, 가장 중요한 구절은 '어린 백성이 니르고져 홇배 이셔도'이다. 이 말은 백성은 자기가 하고 싶은 말, 억울한 일, 어려운 일을 임금에게 고하고 싶은데 글을 몰라서 상소를 못한다는 상황을 뜻한다. 상소는 글을 아는 사대부, 양반, 중인과 글을 아는 일부의 상민(평민) 밖에는 하지 못했다. 임금은 왕권이 있다. 사대부는 신권이 있다. 하지만 일반 평민인 백성은 민권이 있어야 하는데 민권이 없었다.

조선에서 사대부의 신권은 왕권 못지않은 힘을 발휘할 수 있었다. 그것은 문자를 알았기에 가능했다. 그러나 백성은 문자를 모른다. 백성은 왕권에 치이고 신권에 밟혀야 했다. 세종은 이점을 꿰뚫어 본 임금이었다. 일반 백성도 직접 왕에게 고할 수 있는 힘이 있어야 한다고 세종은 생각한 것이다. 백성은 신권을 거치지 않고도 언제든지 임금에게 직접 어려운 일을 고할 수 있어야 한다고 판단한 것이다. 세종은 민권의 강화를 생각한 최초의 임금이었다.

훈민정음 서문은 영국의 권리장전(신권강화), 미국의 독립선언(민권강화), 프랑스의 인권선언(민권강화) 보다 수백 년 앞서서 백성의 민권을 앞으로 내세웠기에 세계의 인류문화사에 길이 남을 획기적인 내용을 담고 있다.

세계사적으로 봐도 중세시대 어떤 군주도 '백성을 생각하여 글자를 만들겠다'고 한 왕이 없었다. 세종은 문자를 창제하고 이름을 붙인 훈민정음이라는 그 이름조차도 백성 민(民)자를 넣어 지었다. 훈민정음은 '백성을 가르치는 바른 소리'라는 뜻이다.

훈민정음의 서문에는 또 한 가지 중요한 구절이 있다. 그것은 서문의 마무리 문장이다. 훈민정음 서문은 '백성을 편안하게' 하겠다는 목적의식으로 마무리를 하고 있다. '백성을 편안하게'는 선비사상의 목적개념이다. 선비 삶의 실행방법인 수기안인(修己安人)을 세종은 시종일관 실천했기에 한글창제가 가능했다. 더 나아가 '평안' '평등' '평화'의 '평천하' 사상을 구현하기 위해서 세종은 세계에서 가장 알기 쉽고 과학적인 문자를 창조한 것이다.

✿ 동세서진 시대와 더불어 한국어, 중국어, 일본어의 경쟁이 시작되었다

중국은 경제력이 향상되자마자 새로 시작한 문화사업이 있다. '공자학원'을 설립하여 한자를 수출하기 시작했다. 2004년부터 추진된 '공자학원' 설립은 세계의 각 지역에 300여 군데의 수출전진기지를 마련했다. 중국은 2004년 11월 서울에 최초의 '공자학원'을 세웠으며 2010년 현재 101개국에 340개가 설립되었다. 중국정부는 2020년까지 전 세계에 1,300개의 공자학원 설립을 계획하고 있다.[63]

일본은 중국보다 앞서서 일찍이 1964년 도쿄 올림픽 때부터 일본문자 수출에 힘을 쏟았다. '무라사키 시키부 학원'을 만들어 2010년 현재 세계의 주요 도시 255개에 수출전진기지를 만들었다.[64]

하지만 중국의 '한자'와 일본의 '가나' 문자는 품질에서 대한민국의 '한글'을 따라오지 못하는 기능적, 본태적 한계를 가지고 있다. '한글'은 세계 최고의 문자 품질을 가지고 있지만 세계인들에게 인식이 되어 있지 않을 뿐이다.

2011년 현재 한국은 15개국에 27개의 '세종학당'을 설립해 두고 있다. 중국과 일본에 비해 열세이다. 아무리 품질이 우수한 상품이라도 세계인이 알지 못하면 그 상품에 세계인이 관심을 가질 수 없는 것이 현실이다. 상품이 이러할진대 문자의 우수성은 그 문자로 자국의 언어를 표현해 보지 못한 사람이 알 수가 없는 것이다.

유네스코에 따르면 지구촌에는 약 6천여 개의 언어가 존재하고 있다고

---

63) 프랑스의 '알리앙스 프랑세즈'가 120년간 1110개, 영국의 '브리티시 카운슬'이 70년간 230개, 독일의 '괴테 인스티튜트'가 50년간 128개를 설립하여 자국문자를 세계시장에 수출한 일이 있다. 그러나 프랑스어와 독일어는 더 이상 세계어화 에너지를 발휘할 수 없게 되어 침체 상태이다. 현재 지구촌은 영어를 집중 선택하고 있기 때문이다. 21세기부터는 동아시아 3국 언어가 새롭게 부상하여 세계어화 에너지를 얻고 있다.

64) 무라사키 시키부: 일본 최초의 고대소설 ≪겐지모노가다리≫를 쓴 작가이다.

한다.

지구촌 낙후 지역의 원주민 언어는 오늘날 빠른 속도로 사라지고 있다. 향후 100년 동안에 지구촌 언어의 90%는 사라질 것이라고 언어학자들은 예측하고 있다.

오늘날 지구촌 언어 중에서 문자를 가지고 있는 언어는 약 3백여 개 있으며, 그 중에서 대표적 문자는 아래의 10여 개 정도다.

① 한글 문자(한국어, 북한어, 만주연변 조선족어, 인도네시아 바우바우시어, 볼리비아 아야마라족어, 솔로몬제도 일부종족 언어 등)
② 로마 문자(영어, 독어, 불어, 스페인어, 이탈리아어 등)
③ 키릴 문자(러시아어, 몽골어 등)
④ 아랍문자(아랍어)
⑤ 희랍 문자(그리스어)
⑥ 히브리 문자(이스라엘어)
⑦ 태국 문자(태국어)
⑧ 데바나가리 문자(힌두어)
⑨ 가나 문자(일본어)
⑩ 한자 문자(중국어)

이상의 문자 중에서 '한글' 문자는 지구촌에서 가장 과학적이고 표현 못하는 소리가 없으며 어느 문자보다 쉽게 배울 수 있다는 정평을 가지고 있다. 때문에 인류의 문맹률을 0%대로 만들 수 있는 문자는 한글 밖에 없는 것이다.

광복 직후인 1946년 한국의 문맹률은 78%, 1959년의 문맹률은 10%, 2006년의 문맹률은 0.6%인 것을 보면 한국인이 한글을 본격적으로 배우기 시작한지 60여 년 만에 문맹자를 퇴치해버린 것을 알 수 있다. 일제시대에 학교에 다니지 못한 75세 이상의 노년층이 오늘날 한국사회의 문맹률을 점하고 있을 뿐이다.

한글은 백성을 평안하게 하겠다는 의식을 가진 임금에 의해 목적을 갖고 만들어졌다. 그렇기 때문에 한글 이외의 모든 문자들은 과학성, 합리성, 논리성, 체계성, 편의성에서 한글을 따라올 수 없는 것이다.

세종대왕은 백성이 알기 쉽도록 하기 위해 '정심'과 '성의'를 바탕에 두고, '격물'과 '치지'를 통해 의도적으로 문자를 만들었다. 때문에 과학적일 수밖에 없는 태생적이고 합리적인 시스템을 갖추고 있다. 한글의 자음은 인체의 구강과 음색구조에 기초를 두었고 모음은 우주의 표상인 천지인을 상징화하여 만들어졌다.

❀ 언어의 새 판은 가장 위대한 판으로 바뀌어 가는 것이 세상의 이치이고 원리다

선비사상은 우리문화 유산 중 가장 값진 무형 유산이다. 한글은 우리문화 유산 중 가장 값진 유형 유산이다. 대한민국은 지구촌 문화발전의 성장동력을 제공할 수 있는 축복받은 나라이다.

언어는 철학, 사상, 이념, 문화와 같은 정신적 사회현상으로도 그렇지만 경제, 제품, 기술, 금융과 같은 물질적 사회현상과 관련해서도 '시장성'을 가지고 있다. 언어는 그것을 사용하고 있는 국가의 위상과 우열에 따라 상품가치가 매겨진다. 때문에 그 나라의 국력신장과 불가분의 관계에 있는 것이다.

일본어는 이미 서구인들이 선호하는 외국어 가운데 하나가 되어 있다. 중국의 위상이 향상됨에 따라 중국어도 서구인들에게 관심의 대상이 되기 시작했다.

지금은 영어가 세계시장에서 판을 쥐고 있는 시절이다. 그러나 판은 언젠가는 새 판으로 바뀐다. 그리고 새 판으로 바뀔 때 마다 가장 위대한 판으로 접근해 가는 것이 세상의 이치이고 원리다.

한글은 소리와 문자가 일대일 대응을 이루는 지구촌에서 유일한 표기 수단이다. 영어 역시 한글처럼 소리를 기호로 나타낸 표음문자이지만, 한글과 달리 발음기호를 따로 배워야 하고 필기체와 인쇄체, 대문자와 소문자를 익혀야 하는 번거로움이 상존한다.[65]

한글의 정확한 표음성은 창제 당시부터 강조되었다. 집현전 학자였던 정인지(1396-1478)는 『훈민정음 해례』 서문을 통해 "닭의 울음소리까지 표기할 수 있는 문자"라며 완벽한 소리글자를 만들어낸 자신감을 피력했다. 지구촌의 어느 소수민족의 언어가 가진 다양하고 독특한 발음이라도 혼란 없이 표기할 최적의 조건을 갖추고 있는 것이다.[66]

인도네시아의 찌아찌아족은 독자적인 언어는 갖고 있었지만 이를 표기할 문자가 없어 그 언어가 소멸위기에 처해 있었다. 그러나 영어보다 한글을 선택했기에 쉬운 글을 빨리 배워 그들의 문화와 전통을 이어나갈 수 있게 된 것이다.

---

[65] 훈민정음(한글)은 인체의 구강구조를 기초로 자음을 만들고 천지인 음양원리를 기본으로 모음을 만들었다. 영어표기와는 달리 글자 자체가 발음기호이기 때문에 별도로 발음기호를 만들어 사용할 필요가 없다. 별도로 발음기호를 공부해야 하는 번거로움, 시간, 비용투자가 필요 없다.

[66] '한글의 탄생' 저자인 노마 히데키 교수에 의하면 한국어 어휘의 특징은 오노마토페(의성·의태어)가 놀라울 정도로 풍부하여(의성·의태어가 풍부하다고 알려진 일본어보다 훨씬 더) 한국어야 말로 의성의태어가 꽃피는 이상향이라고 설명했다. 한국어 어휘는 문법이상의 즐거움을 제공해 주는데 책 두세 권으로도 형용하기에 부족하다고도 했다.

남미에 있는 볼리비아에서도 아야마라족이 스페인어 문자를 버리고 그 대신 한글을 자국언어를 표기할 문자로 채택했다.

남태평양 섬나라 솔로몬제도의 과달카날주와 말라이타주는 한글을 이용한 토착어교육을 시작했다. 1978년 영국에서 독립한 솔로몬제도에 거주하는 70여 개의 부족은 모두 고유문자가 없다. 공용어는 영어지만 구사 가능 인구는 1%도 되지 않는다. 그들은 한글로 표기한 교과서를 만들어 미래의 공용어로 채택했다. 지구촌에서 한글을 자국언어 표기의 문자로 채택하려는 민족과 국가의 수는 더 늘어날 것이다.

글로벌 정책을 리드하고 있는 미국의 실질적 파워 때문에 영어의 시장지배가 커지면서 한 세대 전부터 영어가 판을 잡기 시작했지만 국제시장의 파워는 항상 가변성을 가지고 있다.

영어는 오래갈 수 없을 것이다. 영어의 수출이 본격적으로 시작 된 것은 불과 100여 년 전이다. 그 후 세계적 지배언어가 된 것은 20-30여 년 밖에 안 된다. 한글이 우리나라에 전용된 기간과 거의 같은 기간이다. 독일어, 프랑스어, 이탈리아어, 스페인어도 한 때 세계를 풍미했지만 점점 쇠퇴의 길을 밟고 있다. 그것은 그들 문자의 태생적 한계 때문이다.

문화는 일어나고 스러지고 불어오고 불어가는 바람이다.

세계문화의 바람은 다시 방향을 바꾸어서 '서세동진' 시대는 막을 내리고 '동세서진' 시대가 막을 올리기 시작했다. 영어가 지나가는 자리에 한글 문자(한국어)·한자 문자(중국어)·가나 문자(일본어)가 치열한 경쟁을 시작하고 있다.

2002년 월드컵 공동주최를 계기로 이웃나라 일본에서 한글 배우기 바람이 일어났다. 중국, 홍콩, 대만, 몽골, 베트남, 태국, 캄보디아, 인도네시아, 우즈베키스탄 등에서도 한국기업의 대거 진출과 한국제품의 인기상승, 한국 예능인의 공연 등으로 한류바람이 순풍을 일으키면서 한국어 배우기 열풍이 강하게 불고 있다. 중동지역의 이집트, 이락, 이란에서도 한글 배우기가 시작되었다. 몇 년 전부터는 서구의 미국, 영국, 프랑스 등에서도 한글 배우기의 열풍이 일어나고 있다.

한글은 배우기 쉽고 과학적이라서 재미있다. 연구자들에 의하면 한글은 영어보다 3배나 빠른 문자구성, 전달 속력을 갖고 있고, 일본어 보다 5배, 중국어보다 8배가 빠른 문자 작성 및 전송 능력을 지니고 있다고 한다. 지구촌의 여러 나라에서 종국에는 한글이 마지막 판을 차지하게 될 것이라는 확신을 가지게 되는 까닭이다.

❀ 훈민정음 세계화를 위하여 대한민국은 200년 계획을 세워야 한다

우리나라는 15세기에 세종대왕에 의해 세계 최고 수준의 찬란한 문화대국의 꽃을 피웠다.

그로부터 300년 후인 18세기에 정조대왕에 의해 다시 문화대국의 꽃을 피울 수 있었다. 정조 때 조선은 유교문명권의 정통성을 자부하고 문화국가로서 문예부흥을 구가했다. 책의 간행이 넘쳐나면서 더 이상 청나라로부터 종이 질이 나쁜 서적을 사올 필요가 없는 단계에 이르렀고, 당시 최고품질의 고급종이였던 조선의 한지로 만든 책은 중국지식인이면 누구나 귀하게 여기는 대청수출품이 되었다. 조선은 이 때에 독자적인 진경문화의 꽃을 피웠던 것이다.

조선이 얼마나 잘 살고 있었는지에 대해 네덜란드인 하멜은 그의 표류기에 "인구는 많으나 쌀과 면화가 풍족하게 나는 곳"이라고 기록했다. 즉 먹는 것과 입는 것이 해결되는 자급자족의 나라라는 뜻이다. 그는 또 "청나라가 침략하기 전에는 매우 풍요롭고 행복해서 사람들이 하는 일은 단지 먹고 마시고 춤을 추고 즐겁게 노는 것 뿐"이라고 적어 놓기도 했다.[67]

프랑스인 앙리 쥐벨은 조선왕조의궤를 빼앗아 간 장본인이다. 병인양요 (1866)가 일어났을 때 강화도를 침략한 프랑스 함대에는 화가 출신인 프랑스 해군장교 앙리 쥐벨이 타고 있었다. 당시 강화도 외규장각에는 6천 여 점의 조선왕조의궤가 보관되어 있었는데 5천 7백여 점은 불타버리고 300여 점의 어람용 의궤를 왕실 비상금20만 프랑 상당의 은괴와 함께 프랑스로 반출해 갔다. 임금이 보는 어람용은 고급종이에 좋은 글씨로 작성되었고 비단장정을 한 유일 본인데 그 예술적 가치와 화려함에 프랑스 장교가 매료되어 약탈의 대상으로 삼은 것이다. 그는 귀국하여 남긴 견문록에서 "자존심 상한 일은 아무리 초라한 초가집에도 책과 종이가 있다는 것이었다"라고 써서 조선의 서적문화를 부러워했다. 세계의 문화국가로 자부하는 프랑스의 장교가 150여 년 전에 본 조선은 책 읽는 나라였던 것이다.

---

67) 하멜은 네덜란드 동인도 회사의 선원으로 효종3년(1653) 배가 난파되어 제주에 상륙했다. 조선은 그의 일행을 체포하여 한양, 강진, 남원, 순천, 여수 등지에서 노예로 생활하게 했다. 1666년 하멜 일행 8명이 조선을 탈출하여 일본 나가사키에 도착했고 1668년 네덜란드로 귀국하여 '난선 제주도 난파기'를 써서 암스텔담에서 책으로 내었다. 그가 이 기록을 쓴 것은 조선체류 13년 동안 밀린 임금을 받기 위해 보고서용으로 작성한 것인데, 이 보고서가 책으로 출판되어 훗날 '하멜 표류기'로 알려진 책이 되었다.

✽ 지금 불고 있는 '한풍'의 문화바람을
우리 스스로 잠재우는 우를 범해서는 안 된다

정조가 승하하고 난 뒤부터 우리문화의 꽃은 시들기 시작했지만 다시300년의 사이클이 지나가는 21세기를 맞이하여 새롭게 함초롬한 꽃봉오리를 맺어가고 있는 시점이다. 우리가 현재 향유하고 있는 21세기는 향기롭고 찬란한 문화의 꽃을 다시 피울 수 있는 상서로운 기운이 한반도에 서려오는 '한글시대'의 정기를 담고 있다.

원래 문화바람이란 불다가 잠잠해지고 뜨겁다가 식기도 하는 속성을 가지고 있다. 지금 불고 있는 한반도의 문화바람을 잠재워버리는 우(愚)를 우리 스스로 다시 범해서는 안 될 것이다. 문화바람의 에너지가 지속적으로 일어날 수 있도록 한국인 모두가 선비사상과 훈민정음이 내포하고 있는 핵심적이고 보편적인 가치를 함께 장려해야 한다.

지구촌에 선비사상, 한글을 수출하기 위해 장기적이고 일관성이 있으며 체계적인 노력을 끊임없이 경주해 나가야 할 것이다. 한반도에 살고 있는 남북 8천만 한국인과 지구촌 곳곳에 살고 있는 8백만 해외동포가 모두 힘을 합하면 2100년경에는 한글수출 목표 달성의 위업이 이루어질 수 있는 토대를 마련할 수 있을 것으로 필자는 예측하고 있다. 또 확실한 기대감을 가지고 있다. 서기 2200년 경에는 훈민정음이 지구촌의 엘리트들이 애용하는 중심언어로 진화되어 있을 것이라는 것을![68]

---

68) 한국어는 한반도에서만 사용되고 있는 것이 아니다. 외교통상부 통계에 따르면 2010년 현재 제외 한국인 인구는 729만 5천명을 헤아린다. 외국거주 한국인의 숫자는 매년 늘어나고 있다. 주요국가 거주 한국인의 수는 중국 300만 명, 미국 220만 명, 캐나다 24만 명, 러시아 23만 명, 우즈베키스탄 18만 명, 호주 13만 명, 필리핀 12만 명, EU 11만 명, 베트남 9만 명, 브라질 5만 명, 영국 3만 명, 독일 3만 명, 뉴질랜드 3만 명, 인도네시아 3만 명 등이다. 한편 일본외무성 통계에 의하면 2008년 현재 중국거주 일본인은 13만 명, 미국거주 일본인 40만 명, 한국거주 일본인 3만 명 수준이다.

선비리더십 사례:
경쟁자를 협력자로 만든 아산의 선비리더십

(1)

2004년 기업인이 가장 존경하는 CEO 1위, 2008년 오피니언 리더들이 꼽은 한국사회 대표인물 1위, 2010년 대학생이 선정한 다시 부활하기를 바라는 기업인 1위로 아산 정주영이 선정되었다. 그가 떠나지 10여 년이 넘는 세월이 훌쩍 지났지만 그를 기리는 국민의 기억은 시간이 갈수록 새로워지고 있다는 증거다.

30여 년 전 정주영은 현대그룹 동경법인을 '동경사관학교'라고 부른 적이 있다. 아산은 교육이야말로 사람을 사람답게 만들 수 있는 유일한 수단이라고 생각하지 않았을까? 현대그룹의 임직원에게 끊임없는 현장학습을 통해 자신의 소양과 교양을 기르고 능력과 지혜를 배가시킬 것을 요구했다.

아산은 어느 날 동경에 출장 오시자마자 현지법인 사장인 필자를 찾으셨다.

"이봐! 일본에서 우리의 일이 성공하려면 직원들이 우수해야 해! 직원들 교육을 철저하게 시켜. 기본부터 말이야. 일본회사의 사원보다 우리 사원이 우수하고, 일본회사의 부장보다 우리 부장이 우수하면 우리가 일본을 따라잡을 수 있는 거야."

그 시절 현대그룹은 참으로 할 일이 많았다. 막 벌려놓은 사우디의 쥬바일 항만 공사, 국내외 도처에 벌려놓은 건설공사, 조선소 확장 공사, 자동차 공장 확장 공사, 종합연구소 설립공사, 엔진공장, 주조공장, 단조공장 건설공사, 최초로 국산 모델을 만들기 위한 디자인 고안, 설계 작업 등이 그것이다.

무엇보다 자체 브랜드 확립과 엔진기술 획득이 급선무였다. 뿐만 아니라 한국제품의 대일수출 추진은 더 이상 미룰 수 없는 한국정부의 지상과제였다. 특히 일본시장 개척은 대한민국 전경련 회장(정주영 회장)이 직접 진두지휘하도록 정부의 특별독려가 떨어졌다.

1970~1980년대의 일본이라는 나라는 한국에게 아주 중요한 의미를 가지고 있는 나라였다. 한국의 수출품은 농산물, 수산물, 일부 경공업 제품이 전부였다. 경공업 제품의 수출은 가공무역 시스템으로 원부자재를 거의 일본에 의존했다. 일본은 원자재, 소재, 부품을 한국에 수출하는 공급자였고 일부 완제품을 한국으로부터 수입하는 소비자이기도 했다. 한국은 대일무역 역조가 심했다. 한국의 수출이 늘어나면 늘어날수록 대일 무역역조는 더 늘어나는 구조였다.

한국의 수출 산업에서 현대는 중후장대형(重厚長大形) 산업의 개척자다. 일부 경공업제품의 수출이 간신히 이루어지고 있던 시기에 중공업제품을 만들어 수출하는 기업은 현대가 유일했다. 따라서 해외시장을 넓게 개척하여 외화벌이를 많이 하고 있던 현대는 대일무역역조의 상당부분을 점하고 있었던 것이다. 이러한 시대적 현상이 아산으로 하여금 일본시장 개척에 남다른 열정을 쏟아 붓도록 한 자극제가 되었음이 틀림없을 것이다.

1980년대 중반 아산은 필자를 불러 일본의 전 지역을 커버할 수 있도록 지점 수를 늘리라고 지시했다. 아니 지시가 아니라 스스로 그렇게 만들었다.

현지법인의 본사를 도쿄에 두고 일본열도의 특색 있는 지방 상권 별로 지점을 설치했다. 섬나라 일본에 9개의 지점을 가진 한국기업은 현대가 처음이었다. 도쿄, 오사카, 나고야, 히로시마, 후쿠오카, 다카마쓰, 센다이, 니가타, 삿포로 등에 영업지점을 개설하고 주재원을 파견했다. 이어서 일본인 현지 직원도 채용했다. 일본열도 전국을 커버 할 수 있는 영업 네트워크를 만들었다. 법인의 종업원은 파견 주재원 40여 명, 현지채용 직원 160여 명으로 합계 200여 명의 맨파워를 갖추었다.

이어서 현대그룹의 대일구매력을 단일화했다. 이로써 생긴 '바게닝 파워' 시스템을 만들어 구매와 판매를 연결하여 마케팅 수단으로 십분 활용했다. 그로부터 현대의 대일 수출은 일취월장의 기세를 보이기 시작했다. 1991년 드디어 대일구매 5억 불, 대일판매(중계포함) 5억 불로, 합계 10억 불의 매출이 이루어지고 그룹의 대일무역 역조규모가 해소되는 쾌거를 이뤄냈다.

아산은 현대그룹의 성장과 더불어 필요한 일본기업들의 협력을 얻어내는 데 남다른 슬기를 발휘했다. 이 장은 아산이 어떻게 일본기업과 협력관계를 형성하고 또 일본시장 개척의 어려움을 극복했는지 살펴봄으로 아산의 기업가정신을 이해하고 그의 협상능력을 엿볼 수 있는 계기가 되었으면 하는 바람으로 작성한 것이다. 물론 필자의 개인적 무지와 정보의 한계로 인해 아산의 행적 중 극히 일부분이 묘사되는 점을 해량해 주었으면 하는 바람이다.

(2)

당시 한국과 일본은 경제력의 차이, 국력의 간극이 너무 심해서 비교하면 할수록 한국인의 열등의식만 부추길 뿐이었다. 그러한 우열은 우리 한국인이 인정하기 싫어한다고 해서 없어지는 것이 아니었다. 현대그룹이 성장할 당시의 한국이라는 나라와 일본이라는 나라의 정치, 경제, 사회, 문화의 차이와 간극을 살펴보는 것은 현대그룹의 대일 전략을 이해하기 위해서도 필요한 사전 지식이라 할 수 있으므로 가급적 간략하게나마 살펴보기로 한다.

80년대의 일본은 국제사회에서 미국 다음 가는 경제대국이었다. 최첨단 기술보유국가로 인정받고 있던 나라였다. 당시 일본인은 국제사회에서 1등 국민으로 대접받고 있었다. 누구나 비행기를 타고 지구촌을 한 바퀴 돌아보면 금방 실감할 수 있는 사실이었다. 일본인은 책 읽기를 무척 좋아하는 사람들이었다. 일본은 독서 1등 국가였고, 이는 유엔이 인정한 객관적 사실이다. 일본 상품은 세계시장에서 1등 품질을 자랑하고 있었다. 일본은 자국 상품의 품질에 대해서는 끝까지 책임지는 품질제일국가였던 것이다.

일본인은 회사를 위해서는 자기를 희생하고, 국가를 위해서는 자기회사도 희생하는 국민적 집단태도를 견지했다. 일본인은 자기가 몸담았던 조직을 절대로 배반하는 법이 없었다. 일본인은 공동체의 공적 이익을 위해서라면 사적 이익과 기업이익까지도 아낌없이 희생했다.

일본인은 개인철학보다 공공철학이 강했으며 정부정책을 중심으로 결집력이 강했다.

일본인은 자기보다 나은 사람, 자기보다 훌륭한 사람, 자기보다 힘이 센 사람 앞에서는 쉽게 무릎을 꿇는다. 대표적인 예가 인간이 만들어낸 무기 중에서 가장 흉악한 살상무기인 원자탄을 미국이 일본 내 히로시마와 나가사키에 투하하여 수십 만 명의 일본인을 살상했을 때 그들은 혼비백산하여 미국인에게 전 국민이 함께 무릎을 꿇었다. 일본인은 적국이었던 미국을 상대로 자신을 바짝 낮추고 한 가지라도 더 미국으로부터 배우고 얻어내려고 안간힘을 다 썼다. 왜냐하면 일본이 전쟁에 진 이유는 미국이 일본보다 앞서는 무언가가 반드시 있었기에 가능했을 것이라고 생각했기 때문이다.

일본인은 원한과 증오심을 감췄다. 미소와 친절을 보내면서 모두 무릎 꿇고 미국으로부터 배우기로 결심했다. 일본은 미국을 배우고 또 배워서 패전의 아픔을 딛고 분연히 일어설 각오를 했다. 드디어 패전으로부터 40여 년이 지난 1980년대 후반부터는 오히려 미국을 능가하는 산업국가로 성장했다. 공업국가 미국의 모든 것을 배워서 미국인을 이길 수 있는 공업국가로 우뚝 서게 된 것은 일본인의 '배움정신'이 가져온 무서운 결과였다.

같은 시절, 한국인은 2차 세계대전에서 패배한 일본인에게 주저하지 않고 욕을 퍼부었다. 그럴 만도 했을 것이다. 얼마나 오랫동안 억압받고 압박과 설움을 받았던가? 한국인은 일본인에게 나라를 빼앗긴 원인에 대해 생각하고 '대한제국'의 약점이 무엇이었으며 '일본제국'의 강점이 무엇이었는지에 대해 공부하려고 하지 않았다. 그렇게 하는 대신에 한국인은 일본인을 모두 증오하고 무조건 미워하기만 했다.

이러한 미움과 증오가 한국인에게 무슨 도움이 되었는지 알 수 없지만 사실 거의 모든 한국인은 일본인을 무조건 싫어했다. 이승만 초대 대통령 정부의 국시는 '방공반일(防共反日)'이었다. '민주주의를 말살시키려는 공산주의를 방어하고, 한반도를 식민통치한 일본에 무조건 반대한다'는 것이다. 이에 뒤질

세라 일본인도 한국인을 대할 때 무시하고 깔보기는 마찬가지였다. 1970년대에 필자는 일본 주재원으로 발령받고 도쿄에서 방을 구하려고 했지만 한국인이라는 이유로 입주를 거절당한 경험이 몇 번이나 있었다. 일본인은 한국인을 나쁜 사람으로 평가하고 경시하는 사회풍조에 젖어 있었기 때문이다.

19세기 말과 20세기 초만 해도 국제사회는 약육강식과 적자생존 시스템이 당시의 글로벌 스탠더드였다. 일본은 입헌군주국가로 나라의 통치체제를 재빨리 바꾸었다. 왕의 권력을 헌법으로 제한하고 민권을 옹호하는 새로운 헌법을 만들었던 것이다. 일본정부는 문호를 개방하고 시대정신에 맞도록 제도를 개혁했다. 일본인은 왕권중심에서 민권중심으로, 전제군주국가에서 입헌군주국가로 정부형태를 바꾸고 부국강병정책을 강력하게 추진했다. 당시의 글로벌 스탠더드에 능동적으로 동참했던 것이다.

120여 년 전 거의 같은 시대, 대한제국은 입헌군주국가를 추진하려는 개화파를 주살시키고 전제군주국가를 고집했다. 고종황제와 노론 집권세력은 문호를 걸어 잠그고 변화를 꿈꾸는 백성을 탄압하며 우물 안 자존심만 강조했다. 이에 민심은 이반되고 국력은 쇠퇴했다. 나라는 혼란에 빠졌다. 당시의 글로벌 스탠더드였던 민권중심의 입헌군주국가 정부수립과 부국강병정책은 꿈도 꾸지 못했다. 백성의 삶은 더 어려워지고 대한제국은 국제 열강의 밥상에 오른 고기토막이 될 수밖에 없었다. 결과적으로 일본은 세계의 강자가 되었고 쇠락한 대한제국을 군대를 동원한 위협만으로 피 한 방울 흘리지 않고 식민지화했던 것이다.

등소평은 "국제정세에 어두운 나라는 글로벌 스탠더드에 동참하기를 거부한다. 아집과 폐쇄는 패망을 불러오고 포용과 개방은 승리를 불러온다"라고 말했다. 이것은 오늘날에도 마찬가지로 통하는 말로, 북한이 바로 그러한 나라다. 국가권력을 쥐고 있는 지배층은 배불리 먹고 잘 살고 온갖 사치를 다

누린다. 반면에 피지배층은 끼니를 때우지도 못하면서 인권을 빼앗기고 거주의 자유, 통행의 자유, 통신의 자유를 억압당하면서 우물 안 개구리 신세를 면하지 못하고 있다.

대한제국의 고종황제는 메이지 천황과 1852년 같은 해에 태어난 동갑내기다. 메이지는 입헌군주국가를 승인했고, 고종은 전제군주국가를 수호했다. 그 결과 당시 큰 우열을 가리기 힘들었던 두 나라는 먹고 먹히는 처지로 돌변했다. 고종은 개화를 추진하다가도 입헌체제가 전제왕권에 저해된다고 생각되면 하루아침에 돌변해 개화세력을 무너뜨렸다. 고종은 갑신정변 때 급진개화파를 죽이고 아관파천 때 온건개화파를 죽였다. 심지어 외국군을 끌어들여서 정부의 '체제개혁'을 외치는 동학농민들까지 죽였다.

대한제국이 망할 당시 한국은 약했고 일본은 강했다. 한국인은 못났고 일본인은 몇 배나 잘났었다. 한국인이 오죽 못났으면 전통시대에 우리가 그렇게 얕 보았던 왜인에게 나라가 먹히는 신세가 되었을까? 한국인은 반성하고 참회하고 자신을 뒤돌아보았어야 했다. 하지만 한국인은 자신을 반성하기는커녕 일본인을 증오하기만 했다. 증오로부터는 아무것도 나오지 않는다는 사실을 전혀 몰랐다.

일본인이 한국인보다 잘난 것 딱 한 가지가 있다. 그들은 원수로부터도 배울 것이 있으면 무릎 꿇고 배운다는 점이다. 미국은 원자탄을 만들어 그 실험을 일본인을 상대로 감행했다. 세계 최초의 실험이었다. 방사능이 얼마나 무서운 물질인가? 일본인은 그 방사능을 자식에게 대물림 해줄 수밖에 없었다. 만약 한국인이 이렇게 당했다면 우리는 지금도 미국을 우리의 철천지원수로 생각할 것이다. 하지만 일본인은 원수에 대한 보복을 '배움의 미학'으로 승화시켰던 것이다.

일본인은 '미국인은 잘났고 일본인은 못났다'는 것을 알아냈다. 미국인은 일본인보다 모든 면에서 우위에 있다고 생각했다. 실제로 그랬었다. 일본인은 자기들의 못난 점을 반성하고 참회하고 또 참회했다. 그리고 그 원인을 연구했다. 일본인은 결국 스스로가 못났기 때문에 잘난 미국에 당했다고 판단했다. 일본인은 잘난 미국인을 배우고, 배워서 이겨야 한다고 생각했다. 일본인은 국내의 잿더미를 쓸어내면서 해외로 건너가 미국인의 공장 문밖을 기웃거렸다. 그들보다 잘 난 미국인을 배우기 위해서였다. 미국인은 그런 일본인을 처음에는 멸시했다.

일본인은 도저히 미국을 따라올 수 없다. 문을 활짝 열고 다 보여줘도 무방하다.

1957년 당시 덜레스 미국 국무장관은 수많은 일본 군중을 향해 미국의 우월감을 표현했다.

친애하는 일본국민 여러분! 일본은 기술면에서 미국과 경쟁할 수 없을 것입니다. 일본은 지금 세계 최고 수준의 손수건과 훌륭한 파자마를 생산하고 있지요. 왜 그런 것들을 미국에 수출하려 하지 않습니까?

감히 미국을 흉내 내겠다며 공장 문을 기웃거리는 꼴사나운 모습을 멸시하는 연설문이었다.

당시 미국은 세계 GNP의 54%를 차지하고 있었다. 거의 모든 생산기지가 미국에 있었다. 오늘날 거의 모든 가공품의 생산기지가 중국에 몰려있는 현상보다 더했던 시절이었다. 세계의 신제품은 모두 'made in USA'가 독차지했다. 미국의 우월감은 바로 여기에서 기인했다. 그들은 미국에서 만들어지지 않은 모든 제품을 쓰레기로 멸시했다. 이를 두고 미국에서는 Not Invented Here Syndrome(NIH증후군)이라고 불렀다.

이러한 모욕을 무릅쓰고 일본인은 미국으로부터 줄줄이 선생님을 불러들였다. 공손하게 무릎을 꿇고 큰절을 올리면서 모셔왔다. 1950년에 세계에서 가장 유명한 품질경영의 최고봉인 데밍 박사를, 1952년에는 과학경영의 최고봉인 쥬란 박사를, 1954년에는 시스템 경영의 최고봉인 피겐바움 박사를 성의를 다해 초청했다. 일본인은 일본사회에 세계 최고의 품질경영상인 데밍상(The Deming prize)을 만들었다. 일본이 세계에서 품질 1등 국가로 우뚝 솟은 데에는 미국인 스승인 데밍 박사가 있었다는 것을 기념하기 위해서였다.

일본인은 맥아더 장군의 일본진주군이 물러가자 곧바로 "미국을 배우자", "미국을 따라잡자"고 외쳤다. 일본은 미국을 추월하려고 지혜를 짜고 정열을 바쳤다. 1982년 드디어 일본은 생산기술과 품질관리 면에서 미국을 앞질렀다. 미국의 생산기술, 품질관리를 배우기 시작한지 30여 년 만이었다.

1982년 이 해는 일본자동차가 품질면에서 미국자동차를 앞지른 첫해였다. 1957년 덜레스 국무장관의 조롱 섞인 연설이 있은 지 25년이 되던 해인 1982년 승용차에 대한 미국인의 고객 만족도 조사에서 일본 승용차가 나란히 1,2,3위를 차지했다. 반면 미국 차는 겨우 7위를 차지했다. 미국인이 가장 좋아하는 차는 미국 차가 아니라 일본 차였던 것이다. 그 때부터 한동안, 이번에는 미국인이 일본인을 배우러 일본열도의 공장을 기웃거리는 사태가 도래했다. 1980년 대 후반이었다. 미국의 대기업 최고경영자들은 경쟁하듯이 일본공장을 견학하기에 바빴다. 일본은 회심의 미소를 지으면서 친절한 얼굴로 이들을 맞이했다.

증오심을 부추기면 단합은 시킬 수 있어도 발전은 할 수 없다. 증오심은 폐쇄적 단결력을 결집시킬 수는 있다. 오늘날 북한을 보면 알 수 있다. 증오심에서 창의력이 솟아날 수는 없다. 못난 사람끼리 어울리면 모두 못난 사람이 되고 마는 것이 세상 이치다. 정말로 무서운 사람은 증오심에 불타서 단합하고 있는 북한인민이 아니다. 정말로 무서운 사람은 증오심을 학구열로 승화시키고, 원수로부터도 철두철미 배워서, 끝내 원수보다 한 발 앞서 나갈 수 있었던 일본인이다.

일본인은 무서운 사람들이다. 동양에서 서구의 실용정신을 가장 먼저 배운 사람들이다. 서구의 나쁜 정신은 받아들이지 않고 좋은 정신만 골라서 받아들인 정말 무서운 사람들이다.

일본인은 국민개인이 누릴 수 있는 자유의지만 배운 것이 아니라, 그에 따르는 국민개인이 짊어져야 할 개인책임정신도 철저하게 배웠다. 예부터 내려오는 공동체 정신은 더욱 강해졌다.

일본인은 자식교육에서도 '스스로 독립할 수 있는 사람이 되라', '남에게 폐를 끼치지 않는 사람이 되라'는 교육철학을 교육이념에 확실하게 못 박아 놓고 그대로 가르쳤다. 오늘날에도 위의 두 가지 교육이념은 일본인 가정교육과 학교교육의 표상이 되어 있다.

우리는 잘난 일본한테서 무엇을 배웠는가? 우리는 잘난 미국한테서 무엇을 배웠는가?

우리는 일본을 증오하여 오기만 했다. 일본을 증오한 것은 할 수 없이 그렇다고 치자. 우리를 도와 준 미국에 대해서도 그들을 미워하는 데 헛된 힘을 낭비해 오고 있지 않았던가? 우리보다 잘났으면 왜 증오하고 미워해야 하는가? 우리보다 잘난 사람들로부터 훌륭한 점을 빨리 배워서 우리도 더 잘난 사람이 되어야 하는 것이 우리의 본분이지 않는가? 그리하여 우리도 그들보다 더 잘 사는 나라를 만들어야 하지 않는가?

(3)

필자는 일본근무 발령을 3번 받았다. 첫 번째는 4년간, 두 번째는 10년간, 세 번째는 3년간, 이렇게 합계 17년 간 일본에서 근무했고 그렇게 필자가 만난 일본인은 약 3만여 명이 된다.

그 중에서 필자가 개인적으로 면담하고 사적으로 가까워져서 궁금한 질문에 대답해 준 고위급 인사는 약 100여 명에 달한다.

- 일본 '케이단렌(經團聯)'의 이나야마 회장, 사이토 회장, 히라이와 회장,
- 동경상의(東京商議)의 고토 회장, 카지마 회장,
- 일본의 9대 종합상사 인 미츠이, 미즈비시, 스미토모, 이토츄, 마르베니, 닛쇼이와이, 카네마츠 고쇼, 니치멘, 토멘의 회장 및 사장,
- 일본 최대의 전자업체 인 소니, 마츠시타, 히타치, 후지츠, NEC의 회장 및 사장,
- 일본의 대표적 제철회사 인 신일본제철, 카와사키제철, 니혼강관의 회장 및 사장,
- 일본의 중앙은행인 일본은행 총재 및 임원,
- 일본의 대표적 금융기관 인 일본장기신용은행 행장, 도쿄은행 행장, 스미토모은행 행장, 다이치칸교은행 행장 등 금융기관의 책임자들,
- 일본의 유력언론사인 아사히 신문, 니혼케이자이 신문, 마이니치 신문의 사장 및 편집국장 등 언론기관의 고위인사들,
- 일본 정계의 참의원 의원, 중의원 의원 등 정치인들,
- 일본 지방자치단체의 장인 니이카다현 지사, 홋카이도 도지사, 오사카 시장, 나고야 시장, 요코하마 시장 등
- 일본 내각의 통산성 대신 등 행정부 고위인사들,
- 일본의 대표적 대학 인 도쿄대, 게이오대, 와세다대, 교토대, 도호쿠대,

가쿠슈인대, 오차노미즈대의 교수 등이 그들이다.

앞에서 언급한 것과 같이 우리 회사는 일본의 전 지역에 9개의 활동거점을 설치하고 동경에 본사를 두었다. 덕택에 일본 경제계는 물론, 정치계, 학계, 문화계의 지도적 위치에 있는 일본인과 면담하고 교류하는 기회를 비교적 많이 가질 수 있었다.

우리나라에 없는 자동차 강재, 선박 강재, 특수강, 특수소재, 건설 자재, 기계부품, 정밀기계 등 공장건설에 필요한 설비 및 수출용 원자재를 수입하는 업무와 우리에게 필요한 기술을 전수받는 업무도 중요했지만, 한국 상품의 대일 수출을 위하여 일본시장을 개척하고 확대하는 업무는 매우 중요하고 사명감을 가질 수 있는 일이었다. 그러기 위해서는 매일 일본기업의 고위급 인사를 만나서 원자재의 구매가격을 결정하고, 납기를 조정하고, 기술협력을 받기 위한 회의를 주재하고, 수출용 한국제품을 설명하고, 한국 상품으로 인해 발생하는 제반 문제를 해결하는 것이 일과의 대부분이었다.

그렇게 접촉하는 과정에서 알게 된 일본인들에게 필자는 2차 세계대전의 패전에서 참혹하게 파괴되었던 일본이라는 나라가 다시 우뚝 일어나서 당시 세계 2위의 경제대국이 된 근본동력이 무엇인지에 대해 물어보곤 했다.

"한 마디로 요약하여 말씀해 주십시오. 단 한 마디로 표현한다면 무엇이라 생각합니까?"라는 질문을 기회가 생길 때마다 빼놓지 않고 했다.

필자가 만난 일본의 지도자, 지식인들은 이구동성으로 대답했다. 누구에게 물어도 동일한 대답이 나왔다. 참으로 신기하다고 생각했다. 누구에게도 물어봐도 같은 대답이 나온다는 사실은 정말 놀라운 현상이다. 그것은 필자에게 섬뜩하게 느껴졌다. 일관적이고 체계적이고 총체성을 가진 대답은 아름다운 현상이라는 생각도 들었지만 한편 무서운 현상이라는 생각을 배제할 수 없었다.

일본인이 이구동성으로 대답한 말은 '화혼양재'였다. (일본말로 '와콘 요사이'和

먼저 '양재(洋才)'라는 말을 살펴보자. 이것은 '바다 건너의 재주'라는 뜻이다. 바다 건너의 문명, 문화, 기술, 지식, 정보 등을 '양재'라고 부른다. 그러한 '양재'를 모두 받아들이는 '개방성'을 제일로 꼽았다. '바다 건너의 재주'는 당시에 대부분 동양보다 앞서 있었던 서양의 문물과 기술과 정보를 뜻하는 것이다.

다음으로 '화혼(和魂)'을 살펴보자. 이것은 해외의 문명, 문화, 지식, 선진 정보와 첨단 기술을 받아들이되, 여기에 반드시 일본인의 혼을 가미 시켜, 일본화 시켜서 받아들인다는 결의가 들어 있다.

'화혼양재'라는 말은 '화혼이라는 일본적 정신의 근본'에다가 '바다 건너에서 들어온 재주'를 가미 또는 접목시킨다는 뜻이다. 가미시키고 접목시켜봐서 일본인의 일본정신에 맞으면 받아들이고, 그렇지 않으면 일본식으로 바꾸어서 받아들이고, 일본정신에 정녕 부합시킬 수 없는 것은 단호하게 거부해버리는 방식이다.

일본의 교과서를 보면 '화(和)'라는 것은 일본의 건국이념이라고 설명되어 있다. 여기에는 두 가지의 일본정신이 포함되어 있다고 한다. 하나는 일본인의 '자기 몫' 정신이고, 또 하나는 일본인의 '총 단결' 정신이다. 일본인은 자기 몫을 다하여 똘똘 뭉쳐야 한다는 것이 '화' 정신이라는 것이다. 건국이념을 '화혼'으로 승화 시켜서 계승발전 시킨 것이 일본정신이다. 그래서 일본음식을 화식(和食)이라 하고, 일본 옷을 화복(和服) 이라 하며, 일본 노래를 화가(和歌)라고 하고, 일본식 스타일을 화풍(和風) 이라고 표현한다.

'화혼양재' 정신은 일본인 특성에 맞추어서 실용적이며 실질적으로 도움이 되는 것은 받아들이고, 그렇지 못한 것은 '화혼'에 맞도록 조절, 조정하여 새로운 가치를 일본식 가치로 부가적으로 창출해서 받아들인다는 정신이다. 이러한 '화혼양재' 정신은 19세기 중엽 일본이 미국의 흑선(黑船)에 의해 처음으로 서양인들에게 항구를 개방 한 이후 오늘에 이르기 까지 일관되게 체계적으로, 조직적으로, 총체적으로 추진되고 이행되어 온 일본의 정부정책이다.

일본은 도쿠가와 이에야스의 에도 막부 정권이 유지된 260여 년간 평화로운 섬나라를 건설하여 일본식 전통 문명의 꽃을 피웠다. 그 후 에도 막부가 막을 내리고 입헌군주체제의 천황정치가 전면에 나서는 메이지 유신이 1868년에 성공함으로써 일본은 서구의 신천지 문명과 눈부신 접목을 하게 된다. 이때 일본국민의 정신적 혼란을 바로 잡고 일본인의 근대적 사상을 추스른 대학자가 나왔다. 바로 후쿠자와 유키치(福澤諭吉)이다. 일본 화폐의 만 엔 권 지폐에 초상화가 실려 있는 인물이다.

후쿠자와는 1885년에 탈아입구론(脫亞入毆論)을 제창한바 있다. 그의 주장의 요지는 이러했다.

일본은 조선과 중국의 개명을 기다려 함께 아시아를 흥하게 할 여유가 없다. 일본은 그들과 결별하고 서양의 문명국들과 진퇴를 같이 해야 한다. 나쁜 친구를 사귀면 함께 오명을 피할 수 없다. 우리는 아시아의 나쁜 친구를 사절해야 한다. 조선과 중국을 상대하지 말고, 오로지 서양의 선진 문물을 받아 들여 일본을 근대화하자.

그 시절, 일본을 위하여 내어 놓은 그의 처방은, 현실을 직시한 지식인의 처방으로 인식되어 메이지 유신에 성공한 일본의 정치지도자들에게 즉각 받아들여졌다. 일본의 정치적 지도자들은 그의 탈아입구론에 열광했던 것이다.

일본의 국민성에는 역사적으로 '강자에 약하고, 약자에 강하다'라는 딱지가 붙어 있다. 일본열도 안에서 땅 따먹기 싸움이 한창이었을 때 사무라이들은 강자에게 붙는 성향이 강했다. 후쿠자와의 탈아입구론 이후에는 '일본은 강국에 약하고, 약국에 강하다'라는 또 하나의 딱지가 붙게 되었다.

뿐만 아니라 탈아입구론 정신은 어느덧 일본국민의 보편적인 철학으로 자리 잡게 되었다. 일본인의 탈아입구론 정신은 그대로 일본정부의 정책으로 수립되었고, 오늘날까지도 대외정책에 일관성 있게 추진되어 오고 있다. 일본의 이러한 대외정책은 한국이나 중국이 지구촌을 리드하는 수준의 강대국이 될 때까지는 계속 지켜질 것이다. 왜냐하면 오늘날에도 일본의 기본 대외정책은 여기에서 조금도 벗어나 있지 않기 때문이다.

(4)

아산 정주영은 초등학교에서 일본식 교육을 받았다. 일제 식민 시대였기에 그랬을 것이다. 하지만 아산은 초등학교에 들어가기 전에 서당에 다니면서 『소학』, 『대학』, 『맹자』, 『논어』 등을 공부했다고 한다. 가부장적 유교생활 습관이 몸에 배인 것은 이때에 공부한 유학의 영향이 컸을 것이다.

아산이 일본인을 대하는 태도는 언제나 의연하고 당당한 모습이었다. 하지만 우리가 배울 것이 있는 사람에게는 깍듯이 예를 갖추고 성심성의로 대접하기를 주저하지 않았다. 필자의 느낌으로는 아산은 배우기 위해 태어난 사람 같았다. 일본인 엘리트들이 지니고 있는 것과 같은 '배움의 미학'을 간직한 인물이었다. 우리보다 한 발 앞서 있었던 일본인에 대해 한 번도 싫은 내색을 하지 않으셨다.

한 번은 아산이 도쿄 현지법인 사무실에서 출장 온 현대그룹 본사 임원의 인사를 받게 되었다. 그 자리에서 아산은 이렇게 말씀하셨다. "그래, 이번에 그 기술이 꼭 필요하지. 먼저 상대방 사람의 마음을 잡아야 해! 마음을 잡아야 그 다음 일들이 잘 풀려." 아산은 아침 이른 시간의 짧은 미팅 순간에도 출장 온 임원에게 현장의 행동지침을 구체적으로 일러주는 것을 잊지 않았다.

아산은 일본출장이 잦았다. 일본에 출장 온 아산은 아무리 바빠도 그룹회사 주재원을 소집하여 회의를 주재하셨다. 해외현장의 바쁘게 돌아가는 현실감 있는 업무보고를 직접 듣고 생생한 시장동향을 파악하기 위해서였다. 필자가 주재하는 기간 동안 아산의 출장이 80여 회나 된다. 아산은 촌음을 아끼면서 출장지 방문 기업을 섭렵하는 걸로 일본 업계에서는 이미 유명할 정도로 알려졌다. 보고는 언제나 차로 이동하면서 받으셨다.

아산의 '지식 흡인력'은 젊은이가 따라가기 힘들 정도로 강력했다. 30분에서 1시간 정도 이동하는 시간에 필자가 보고하는 일본경제 현황과 방문 기업에 대한 거래 추진사항에 대해 숫자를 전부 외우셨다. 상대방 기업에서는 아산의 해박한 최신정보와 실무자를 무색하게 만들 정도의 상세한 추진현황 파악에 놀라움을 감추지 못했다. 그래서 아산이 오신다고 하면 그 기업에서는 회장 면담 실에 담당임원이나 실무책임자를 꼭 배석시키는 사례가 발생하곤 했다.

현대그룹이 성장하는 과정에서 수많은 일본기업의 협력, 기술지원, 자금지원, 구매, 수출, 연수 등 비즈니스 관계가 형성되었기에 현대는 성공적으로 발전할 수 있었다. 그 중에서도 미쯔비시 자동차, 카와사키 조선소, 카지마 건설 등은 현대와 오랫동안 우호적 협력관계를 유지해온 일본의 대표적 기업이다. 미쯔비시 자동차의 쿠보 회장, 카와사키 조선소의 우메다 회장, 카지마 건설의 카지마 회장 등과는 비즈니스 관계 이상의 인간적인 신뢰관계가 구축 되었다. 이외에도 마쓰시타 전기 그룹의 마쓰시타 고노스케 회장, 소니그룹의 모리타 아키오 회장, 미쓰이 물산의 역대회장, 미쯔비시 상사의 역대회장, 이토츄 상사의 역대회장 등과도 오랜 친분관계를 유지했고, 특히 정치인

나카소네 전 수상과도 친분이 두터우셨다.

자동차는 아산의 첫 사업이라는 점에서 애착이 깊으셨다. 국산 엔진 제작을 위해 쏟으신 아산의 열정은 타의 추종을 불허했다. 아산의 선책과 집중이 없었다면 현대자동차의 국산 엔진제작의 성공은 훨씬 뒤로 늦추어졌을 것이다.

당시 미쓰비시 자동차에서는 '호랑이를 키우면 반드시 부메랑 효과가 온다'는 이유로 다테 사장을 위시한 전 임원이 현대와의 기술제휴를 반대했다. '적과의 동침'이라는 말이 한국에 들어오기 전부터 아산은 '적과의 동침'을 위해 적의 마음을 훔칠 줄 아는 재능을 발휘하셨다.

아산은 "우리는 같은 동양인이 아닌가?"라며 쿠보 회장의 심금을 흔들었다. 그는 결국 아산의 제의에 흔쾌히 고개를 끄덕여 주었다. 이후 반대하는 사내 임원들을 설득하여 기술협력을 성공적으로 이루어 내는데 실질적인 막후 역할을 해준 공로자였다. 결국 미쓰비시자동차는 현대자동차에 자본을 투자하여 해외주주로 참여 하기까지 했다. 경쟁자를 협력자로 변환시킨 순간이었다.

카와사키 조선소의 우메다 회장은 아산 정주영 회장의 열렬한 팬이었다. 그는 사석에서 필자에게 이렇게 말했다. "정 회장님은 배포가 넓고 큰데다가 인간미가 너무 매력적인 사람이다." 우메다 회장은 그가 사장으로 재임할 때 현대중공업의 조선기술 연수생을 훈련시키는 데 협력했다. 미포수리조선소 설립 때, 그가 카와사키에게 주주로 참여하도록 당시의 경영진에게 적극적으로 훈수한 것은 열혈 팬이 선망의 주인공과 쌓은 신뢰의 결과였다.

카지마 건설은 현대건설이 세계적 기업으로 성장하는 데 필요한 기술력 제고에 섬세한 협력을 제공했다. 선박건조 도크 건설을 위한 기술협력은 당시 도크 건설 경험이 없었던 현대건설에 큰 힘이 되었다. 아산은 후일 현대건설 동경지점에 카지마 출신의 임원을 근무케 하여 인적 유대관계를 공고히 다지기도 했다.

아산은 일본의 경영자 중에서 마쓰시타전기 그룹(현 파나소닉 그룹)의 마쓰시타 고노스케 창업자를 늘 존경해 마지않았다. 마쓰시타 고노스케는 초등학교 4학년 중퇴가 학력의 전부다. 초등학교를 졸업한 아산 보다 학력이 짧다. 그는 일본 최고의 부와 '경영의 신'이라는 명예를 얻은 자수성가의 표상이다.

'한국에서 가장 바쁜 인물은 정주영, 일본에서 가장 바쁜 인물은 마쓰시타 고노스케'라는 말이 있을 정도로 바쁜 두 사람의 분망한 일정 때문에 자주 만나지는 못했지만, 아산은 마쓰시타 고노스케를 만나면 존경심을 표현하며 정성을 다 하는 태도를 보였다. 두 사람은 유학에서 수신의 기본 조목으로 거론하는 '격물', '지치', '성의', '정심'의 공통점을 체득하고 있었다.

마쓰시타 고노스케는 재벌이라는 신분으로 정계진출의 꿈을 실현시키려고 노력했었다는 점도 정주영과 닮은꼴이었다. 1985년 그는 은밀히 창당을 추진하여 10대 정책목표를 만들었고 1988년 창당대회를 연 다음 이듬해 참의원 선거에 후보를 낸다는 세부계획까지 확정했다. 하지만 본인의 갑작스런 건강 악화로 신당창당은 실현을 못 본채 중단되고 말았다. 3류의 일본정치를 1류로 끌어올리려는 그의 정치선진화 계획은 끝내 살아생전에 현실화 되지 못했다.

이듬해인 1989년 4월 27일 그는 갑자기 운명한다. 향년 95세였다. 그의 장례식에 필자는 아산의 지시로 정주영을 대신하여 참석했다. 필자의 옆자리에는 나카소네 전 수상이 자리했다. 아산이 직접 참석할 것을 예상하고 마련해둔 자리였던 것이다.

마쓰시타 고노스케는 1979년 사재 70억 엔을 출연하여 '마쓰시타 정경숙(松下政經塾)'을 설립했다. 일본의 미래를 짊어지고 갈 젊고 개혁적이고 국제적 안목으로 무장한 새로운 리더십을 가진 인재를 키우겠다는 일념에서다. '마쓰시타 정경숙'은 1980년에 첫 입학생을 받았다. 매년 5-7명 내외의 입학생을 모집하며 평균 경쟁률은 50대 1 정도가 된다.

졸업생은 일본정계의 '신인류'로 꼽힌다. '정경숙'의 3년 교육기간의 비용은 전액무료다. 매달 20만 엔의 연구비도 지급된다. 1년차는 수신(修身), 2년차는 입지(立志), 3년차는 자립(自立)이 세부 목표다. 전반기 1년 6개월은 기초과정, 후반기 1년 6개월은 실천과정으로 나뉜다. 실천과정은 해외에서 한 달 동안 노동을 체험하는 프로그램이 포함되어 있다. "노동의 신성함과 소중함을 모르는 사람은 지도자가 될 수 없다"라는 마쓰시타 고노스케의 신념을 반영한 것이다.

2011년도 입학생부터는 3년제에서 4년제로 학업기간을 늘렸다. 학습과정도 2년간의 기초과정, 2년간의 실천과정으로 재편하여 차도, 서도, 검도, 좌선, 신사참배 등 일본 전통문화 수업을 보충했다. 체력단련과 정신무장을 위해 자위대 체험, 100km 경보행군을 필수과목으로 편성했다. 명실 공히 '일본 리더십'의 산실역할을 할 수 있게 된 것이다.

지난 32년간(1980-2011) 일본 중의원, 참의원 의원 중 53명을 배출했다. 졸업생 중 3분의 1정도가 정계에 진출하고 나머지는 각계 각 분야에서 리더십을 발휘하고 있다. 2011년 8월에는 노다 요시히코 민주당 대표가 수상으로 선출됨으로써 '정경숙' 출신 1호 수상이 탄생되었다. '마쓰시타 고노스케 정신 교육'을 받은 사람이 처음으로 '일본호의 선장'으로 탄생한 것이다. 마쓰시타 고노스케의 일본정치 개혁의 꿈은 이들에 의해 실현되고 있는 것이 아닐까 하고 필자는 생각한다.

정경숙에는 상근교수가 없다. 스스로 깨닫는 자수자득(自修自得)을 위해 숙생들이 스스로 강사를 초빙한다. 꼭 필요한 강사초빙을 위해 토론하는 것도 숙생들에게 필요한 공부이기 때문이다. 정경숙에는 마스시타 고노스케가 직접 작성한 '숙시(塾是)'가 걸려 있다. "진실로 국가와 국민을 사랑하고, 새로운 인간관에 기초해 정치와 경영의 이념을 탐구하고, 인류의 번영, 행복과 세계 평화에 공헌하자." 이것이 '숙시'의 전문이다.

아산이 오늘날 살아 계셨다면 '마쓰시타 정경숙'에 버금갈 한국의 정치지도자 양성을 위한 '리더십센터'를 세우셨을 것이다. 현재 한국은 정당정치를 하고 있다. 세계의 모든 민주정치체제국가에서 하고 있는 정치제도이다. 하지만 한국의 정당정치는 아직 뿌리를 내리지 못하고 있다. 정당이 저지르는 비리와 부패로 국민의 비난을 받기 일쑤다.

아산은 정당들의 병폐를 걱정했다. 정당정치의 장기발전을 위해 유능한 젊은 정치인들을 길러내는 교육시스템을 갖춰야 한다고 강조했다. 군인은 사관학교가 있고, 법조인력은 로스쿨에서 양성된다. 하지만 국회의원은 국회에 들어가서야 처음으로 배우기 시작한다. 그리고 조금 알만하면 끝나버리게 되니 시행착오가 크다. 정치의 시행착오는 고스란히 국민의 부담으로 돌아온다. 올바른 정치를 위해서는 올바른 가치관, 올바른 국가관, 올바른 세계관을 갖춘 국회의원이 양성돼야 한다. 아산은 현대그룹의 종업원교육에도 관심이 지대했다. 교육이 사람을 개혁할 수 있다는 확실한 신념을 가지고 있었기 때문이라 생각한다.

1980년대 중반 일본경제는 욱일승천의 기세로 지구촌에 우뚝 올라섰다. 일본전역에는 부동산 붐이 일었다. 부동산을 사 놓기만 하면 금방 가격이 몇 십 퍼센트가 올랐다. 특히 도쿄는 일본인뿐만 아니라 미국인 유럽인들이 앞다투어 부동산을 매입했다. 한국인도 예외가 아니었다. 국내 10대 대기업 그룹이 모두 도쿄를 비롯한 지방도시에 부동산을 매입하여 현지법인의 자산을 키웠다.

어느 날 실무진의 조사보고서를 손에 쥔 필자는 기회를 보아 출장 온 아산에게 현대그룹 임직원들이 근무할 사무실과 일본파견 주재원들이 주재기간 동안 현지에서 주거할 수 있는 아파트를 마련하는 것이 바람직하다는 건의를 올렸다. 매월 나가는 사무실 임대료와 비싼 아파트 임대비용을 생각하면 확실히 비교 우위 점이 있다고 판단했다. 더구나 이는 부동산 투자용이 아니라 당장 경비절감의 효과를 볼 수 있는 필수용이기 때문에 승인을 기대했던 것이다.

하지만 아산의 반응은 명확하게 달랐다.

"이봐. 우리가 피땀 흘려 열심히 달러를 벌어서 왜 일본 사람들을 위해 돈을 써! 국내에서 써야 한국인이 잘 되지!"

이 한마디에 필자는 얼굴이 무색해져 두 말 못하고 물러났다. 아산의 판단력, 담대한 통찰력, 조국에 대한 긍정 일변도의 애국심은 당시 한국의 10대 기업 그룹의 오너들과는 분명히 다른 것이었다.

정주영은 전화지시가 불안한 사안은 필자와 반드시 직접 대면하여 지시했다. 도쿄에서 근무하고 있는 필자를 서울 청운동 자택으로 새벽 5시까지 오라고 한 일이 몇 번 있었다. 현관 미닫이를 열고 응접실에 들어서면 변중석 사모님께서 몸빼(통바지) 차림으로 맞아 주시곤 했다. 응접실 벽에는 붓글씨로 '일근천하무난사(一勤天下無難事)'로 쓰여 있는 액자가 눈에 들어온다. 이는 '사람은 자기가 부지런하면 세상에 어려울 일이 없다'라는 뜻이다.

아산은 언젠가 기자들의 질문에 "부지런함은 부모님으로부터 물려받은 가장 큰 자본이자 재산이고, 오늘의 나를 있게 한 첫째가는 이유"라고 말한 일이 있다.

아산은 게으름에 대해 선천적인 혐오감을 갖고 있었다. "첫째, 사람은 스스로 부지런해야 한다. 둘째, 목숨보다 중요한 것이 신용이다. 사람이 정직하고 성실하다는 신뢰만 얻는다면 그것을 자본으로 인생을 얼마든지 확대 발전시켜 나갈 수 있다"라고 늘 강조했다.

훗날 아산은 자전적 회고록에서 이렇게 기록했다.

나는 장사도 기업도 돈이 있으면 좋지만 신용만 있으면 할 수 있다는 것을 체험으로 배운 사람이다. 버는 것 이상 써서 언제나 빚을 지는 사람을 나는 신용하지 않는다. 작은 일에서부터 바른 생각을 갖고 성실하게 살다 보면 신용은 쩌절로 싹을 틔우고 무럭무럭 자란다. 그러다 보면 어느 날에는 순간 의심 없이 믿어 주는 커다란 신용을 갖게 된다. 사업은 망해도 다시 일어설 수 있지만 인간은 한 번 신용을 잃으면 그것으로 끝장이다. 사람이 돈을 빌리지 못해 쩔쩔 매는 것은 신용이 없기 때문이다. 신용만 있으면 돈은 얼마든지 빌릴 수 있다.

1989년 1월 23일은 아산이 고향을 등진 이후 최초로 북한 땅을 방문한 날이다. 대한민국 민간인으로는 휴전협정 이후 아산의 북한 방문이 처음이었다고 한다. 당시만 해도 냉전시대 분위기가 가시지 않았기 때문에 민간인이 방북을 한다는 것은 위험한 일이었고 정부에서 허락해 주지도 않았다.

아산은 북한 당국으로부터 북한을 방문해 달라는 '초청장'을 받아 놓고도 안심이 되지 않았다. 방북계획 전해인 1988년 9월 어느 날이었다. 아산은 필자에게 이렇게 말했다.

"이봐! 우리가 아무리 북측의 여행보장을 받는다고 해도 사전에 미국 정부, 러시아 정부에 방북계획을 일러두어 만일의 경우에 대비 해 두는 것이 좋지 않겠어?"

아산은 신변의 안전보장을 확실히 해줄 당국자 간의 약속이 없는 상태에서 방북 했을 때 생길 수도 있는 '남한자본가' 납치 가능성을 미리 차단해 두고 싶었던 것이다.

당시에는 남북 간에 전혀 대화가 없는 상태였으므로 만약에 북측이 '정주영 회장은 고향에 눌러앉아 여생을 보내고 싶어 한다'고 일방적으로 발표해 버리면 그만일 수도 있는 것이었다. 그리하여 미국의 로널드 레이건 대통령을 먼저 면담하고, 러시아의 미하일 고르바초프 대통령을 만나서 북한 방문 계획을 사전에 설명하고 떠나기로 했다. 레이건 대통령, 고르바초프 대통령 면담은 그렇게 추진되고 실현되었다. 아산의 목숨을 건 방문에서 북측 당국과 5개항에 달하는 「남북합영의향서」가 체결된 것은 당시의 언론에 상세하게 보도되었으므로 생략한다.

필자는 일본의 마쓰시타 고노스케 회장의 장례식과 한국의 정주영 회장의 장례식에 각각 참석한 사람으로서 아산에게는 남다른 감회를 갖고 있다.

필자는 도쿄에서 매주 월요일 새벽 6시에 서울 청운동 자택으로 전화보고를 하고 지시를 받았다. 아산은 업무지시를 해놓고 가끔 이렇게 되묻곤 했다. "그래 네 생각은 어때?"

'제 생각은 이렇습니다' 하고 보고드리면 "아냐, 이렇게 하면 더 좋지 않겠어!"라고 말씀하면서 세밀한 방법까지 일일이 당신의 생각을 일러주셨다. 아산의 섬세함과 자상함은 아산의 투박함과 대범함의 근저에 언제나 뿌리처럼 존재하고 있었다.

아산은 우리나라의 형편을 늘 이렇게 말했다.

"우리는 밖에서 벌어서 안을 살찌워야 해!"

"우리는 외화를 벌어야 해! 그 돈을 외국에서 쓰지 말고, 국내에서 우리 국민을 위해 써야 해!"

현대그룹의 대일구매와 대일영업은 이러한 아산의 애국관과 가치관을 바탕으로 추진되고 성사되었다.

(5)

1910년은 세계지도에서 우리나라가 사라진 바로 그 해다.

대한제국이 일본에 공식적으로 망한 해다. 나라가 망한 지 5년이 지나고 1915년 11월 25일 아산은 태어났다. 강원도 산골의 가난한 농부의 아들로 태어났지만 우리 후손들이 영원히 기억할 건설대국, 조선대국, 자동차대국의 성공신화를 만들어 줄 인물이 될 줄 누가 알았으랴!

2011년 우리나라 무역흑자가 처음으로 일본의 무역흑자를 앞서는 쾌거를 이루었다. 일본은 우리가 감히 넘보지 못할 세계 최대의 무역흑자대국이었다. 이러한 무역흑자대국을 한 번이라도 앞서는 일은 필자의 생애에서는 결코 볼 수 없는 일인 줄로 생각하고 있었다.

오늘날 자동차 수요대국 미국시장에서 가장 성장하는 자동차는 현대자동차다. 지금까지는 일본회사들이 차지하고 있던 바로 그 자리다. 미국뿐만 아니라 인도, 중국, 러시아, 남미, 유럽까지 현대자동차그룹의 현지판매 수량은 매년 급성장하고 있다. 2012년 현재 한국의 현대자동차그룹은 자동차 생산대수와 판매대수에서 세계 5위의 업적을 실현하고 있다.

오늘날 세계 조선 시장에서 건조설비, 건조량, 건조기술에서 1위를 차지하고 있는 조선회사는 현대중공업이다. 선박용 엔진 메이커 세계 1위도 현대중공업이다. 2011년 현재 선박엔진의 세계시장 점유율 35%를 점하고 있다. 5대양을 누비는 세계 선박 10척 가운데 4척 가까이 현대중공업이 제작한 엔진을 탑재하고 있는 것이다.

정주영회장은 일찍이 식량자급을 꿈꾸며 간척사업에 뛰어들었다. 갖은 고초 끝에 충남 현대서산농장(3천 만평)을 일궈내는 데 성공했다. 식량자급률이 떨어지고 있는 우리나라는 식량자원 확보가 시급하다. 해마다 치솟고 있는 곡물가격은 식량전쟁이 벌어질 수 있는 우려를 시사한다. 우리나라는 1년에

2천 만 톤이 넘는 식량을 수입하고 있는 식량부족국가이다. 정주영창업자의 꿈을 계승하기 위해 현대중공업그룹의 현대자원개발은 러시아 연해주에 현대연해주농장(22000ha, 여의도 면적의 75배) 부지를 확보하여 해외농업기지를 만들었다. 현대연해주농장에서는 옥수수, 콩, 귀리 등을 재배하여 러시아에 판매하고 있다.

현대건설은 자타공인의 한국 1위 건설 업체다. 해외수주도 1위다. 해외건설공사 진출 1호 업체다. 해외건설로 벌어들인 외화획득도 1위 업체다. 70년대 중동진출 시기에는 가장 많은 건설인력을 파견한 업체다. 건설업체로서 한국최초의 기록을 가장 많이 보유하고 있다. 오늘날 현대건설은 세계시장에서 글로벌 스탠더드로 우뚝 섰다. 2011년 다우존스 지속가능경영지수에서 건설 분야 세계 1위를 뜻하는 '글로벌 수퍼섹터 리더(Global Supersector Leader)'로 선정됐고 「2012년 지속가능성 연차보고서」에서 건설부문 금메달을 획득했다. 1965년 처음으로 해외진출 이후 2012년 현재 해외공사 누계실적은 53개국, 762개 현장, 935억 불을 돌파하고 있다.

100여 년 전 세계는 '영토의 전쟁'이었다. 오늘날의 세계는 '시장의 전쟁'이다.

오늘날 세계에서 영토는 자국제품을 팔 수 있는 시장이라 할 수 있다. 아산은 지구촌 땅 끝까지 찾아가 상륙했다. 온갖 좌절을 극복하고, 피땀 흘려 교두보를 만들고, 거기서 만난 적을 무찌르고, 전진하고 또 전진하면서, 시장영토를 확장했다. 그렇게 얻은 영토가 5대양 6대주에 미치지 않는 곳이 없다. 오늘날 현대의 시장영토에는 태양이 지지 않는다.

아산 정주영은 필자와 사적인 인연이 없다. 비서실에서 모시고 일 한 적도 없다. 그런데도 어여삐 여겨주셨다. 필자가 아산으로부터 받은 깊은 신뢰는 과분한 것이었으며, 아산의 가르침과 은혜에 보답할 방법이 없다. 필자는 일본 도쿄법인 근무 중에 처음으로 아산을 상면했다. 도쿄 제국호텔에서 인사를 드리고 그룹회장 출장업무 수행을 시작한 것이 최초의 업무였다. 그렇게 되어 일본근무 기간이 통산 17년으로 늘어났다.

필자가 정주영을 선비정신의 소유자로 생각하는 이유는, 무엇보다 그의 진실성과 정직성에 있다. 그는 '정심'과 '성의'를 벗어나서 생각하고 행동하지 않았다. 신규사업을 시작하기 전에 그는 언제나 '격물'하고 '치지'했다. 정주영은 우리보다 앞서가는 일본을 따라 잡으려면 일본인보다 갑절 더 부지런해야 하고 일본인보다 갑절 더 궁리해야 한다고 입버릇처럼 말했다. 그는 일본기업의 회장이 한 시간 일하면 자신은 두 시간 더 일하기 위해 새벽에 출근해서 밤늦도록 현장을 지켰다. 정주영은 그가 한 말을 실천했고 솔선수범했다.

그의 진솔함과 당당함은 전두환 5공 시절의 국회청문회 때 빛났다. 군사독재권력의 서슬이 두려워 아무도 감히 발설하지 못하고 있던 정치자금 헌납문제에 대해도 솔직하게 진술했다. 그의 진술은 너무나 순수하고 천진난만할 정도였다. 조금도 주저함 없고 거침없이 나온 그의 답변에 국민들은 시원해하고 통쾌해 했다. 이러한 태도와 행동은 타고난 정직성과 목숨 바쳐 '거의소청' 하고 '극기복례' 하고 '법고창신' 하고 '솔선수범' 하는 선비정신이 아니면 아무나 할 수 없다고 생각한다.

아산이 최초로 세운회사는 자동차 수리회사다.

일제강점기인 1940년 아도서비스를 창업하여 자동차 수리업을 시작했다. 아산이 일으킨 기업은 모두 중후장대형산업(重厚長大形産業)이다. 때문에 아산은 대한민국 중공업산업의 아버지라 평가받는다.

아산의 경쟁력은 광범위한 '지식습득력'과 치밀한 '사업창조력'이다. 다른 말로 하면 끊임없이 깊게 파고드는 '학습력'과 불굴의 의지로 새롭게 전진하는 '도전력'이다. 그는 현실을 예의 통찰하고 언제나 창의적이고 혁신적인 비전과 미래상을 제시했다. 그는 수시로 비전을 전방위적으로 확산시켰다. 그는 모방하거나 벤치마킹하는 것을 싫어했다. 언제나 독보적이고 독창적인 발상을 적시에 내놓았다.

건설사업의 최초 해외진출, 중동건설시장의 개척, 조선사업에의 진출, 자동차사업의 조기 국산화, 사우디아라비아 주베일 산업항 공사의 단독수주와 공사수행, 러시아·중국·북한을 연계하는 북방사업구상과 통일을 내다보는 과감한 투자 등은 그의 창의적이고 전략적이며 미래지향적 비전을 확산시킨 결과였던 것이다.

정주영은 지식습득에 거의 동물적 흡수능력을 가진 분이다. 여행 중에도 항상 책을 끼고 다녔지만 독서력은 굉장했다. 호텔방에 원고용지 아니면 필기할 수 있는 노트를 항상 비치했다. 특히 아산의 일본기업인과의 협상과 대담은 아산이 일본으로부터 '지식습득력'을 시험하는 시간이었다.

아산은 사업에 필요한 사람과 직접 만나기를 매우 즐기셨다. 잘 풀리지 않는 일, 어려운 과제가 놓여 있는 일에는 반드시 상대방을 만나서 담판하기를 즐겼고, 대화, 토론, 타협으로 결론을 이끌어내는 비상한 재주를 발휘하셨다. 주위에서 모두 포기하기를 종용하는 적자사업에서도 정주영은 한 번도 피해가지 않고 정면에서 맞서 극복해내는 특유의 뚝심을 발휘했다. 그렇게 해서 그는 신용을 창조해 내었던 것이다. 그의 결단력과 위기경영능력이 뛰어난 것은 정주영의 소탈한 친화력과 그의 친화력의 뿌리인 소통능력일 것이다.

아산이 출장지에 가서도 가장 먼저 챙기는 것은 현지신문이었다. 방문 회사를 가기 전에 반드시 새로운 지식, 새로운 상황, 새로운 현장의 감각으로 무장했다. 변화상을 속속들이 꿰차고 상대방을 만났으므로 회의에서는 언제나 기선을 제압했고 분위기를 리드할 수 있었다. 아산의 '학습력'과 '섭취력' 그리고 '타협력'과 '융합력'은 특출했다. 적재적소에 요긴하게 활용하는 '대응력'과 '순발력'은 말 그대로 촌철살인의 경지였던 것이다.

아산은 '근면', '검소', '친애'의 화신이다. '근면', '검소', '친애'는 현대의 사훈으로 남아있다.

아산은 '솔선수범'형 리더다. 우리 경제인, 창업자의 영원한 '롤 모델'이다. 아산은 성공한 후에도 집에 카펫을 깔지 않고 생활한 유일한 기업인이었다. 아산은 일본인의 검소한 생활을 우리가 본받아야 한다면서 이런 면에서는 한국인 보다 일본인이 앞선다고 필자에게 말씀하곤 했다. 아산은 "사치는 부패를 낳고 다른 사람에게 소외감을 주기 때문에 윗사람은 검소해야 한다"고 늘 강조했다.

아산은 필자에게 이렇게 이야기한 일이 있다.

"내 호주머니에 들어 있는 돈만이 내 돈이고, 집으로 가져가는 생활비만이 내 돈이다. 돈이란 의식주를 해결할 수 있다면 그 이상은 의식주를 해결하지 못하는 사람들을 위해 베풀어야 한다."

1977년 아산은 현대건설 주식의 절반을 희사해 아산사회복지재단을 설립하고 당시 우리나라의 취약분야인 최신종합병원을 만들기로 결심한다. 우리나라 최초의 민간기업이 만든 '사회복지재단'의 출범이었다.

아산은 사람을 괴롭히는 두 가지를 병고와 가난으로 생각했다. 병치레를 오래하다 보면 가난할 수밖에 없고, 가난하기 때문에 온전한 치료를 받을 수 없는 사람이 많이 생겨나므로 병고와 가난은 악순환을 일으킨다는 것이었다. 의료혜택을 못 받고 있는 가난한 시골 사람들을 위해 아산은 우선 전국 각 지역에 아산병원을 짓도록 했다. 당시에는 '유의촌'과 '무의촌'으로 구분되던 시절이었다. 병원이 없어 진료를 받지 못하는 지방이 많았다.

아산사회복지재단은 창설과 더불어 서울아산병원 신축을 계획하면서 전국에 있는 무의촌 지역을 먼저 걱정했다. 당시 의료 취약지역이었던 인제, 정읍, 보성, 보령, 영덕, 홍천, 강릉의 7개 지역에 종합병원을 세워 농어촌주민들에게 값싸고 질 좋은 의료서비스를 제공하기로 결정했다. 기초생활 수급자 에게는 모두 무료진료를 시행하는 것도 잊지 않았다. 이곳들은 종합의료시설이 없어서 주민들이 질병이 들면 대도시의 큰 병원을 찾아가야 했던 지역이다. 아산의 이런 불우이웃돕기 생활철학은 그가 어렸을 때 읽은 유가철학 고전의 영향이 매우 컸을 것이라는 생각이 든다.

조선시대 최대의 거상 임상옥은 '인재중시'와 '빈민구제'를 몸소 실천한 인물이다. 임상옥은 사서오경을 늘 가까이 한 선비였다. 그는 '개처럼 벌어서 정승처럼 쓰는 것'은 올바른 상도가 아니라고 생각한 사람이다. 올바른 상도는 '정승처럼 벌어서 정승처럼 쓰는 것'이라고 설파했다. 그리고 몸소 실천했다. 임상옥은 이렇게 말했다. "장사는 돈을 버는 게 아니라, 사람을 버는 것이다." 그는 말년에 재산을 모두 물리고 가객이 되어 청빈생활로 일생을 마감했다.

아산의 국가관은 어떻게 확립된 것일까?

아산은 '일본인'과 '일본기업'의 국가관에 대해 깊은 관심을 가지고 있었다. 그는 가끔 필자에게 질문하기도 했다. 아산은 일본국민과 일본기업이 일본정부와 일체감을 가지고 있는 것에 대해 매우 깊은 관심을 표명했다. 그들은 국가의 이익을 위해 해외시장 수주활동에서는 치열한 경쟁을 피했다. 건설업종은 순서를 매겨서 나가기도 했다. 국제적 플랜트 입찰, 선박건조 입찰, 해외엔지니어링 입찰 등에도 업계의 단합은 공고했다.

일본기업이 국내시장에서 피 흘리는 경쟁을 하다가도 국제시장에서는 상호 협력하는 체질을 가지고 있는 것에 대해 아산은 깊은 관심을 보였다. 일본인들은 국가관에서는 한 치의 간격도 보여주지 않고 국가이익을 위한 단합을 잘 했다.

아산은 "기업은 이익이 우선이지만, 기업 활동이 국가사회에 도움이 되는 것인지 항상 생각해야 한다", "우리나라가 잘 되려면 투철한 국가관을 가진 기업들이 많이 나와야 한다"고 피력하기도 했다.

기업가 정신(Entrepreneurship)에 대해서는 다양한 정의가 있다.

전통적으로는 비즈니스를 영위하고 조직을 운영하는 과정에서 위험을 감수하는 도전정신, 위험을 기회로 만들어가는 변화정신, 특히 재무적 위험을 치밀한 기획으로 떠안고 문제를 해결해 가는 투지적 자세를 가리킨다. 여기에 더하여 오늘날에는 기업의 사회적 책임이 특히 강조되고 있다. 아산의 창업정신은 처음부터 기업의 사회적 책임을 바탕으로 하여, 거기에 도전정신, 변화정신, 강력한 추진력이 보태어진 것이다.

아산이야말로 한국적 기업가 정신으로 똘똘 뭉쳐진 창업의 '롤 모델'이다. 아산정신은 '현대정신'으로 승화되었다. 오늘날 '현대정신'은 '창조적 예지', '적극의지', '강인한 추진력'으로 정의된다. 이 '현대정신'은 필자가 현대인재개발원 원장으로 근무할 때 현대의 기업문화를 분석하여 정립한 것이다. 현대정신을 공식적으로 정의하기 위해 아산의 기업가정신, 현대의 기업문화를 '격물치지'해 볼 수 있는 기회를 가졌던 것은 큰 행운이라 생각한다. 이러한 아산의 한국적 기업가 정신은 오늘날 글로벌 기업가정신으로 승화되고 있다. 경영학의 아버지로 불리고 있는 피터 드러커 교수가 아산의 창업가정신을 이 시대의 기업가정신으로 경영학계에 소개했기 때문이다(피터 드러커, 『Next Society』).

아산은 '법고창신'의 선비정신이 특히 빛났다. '법고창신'의 정신을 발휘하여 변화와 혁신을 꾀하고, 언제나 어제보다 나은 오늘이 되도록 스스로 독려하고 채찍질하여, 어려운 위기를 새로운 기회로 만드는데 앞장섰던 불굴의 개척자였다. 아산은 한국형 창업정신을 세웠고, 그의 창업정신은 오늘날 글로벌 스탠더드가 되어 지구촌 모든 창업자와 경영학도의 귀감이 되어 살아 있다.

아산은 일본의 정치에 대해서는 별로 언급한 일이 없었다. 하지만 단 한번, 다나카 카쿠에이 수상이 미국 록히드사로부터 받은 뇌물사건에 연루되어 현직 수상인 그를 검찰이 체포했을 때 놀라움을 표시했다.

아산은 "일본 검찰은 진짜 검찰이야. 검찰이 살아있는 권력에 칼날을 겨눌 수 있다는 것은 놀라운 일이지. 검찰이 청렴하지 않고는 절대 할 수 없는 일이야. 이것이 일본의 큰 힘이 아니겠나. 일본의 경제인들이 자기나라 정치를 3류라고 폄하하고 있지만, 일본정치가 망하지 않고 견뎌내는 이유는 검찰이 정의롭게 살아 있기 때문이야"라고 말했다.

당시 아산은 우리나라 최고 권력층과 정치인들이 대기업 오너들에게 상납을 요구하는 오랜 관습에 지칠 대로 지쳐 있었다. 얼마나 지치고 힘들었으면 주위의 극렬한 반대를 무릅쓰고 본인이 직접 제대로 된 '자유민주주의 시장경제'를 펼쳐 보이겠다며 결연히 정치판에 뛰어드는 단호한 결심을 했을까?

아산은 오직 이 나라 국민을 위한 진정한 정치를 펼쳐 보이겠다는 신념을 실현시키기 위해 칠십 대 후반의 노구를 이끌고 비판을 자초하면서까지 정치판에 뛰어들었던 것이다. 일찍이 아산은 필자에게 "왜 우리나라 정치지도자들은 권력을 잡으면 그 권력으로 돈을 밝히는지 모르겠어……. 국민으로부터 위임받은 권력은 오로지 국민을 위해 써야 하는 것인데……"라며 자괴감을 넘어 스스로 한탄하는 모습을 보인 일이 있다.

현재 필자는 '살신성인', '거의소청', '극기복례', '법고창신', '솔선수범'하는 선비정신과 오늘날 글로벌리더들에게 필요한 선비리더십을 보급하는 일에 매진하고 있다. 이는 아산의 영향을 받았다고 생각한다.

아산은 그의 자주적 기업관과 국가관으로 종업원의 삶을 책임졌고 나라의 경제를 확고한 반석 위에 올려놓았으며 대한민국의 북방진출과 남북통일의 기초를 닦았다. 아산의 생애는 이제 전설이 되었다. 그의 기업가 정신은 지금 세계적인 규범이 되었다. 아산은 가난한 농촌에서 태어나 맨손으로 1987년에 22만 임직원이 일하는 기업군을 일군 주인공이다. 그 해 미국 ≪포브스≫지에 의해 세계 9번째의 부자로 뽑혔다.

이 글을 마감하면서 아산에 대한 필자의 편린을 정리하여 '현대'라는 기업이 일본인, 일본기업을 넘어설 수 있었던 경쟁력을 7가지로 요약하여 매듭을 짓기로 한다. 아산의 경쟁력은 그의 생각, 말, 태도, 행동에 있었다. 이것은 '언행일치', '학행일치', '심행일치'의 선비정신에서 나온 것이라 할 것이다.

① 신용: "내 몸이 담보요."

아산은 화재를 만나 그가 최초로 세운 자동차수리공장이 전소되었을 때와 6.25 전란 중에 폭격을 맞아 파괴된 고령교의 복구공사 도중에 전후의 혼란한 사회현상으로 나타난 극심한 인플레이션으로 큰 손해를 보았다. 그는 다시 일어서기 위해 오직 개인의 신용 하나로 돈을 꾸어 올 수 있었다.

② 검소: "국 한 그릇 반찬 하나"

아산은 끼니를 먹을 때 간소하고 소박한 음식을 즐겨 들었다. 기름진 산해진미보다 토속적인 뚝배기 음식을 좋아했다. 아산의 식생활습관은 그의 의식주생활에 그대로 적용되었다.

③ 근면: "새벽닭을 깨우며"

아산은 누구보다 일찍 일어났고, 누구보다 먼저 회사에 출근했고, 누구보다 먼저 공사현장에 도착했다. 세계의 어느 기업가, 어느 경영자보다 공사현장, 생산현장, 연구현장, 운송현장, 영업현장, 업무현장에 머물며 현장경영에 투철했다.

④ 슬기: "빈대도 머리를 쓰는데."

아산은 공사판에서 돌을 나르는 잡역을 하고 있을 때 밤마다 물어뜯는 빈대를 퇴치하기 위해 식탁의 네 발을 물그릇에 담그고 식탁 위에서 잤다. 그래도 빈대가 물어뜯기에 가만히 살펴보니 빈대가 모두 천장으로 기어올라 식탁 위로 낙하하면서 공격하는 것을 발견했다. 빈대도 이렇게 머리를 쓰는데 하물며 인간이 두뇌를 사용하지 않는다면 빈대보다 못하지 않는가? 라며 어려움을 헤쳐 나가는 슬기를 키워야 한다고 강조했다.

⑤ 추진력: "500원으로 빌린 4천 5백만 달러"

1971년 당시 우리나라 예산의 절반규모인 4,500만 달러의 차관을 얻는 데 성공한다.

아산은 울산에 현대조선소를 건설할 자금을 얻기 위해 영국의 은행장에게 당시 500원 지폐에 그려져 있는 거북선을 보이면서 우리 조선기술은 영국보다 200여 년이나 훨씬 앞선 시기에 철갑을 쉬운 거북선을 만들었다고 설명하면서 선박건조기술을 문제 삼지 말라고 했다.

⑥ 도전: "자네, 해 봤어?"

회사 내에서 전문지식이 많고 유능한 사람들은 대게 안 되는 이유만 생각한다. 과제를 주면 가능성을 검토하라는 것인데, 불가능한 핑계를 보고한다. 해보지도 않고 안 되는 방향의 정보만 수집해서 늘어놓는다. 최고경영자가 동쪽으로 가자라고 이야기 하는데, 그 쪽으로 가면 어려우니까 서쪽으로 가자고 하는 것과 마찬가지다. 해보지도 않고 미리 겁먹고 어렵다고 포기하는 임직원들을 향하여 아산이 자주 한 말씀이다.

⑦ 된 사람: "현대의 상품은 사람이다."

아산은 기업의 자산은 '된 사람'이 많은 것이라고 늘 강조했다. 아무리 좋은 제도와 시스템을 구축해 놓아도 그것을 운용하는 사람이 사람답지 못하면 좋은 제도와 시스템이라도 좋게 작동되지 않고 나쁘게 작동될 수 있다고 지적했다. 능률적이고 효과적인 조직은 품성이 좋고 유능한 사람으로 구성된다. 인사가 만사라는 말이 왜 성립하는가? 모든 일은 사람이 하는 것이니 모든 일의 성패는 그 일을 담당하는 사람에게 달려 있다는 말이다. 아산은 사람을 볼 때 가장 먼저 그 사람의 인성과 품성을 보았다. 그 사람이 바른 품성을 갖고 있는가는 그 사람이 뛰어난 능력이 있는 사람인가보다 우선했다. 아산은 '된 사람'을 찾았다. '든 사람', '난 사람'보다 먼저 사람다운 사람, 즉 '된 사람'을 찾았던 것이다.

또 아산은 연고주의를 몰랐다. 그 사람이 어느 지역 출신인지, 어느 학교 출신인지, 누구 집 자식인지를 따지지 않았다. 연고주의는 우리 사회에서 아직까지도 근절되지 않는 고질적 병폐다. 아산만큼 연고주의를 싫어한 기업가가 이 땅에 없을 것이다.

아산에게는 혈연, 학연, 지연의 연고보다 '정심', '성의', '격물', '치지'의 인물이 더 중요했다. 아산은 정직하지 못한 사람을 체질적으로 싫어했다. 아산은 사람의 단점보다 그 사람의 장점을 귀히 여겨 활용하는 용인술의 달인이었다. 그는 품성이 바르고, 맡길 수 있고, 쓸모 있는 사람이라고 믿으면 끝까지 지켜주는 데 주저하지 않았다. 아산은 '된 사람'을 신뢰했다. 아산의 깊은 신뢰를 받은 사람은 뛰어나고 능력 있는 인재로 성장했다. 아산의 용인술은 세종대왕의 용인술과 닮은꼴이었다.